■ 浙江省电力工业志丛书

台州发电厂志

TAIZHOU FADIANCHANG ZHI

（2006～2016）

《台州发电厂志》编纂委员会 编

上海三联书店

图书在版编目(CIP)数据

台州发电厂志. 2006—2016/《台州发电厂志》编纂委员会编. —上海:上海三联书店,2017.12
ISBN 978-7-5426-6126-5

Ⅰ.①台… Ⅱ.①台… Ⅲ.①发电厂-工厂史-台州-2006—2016 Ⅳ.F426.61

中国版本图书馆 CIP 数据核字(2017)第 290263 号

台州发电厂志(2006—2016)

编　　者 /《台州发电厂志》编纂委员会

责任编辑 / 陈马东方月
装帧设计 / 徐　徐
监　　制 / 姚　军
责任校对 / 周燕儿

出版发行 / 上海三联书店
(201199)中国上海市都市路 4855 号 2 座 10 楼
邮购电话 / 021-22895557
印　　刷 / 常熟市人民印刷有限公司

版　　次 / 2017 年 12 月第 1 版
印　　次 / 2017 年 12 月第 1 次印刷
开　　本 / 787×1092　1/16
字　　数 / 430 千字
印　　张 / 25
书　　号 / ISBN 978-7-5426-6126-5/F·772
定　　价 / 88.00 元

敬启读者,如发现本书有印装质量问题,请与印刷厂联系 0512-52601369

台州发电厂
五指山
朝东屋
隔桥村
外东村
外西村
陈岙村
下岙村
台电新村
建电路
椒江村
君田山
老鼠屿
下浦村
前所
前杜路
二大街
前中路
沿港路
东路村
上道头
大园地
山头下
回浦村
建设村
景浦街
华景村
章安
文昌阁
椒江
工人西路
杨家桥荡
工人东路
海塘路
东升街
江滨路
北门路
江城北路
戚继光纪念馆
解放北路
育才路
衙门巷
东门路
东方红村
明珠里
九条坑
中山西路
白云
岩屿村
花园路
五中南巷
星明村
星光村
文明路
五九村
前周
椒江区
青年路
外沙路
S225
S75
S83
S325
X104
X105
X904

▲ 台州发电厂地理位置图

▲ 台电主厂房

▲ 台电广场

▲ 五期机房

2007年5月31日，浙能集团总经理沈志云(时任)到台电春查。

2008年4月1日，原国家计委副主任姚振炎、原电力工业部总工程师周小谦等一行五人在省总工会主席张蔚文、浙能集团副总经理童亚辉(时任)等领导的陪同下，到三门牛山涂厂址进行考察。

2010年6月4日，浙能集团公司董事长、党委书记吴国潮(时任)一行到台电视察调研，并看望慰问台电干部职工。

2010 年 9 月 15 日，浙能集团副总经理童亚辉（时任）指导台电 3 号水冷塔爆破。

2011 年 9 月 21 日，台州市委书记陈铁雄到台电调研指导工作。

2013 年 8 月 13 日，浙江省物价局副局长龚源昌到台电调研指导工作。

2014 年 6 月 25 日，浙江省发改委副主任徐幸、浙能集团副总经理柯吉欣（时任）指导台电工作。

2016 年 3 月 2 日，浙江省委常委、省人大常委会副主任刘力伟一行来到台电调研，浙能集团董事、浙能电力股份公司总经理柯吉欣（时任）陪同调研。

2016 年 5 月 13 日，浙江省发改委稽察特派员夏晓林一行到台电调研指导。

▲ 2009 年 9 月 2 日，台电举行 6×135MW 燃煤发电机组整体关停分步实施暨首批 4 台机组关停拆除仪式。

▲ 2009 年 9 月 2 日，1、2 号冷却水塔实施爆破。

▲ 2014 年 9 月 29 日，一期烟囱实施爆破。

▲ 2014 年 10 月 24 日，二期烟囱实施爆破。

▲ 2014 年 11 月 12 日，三期烟囱实施爆破。

▲ 2014 年 6 月 25 日，浙能集团在台电举行全国率先实现燃煤机组全脱硝仪式。

▲ 四期机组汽轮机低压转子开展吊装工作。

▲ 台电职工正在检修汽轮机转子。

▲ 台电供热管线绵延不断，为周边经济发展提供强劲动力。

▲ 安全文明督察队在锅炉检查，加强现场安全管理。

▲ 精益求精，维护职工维修锅炉本体吹灰器。

▲ “导师带徒”现场授课，促进人才培训工作。

▲ 废水处理系统为地方环境建设保驾护航。

▲ 定期召开厂情发布会，让职工明厂情、凝心聚力促发展。

▲ 举办中层干部培训班，强化干部队伍建设。

▲ 举办思想政治工作论坛，加强新时期思想政治工作。

▲ 举办优秀人才暨大学生座谈会，分享宝贵经验财富，共促企业发展。

朝气蓬勃的运行部五值全家福。 ▶

◀ 2007年11月20日,中共台州发电厂第三次代表大会胜利召开。

◀ 2015年12月8日,第十届职代会暨工代会隆重举行。

◀ 2010年11月3日,共青团台州发电厂第十二次代表大会隆重召开。

▲ 2008 年 5 月，举行"安康杯"竞赛活动升旗仪式。

▲ 2005 年 4 月 20 日，举行首届职工之星颁奖晚会。

▲ 2007 年 12 月 28 日，第一届企业文化节启动。

2009 年 7 月 23 日，举行《今日台电》创刊十周年座谈会。▶

▲ 2007 年，台电党员、干部、群众共同抗击“8. 14”特大暴雨。

▲ 2008 年 5 月，党员向汶川地震灾区交纳“特殊党费”。

▲ 2013 年 9 月 6 日，党支部结对互学活动在台电积极开展。

▲ 2016 年，平安护航 G20 峰会党员服务队参加义务劳动。

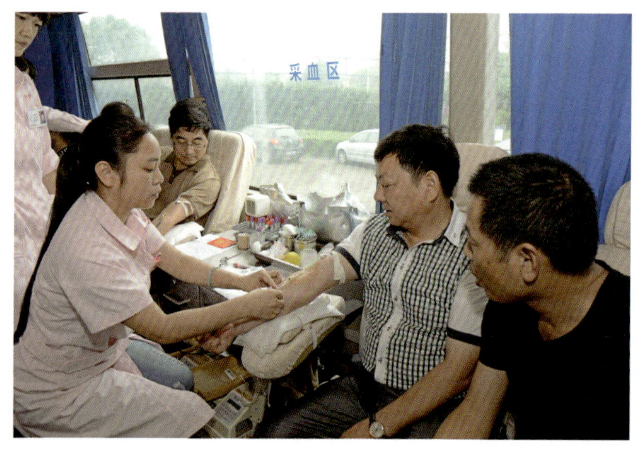

▲ 2013 年月，干部、职工积极献血为社会献爱心。

▲ 2014 年，台电积极开展志愿者服务活动，将消防知识送入椒江区幼儿园。

▲ 2012 年 4 月 11 日，与椒江区人民检察院联合举办预防职务犯罪展览

▲ 2012 年 6 月 27 日，廉政故事会传廉扬廉。

▲ 2013 年 9 月 17 日，台电举行道德讲堂活动。

▲ 2014 年 4 月 23 日，第五届读书节启动。

▲ 2011 年 4 月，台电参加浙能集团（浙东南片区）司歌比赛。

▲ 2016 年 12 月 29 日，台电合唱团参加台州市第九届企业文化节。

▲ 台电职工住宅小区碧海明珠花园

▲ 台电职工活动中心

▲ 2008 年 5 月，“迎奥运 保安全 促发展”环厂跑隆重举行。

▲ 2016 年集团气排球邀请赛喜获男子冠军、女子亚军。

▲ 职工篮球赛。

◀ 职工参加疗休养。

每年举办迎新文艺晚会。 ▶

▲ 2016 年台电领导班子合影

左起：纪委书记、工会主席戚丹丹，副厂长王亨海，厂长、党委副书记沈波，党委书记、副厂长赵建平，副厂长张浩，总工程师吴春年

全国绿化
模范单位
全国绿化委员会
二〇〇六年三月

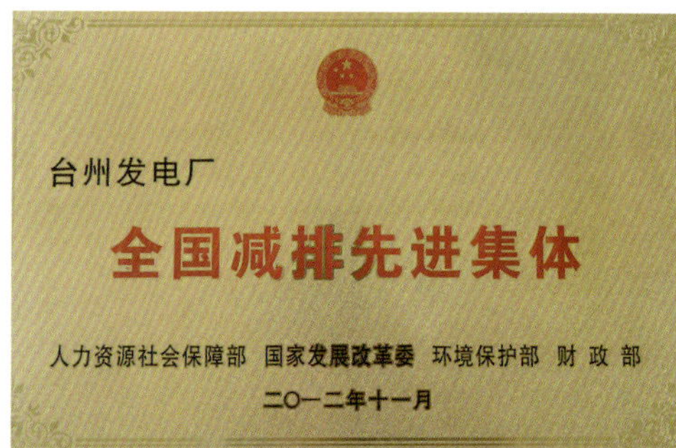
台州发电厂
全国减排先进集体
人力资源社会保障部 国家发展改革委 环境保护部 财 政 部
二〇一二年十一月

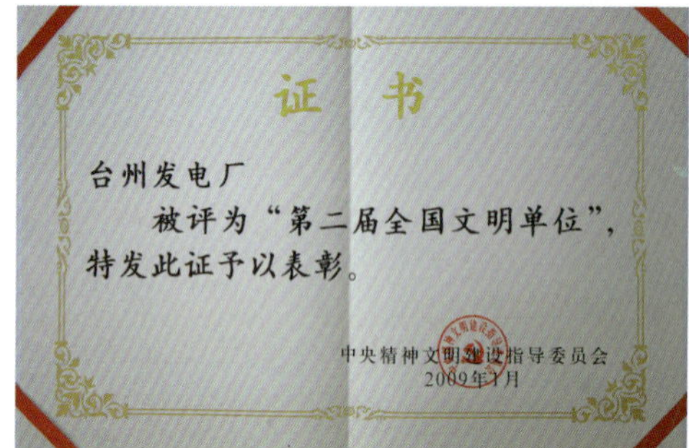
证 书
台州发电厂
被评为“第二届全国文明单位”，
特发此证予以表彰。
中央精神文明建设指导委员会
2009年1月

工人先锋号
中华全国总工会

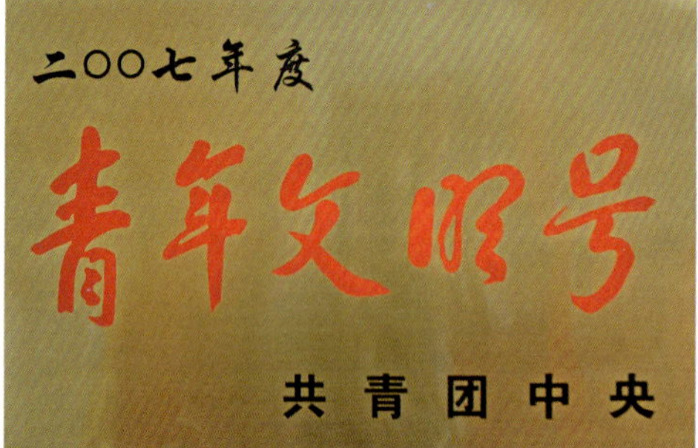
二〇〇七年度
青年文明号
共青团中央

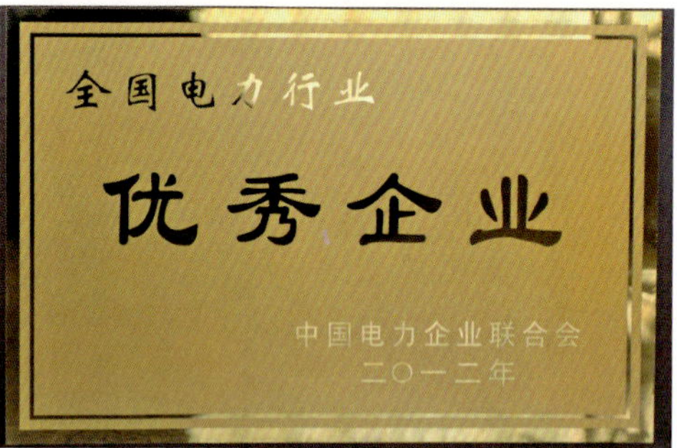
全国电力行业
优秀企业
中国电力企业联合会
二〇一二年

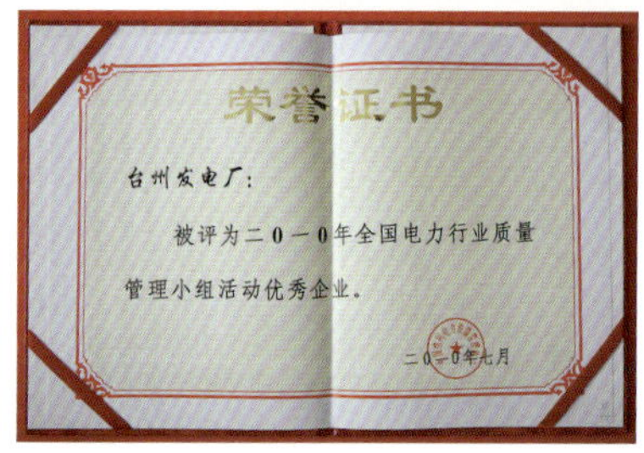
荣誉证书
台州发电厂：
被评为二〇一〇年全国电力行业质量
管理小组活动优秀企业。
二〇一〇年七月

2013年度全国发电可靠性
CER
A级机组
浙能台州发电厂10号机组
火电300MW级
国家能源局
2014年8月

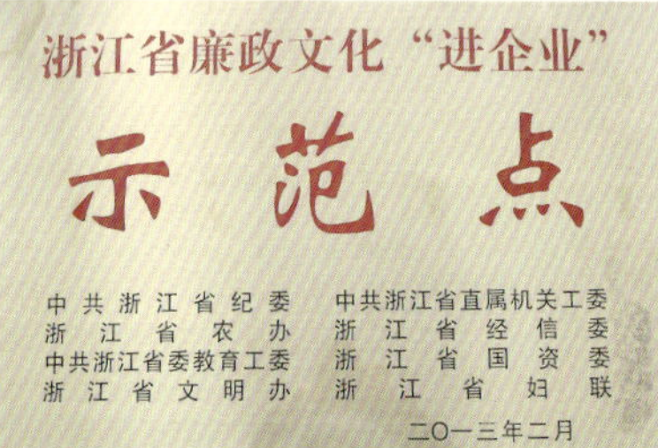
浙江省廉政文化“进企业”
示 范 点
中共浙江省纪委
浙江省农办
中共浙江省委教育工委
浙江省文明办
中共浙江省直属机关工委
浙江省经信委
浙江省国资委
浙江省妇联
二〇一三年二月

2011年度全国电力行业新闻宣传工作
先进单位
中国电力企业联合会
二〇一二年五月

台州发电厂
二〇一五年度
企业文化建设典范企业
中国企业文化建设峰会组委会
二〇一五年九月

《台州发电厂志(2006—2016)》编纂委员会

主 任 委 员: 赵建平

副主任委员: 王亨海　张　浩　周　洁　刘宏芳

委　　　员: 顾永平　董吕升　林国平　管诗渊

蔡胜亮　冯珍妹　李林栋　莫金伟

主　　　编: 管诗渊

副　主　编: 莫金伟

编 撰 人 员: 林剑英　陈爱珍　杨德嵩　黄群燕等

摄　　　影: 金　辉等

顾　　　问: 陶继承

序

1979年3月，东海之滨、台州湾畔的君田山下，开山平基的一声炮响，拉开了台州发电厂建设发展的序幕。数千英雄汇集前所，披星戴月开山辟地，车拉肩扛谱写新章，终于1982年12月23日，建成投产了台州发电厂首台12.5万千瓦双水内冷发电机组。从那一刻起，一座现代化的大型火力发电厂昂然屹立于椒江北岸，一批又一批的台电人昂首踏上了为浙江经济社会发展贡献源源不断的强大电能的历史征程。

春去秋来，气象万千。在改革开放初期的上世纪八十年代，台电人一手抓生产、一手抓建设，接连建成了一至三期工程6台12.5万千瓦发电机组，为浙东南乃至全省的经济社会发展提供了强大的能源保障，被誉为“浙东南经济腾飞的翅膀”。

在改革开放第二个春天的九十年代，台电人又不失时机地建成了四期工程2台33万千瓦发电机组，一跃成为浙江最大、华东第二、全国第五的超大型发电企业，并率先实现了安全文明生产“双达标”、“创一流”等企业管理、科技进步、职工队伍建设的全面提升，成为了省电力系统内外的标杆企业、先进榜样、人才基地和干部摇篮。

在新的世纪之初，台电人审时度势、抢抓机遇，攻坚克难、百折不挠，在极为艰难的处境下，硬是突破了“四期工程是台电关门工程”的一系列政策、环境、内外部条件的种种阻碍，成功建成了五期工程2台30万千瓦发电兼供热机组，使全厂达到了十台机组，总装机容量207万千瓦的历史新高度。

三十五年来，台电人始终坚持以安全生产为基础的工作方针，坚持全心全意依靠广大干部职工，坚持发展为第一要务、科技为第一生产力，坚持社会效益、环境效益、经济效益相统一，坚持党对国有企业的领导不动摇等治企管企的基本思路和核心理念，持之以恒推进企业改革、发展、创新和进步。在先后建成一至五期工程的过程中，我们创造了连续安全生产1880天的优良记录，累计发电已达2335.3亿千瓦时；我们不断深化企业体制机制改革，激发企业内部活力，与时俱进、不断创新；我们始终坚持科技进步和技术革新，不断实施了以节能降耗、增容增效、减排减污、提质挖潜为核心的众多技术改造、技术升级、工艺革新和生产、管理、设备优化等工作;我们不断迎接和战胜了一次次的强台风等自然灾害的严重考验和各类生产事故的严峻挑战,"双达标"、"创一流"、抗台抢险、抗灾抢修,干部职工坚守岗位,无私奉献;我们勇于担当、积极作为,主动关停了一至三期6台13.5万千瓦发电机组,亲手开辟了台州第二发电公司2台100万千瓦超超临界发电机组的新纪元;我们不断巩固和加强企业党的建设、工团组织建设、企业文化建设等工作,党员队伍、干部队伍、职工队伍奋发向上,精神昂扬。我们不断进取,奋勇争先,取得了全国文明单位、全国精神文明建设工作先进单位、全国思想政治工作优秀单位、中国企业文化建设先进单位、全国群众体育先进单位、全国绿化模范单位、全国安康杯活动先进单位,以及浙能集团先进单位、四好领导班子、优秀党委等众多荣誉称号,多次、多机组取得了全国十万千瓦等级、三十万千瓦等级金牌机组先进称号,与此同时,在先后进入台电工作的近4000名干部职工中,涌现出了许多省部级、集团公司级劳动模范、"五一"劳动奖章、先进生产工作者、优秀党务工作者、技术能手、技能标兵、见义勇为英雄个人等各类先进模范人物,向系统内外输送了1500多名各级干部和优秀职工。

台电,伴随着改革开放的春风而生,踏着改革开放的步伐而前进。我们历经坎坷,却始终矢志不渝,历久弥坚;我们历经辉煌,仍坚持不骄不傲,奋勇向前。在新时代的伟大征程上,我们台电人将不忘初心、牢记使命,求真务实、锐意进取,以勇于挑战、勇于变革、勇于创新的精神和意志,努力开拓台州发电厂新的明天和更加光辉的未来。

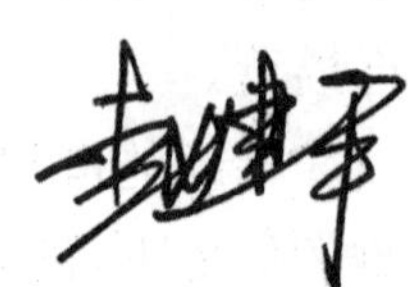

凡 例

一、《台州发电厂志(2006—2016)》坚持辩证唯物主义和历史唯物主义观点,以发展生产力为主线,实事求是地记述全厂物质文明建设和精神文明建设的历史与现状。按照“资治、存史、教化”的宗旨,力求记述全面、客观、系统,资料翔实、完整、科学。

二、时间断限,上始2006年,下至2016年底。

三、内容结构,由卷首、专志、卷末组成。卷首设图片、序、凡例、概述、大事记;专志设电厂生产、电厂扩建、科技与教育、企业管理、党群工作、职工生活、公司共7章,分章、节、目3个层次,事以类从;卷末缀人物录、荣誉谱、附录、后记。

四、记载范围,按承接前志、连续不断和详今明古的规则,“电厂扩建”章仅记第五期工程,若涉及前志只作衔接性的简述,但凡与前志有变异处,续志予以补入,以跻一体。

五、文体,语体文、记叙体,记、述、志、图、表、录诸体并用,以志为主。大事记以编年体为主,纪事本末体为辅。

六、纪年,以公元纪年,用阿拉伯数字书写。

七、人物,遵循生不立传、以事系人的原则。厂级领导、市级以上先进人物,分别在篇末介绍其简历或简介其先进事迹。

八、称谓,采用第三人称。机构、组织、单位名称,在篇章中首次出现时均用全称,括注后用简称;地名,均用史时名,括注现地名。

九、行文规范,执行《中国电力工业志行文规范》。

十、资料来源,主要取自浙江省电力公司、浙江省电力设计院、台州发电厂和地方各级档案馆、室,小部分采用口碑资料,一般不注明出处。入志资料,已经考证;电厂数据,均源自统计部门。

目　　录

概　述

台州发电厂位于浙江省中部沿海台州市椒江区前所街道。自1979年3月25日打响“开山平基”第一炮后，前四期工程6台12.5万千瓦机组和2台33万千瓦机组于1997年12月23日前分别建成投产，全厂装机容量达141万千瓦。在2001年至2005年期间，电厂对6台12.5万千瓦机组实施汽轮发电机组增容和自动化改造，实现6台机组协调控制和AGC投用，并提高机组的安全性和经济性，全厂装机容量达147万千瓦。

随着国民经济的发展，21世纪初，浙江电网缺电仍较严重，能源部计划司与浙江省电力工业局决定，采取以大代小的措施，关闭浙江省内小机组，在台州发电厂以“技改”立项先扩建2台30万千瓦级机组。五期扩建工程为2台30万千瓦机组，由浙江东南发电股份有限公司全资建设。五期工程占地面积8.39公顷(其中新征土地7.85公顷)。其主厂房位于四期主厂房西侧，并与四期主厂房脱开27米平行排列，固定端朝东，紧挨中山西北麓，隔中山南向即为椒江，西南面为小园山，北侧为前所村。工程采用GIS配电装置等新技术，且充分利用老厂已有的公用系统设施，科学规划，集约用地，整个工程无民房拆迁安置问题。

自建厂以后，台州发电厂突出以安全文明生产为基础，以经济效益为中心，强化经营管理，依靠科技促进进步，通过深化企业改革，内求自强，外求发展。为奠定安全生产基础，电厂建章立制，严格执行《电业安全规程》和“两票三制”，坚持每年春、秋季和迎峰度夏期间开展安全文明生产大检查，建立起《安全生产监督管理办法》《台州发电厂定岗、定编、定员实施办法》等27个制度，规范安全文明生产管理。

2007年10月28日，电厂五期扩建工程9号机组顺利通过168小时试运行，随后电厂在浙江省能源集团公司的指导下，按照电力工业部《火电机组移交生产达标考核评定办法》开展9号机组基建达标工作，成立以厂长为组长，各主要参建单位负责人为副组长的达标现场领导小组，并设立达标办公室、专业管理组。当年，9号机组经过各项性能和技术经济指标测试，于2007年12月20日动态移交商业运行。10号机组在2008年4月4日通过168小时满负荷试运行后移交商业运行。至此，电厂五期工程2台机组全部建成投产,全厂装机容量207万千瓦。2009年4月22日,顺利通过浙江省能源集团有限公司组织的对台州发电厂五期扩建工程基建移交生产达标复查。

由于电厂地处东南沿海,每年夏秋之际,常有台风为患。随着防汛抗台意识的增强和能力的提高以及防汛抗台应急预案的落实,2006年以来再无海水淹没厂房情况发生。

2006年10月,为了适应电力改革、发展的新形势,进一步优化人力资源,提高台州发电厂整体竞争力,促进企业可持续发展,按照高效、精干、先进的原则,分阶段开展定岗定编工作。台州发电厂相继出台《台州发电厂职工内部离岗退养实施办法》《台州发电厂职工试岗待岗管理办法》等重要改革配套措施。按照《浙能公司发电企业优化人力资源配置改革指导意见》的精神深化改革,下发《台州发电厂发电部、运行部、化学分场岗位聘任、组合实施办法》《台州发电厂发电部、运行部、化学分场定岗定编方案》等文件,对发电部、运行部、化学分场的生产人员进行整合。继1997年承包温州龙湾燃气发电有限责任公司的机组运行、维护和检修工作后,于2007年4月,还承揽了安徽凤台发电厂燃料系统设备的运行与维护工作。

2007年8月,制定《台州发电厂第二阶段机构优化整合方案》。全厂机构优化整合涉及的岗位,按照《台州发电厂第二阶段机构优化整合岗位编制方案》《台州发电厂第二阶段机构优化整合聘任、组合实施办法》等规定具体操作。

2006年以来,为适应形势变化和市场经济发展要求,加强标准化管理和对标工作,电厂对各项考核标准、制度进行全面修订,截至2016年底,企业管理标准198项,工作标准共277项。

电厂注重设备管理,按时完成设备计划检修,从2006年至2016年期间,台州发电厂共进行A、B、C级检修48次,修后全优40次,全优率为83.33%。其中A级检修10次,修后全优7次,全优率为70%。利用电网负荷"低谷"时段、节假日、机组调停机会对设备进行检修、维护、消缺,并不断开展科技改造,除对7～10号机组进行扩容和自动化改造外,电厂还对脱硫脱硝、污水治理、继电保护、热工自动控制、环境保护、计算机控制等系统的设备进行技术改造,共完成项目161项,其中重大项目有31项,完善了自身装备。

2006年以来,电厂全力推进"111"人才工程。至2008年7月,305名职工获得武汉大学成人高等教育毕业证书;大专及以上学历达到1349人。"111"人才工程中高级工技能人员、大专及以上学历人员达到1000名的目标提前完成。同时重点加强职工的技能培训和技能比武,大力开展转岗培训,运行人员推行全能值班员、检修人员一专多能的培训。在继电保护、电气高压试验、电焊、水泵、低压电气、30

万千瓦机组集控操作员技能大赛中，多次在浙能集团系统，乃至全省和全国的职业技能比武大赛中获奖。已建有一支拉得出、顶得上，技术娴熟，作风过硬的职工队伍。除保持企业自身生产外，还支援省内外电厂检修、运行，实行劳务输出。还先后向乐清、兰溪、台州第二发电厂和天达公司、天虹公司等输送人才 841 人。在企业改革、发展的同时，电厂党员队伍也日益壮大，11 年间，共发展党员 135 名，通过开展“基层党建工作示范区”，“五好党支部”、“星级党支部”竞赛以及党员示范区活动，党员的先进性在两个文明建设中均得到了体现。截至 2016 年末，电厂有职工 1375 人，其中有大学及以上学历 384 人；大专 531 人；中专 53 人；高中、中技 278 人；初中及以下学历 129 人。具有高级专业技术资格的有 26 人，具有中级专业技术资格的有 162 人，具有初级专业技术资格的有 464 人；高级技师有 8 人，技师 47 人，高级工 426 人，中级工 209 人，初级工 8 人。

全力建设企业文化。打造台州发电厂“核心共进”企业文化体系，开展企业文化节系列活动；深入开展学习实践科学发展观活动，群众满意度测评满意率为 100%。推进碧海明珠花园住房建设并完成了购房工作，提高企业的向心力。

电厂通过对 7～10 号机组技术改造、设备治理和文明生产整治，至 2016 年末，全厂装机容量增至 133 万千瓦，同时，电厂的安全可靠性也有了较大的提高，自 2012 年 10 月 16 日以来，一直保持安全生产无事故。机组供电煤耗虽然从 2006 年的 335.76 克/千瓦·时降至 2016 年的 316.4 克/千瓦·时，但由于煤价持续上涨，仍难以扭转经济效益下滑的局面。2006～2016 年，全厂共发电 879.04 亿千瓦·时，完成总产值 64.30 亿元(按 790 元/万千瓦·时不变价计算)，期间，全员年劳动生产率人均 308592 元。职工年平均收入从 2006 年 69710 元增加到 2016 年的 163738 元(含各项保险)。

2010 年 8 月 21 日，国家能源局批复同意浙能台州第二发电厂“上大压小”新建项目开展前期工作，随着 1～6 号机组的关停和“上大压小”项目的推进以及机构优化，台州发电厂 2013 年出台《台州发电厂定岗、定编、定员实施办法》及岗位定编方案，经双向选择共有 1337 人录用至相应的报名岗位，圆满完成了定岗、定编、定员的“三定”工作，并一次性向台二电输送人员共计 591 人，企业人数首次降至 1400 人以下。2015 年底，根据浙江浙能电力股份有限公司所属营运企业部门岗位标准化要求，全厂设置 19 个部门。

台州发电厂从一号机组投产发电 35 年来，历经几代人的艰辛拼搏，使昔日荒凉的海滩变成了“浙东南经济起飞的翅膀”，如今虽辉煌不再，却依然在浙能集团“四业发展”的指导下，以凤凰涅槃的勇气，不断创新企业发展模式，想方设法拓展企业发展空间。

大 事 记

2006 年度

3 月 26 日 2005 年"感动台州"十大年度人物(事件)揭晓并颁奖，检修分场职工董增永获入围奖。

4 月 20 日 浙江省能源集团有限公司 2006 年安全生产工作会议在台州召开。浙能集团公司总经理吴国潮、党委副书记蔡建平、副总经理毛剑宏、工会主席卢嘉三、总经理助理张谦、杭州电监办副专员谢国兴、浙江省电力试验研究院院长余维平、浙江电力调度通信中心副主任王冬明、浙能集团公司系统各企业分管生产的领导及设备管理部门、安监部门、运行部门、检修部门负责人等近 140 人参加了会议。

4 月 20 日晚 台州发电厂 2005 年度职工之星揭晓并进行隆重颁奖。董增永、顾菊香、徐正华、周傅峻、鲁继陈、郑灵、潘世岳、周仙明、王立业、胡尧达被评为厂首届职工之星。浙能集团公司总经理吴国潮，副董事长、党委副书记蔡建平，工会主席卢嘉三等参加了表彰大会。

5 月 9 日 台州发电厂召开治理商业贿赂专项工作动员部署大会，认真贯彻浙能集团公司治理商业贿赂专项工作动员部署大会精神，厂长孙玮恒在会上作动员部署，党委书记朱东临主持会议，厂中层及以上干部、厂治理商业贿赂专项工作领导小组办公室全体成员参加会议。

5 月 11 日 浙能集团公司党委副书记蔡建平带领春季安全大检查第二检查组来台州发电厂检查。

6 月 8 日 中国环保产业协会副秘书长滕静、中国环保产业协会脱硫除尘委员会副主任庄德安代表国家环保总局来厂开展脱硫情况现场调研。

6 月 17 日 6 号炉烟气脱硫工程通过地方环保局"168"试运行验收，10 月 21 日通过竣工环保验收，脱硫效果明显。2006 年全年烟尘排量 4021.01 吨，比 2005 年同期减少 16.57%；SO_2 排量 61538.95 吨，在燃煤含硫量提高的情况下比 2005

年同期减少3.63%。

6月27日 由国家卫生部牵头，国家安全生产监督总局、劳动和社会保障部、中华全国总工会等四部委组成的职业病防治调研组浙江小组来厂调研。

7月 职工子弟学校开始移交椒江区政府管理，23名学历合格、专业对口、具有教师资格的在职教师，也由椒江区政府接收，安排在椒江市区学校上课。

7月6日 浙能集团公司副总经理童亚辉一行来台州发电厂调研上半年的生产经营及煤炭收、耗、存等情况。

9月27日 五期扩建工程立功竞赛活动暨百日会战拉开序幕。

10月 相继出台《台州发电厂职工内部离岗退养实施办法》《台州发电厂职工试岗待岗管理办法》等重要改革配套措施。按照《浙能公司发电企业优化人力资源配置改革指导意见》的精神深化改革，下发《台州发电厂发电部、运行部、化学分场岗位聘任、组合实施办法》《台州发电厂发电部、运行部、化学分场定岗定编方案》等文件，对发电部、运行部、化学分场的生产人员进行整合。

10月31日 出台《台州发电厂优秀人才选拔管理暂行办法》，坚持德才兼备、群众公认、注重业绩、注重发展潜力、重视培养提高的原则，建立优秀人才库，促进优秀人才的培养。

11月10日 运行部职工郑德水在“中央企业职工技能大赛30万千瓦火电机组集控运行值班员决赛”中获银奖。

五期扩建工程进展情况：

2月14日 国家发改委下发了《关于浙江台州发电厂五期(2×30万千瓦)扩建项目核准的批复》(发改能源〔2006〕235号)。至此，从2003年9月开始申报、前后历时29个月的台电五期扩建工程(2×30万千瓦)燃煤机组终于正式通过国家发改委核准。

4月28日 五期扩建工程举行隆重的奠基仪式，参加仪式的有浙能集团公司董事长孙永森、浙江省发改委能源处副处长陈海涛和各相关职能部门、下属相关单位的领导，以及市区两级有关单位的负责人。浙能集团公司董事长孙永森、台州市委副书记陈聪道为奠基石揭彩。

7月31日 9号炉钢结构开吊，整个工程进入全面安装阶段。11月，9号炉汽包就位，受热面开始安装，12月28日烟囱结顶。

截至2006年底，烟囱和9号炉钢结构工程已结顶，汽机房已止水，脱硫工程同步开始建设等，按期实现省发改委和浙能集团公司下达的各项重要节点目标，年度基建工作目标和工作任务全面完成。

台州发电厂住宅小区建设和购房工作进展情况:

1月24日 在厂影剧院召开职工住宅小区购房方案专题职代会,与会的169名职工代表投票选择购房方案,最终以按进本厂工作年份排序的购房方案为职工住宅小区出售认购方案。

6月6日 经四次公布、校对,购房户的最终排序形成,并开辟“台电小区购房展示网”,及时公布购房进度信息,分别于8月12日、12月4日顺利完成第一、二批售房工作。9月底基本完成了南区购房合同的签订及购房户的交款工作。

小区工程质量获得好评,A标1—7号楼工地被评为2006年度浙江省建筑安全文明施工标准化工地,B标工程获得2006年度台州市建筑工程“括苍杯”优质工程称号。北区拆迁工作取得突破性进展。

2007年度

1月11日 在国家环保总局环境规划院副总工程师杨金田带领下,国家环保总局主要污染物总量控制检查组领导一行来台州发电厂检查。

3月 五期扩建工程被台州市总工会评为2006年度台州市单位劳动竞赛优秀组织单位。

4月19日 浙能集团公司党委副书记蔡建平宣布浙能集团公司党委干部任免决定(浙能党〔2007〕37号文):应苗富、黄华芬同志任中共台州发电厂委员会委员,应苗富同志任副书记;应苗富同志任中共台州发电厂纪律检查委员会书记;免去朱东临同志中共台州发电厂纪律检查委员会书记职务;免去王佳富同志中共台州发电厂委员会委员职务。

4月18日 台州发电厂第十一届团代会在“青年之家”举行,49名团员代表参加会议。方和宝、余绍斌、李林栋、李晓晖、张亦青、郑邦洋、周陈锋、周贤银、胡朝日、管诗渊、潘振刚(按姓氏笔画为序)等十一位同志当选为共青团十一届委员会委员。李林栋当选为书记。

5月18日 碧海明珠花园南区开始交房。

6月 五期扩建工程被浙江省总工会、发改委授予2006年度省重点工程立功竞赛先进集体称号。

8月6日 浙能集团公司组织(人力资源)部部长徐小丰、副部长顾振海、东南公司党委书记吴耀忠宣布浙能集团公司党委干部任免决定(浙能党〔2007〕62号):冯敏同志任中共台州发电厂委员会委员、书记,中共浙江东南发电股份有限公司委员会委员，免去其中共浙江镇海发电有限责任公司委员会委员职务；免去朱东临同志中共台州发电厂委员会书记、委员，中共浙江东南发电股份有限公司委员会委员职务。

8 月 14 日 台州地区突降特大暴雨，最大降水量达 260 毫米。台州发电厂迅速启动防汛应急预案，各部门通力合作，夺取了抗击特大暴雨的胜利。

8 月 22 日 第二阶段机构优化整合工作启动，撤销维护一和维护二分场，成立维护分场和燃灰分场，对设备部、生产调度部、检修分场、维护分场、燃灰分场、自动化分场、化学分场、丰源公司、行政部等部门职能作了相应调整。

9 月 5 日 浙江省发改委稽查办主任张黎明一行视察五期工地。

10 月 17 日 浙江省统计局局长金汝斌、台州市副市长元茂荣来厂调研节能减排、统计工作情况。

11 月 20—21 日 中国共产党台州发电厂第三次代表大会在活动中心召开。浙能集团公司党委副书记蔡建平、党委委员徐小丰，东南发电公司党委书记吴耀忠及厂 86 名党代表参加了会议。大会选举马京程、冯敏、孙玮恒、牟文彪、朱青国、应苗富、杨志明、周慎学、黄华芬（按姓氏笔画为序）同志为中共台州发电厂第三届委员会委员，王叙、应苗富、应利华、张忠良、周克展、胡海萍、戚丹丹（按姓氏笔画为序）同志为中共台州发电厂纪律检查委会员委员。

11 月 20 日 浙能集团公司党委副书记蔡建平、总经理助理徐小丰和东南公司党委书记吴耀忠考察浙能三门发电厂牛山涂厂址。

11 月 27—29 日 浙能三门发电厂牛山涂工程初步可行性研究报告在萧山通过审查。

12 月 台州发电厂开展后勤机构优化整合工作，撤销车队建制，整合行政部、丰源公司后勤服务相关岗位。经双向选择，后勤岗位共有 26 人充实到运行、检修生产一线岗位。

12 月 24 日 电力规划设计总院副总工程师陆国栋带领土建、输煤、机务水工、化环、电气热工、技经等专家踏勘浙能三门发电厂牛山涂、洋市涂厂址。

12 月 25—26 日 浙能三门发电厂牛山涂工程可行性研究报告在台州通过审查。

12 月 27 日 台州发电厂椒江住宅小区北区开始交房。

12 月 28 日 企业文化节启动仪式在活动中心举行。启动仪式上，厂领导将《解读台州发电厂企业文化》一书授予全厂各党支部书记。企业文化节期间，台州发电厂举行了“和谐共进”主题演讲比赛、《光影台电》图片展、企业文化培训、青年读书节、送温暖、班组管理论坛以及“和谐共进”综合知识竞赛等系列活动，在全厂范围内全方位解读、宣传企业文化核心理念。

五期扩建工程及四、五期脱硫项目建设情况：

5月22日12时25分 五期扩建工程9号机组倒送电一次成功。

10月18日 五期扩建工程9号机启动验收委员会首次会议在台州召开，同意9号机组进入整套启动阶段。同时，四期8号机脱硫工程也通过专家的审查，进入整体试运阶段。

10月26日11时18分 8号机脱硫系统完成168小时试运行后正式移交生产。

12月20日0时15分 9号机烟气脱硫顺利通过168小时运行。0时18分，9号机组顺利完成168小时试运行并正式移交商业运行，比合同工期提前68天完工，创造了浙江省30万千瓦燃煤机组建设工期仅601天的最新纪录。

12月26日9时 7号机烟气脱硫系统完成了168小时试运行。

12月27日 10号炉完成酸洗工作。

2008年度

3月3日 台州发电厂住宅小区碧海明珠花园召开首次业主代表大会，表决通过了《碧海明珠花园业主大会章程》等五个草案。

4月 邀请浙江大学公共管理学院教授陈大柔、蔡宁，副教授陈学军分两期对中层干部进行领导艺术、精细化管理以及执行力的综合培训。

4月1日 原国家计委副主任姚振炎、原电力工业部总工程师周小谦等一行五人在省总工会主席张蔚文、浙能集团公司副总经理童亚辉等领导的陪同下，到三门牛山涂厂址进行考察。

4月4日10时 10号机组连同脱硫设施同时完成168小时满负荷试运行，正式移交商业运行。10号机建设工期仅707天，提前84天实现浙能集团公司的考核目标。10号机组还实现了机组冲转、并网和甩负荷试验等均一次成功，整套启动期间没有发生MFT，耗油仅128.5吨，并创下了整套启动调试时间仅25天的省内最好水平。

4月18日 北京世标认证中心专家一行来厂对管理体系进行第二轮复评，现场审核结论为：推荐认证注册。

4月30日 台州发电厂隆重表彰五期扩建工程立功竞赛暨第二个百日劳动竞赛活动先进集体和个人。

5月22日—6月5日 全厂405名党员上交特殊党费48.784万元以支援四川汶川地震灾区。

6月 7、8号机组集控被共青团中央授予“全国青年文明号”称号，成为浙能公司成立以来首获此荣誉的集体。

6月4日 台州发电厂四期2台33万千瓦机组烟气脱硫工程通过省环境保护局组织的竣工环境保护检查验收。

6月13日 浙江省人民政府授予五期扩建工程浙江省重点建设立功竞赛先进集体称号。

6月24日 浙江省委组织部干部三处赵克处长一行到厂调研党建工作。

7月 305名职工获得武汉大学成人高等教育毕业证书，其中15人获学士学位证书。本次毕业学员分两个层次五个专业：热能与动力工程本科57人、自动化本科71人；热能动力工程专科54人、自动化专科36人、火电厂集中控制专科87人。至此，全厂大专及以上学历达到1349人，“111”人才工程中高级工技能人员、大专及以上学历人员达到1000名的目标提前完成。

7月13日 国家环境保护部华东监查中心专家李浩一行到厂进行国家主要污染物减排情况的检查。

7月31日 浙江省安监局局长徐林到厂调研五期工程出线情况。

10月31日 11月3日因出线问题停运的9号、10号机组终于顺利并网发电，正式投入商业运行，五期脱硫设备同时投运。

11月4日 浙江省体育局局长李云林率体育强区检查验收组到厂检查。

11月13日 台州发电厂顺利通过浙江省“先进职工之家”考评。

11月27日 浙能集团公司党委委员、总经理助理、组织（人力资源）部部长徐小丰宣布浙能集团公司对厂领导班子的调整决定：马京程同志调任镇海联合发电公司总经理、党总支书记，免去其台州发电厂副厂长、党委委员职务；牟文彪同志任台州发电厂副厂长（主管生产）兼总工程师。

11月28日 运行部职工娄正灶获2008年中央企业职工技能大赛火电机组集控运行值班员决赛铜奖。

11月29日 台州发电厂住宅小区北区最后一批住宅交付使用。

12月11日 台州发电厂四期2×33万千瓦烟气脱硫工程和五期2×30万千瓦扩建工程安全验收评价报告及安全设施通过了省安监局组织的审查验收。

12月22日 台州发电厂四期2×33万千瓦烟气脱硫工程和五期2×30万千瓦扩建工程职业病控制效果评价报告及建设项目职业病防护设施通过了省卫生厅组织的审查验收。

2009 年度

1 月 20 日　台州发电厂再度荣获全国文明单位称号。

2 月 9 日　浙江省建设厅正式签发《建设项目选址意见书》及《浙江浙能三门发电厂工程建设项目选址审查意见》,同意选取三门浬浦镇牛山为浙能三门发电厂厂址,审批项目用地 167.33 公顷(含扩建预留用地)。

2 月 24 日　浙江省发改委副主任赵彦年、能源处处长陈海涛等一行实地考察浙能三门发电厂牛山厂址。

3 月 11 日　台州发电厂团委被团省委评为浙江省"青年文明号"创业创新示范行动先进集体。

4 月 21—22 日　浙能集团公司组织进行了五期工程及四期脱硫工程基建达标(预)复检,四期 7 号、8 号机组脱硫工程分别以 944.08 分、940.95 分,五期 9 号、10 号机组分别以 930.34 分、938.85 分通过了检查,被授予"达标投产机组"称号。

5 月　台州发电厂被台州市人民政府授予 2005—2008 年度群众体育先进单位荣誉称号。

5 月 15 日　五期工程通过国家环境保护部组织的竣工环保检查验收。

6 月 21 日　在 2009 年度浙江省优秀 QC 小组活动成果交流会上,维护分场锅炉检修班 QC 成果《减少 13.5 万千瓦机组锅炉再热器集汽集箱管座裂缝》以发电组第一名的成绩获得一等奖,并被推荐至全国参加发布交流;燃灰分场桥轮班 QC 成果《减少四期系统斗轮机防爬装置损坏缺陷条数》获二等奖。

7 月 5 日　五期扩建工程荣获 2009 年度浙江省建设工程"钱江杯"奖(优质工程)。

7 月 25 日　碧海明珠小区商铺成功拍卖。

7 月 30 日　浙江省经信委副主任凌云率省节能目标责任评价考核组到厂调研。

8 月 20 日　五期供热管线工程可行性研究报告在杭州通过浙江省发展规划研究院组织的专家评审。

8 月 23—25 日　组队代表台州市队参加 2009 年浙江省省级技能大赛焊工比赛并获团体第二名。

8 月 27 日　成立浙能台州第二发电厂筹建处和台州三门疏港公路连接线项目筹建处,浙能三门电厂正式更名为台州第二发电厂。

8 月 31 日　4 台 13.5 万千瓦机组关停解列仪式在 2 号集控室举行。

9月1日 24时2、3、4、5号机组全部关停退役。

同日 椒江中心幼儿园碧海明珠分园开园。

9月2日 6×13.5万千瓦燃煤发电机组整体关停分步实施暨首批4台机组关停拆除仪式在厂1号主变现场召开，厂长孙玮恒任现场爆破总指挥，下午15时48分，1、2号冷却水塔成功爆破。

12月28日 五期扩建工程和四期烟气脱硫工程通过竣工验收。

同日 30万千瓦仿真机项目通过竣工验收。

2010年度

1月 台州发电厂获2009年浙江省总工会示范职工书屋称号。

2月2日 10号机组投产后首次检查性A修工作全面铺开。

3月16日 五期配套工程供热管线项目立项获省发改委批复(浙发改能源〔2010〕210号)。

3月24日 台州发电厂荣获全省发电厂金属监督先进集体称号。

4月6日 三门疏港公路连接线项目取得三门县发展局核准批复。

4月21日 台州发电厂发出“关于向玉树地震灾区和西南旱灾地区捐款的倡议书”。全厂职工共捐款236584.40元。

5月10日 台州发电厂发动全厂职工积极参加“5·15台州慈善公益日”活动。近1500名职工参加了募捐，共募得善款97128.3元。

5月26日 浙江省节能降耗考核检查组在省经信委副主任凌云的带领下，对台州发电厂“十一五”期间节能降耗工作进行了检查指导。

5月31日 由台州市新开源海运有限公司(台州市新开源建材开发有限公司与浙江省海运集团台州有限公司共同出资)建造的2.7万吨级浙海354轮在江苏仪征九州船厂顺利下水。

6月8日 台州发电厂邀请上海明德学习型组织研究所咨询项目部主任、中国企业家调查系统研究员姚国侃教授，举办学习型组织建设专题讲座。

6月9—11日 浙能集团公司首次机组A修后评价在台州发电厂开展。

6月12日 台州发电厂召开创先争优活动动员大会，部署安排以“践行科学发展，争当浙能先锋”为主题的创先争优活动。

7月14日 燃料分场党支部举行换届选举党员大会，台州发电厂首次通过“公推直选”方式产生了新一届党支部委员。许宏宇当选为燃料分场党支部书记。

7月26日 受台风“灿都”残留云系影响，台州突降特大暴雨，四期煤场被冲塌。经广大党员干部和职工历时四个半小时的奋力抢险,3号斗轮机恢复备用。

8月8日　台州发电厂1号、6号两台13.5万千瓦机组退役关停。

8月9日　由台州发电厂与乐清电厂、凤台电厂6名职工组成的浙能集团公司桥牌队勇夺全国电力行业职工桥牌锦标赛第二名。

8月21日　国家能源局批复同意浙能台州第二发电厂"上大压小"新建项目开展前期工作。

9月13日　浙能集团公司司歌MTV在台州发电厂开拍。浙能集团公司司歌由著名作曲家印青作曲,歌词由台州发电厂徐敏主创。

9月15日　3号水冷塔成功爆破,这标志着台州发电厂6台13.5万千瓦机组全部退出历史舞台。

9月27日　国家发改委小火电关停核查组一行五人到台州发电厂实地核查小火电关停情况。

11月2日　召开选派援疆干部动员大会。

11月3日　共青团台州发电厂第十二次代表大会隆重召开,大会选举产生管诗渊、周陈锋、王璟、孙征、严捷、张鑫韬、杨曦、周贤银、孟祥英、施兴建、潘振刚组成的第十二届共青团台州发电厂委员会。管诗渊当选为书记。

11月23日　台州发电厂日发电量创出自13.5万千瓦机组关停以来新高,达到3035.7万千瓦·时,24小时平均负荷率达到100.39%。

12月11日　反映台州发电厂文明单位建设的专题片《花儿为什么这样红》获中电联全国电力行业优秀影视作品优秀奖。

12月28日　浙能集团公司党委委员、工会主席徐小丰一行到台州发电厂宣布人事任免事项,免去孙玮恒台州发电厂厂长、党委副书记职务,任命马京程同志为台州发电厂厂长、党委副书记。

2011年度

1月5日　浙能集团公司聘任马京程为浙能台州第二发电厂筹建处、台州三门疏港公路连接线项目筹建处主任。

2月下旬　浙能台州第二发电厂(2×100万千瓦机组)水土保持方案获水利部批复。

2月21日　浙能集团公司对台州发电厂、台州第二发电厂筹建处领导班子进行调整。聘任倪成钢同志为浙能台州第二发电厂筹建处、台州三门疏港公路连接线项目筹建处主任,周慎学、朱青国、徐敏同志为浙能台州第二发电厂筹建处、台州三门疏港公路连接线项目筹建处副主任，免去马京程同志浙能台州第二发电厂筹建处、台州三门疏港公路连接线项目筹建处主任职务，冯敏、倪成钢、周慎学、朱青国、徐敏同志任中共浙能台州第二发电厂筹建处总支部委员会委员，冯敏同志任书记。免去周慎学同志中共台州发电厂委员会委员、台州发电厂副厂长职务。

2 月 25 日　浙能集团公司任命戚丹丹为中共台州发电厂委员会委员，中共台州发电厂委员会纪律检查委员会委员、书记。

同日　《五期配套工程供热管线工程项目选址调整意见书》获省住房和城乡建设厅批复。

3 月 1 日　运行岗位六班三倒新运行倒班模式正式实施。

3 月 8 日　台州发电厂高分通过“十一五”节能目标责任考评。

3 月 10 日　《台州发电厂五期供热管线工程可行性研究报告(调整稿)》通过评审。

4 月 8 日　台州发电厂通过北京世标认证中心有限公司审核组的现场审核，继续被推荐保持质量、环境和职业健康安全“三标一体化”管理体系认证注册资格。

4 月 27 日　浙江浙能资产经营管理有限公司与台州发电厂签订黄岩热电厂委托管理协议。

5 月 4 日　检修分场被授予全国工人先锋号称号。

5 月 15 日　1524 名干部职工参加了“5・15 台州慈善公益日”捐款活动，募得善款计 67242 元。

5 月 17 日　成立企业发展部。

5 月 26 日　马京程、潘世岳荣获浙能骄傲“十佳中坚”，董增永获得浙能骄傲“十佳员工”。

6 月 1 日　《五期配套工程供热管线项目可行性研究报告》调整请示获省发改委批复(浙发改能源〔2011〕527 号)，五期供热管线项目重新立项报批工作圆满完成。

6 月 20 日　台州发电厂荣获浙江省模范职工之家称号。

6 月 23 日　台州发电厂荣获台州市“十一五”社会主义劳动竞赛先进集体；王泽被聘任为台州市第一批职业技能带头人。

8 月 1 日　五期供热管线项目初步设计获省发改委批复。

8 月 10 日　浙能集团公司任命吴春年为台州发电厂总工程师、党委委员，免去牟文彪台州发电厂总工程师职务。

9 月 9 日　蒋良和队友代表浙能集团公司在 2011 年全国电力行业职工桥牌锦标赛上获得双人赛冠军。

11月8日 《五期配套工程供热管线项目市政工程施工许可证》获批,正式进入施工阶段。

11月9日 王泽作为浙江省首批"金蓝领"高技能人才,参加了为期28天的出国培训。

11月23日 台州发电厂荣获"浙江省企业文化建设示范单位"称号。

12月12日 台州发电厂获"台州市劳动关系和谐企业"荣誉称号。

12月20日 台州发电厂三获全国文明单位称号,是继2005、2008年后,连续第三次获得全国文明单位称号。

2012年度

1月14日 台州发电厂顺利通过国家环保部2011年主要污染物总量减排核查。

2月24日 浙能集团公司任命杨志明为中共台州发电厂委员会书记。冯敏调往浙江浙能镇海发电有限公司任职。

3月16日 撤销化学分场,整体划归运行部。

4月20日 检修分场成为台州市市级职工科技创新工作室。

4月27日 马京程、牟文彪、茹国栋等三人列入浙江能源劳模风采展示。

5月 台州发电厂开展第三届优秀人才库选拔工作。

5月4日 潘世岳事迹入选浙江省"创先争优群英谱"。

5月16日 台州发电厂第二届企业文化节开幕。

6月9日 浙江省省属企业大众体育比赛在台州发电厂举行,台州发电厂代表浙能集团公司代表队在比赛中勇夺桂冠。

7月12日 台州发电厂顺利通过国家环保部上半年主要污染物总量减排核查。

7月13日 王泽、徐崇辉、杨德获得全省职工职业技能大赛暨全国焊工大赛选拔赛团体第二名,王泽荣获"浙江省技术能手"荣誉称号,徐崇辉晋升为技师。

7月17日 检修分场职工技术服务援助队被授"台州市职工技术服务援助队台州发电厂大队"队旗。

8月23日 6台13.5万千瓦关停机组以1.2亿元成交价成功拍卖。

9月6日 浙能集团公司任命张浩同志担任台州发电厂副厂长、党委委员。

9月13日 台州发电厂同椒江区人民政府签订了"十二五"节能目标责任书。

9月21日 章良健、王迎迎代表浙能集团公司获得"全国电力行业技术能手"

称号，并获得团体三等奖。

10 月 台州发电厂四期 2×33 万千瓦和五期 2×30 万千瓦燃煤机组脱硝改造项目获得浙江省发改委核准。

11 月 6 日 台州发电厂被评为 2009—2012 年台州市群众体育先进单位台州市体育发展热心支持单位。

11 月 24 日 在全国电力企业管理年会上，台州发电厂被评为全国电力行业优秀企业。

12 月 台州发电厂被授予全国减排先进集体。

12 月 18—19 日 台州发电厂第四次党代会召开，集团党委委员、纪委书记张荣博，纪委委员、工会副主席、政工部主任倪晓岚，组织（人力资源）部副部长蔡亦东应邀出席会议。大会听取并审议通过党委书记杨志明所作的党委工作报告和纪委书记戚丹丹所作的纪委工作报告，“公推直选”产生了台州发电厂第四届党委、纪委。中共台州发电厂第四届委员会委员 6 人（按姓氏笔画为序）：马京程、杨志明、吴春年、张浩、戚丹丹、黄华芬；杨志明任党委书记，马京程任党委副书记，戚丹丹任纪委书记，董吕升任纪委副书记。中共台州发电厂第四届纪律检查委员会委员 7 人（按姓氏笔画为序）：王叙、龙伟华、卢建中、赵石兵、戚丹丹、董吕升、翟嵩山。

12 月 24 日 浙江省人力资源和社会保障厅核准台州发电厂孔林书技能大师工作室。

2013 年度

1 月 11 日 浙能集团公司任命陈统钱同志为台州发电厂副厂长、党委委员。

2 月 17 日 台州发电厂获浙江省第二批“廉政文化先进企业”示范点荣誉称号。

3 月 13 日 台州发电厂撤销企业发展部成立工程部，撤销企业策划部成立综合管理部，撤销水灰分场并入运行部，撤销燃灰分场。

3 月 22 日 浙能集团公司任命沈波同志任台州发电厂厂长、党委副书记。免去马京程同志台州发电厂厂长、党委副书记职务。

4 月 11 日 共青团台州发电厂第十三次团员大会胜利召开，大会选举产生王璟、张鑫韬、周建华、陈琨、孟祥英、崔星星、董官宋七位同志组成的第十三届委员会，孟祥英当选为团委书记。

4 月 22 日 台州发电厂响应浙能集团工会《为雅安地震灾区募捐倡议书》，向四川雅安地震灾区赈灾募捐共计 153244 元。

4 月 24 日 浙江省国资委纪工委书记陈松根到台州发电厂进行“进企业、促发展”大走访活动。

4 月至 8 月 台州发电厂开展大讨论、中层管理岗位双向选择、台二电岗位报名、定编岗位双向选择报名工作,顺利完成厂内“定岗、定编、定员”及向台二电人员输送工作。

6 月 19 日 浙江省武警总队副司令员陈朝华一行来台州发电厂调研座谈。

6 月 30 日 台州发电厂首台机组(7 号机组)脱硝改造工程通过 168 小时试运行,正式移交并投入使用。

7 月 23 日 台州发电厂启动为期七个多月的党的群众路线教育实践活动。

8 月 10 日 台州发电厂“阳光工程网”上线试运行。

8 月 13 日 浙江省物价局副局长龚源昌、浙能集团副总经理楼晶一行到台州发电厂调研指导工作。

9 月 9 日 台州发电厂自动化分场液控班获“省质量信得过班组”发布会特等奖,燃灰分场皮带班获得发布会一等奖。

9 月 22 日 台州发电厂海天代表队获“市焊工职业技能大赛”第一名。

10 月 10 日 台州发电厂获全国电力行业质量管理小组活动优秀企业。

10 月 18 日 台州发电厂五期配套供热管线工程项目全线贯通并投入供汽,该供热管线全长 15042 米,最高供汽将达到 150 吨/小时。

11 月 5 日 台州发电厂获“省创建和谐劳动关系先进企业”荣誉称号。

11 月 7 日 台州发电厂获全国安全生产领域“打非治违”知识竞赛优胜单位奖。

12 月 3 日 台州发电厂自动化分场液控班获“全国质量信得过班组”荣誉称号。

12 月 31 日 台州发电厂完成发电量 76.88 亿千瓦·时,完成省经信委调整后发电量计划的 102.64%,年度发电量计划完成进度居省统调常规燃煤机组之首。

2014 年度

1 月 28 日 武警台州市支队二中队完成驻台州发电厂 15 年安保任务后撤勤。

4 月 22 日 台州发电厂荣获台州市模范企业称号。

5 月 6 日 台州发电厂开展“5·10”思廉日暨“向善尚德养廉”党风廉政主题教育系列活动。

5 月 20 日 台州发电厂荣获 2012—2013 年度台州市社会管理综合治理先进

集体，已连续十四年获此殊荣。

6 月 25 日 台州发电厂 8 号机组脱硝改造工程顺利完成 168 小时试运行，标志着浙能集团完成燃煤机组全脱硝。

6 月 台州发电厂制订出台《惩防体系五年规划实施细则》。

同月 台州发电厂荣获 2013 年浙江省“安康杯”竞赛优胜单位。

7 月 9 日 台州发电厂开展为期 15 个月的文明生产大整治行动。

9 月 29 日 台州发电厂首台 13.5 万千瓦燃煤机组烟囱成功爆破；10 月 24 日，二期烟囱成功爆破；11 月 12 日，三期烟囱成功爆破；至 11 月 29 日，台州发电厂一至三期老厂拆除工作完美收官。

10 月 17 日 浙能集团公司首次电动给泵节能改造在台州发电厂成功实施。

12 月 23 日 联源热力公司超额完成全年供热任务，供热流量首破 200 吨/小时。

12 月 26 日 暂留台州发电厂的台二电 279 人员全部到台二电报到，至此历时 2 年、涉及近 600 人的浙能集团公司最大规模人员调动圆满完成。

12 月 31 日 台州发电厂全年累计发电 63.44 亿千瓦·时，完成省经信委调整后发电量计划的 103.32%。

2015 年度

1 月 15 日 浙能集团公司任命王亨海同志为台州发电厂副厂长、党委委员。

1 月 23 日 台州发电厂成为浙能集团首家将安全 II 区防火墙升级为纵向加密认证装置的电厂。

2 月 2 日 台州发电厂公共租赁住房项目开工。

3 月 9 日 30 名黄岩热电新员工转入职台州发电厂，并展开入厂教育及各项培训工作。

5 月 7 日 台州发电厂启动 2015 年安全生产月活动，至此台州发电厂已连续 15 年举办“安康杯”竞赛活动。

6 月 12 日 台州发电厂 7 号机获得全国同等级机组可靠性指标第一名。

8 月 20 日 浙能集团公司党委副书记耿平一行到台州发电厂宣布人事任免事项，任命赵建平同志担任台州发电厂党委书记、副厂长。

8 月 21 日 台州发电厂 7 号、8 号机组同时获得 30 万千瓦亚临界纯凝湿冷机组能效对标二等奖，这是台州发电厂自 2013 年来连续两年有两台以上机组获奖。

9 月 21 日 台州发电厂荣获 2015 年度中国企业文化建设典范企业称号。

10月23日 台州发电厂四期2×33万千瓦和五期2×30万千瓦燃煤机组脱硝改造项目顺利通过竣工验收。

12月8日 台州发电厂第十届第一次职工代表大会召开,会议选举产生了台州发电厂第十届工会委员会和工会经费审查委员会,表决通过了四个专委会成员名单、《台州发电厂职工疗休养暂行管理办法》及厂长工作报告、工会工作报告的决议,并对2015年各级技能竞赛获奖职工、年度先进集体和个人进行了表彰。

12月9日 台州市海天电力工程有限公司第一届第一次职工代表大会暨会员代表大会顺利召开。

12月25日 台州发电厂全年累计发电48.375亿千瓦·时,提前6天完成全年发电任务。

同月 台州发电厂7号机组超低排放改造项目顺利通过72小时满负荷试验。

2016年度

1月17日 7号机增容后72小时满负荷试验顺利完成。

2月 由台州发电厂课题组撰写的《国有企业外包项目招标监督管理实践》被评为2014—2015年度浙江省国有企业反腐倡廉课题调研成果优秀奖。

2月2日 台州发电厂与临海市桃渚镇芙蓉村开展"双万结对共建文明"活动,并签订结对共建协议书。

3月2日 浙江省委常委、省人大常委会副主任刘力伟一行来到台州发电厂调研,浙能集团公司董事、浙能电力股份公司总经理柯吉欣陪同调研。

3月30日 环保专题片《节能大户环保先锋》获得"中电传媒杯"二等奖。

5月6日 台州发电厂五期配套工程供热管线第二期项目"联源热力公司第三条供热管线工程"取得台州市规划局颁发的建设项目选址意见书。

5月13日 浙江省发改委稽察特派员夏晓林一行来到台州发电厂调研指导,浙能集团副总经济师傅木庆陪同调研。

5月27日 台州发电厂启动文明生产专项整治。

5月30日 召开共青团台州发电厂第十四次团员大会,大会选举陈琨、马玉鑫、朱伟军、蒋坤、金溜溜、汪舜檀、李健、崔雪、邱舸为共青团台州发电厂第十四届委员会委员。陈琨当选为书记。

6月14日 台州市椒北供水公司到台州发电厂送锦旗感谢海天公司。

6月23日 9号机组超低排放改造项目顺利通过72小时满负荷试验。

7月1日 浙能应急救援中心安保力量开始分批进驻台州发电厂。

同月 台州发电厂检修试验班 QC 小组的《电气试验远距离接线机械臂的研制》获得"国优"推荐资格。

7 月 5 日 台州发电厂召开 G20 峰会保供电及安全生产专题工作会议。

7 月 21 日 台州发电厂与东海翔集团有限公司《能源综合利用合作框架协议》签订仪式在台州发电厂隆重举行。

8 月 8 日 浙能集团公司工会主席许强检查指导台州发电厂 G20 峰会保供工作。

11 月 15 日 7 号机组超低排放设施现场核查顺利通过。

11 月 16 日 台州市海天电力有限公司与台州市椒北供水有限公司签订了《2016—2017 年度电气设备维护保养服务》的合同。

11 月 20 日 孔建国和蒋良作为浙能桥牌队的主力队员参加了 2016 年全国电力行业职工桥牌十强赛，获得团体亚军，双人赛第三名。

12 月 台州发电厂五期配套工程供热管线第二期项目（椒江段）建设用地预审工作获得台州市国土资源局椒江分局的正式批复。

12 月 21 日 10 号机组超低排放改造项目顺利通过 72 小时满负荷试验。

第一章 生 产

2006年,台州发电厂已经建成8台机组,1～6号机组通过DCS、DEH以及汽轮机通流部分的改造,已经由原来的12.5万千瓦升级为13.5万千瓦,总装机容量达147万千瓦,其中有6台13.5万千瓦机组和2台33万千瓦机组,2006年发电量98.29亿千瓦·时。安全性、经济性均居全国同类机组先进行列,被誉为"浙东南经济腾飞的翅膀"。

2006年初,五期工程在建之中,直至2007年12月20日,9号机连同脱硫设施同时顺利通过168小时运行并正式移交商业运行。2008年4月4日,10号机组连同脱硫设施同时完成168小时满负荷试运行,正式移交商业运行。

台州发电厂在生产上实行厂、分场、班组三级管理体制,由生产副厂长直接领导和指挥。设总工程师、检修副总工程师和运行副总工程师,负责对生产技术的领导和指挥。厂部下设设备部和生产调度部,负责设备管理和运行生产调度。2011年5月开始,由运行部负责电厂的运行生产调度工作。

2006年,台州发电厂根据8台机组运行情况,运行方面分别为运行部、发电部、化学分场、水灰分场、燃料分场。同年9月底,五期扩建工程立功竞赛活动暨百日会战拉开序幕。截至2006年底,五期烟囱和9号炉钢结构工程已结顶,汽机房已止水,脱硫工程同步开始建设等,按期实现省发改委和浙能集团公司下达的各项重要节点目标,年度基建工作目标和工作任务全面完成。

作为全国千家节能行动单位之一,台州发电厂积极响应国家建设环境友好型和资源节约型社会的号召,为了减少机组的有害排放物,为社会提供清洁能源,台州发电厂在2007年、2008年对机组进行脱硫改造,在2013年至2014年期间对7～10号机组进行脱硝改造,于2015年至2017年上半年对7～10号机组进行超低排放改造。另外,主动积极部署6台13.5万千瓦机组的逐步关停行动。2009年9月2日,台州发电厂全面启动"上大压小"将6台13.5万千瓦机组整体关停分步实施工作,关停了首批2～5号4台13.5万千瓦机组。2010年8月8日,最后2台13.5万千瓦机组关停退役;2014年6月27日原有的110千伏母线及3回110千伏出线全部退役，1、2号高压厂变拆除。2011年起台州发电厂的机组容量配置为两台30万千瓦机组和两台33万千瓦机组，总容量126万千瓦。为提高机组的经济性，台州发电厂7～10号机在2013～2015年期间完成了通流增容改造和脱硝改造后，至2016年底，台州发电厂的装机容量为两台33万千瓦机组和两台35万千瓦机组，总容量达136万千瓦。

第一节　生产组织

一、沿　革

台州发电厂，位于中国黄金海岸线中段的台州湾畔，自建厂以来，经过了一、二、三、四、五期工程的建设，尤其是一、二、三期工程是国家“六五”“七五”计划的重点项目。伴随着改革开放的大潮，历经五期工程建设，截至2008年4月初，已经建成十台机组。在这基础上，1～6号机组分别通过DCS、DEH以及通流部分改造升级为13.5万千瓦，四期的两台33万千瓦和五期的两台30万千瓦，机组总装机容量达207万千瓦。

2006年9月4日，成立台州发电厂五期扩建工程生产准备领导小组。下设生产准备办公室，负责日常工作。9月底，五期扩建工程立功竞赛活动暨百日会战拉开序幕。经过各方努力会战，2007年12月20日0时18分，9号机组连同脱硫设施同时顺利完成168小时试运行并正式移交商业运行。2008年4月4日10时，10号机组连同脱硫设施同时完成168小时满负荷试运行并正式移交商业运行。10号机组建设工期仅707天，提前84天实现浙能集团公司的考核目标。10号机组还实现了机组冲转、并网和甩负荷试验等均一次成功，整套启动期间没有发生MFT，耗油仅128.5吨，并创下了整套启动调试时间仅25天的省内最好水平。台州发电厂成为总装机容量达207万千瓦大型发电企业。

2006年10月19日，为了适应电力改革、发展的新形势，进一步优化人力资源，提高台州发电厂整体竞争力，促进企业可持续发展，按照高效、精干、先进的原则，分阶段开展定岗定编工作。台州发电厂相继出台《台州发电厂职工内部离岗退养实施办法》《台州发电厂职工试岗待岗管理办法》等重要改革配套措施。按照《浙能公司发电企业优化人力资源配置改革指导意见》的精神深化改革，下发《台州发电厂发电部、运行部、化学分场岗位聘任、组合实施办法》《台州发电厂发电部、运行部、化学分场定岗定编方案》等文件，对发电部、运行部、化学分场的生产人员进行整合。共有 35 人整合充实到燃料、环保运行队伍,另有行政部后勤岗位 11 人申报到燃料、环保岗位,扩充了燃料、环保力量,为进一步拓展并承接安徽凤台电厂燃料运输做好了准备。

2007 年 8 月 21 日,制定《台州发电厂第二阶段机构优化整合方案》。全厂机构优化整合涉及的岗位,按照《台州发电厂第二阶段机构优化整合岗位编制方案》《台州发电厂第二阶段机构优化整合聘任、组合实施办法》等规定具体操作。撤销维护一分场和维护二分场,成立维护分场和燃灰分场。8 月 24 日,成立自动化分场自动班、保护班、液控班、辅控班、继保班、远动通讯班、仪表班;维护分场汽机检修班、锅炉检修班、电气检修班、电焊起重班、综合检修班;主要负责全厂的机、电、炉、化学、循泵、暖通及部分脱硫设备的维护及其管理;燃灰分场除尘脱硫班、水泵班、电气班、桥轮班、皮带班、综合班。负责全厂燃料、除灰、除尘、淡水及部分脱硫等设备的维护管理、检修及技改工作。撤销:自动化分场原有班组;原维护一分场原有班组;原维护二分场原有班组;检修分场机务九班、机务十班、机务十一班、机务十二班、机务十三班;丰源公司维修班。同年 4 月 3 日,成立凤台项目部,并于 4 月 20 日成立凤台项目部输煤维护班、输煤运行一班、输煤运行二班、输煤运行三班、输煤运行四班、输煤运行五班、输煤运行六班。2007 年 12 月 20 日,制定《台州发电厂后勤机构优化整合岗位编制方案》《台州发电厂后勤机构优化整合实施办法》,成立行政部燃料食堂,撤销行政部生活食堂、生产食堂班组。12 月 29 日,撤销车队建制。2008 年 1 月 3 日成立检修分场检修综合车班;撤销检修分场修配维修班。3 月 25 日撤销检修分场起重班。

2008 年 6 月 4 日,台州发电厂四期 2 台 33 万千瓦机组烟气脱硫工程通过省环境保护局组织的竣工环境保护检查验收。12 月 11 日,台州发电厂四期 2×33 万千瓦烟气脱硫工程和五期 2×30 万千瓦扩建工程安全验收评价报告及安全设施通过了省安监局组织的审查验收;12 月 22 日台州发电厂四期 2×33 万千瓦烟气脱硫工程和五期 2×30 万千瓦扩建工程职业病控制效果评价报告及建设项目职业病防护设施通过了省卫生厅组织的审查验收。

2009 年 7 月 8 日,成立检修分场维修班、修配机床班,同时撤销检修分场修配车工班、修配铣刨班。2009 年 10 月 20 日,因五期扩建工程已建成投产,撤销台州发电厂五期扩建工程生产准备领导小组及其下设的生产准备办公室。2010 年 2 月 12 日,成立浙能台州第二发电厂(筹)综合部、工程部等机构,撤销五期综合部、五期工程部。

2009 年 8 月 31 日,4 台 13.5 万千瓦机组关停解列仪式在二期集控室举行。9 月 2 日,1、2 号水冷塔爆破。随着 1、2 台冷却水塔的成功爆破,标志着台州发电厂 4

台 13.5 万千瓦机组正式退出历史舞台，迈出了台州发电厂一至三期工程 6 台 13.5 万千瓦燃煤发电机组整体关停分步实施的实质性一步。

6 台 13.5 万千瓦机组的整体关停，为浙江省一次性关停机组台数最多、单机容量等级最高、关停总量最大，对我省乃至全国的小火电机组关停工作都有着积极的影响和促进作用。2010 年 8 月 8 日，1、6 号机组也光荣退出历史舞台。这标志着台州发电厂 6 台 13.5 万千瓦机组整体关停分步实施工作圆满结束。2010 年 9 月 15 日 15 时 08 分，3 号水冷塔成功爆破，标志着 6 台 13.5 万千瓦机组全部退出历史舞台，开启了台州发电厂转型升级的新篇章。

随着台州发电厂一至三期 6 台 13.5 万千瓦机组全部退役关停，至 2014 年 11 月 12 日，台州发电厂一至三期烟囱先后成功爆破。至此，7～10 号机组总装机容量还剩下 126 万千瓦。通过 2013 年至 2015 年先后对 7～10 号汽轮机实施通流部分改造，机组总装机容量提升到 136 万千瓦。

2010 年 11 月 22 日，根据企业改革发展情况，撤销发电部编制。原来的发电部人员全部解散，开始实行人员分离，除了向四、五期分流外，还向周边电厂输送人才。2010 年 8 月 21 日，国家能源局批复同意浙能台州第二发电厂“上大压小”新建项目开展前期工作，部分人员向台州第二发电厂等电厂流动。

2011 年 2 月 28 日，成立运行部运行六值、环保分场运行六值、燃料分场运行六值、化学分场运行六值；同时撤销运行部循泵运行各班组。本厂除了人员分离以外，自己也进行内部优化，2011 年 3 月 1 日起，在征求全体运行人员意见的基础上，厂部根据生产安全实际，决定对运行实行六班三倒制。5 月 17 日，台州发电厂企业发展部和台州发电厂驻黄岩热电有限公司联络处成立。台州发电厂企业发展部负责燃机项目的前期工作、园区供热厂内项目、一至三期 6 台机组的资产处置等。台州发电厂驻黄岩热电有限公司联络处隶属于企业策划部，负责黄岩热电有限公司的相关工作。

2011 年 5 月 9 日，撤销生产调度部。

2012 年 3 月 16 日，撤销化学分场，整体划归运行部。2013 年 3 月 3 日，成立综合管理部和工程部；撤销环保分场，整体划归运行部。6 月 20 日，撤销燃灰分场。7 月 8 日，撤销企业发展部，整体划归工程部。

2013 年 4 月至 8 月期间，台州发电厂开展全面大讨论、中层管理岗位双向选择、台州第二发电厂岗位报名、定编岗位双向选择报名工作，顺利完成厂内“定岗、定编、定员”及向台州第二发电厂进行人员输送工作。

2013 年 7 月 26 日，为满足向浙能台州第二发电有限责任公司（以下简称“台二公司”，原台州第二发电厂）输送人员和台州发电厂发展的需要，进一步优化人力资源配置,调动全体职工的工作积极性、主动性,提高工作效率和执行力,提升台州发电厂整体竞争力,根据全厂各部门的职责和人员现状,决定开展“定岗、定编、定员”的“三定”工作。根据《台州发电厂“定岗、定编、定员”实施办法》,制定《台州发电厂定岗定编方案》。“三定”工作中部分机构和职能的调整:运行部化学仪表班职能划归自动化分场,图纸管理职能划归设备部,燃料管理部煤质化验职能划归运行部化学试验班。撤销燃灰分场,燃料设备检修的机构和职能划归燃料分场,环保设备检修的机构和职能划归维护分场。人力资源部仿真机相关职能划归运行部。撤销企业发展部,企业发展部职能划归工程部。“三定”工作中“定员”的步骤安排:第一阶段厂部录用各部门中层管理人员。第二阶段公布全厂各部门的“定岗、定编”方案及“台二公司”岗位需求方案。第三阶段“台二公司”人员确定后,各部门根据本部门的岗位设置,部门负责人组织双向选择本部门所需的各级人员。第四阶段根据第三阶段各部门的双向选择情况,公布各部门的空缺岗位情况;经过双向选择后没有被录用的人员,可在全厂范围内空缺岗位中进行二次双向选择。仍未被录用的,如已报名“台二公司”岗位并填服从分配的,原则上再提供一次上岗机会。

2014 年 7 月 1 日,撤销燃料管理部,职能整体划归燃料分场;成立前期办公室。

2015 年 11 月 23 日,根据浙能电力股份有限公司所属营运企业部门岗位标准化要求,将台州发电厂组织机构调整、整合如下:成立厂办公室、人力资源部、设备管理部、党群工作部、监察审计部、财务产权部、计划营销部、安健环部、运行部、维护部、燃料部、物资采购部、前期办公室、信息中心、行政事务中心、工会办公室、检修分场、龙湾项目部、凤台项目部、联源热力公司。原组织机构全部撤销。

截至 2016 年底全厂性的运、检优化整合工作告一段落。至 2016 年底,全厂建制分场为 7 个,即设备管理部、运行部、维护部、燃料部、检修分场(对外称台州市海天电力工程有限公司),以及海天公司下设龙湾项目部和凤台项目部。

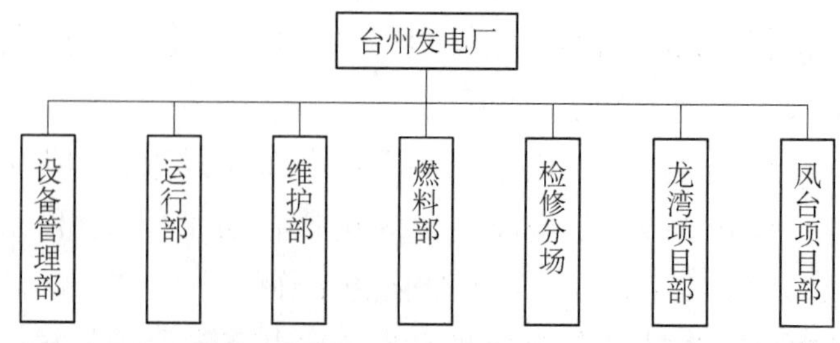

图 1-1　至 2016 年底台州发电厂生产组织机构设置

（一）设备管理部

设备管理部前称为设备部。负责本厂机组的汽机、电气、锅炉、热控、燃料、环保、化学、起重、土建、暖通、消防（监控）等专业及全厂建筑物的技改、检修、维护的技术管理；负责全厂计量管理和信息系统的维护及其管理，并履行金属、绝缘、继保、热控、电测仪表、化学、环保、节能技术监督管理职责；负责化学仪表的监督管理；负责热力试验工作；负责对缺陷的跟踪、重大缺陷指导及提出考核意见。2007年8月21日，根据《台州发电厂第二阶段机构优化整合方案》，增加其负责热力试验工作，化学、环保、节能技术监督管理以及化学仪表的监督管理职能。缺陷的日常技术管理工作划归相应的检修、维护部门，设备部负责对缺陷的跟踪、指导及考核，是设备的主要管理者。

（二）运行部

2011年2月28日，运行部成立运行六值，自3月1日1时起实行六班三倒制。且同时于2月28日，撤销运行部循泵运行各班组。2012年3月16日，根据企业改革发展需要，撤销化学分场，整体划归运行部。2013年3月13日，环保分场撤销，整体并入运行部管理，改名为环保班，分6个值。

经过一系列的优化组合，运行部包含了原来的化学、水灰、循泵分场，负责7～10号机组（2台33万千瓦机组和2台30万千瓦机组）的生产运行，下设6个值，实行六值三运转制，每个值设值长一名，四、五期单元长各1名，另外化学、水灰各值设立一名班长，全面负责本厂的汽机、电气、锅炉、化学、环保运行管理和单元各项管理工作。实行机、电、炉、化、环保一体化操作和运行管理。

运行部下设一名化学技术员，专门负责化学，而化学部门主要负责全厂生产补水制水、炉内水处理、生活水净化处理、制氢、绝缘油和透平油处理及监督、燃料化验监督、飞灰含碳量监督、循环水加氯、废水处理、四五期脱硝用的空压机、全厂所有化学仪器。运行一至六班调整至与机、电、炉同步，而原来的在线化学仪表的维护、检修、试验、仪表、综合班归属维护部。

另外，运行部下设一名环保技术员，环保主要的职能是负责锅炉电除尘器，灰渣泵房、柱塞泵房、综合泵房至灰库的冲排灰、冲排渣，灰库，溪口水库至厂内淡水系统，生活水、消防水系统，雨水、排涝系统，干出灰系统等设备的运行管理。

（三）维护部

维护部前称为维护分场，维护分场成立于2007年8月22日，由原来的维护一分场和维护二分场组成，2015年11月还纳入了自动化分场与化学仪表的维护、检修、试验、仪表、综合班，主要负责全厂的机、电、炉、化学、循泵、暖通及部分脱硫设备的维护及其管理，是设备的主人。根据需要，参加本厂机组的A、B、C级检修；协助检修分场参加浙能集团公司下达的厂外检修任务。

(四)燃料部

2011年2月28日,根据《关于成立燃料分场运行一班等班组的通知》,成立燃料分场运行六个班,实行六班三倒制;同时撤销原燃料分场运行各班组(码头班除外)。

2013年6月,机构优化整合后该部门承担全厂输煤、卸煤设备运行管理和煤船清舱任务及燃料管理。部门下辖11个班1个组,其中运行6个班,实行六值三运转制,分别负责四至五期输煤系统的燃煤输送;另有码头运行班1个,负责三期码头和四至五期码头卸煤任务;清舱班1个(外包),负责煤船清舱任务;机务班1个,负责燃料卸输煤系统机务检修;电仪班1个,负责燃料卸输煤系统电气及程控系统检修;综合班1个,负责燃料卸输煤系统车辆检修及煤场推压煤及检修大件装运工作。

(五)检修分场

检修分场,对外挂牌为"台州市海天电力工程有限公司",除主要负责本厂四台机组的机、电、炉设备的A、B、C级检修以外,还承接周边各大电厂的电力设备、机电设备的安装、检修、修造,安全工器具和电动工器具检测,机械配件加工,金属构件制作,水电安装,管道工程,土石方工程,地基与基础工程,建筑装饰,防腐保温,焊接技术培训,特种设备安装改造维修(锅炉、压力管道、压力容器、起重机械)等业务,为浙江省电力系统中一支检修生力军。

检修分场负责组织实施全厂机(循)、电(二次除外)、炉、化设备的A、B、C级检修及技改工作,负责检修过程中一、二级验收,是设备检修的负责人,组织并完成浙能公司下达的厂外检修任务。2008年1月30日,成立检修分场检修综合班,撤销检修分场修配维修班。3月25日,撤销检修分场起重班。2009年7月8日,成立检修分场维修班、修配机床班。同时撤销检修分场修配车工班、修配铣刨班。2010年12月16日,成立检修分场热电班。2011年9月7日,成立检修分场工程十二班。2012年7月30日,成立检修分场工程十三班。2015年9月10日,成立检修分场工程二十班;同时撤销检修分场检修电气二班。

(六)龙湾项目部

龙湾项目部的前身为龙湾发电部。2005年至2006年由于原油采购价明显上升,造成企业出现亏损,龙湾发电部为业主方的效益着想,不畏困难,勇挑重担,组织有关人员开展原油改烧重油M—100的技术攻关和生产试验,到2006年12月10日,1号、2号燃机重油试烧都取得成功,受到业主的赞赏。

以优化电源结构,改善环境质量,提高能源利用效率和机组发电利用率,增强电网调峰能力为宗旨。1 号、2 号燃油机组实施 9E 机组油改气改造工程。2014 年 2 月 20 日 12 点 24 分，燃油机组解列，二台燃机进入大修和改造工作。

为适应油改气后新设备成功投产，龙湾发电部有计划、有步骤地进行各专业人员的强化技术培训，经过近半年的努力，2 号燃机于 7 月 17 日并网成功；3 号机于 7 月 18 日联合发电成功；1 号燃机于 8 月 3 日顺利并网。三台机组相继投入稳定发电，标志着油改气圆满成功。

（七）凤台项目部

2007 年 4 月 3 日，台州市丰源工贸有限公司凤台项目部成立，承包淮浙煤电凤台电厂输煤运行维护项目。4 月 20 日，成立凤台项目部输煤维护班、输煤运行一班、输煤运行二班、输煤运行三班、输煤运行四班、输煤运行五班、输煤运行六班。凤台项目部起初配置人员 120 人，以台州发电厂燃料分场职工为生产技术骨干，以多种用工机制并存方式为管理模式，2008 年 8 月招收首批多元化员工。2010 年 1 月 1 日，凤台项目部整体划归台州市海天电力工程有限公司。2014 年 1 月首批多元化员工成为企业管控员工。截至 2016 年底，凤台项目部集控员工 28 人，企控员工 69 人，多元化员工 13 人。

2007 年 3 月，海天公司与淮浙煤电凤台电厂签订《输煤系统运行维护项目》合同。2008 年 4 月 12 日，首列运煤列车经过铁路专用线抵达凤电，标志着凤台项目部所承包的输煤运行系统全面启用，同年 5 月完成了凤电 1 号机组首次上煤仓。2009 年 8 月凤台项目部首次完成输煤系统检查性大修。

凤台项目部自成立以来，以服务业主方满意度为宗旨，强化服务教育，狠抓服务并提升管理能力，努力完成外包项目工作任务。不管是在迎峰度夏，还是春秋季安全大检查、冰雪灾害等时期，党员们率先垂范，员工们众志成城，先后荣获凤台发电厂 2011 年度安全生产贡献奖、2011 年度安全生产考评第二名、2012 年度安全生产先进单位、2013 年度安全生产贡献奖，赢得了业主方的高度赞誉。

（八）黄岩热电公司

黄岩热电原有装机为四炉三机，主要承担黄岩经济开发区轻化投资区和食品罐头园区的供热任务，年供热量达到 30 万吨。同时向黄岩电网输送电力，建有 35 千伏线路和 10 千伏线路，对黄岩迎峰度夏、调峰发电起到一定的作用。2013 年 11 月 31 日，由于企业的实际情况，经浙江省经信委浙经信电力〔2013〕68 号文要求，拆除 3 套发电机组和 1 号、2 号两台锅炉，并实施三年替发电量补贴，仅保留 3 号、4 号锅炉继续向黄岩经济开发区轻化园区和食品园区集中供热。

按照浙江省政府 2003 年 10 月 17 日专题协调会会议精神，2003 年 12 月 31 日，浙江黄岩热电公司由浙江省电力工业局划转移交至浙江省能源集团有限公司，并委托台州发电厂代为管理生产经营工作。2004 年 1 月,台州发电厂正式代管浙江黄岩热电有限公司及黄岩热电厂留守处、马鞍山发电厂留守处。2010 年黄岩热电公司的资产正式划转至浙江浙能资产经营管理有限公司(浙能集团公司全资子公司),台州发电厂全面代管黄岩热电公司的生产经营工作。2015 年 2 月,经浙江省能源集团公司的批准,人员同时进行优化组合,共有 82 名黄岩热电公司职工分流至台州发电厂、台二公司、乐清电厂、兰溪电厂,黄岩热电公司剩余职工继续做好黄岩热电公司的生产经营、对外供热工作。其中台州发电厂于 2015 年 3 月 9 日,接收了 30 名黄岩热电新员工,并开始对他们进行入厂教育及各项培训工作。

2003 年 12 月 31 日开始,台州发电厂接手代为管理黄岩热电生产经营工作,2004 年 10 月 29 日,三届一次董事会选举孙玮恒为公司董事长,杨志明、韩伟生为副董事长。2010 年 12 月 31 日,四届一次董事会选举马京程为董事长,杨志明、叶卫忠为副董事长。2011 年 12 月 12 日,经台州发电厂建议,免去张崇琪、许兆平副总经理职务,聘任郑伟民、陈坚为公司副总经理。2012 年 5 月 25 日,经台州发电厂建议,免去许安琪总经理职务,聘任蒋正才为公司总经理。2014 年 5 月 5 日,郑伟民、陈坚调浙能集团新疆准东能源化工有限公司工作。2015 年 2 月 5 日,根据台州发电厂建议,免去蒋正才总经理职务,调留守处工作;聘任丁春海为公司总经理,徐海雄、王来平为公司副总经理。

2015 年 4 月 22 日,四届三次董事会选举沈波为董事长;2016 年 1 月,经台州发电厂建议,召开临时董事会会议,免去原总经理丁春海职务,委派董吕升担任总经理。2016 年 11 月 10 日,公司五届一次董事会选举赵建平、叶卫忠为副董事长,聘任董吕升为公司总经理,聘任陈坚为公司副总经理,徐海雄、王来平继续聘任为副总经理。

二、生产指挥系统

台州发电厂实行厂长负责制,厂长对全厂的生产、经营负全面责任,是安全生产第一责任人。生产副厂长分管生产和安全工作,负责全厂发电生产的指挥、协调和管理,主持召开生产调度会、安全生产分析会及运行、检修、节能分析会等有关生产的会议。总工程师分管全厂技术工作,检修副总工程师、运行副总工程师协助总工程师工作。

当值值长是全厂发电生产的现场指挥者和组织者,负责当值期间全厂运行操作、安全经济运行及事故处理。值长接受生产副厂长、总工程师、运行副总工程师领导,在电网调度操作上执行系统调度员命令。

随着 2007 年 12 月 20 日 9 号机组投产,2008 年 4 月 4 日 10 号机组正式移交商业运行。五期集控划入四期值长管理范围。2011 年 3 月 1 日起,实行六班三倒制。

每值有当班值长 1 人，成立了值班长建制，行政上归属运行部，统一调度生产。2011 年 5 月，生产调度部撤销，值长室整体划归运行部，每值有当班值长 2 人。从 2006～2016 年底，共培养值长 13 人。

三、生产例会

（一）每日生产调度会

每日生产调度会（碰头会）一直是电厂主要生产例会。在每个工作日由生产副厂长或总工程师主持，有设备管理部、安健环部、运行部、维护部、燃料部、检修分场、物资采购部主任或副主任及专职技术人员参加，每天早晨巡厂后召开，听取当值值长和各分场主任前 24 小时生产情况、主要指标、运行方式及设备异常、缺陷等情况的汇报，协调解决各种问题。每周五召开生产经营协调会（大碰头会），除生产调度会成员外，其他管理部门负责人一同参加。

（二）安委会会议

从 20 世纪 90 年代中期开始，台州发电厂每月召开一次安委会会议，从 2014 年 8 月份开始，改为每季度召开一次安委会会议，时间安排在每季的首月。安委会会议由安委会主任主持，全体安委会成员参加。会议主要是总结上阶段安全生产情况，研究解决安全生产重大问题，布置落实下一阶段安全生产工作。

（三）安全生产例会

从 20 世纪 90 年代中期开始，台州发电厂每月与安委会会议合并一起召开安全生产例会，会议由安委会主任主持，安委会成员参加。从 2014 年 8 月份开始，安全生产例会每月单独召开，会议由厂长或生产副厂长主持，参加人员为厂部生产领导、生产部门领导以及设备管理部各专业负责人。安全生产例会主要总结上一个月的安全生产工作，对发生的各类事故、不安全事件进行分析、隐患排查与治理，研究解决安全生产存在的问题，并布置当月安全生产主要工作。

（四）运行分析会

台州发电厂自建厂发电以来，一直延续每月一次运行工作会制度，由生产副厂长或总工程师、副总工程师主持，运行部门领导和各专工参加。直到 20 世纪 90 年代初开始，由每月一次改为每周召开一次运行分析会，听取分场汇报，检查和布置有关安全、培训、经济指标等工作，对机组出现的异常情况进行监视、跟踪、分析，以及商讨所采取的针对策略。对于已发生的异常及事故制订出有效的防范措施，总结原因，吸取教训。

（五）机组检修调度会

自台州发电厂建厂发电开始，在机组 A、B、C 级检修期间，每周召开一次机组检修协调会。检修协调会由检修项目负责人主持,生产厂长、总工程师、设备管理部、安健环部、物资采购部,以及各参与检修部门负责人和外包单位的项目负责人参加。会议的主要内容是对检修期间出现的问题进行协调,部署检修任务,以及检修现场安全和文明生产作业、检修质量、协作配合、进度平衡等问题。机组检修进入调试后,不再召开检修协调会,每日在检修机组现场召开调试会,分析指导机组的调试工作,直至机组启动。

第二节 主要设备

2006 年至 2010 年台州发电厂原有 6 台 12.5 万千瓦中间再热冷凝式汽轮机,经过机组技改进行扩容改造,全部由 12.5 万千瓦机组升级为 13.5 万千瓦机组,主要内容包括汽轮机通流部分及发电机增容改造、控制系统自动化改造、锅炉空预器改造等。通过技术改造,机组出力提高到 13.5 万千瓦。1～6 号汽轮机通流改造情况见表 1－1。

表 1－1 1～6 号汽轮机通流改造情况

机 号	改造竣工日期	型 号	制造厂家
1 号	2001.05.02	N135－13.24/535/535	上海汽轮机有限公司
2 号	2002.07.25	N135－13.24/535/535	北京汽轮电机有限责任公司
3 号	2003.01.17	N135－13.24/535/535	上海汽轮机有限公司
4 号	2004.01.31	N135－13.24/535/535	北京汽轮电机有限责任公司
5 号	2004.04.16	N135－13.24/535/535	上海汽轮机有限公司
6 号	2005.12.18	N135－13.24/535/535	南京汽轮电机有限公司

截至 2010 年 8 月 8 日,台州发电厂 1～6 号 6 台 13.5 万千瓦机组全部退役关停,这标志着台州发电厂 6 台 13.5 万千瓦机组全部退出历史舞台,下面着重介绍四期的 7、8 号机(虽然在《台州发电厂志(1991—2005)》有所介绍,但通流改造后参数不同)和 2006 年以后投产的五期的 9、10 号机组设备。

一、汽轮机

台州发电厂 7、8 号汽轮机为 33 万千瓦亚临界中间再热冷凝式汽轮机,由北京重型电机厂与法国阿尔斯通公司合作生产,型号为 N330－17.75/540/540,采用水-

氢-氢冷却发电机及1025吨/时自然循环燃煤汽包炉配套组成单元制成套火力发电设备。7号机组于1997年2月投产,8号机组于1997年12月投产。汽轮机在任何工况下均为中压缸启动,汽轮机能自动实现与旁路系统并联运行。

图1-2 四期厂房7号汽轮发电机组

汽轮机基座为无垫铁型式,高、中、低压缸和轴承箱通过台板找正一组调整螺丝来实现,高、中压缸下部基座侧壁四周设有金属隔热屏,该隔热屏为波浪形结构,以减少汽轮机本体辐射对混凝土基座的影响。高、中压缸均为整体式模块结构,动静部分无需在现场组装。7、8号汽轮机主要技术规范见表1-2、主给水泵规范见表1-3。

表1-2 7、8号汽轮机主要技术规范

设备型号	7号	8号	设备型号	7号	8号
	N330-17.75/540/540			N330-17.75/540/540	
额定功率(万千瓦)	33		热耗率[千焦/(千瓦·时)]	7750.186	
主蒸汽压力(兆帕)	17.75		汽耗率[千克/(千瓦·时)]	2.838	
主蒸汽温度(℃)	540		回热抽汽级数	7	
再热蒸汽压力(兆帕)	3.777		通流部分级数	33	
再热蒸汽温度(℃)	540		允许周波变动范围(赫兹)	47.5～51.0	
凝汽器排汽压力(千帕)	4.5		低压末级动叶长度(毫米)	1072	
循环冷却水温度(℃)	20		生产厂家	法国GEC ALSTOM公司与北京重型电机厂联合制造	

表1-3　7、8号主给水泵规范

设备型号	7号	8号	设备型号	7号	8号
	DG600-240I (FK6D32)			DG600-240I (FK6D32)	
进口流量(吨/时)	533		进水温度(℃)	177.8	
出口流量(吨/时)	499		轴功率(千瓦)	3787	
扬程(米)	2284		进水比重(千克/米^3)	889	
出口压力(兆帕)	21.284		汽蚀余量(必需)(米)	27.8	
泵效率(%)	82.5		转速(转/分)	5240	
抽头压力(兆帕)	8.22		转向	从前置泵看顺时针	
抽头流量(吨/时)	33.9		生产厂家	上海电力修造厂	

7号机通流改造于2015年12月完成,7号汽轮机通流改造项目主要为高压缸通流部分改造,中、低压缸通流改造,及高、中、低压缸汽、轴封改造:汽轮机高压缸通流部分优化,高压缸增加一级压力级,原11级增加到12级;高压内缸及汽缸螺栓更换;高压整锻转子及动叶更换,动叶为冲动式;高压喷嘴组、喷嘴室,高压隔板(静叶)更换,喷嘴组采用子午型线,静叶片采用高效鱼头后加载叶型减小二次流损失。中压隔板(含静叶栅)共计12级更换,原设计的静叶片型线为前加载叶型,本次改进选用高效后加载叶型。低压缸前三级隔板(正、反向)更换,低压通流前三级静叶选用最新优化后加载叶型,C形正弯曲成形,减少叶型损失和二次流损失;高压隔板汽封、叶顶汽封;高压缸前、后轴端汽封;叶顶汽封采用全新的弹簧可退让汽封环,高压缸隔板汽封采用密封效果较好的布莱登汽封,高压轴封采用蜂窝汽封。中、低压缸进行汽、轴封改造,包括中压缸隔板汽封及前、后轴端汽封,低压缸隔板汽封及前、后轴端汽封,其中,中压缸隔板汽封采用侧齿汽封,中低压轴封采用蜂窝汽封。

8号机通流改造于2014年6月完成,8号汽轮机通流改造项目主要为高压通流部分改造,并对高、中、低压缸汽、轴封进行改造:汽轮机高压缸通流部分优化,高压缸增加一级压力级,原11级增加到12级;高压内缸及汽缸螺栓更换;高压整锻转子及动叶更换,动叶为冲动式;高压喷嘴组、喷嘴室,高压隔板(静叶)更换喷嘴组采用子午型线,静叶片采用高效鱼头后加载叶型减小二次流损失。高压隔板汽封、叶顶汽封;高压缸前、后轴端汽封;叶顶汽封采用全新的弹簧可退让汽封环,高压缸隔板汽封采用密封效果较好的布莱登汽封,高压轴封采用蜂窝汽封。中、低压缸进行汽、轴封改造，包括中压缸隔板汽封及前、后轴端汽封，低压缸隔板汽封及前、后轴端汽封，其中，中压缸隔板汽封采用侧齿汽封，中低压轴封采用蜂窝汽封。

改造后7、8号机组额定容量从33万千瓦增至35万千瓦。改造后7、8号汽轮机主要技术规范见表1-4。

表1-4 改造后7、8号汽轮机主要技术规范

型 号	7号机：N350-17.75/540/540	8号机：N350-17.75/540/540
型 式	亚临界一次中间再热、单轴、三缸双排汽凝汽式汽轮机	
额定功率(万千瓦)	35	35
期望功率(万千瓦)	37	37
最大连续功率(万千瓦)	37.63	37.47
主蒸汽压力(兆帕)	17.75	17.75
主蒸汽温度(℃)	540	540
主蒸汽流量(吨/时)	991	997
高压缸排汽压力(兆帕)	4.42	4.5
高压缸排汽温度(℃)	337.76	340
再热蒸汽压力(兆帕)	3.978	4.053
再热蒸汽温度(℃)	540	540
再热蒸汽流量(吨/时)	902.3	906.3
低压缸排汽流量(吨/时)	654.5	657.1
凝汽器压力(兆帕)	0.0045	0.0045
循环水冷却水温(℃)	20	20
给水温度(℃)	256.3	257.5
热耗率[千焦/(千瓦·时)]	7682.2	7696.8
汽耗率[千克/(千瓦·时)]	2.8297	2.8469
回热抽汽级数	7	
速度变动率(%)	5	
保安系统动作转速(转/分)	3300	
转子转向	自汽轮机向发电机看为逆时针方向	
制造厂家	北京重型电机厂、法国阿尔斯通	

台州发电厂9号机组于2007年12月投产，10号机组于2008年4月投产。9、10号汽轮机为30万千瓦汽轮发电机组，汽轮机由东方汽轮机厂与日本日立公司合作制造，型号：N300－16.7/538/538，型式：单轴、双缸、亚临界、中间一次再热、双排汽冲动凝汽式，转向：自汽轮机向发电机看为逆时针旋转。汽轮机由一个高中压合缸和一个低压缸双排汽组成。汽轮机共四个径向轴承都为椭圆滑动轴承，推力轴承为密切尔轴承、球面座结构，坐落在中轴承座上；发电机有二个径向轴承亦为椭圆滑动轴承；汽轮发电机组共有三根转子，联轴器为刚性联轴器。汽轮机调速系统：1.配汽：二个高压主汽门，四个高压调门；二个中压主汽门，二个中压调门，中压主汽门和中压调门为联合一体汽门。2.控制系统为DEH控制，配有机械超速及电超速装置。3.控制油系统及低压安全油系统均为东方汽轮机厂所配设备。本汽轮机配有二台汽动给水泵和一台电动液耦给水泵，容量各为50%，汽轮机为东方汽轮机厂供，给水泵为上海KSB有限公司生产。凝结水泵二台，一用一备，制造厂为上海KSB有限公司。凝汽器为东方汽轮机厂产品，采用钢性支撑，喉部波纹吸收膨胀。二台真空泵一用一备，抽吸主机及小机系统泄漏的空气，维持汽轮机排汽压力要求，厂家为佶缔纳士机械有限公司。系统各冷却器用水采用闭式水(水源为除盐水)。凝汽器及闭式水冷却器用水为江水，采用开式循环；配有二台循环水泵，制造厂家为长沙水泵厂。9、10号汽轮机主要技术规范见表1－5、小汽轮机规范见表1－6、给水泵规范见表1－7。

表1－5　9、10号汽轮机主要技术规范

设备型号	9号	10号	设备型号	9号	10号
	N330－17.75/540/540			N330－17.75/540/540	
额定功率(万千瓦)	300		再热蒸汽流量(吨/时)	732	
最大功率(万千瓦)	328		低压缸排汽流量(吨/时)	535	
最大连续功率(万千瓦)	313.15		凝汽器压力(兆帕)	0.0049	
主蒸汽压力(兆帕)	16.7		循环水冷却水温(℃)	20	
主蒸汽温度(℃)	538		给水温度(℃)	281.9	
主蒸汽流量(吨/时)	912.12		热耗率(千焦/千瓦·时)	7813	
高压缸排汽压力(兆帕)	3.63		回热抽汽级数	8	
高压缸排汽温度(℃)	320.5		速度变动率(%)	5	
再热蒸汽压力(兆帕)	3.27		保安系统动作转速(转/分)	3300	
再热蒸汽温度(℃)	538				

表 1-6 五期小汽轮机规范

型 号	G3.6-0.78(8)-1	运行转速范围(转/分)	3100～5900
型 式	单轴、单缸、新汽内切换、凝汽式汽轮机	一阶临界转速(转/分)	2620
最大功率(千瓦)	3825	二阶临界转速(转/分)	9233
铭牌功率(千瓦)	3600	脱扣转速(机械)(转/分)	6327+100
额定功率(千瓦)	3392	脱扣转速(电气)(转/分)	6327
额定转速(转/分)	5337	高压进汽压力(兆帕)	16.67
低压进汽压力(兆帕)	0.786	高压进汽温度(℃)	538
低压进汽温度(℃)	339	额定汽耗率[千克/(千瓦·时)]	5.345
排汽口压力(千帕)	7.06	台 数	2×50%B-MCR
转 向	顺时针(沿汽流方向)	厂 家	东方汽轮机厂

表 1-7 五期给水泵规范

型 号	CHTC5/6	泵效率(%)	82.2
型 式	筒体芯包、离心式	输入功率(千瓦)	4500
级 数	5级	转速(转/分)	5614
流量(吨/时)	630	转 向	从前置泵看为顺时针
扬程(米)	2311	厂 家	上海凯士比泵
出口压力(兆帕)	21.284		

9号机通流改造完成于2013年12月,10号机通流改造完成于2014年3月。改造项目主要为汽轮机高压缸喷嘴组、高压缸第2～9级隔板和动叶片进行更换改造,调节级喷嘴通流面积放大,喷嘴只数由82只增至88只;高压缸压力级通流面积整体放大,根径不变。汽轮机高、中、低压缸进行汽、轴封结构和径向间隙优化设计改造。

改造后9、10号机组额定容量从30万千瓦增至33万千瓦,型号N330-16.7/

538/538。改造后9、10号汽轮机主要技术规范见表1－8。

表1－8　改造后9、10号汽轮机主要技术规范

设备型号	8号	9号	设备型号	8号	9号
	N330－16.7/538/538			N330－16.7/538/538	
额定功率(万千瓦)	330		再热蒸汽流量(吨/时)	824.36	
最大功率(万千瓦)	343		低压缸排汽流量(吨/时)	595	
主蒸汽压力(兆帕)	16.7		凝汽器压力(兆帕)	0.0049	
主蒸汽温度(℃)	538		循环水冷却水温(℃)	20	
主蒸汽流量(吨/时)	1032.7		给水温度(℃)	289.1	
高压缸排汽压力(兆帕)	4.075		热耗率[千焦/(千瓦·时)]	7850	
高压缸排汽温度(℃)	334.1		回热抽汽级数	8	
再热蒸汽压力(兆帕)	3.688		速度变动率(%)	5	
再热蒸汽温度(℃)	538		保安系统动作转速(转/分)	3300	

二、锅炉

四期7、8号锅炉采用北京巴布科克·威尔科克斯(B&W)有限公司生产的1025吨/时(扩容后为1080吨/时),亚临界、一次中间再热、自然循环汽包炉,采用正压直吹MPS中速磨系统,前后墙对冲燃烧方式;低氮燃烧器改造后燃烧器配置,7号炉为龙源公司LYSC型,8号炉为B&W公司DRB－XCL型旋流煤粉燃烧器。在尾部竖井下设置两台三分仓容克式空气预热器。锅炉总体采用倒U形露天布置,系单炉膛、平衡通风、固态排渣全悬吊结构,尾部分烟道倒L形布置。炉膛由膜式水冷壁构成,炉膛上部布置屏式过热器,炉膛折焰角上方有二级高温过热器,在水平烟道处布置了垂直再热器,尾部竖井由隔墙分成前后两个通道,前部布置水平低温再热器,后部为一级过热器和省煤器。在分烟道底部设置了烟气挡板装置,用来分流烟气量,以保持控制负荷范围内的再热蒸汽出口温度。烟气通过调节挡板后又汇集在一起,经两个尾部烟道引入左右脱硝SCR反应器及回转式空气预热器。

炉膛前后墙各布置4层旋流煤粉燃烧器,每层分别由1台正压直吹MPS－225中速磨供给煤粉,共有32只喷燃器,燃烧方式为对冲燃烧。

7、8号锅炉主要技术规范见表1－9、锅炉主要辅机规范见表1－10。

表 1-9 7、8 号锅炉主要技术规范

设备型号	7 号	8 号	设备型号	7 号	8 号
	B&W B-1080/18.44M			B&W B-1080/18.44M	
额定蒸发量(吨/时)	1080		热风温度(一次风)(℃)	338.5	
再热蒸汽量(吨/时)	979.19		热风温度(二次风)(℃)	352.8	
汽包工作压力(兆帕)	19.48		排烟温度(未修正)(℃)	143	
过热蒸汽压力(兆帕)	18.44		锅炉正常水容积(立方米)	125.4	
再热蒸汽进口压力(兆帕)	4.668		水压试验水容积(立方米)	405.7	
再热蒸汽出口压力(兆帕)	4.478		过热器系统水阻力(兆帕)	1.04	
过热蒸汽温度(℃)	543		再热器系统水阻力(兆帕)	0.18	
再热蒸汽进口温度(℃)	344		省煤器系统水阻力(兆帕)	0.20	
再热蒸汽出口温度(℃)	542		锅炉效率(%)	93.08	
给水温度(℃)	261		计算燃料消耗量(吨/时)	143	
冷风温度(℃)	30		生产厂家	北京巴布科克&威尔科克斯公司(Babcock&Wilcox)	

表 1-10 7、8 号锅炉主要辅机规范

引风机	
设备型号	SAF26-18-2(7 号炉)、SAF27-19-2(8 号炉)
型式	动叶可调轴流风机
流量(立方米/时)	281(7 号炉)、296(8 号炉)
风压(帕)	11030(7 号炉)、11500(8 号炉)
生产厂家	上海鼓风机厂

续表

送风机	
设备型号	FAF19-9-1
型式	动叶可调轴流风机
流量(立方米/时)	132.6
风压(帕)	2852
生产厂家	上海风机厂
一次风机	
设备型号	1888B/1128
型式	单吸双支承离心式风机
流量(立方米/时)	249792
风压(帕)	15651
生产厂家	上海风机厂
磨煤机	
设备型号	MPS-225
型式	摆辊磨盘式中速磨煤机
磨辊直径(毫米)	1750
转速(转/分)	24.25
最大出力(设计煤种)(吨/时)	62.35
标准工况下和额定出力一次风入磨风量(标准立方米/秒)	19.2
磨煤机(包括分离器)最大空气阻力(千帕)	6.97
额定功率(千瓦)	561
二阶惯性矩(磨煤机+减速机+联轴器)(千克/平方米)	46.13
消防蒸汽每次喷射量(千克)	240～300
消防蒸汽每次喷射时间(饱和蒸汽,汽温≤170℃)(分钟)	8～10
生产厂家	北京电力设备总厂

五期9、10号锅炉采用哈尔滨锅炉有限责任公司根据美国ABB—CE燃烧工程公司技术设计制造的。锅炉为1025吨/时(增容后为1086.9吨/时)、亚临界参数、HG-1025/17.55-YM15型控制循环炉,燃用富动烟混煤。锅炉总体采用倒U形布置,为一次中间再热、控制循环汽包锅炉、四角切圆燃烧方式、燃烧器摆动调温、平衡通风、固态排渣、全钢悬吊结构、半露天布置。炉膛上部布置墙式再热器和大节距的过热器分隔屏和后屏,炉膛折焰角上方布置屏式再热器,水平烟道处布置了末极再热器和末级过热器。尾部烟道转向室内布置立式低温过热器,下部布置水平低温过热器和省煤器。在锅炉下降管系统中装有三台由英国泰勒公司生产的湿式电机炉水循环泵。锅炉低氮燃烧器改造后采用龙源YTLY-TZ10RGS-02型燃烧器。

炉膛四角各布置5层旋流煤粉燃烧器,每层分别由1台正压直吹式HP863型中速磨煤机供给煤粉,共20只喷燃器,燃烧方式为四角切圆燃烧。9、10号锅炉主要技术规范见表1-11,锅炉主要辅机规范见表1-12。

表1-11 9、10号锅炉主要技术规范

设备型号	9号	10号	设备型号	9号	10号
	HG-1086.9/17.55-YM15			HG-1086.9/17.55-YM15	
额定蒸发量(吨/时)	1086.9		热风温度(一次风)(℃)	323	
再热蒸汽量(吨/时)	852.8		热风温度(二次风)(℃)	334	
汽包工作压力(兆帕)	19.058		排烟温度(未修正)(℃)	130	
过热蒸汽压力(兆帕)	17.55		锅炉正常水容积(立方米)	188	
再热蒸汽进口压力(兆帕)	4.062		水压试验水容积(立方米)	496	
再热蒸汽出口压力(兆帕)	3.851		过热器系统水阻力(兆帕)	0.89	
过热蒸汽温度(℃)	541		再热器系统水阻力(兆帕)	0.17	
再热蒸汽进口温度(℃)	338.5		省煤器系统水阻力(兆帕)	0.4	
再热蒸汽出口温度(℃)	541		锅炉效率(%)	93.52	
给水温度(℃)	292.5		计算燃料消耗量(吨/时)	119	
冷风温度(℃)	20		生产厂家	哈尔滨锅炉厂有限责任公司	

表 1－12　9、10 号锅炉主要辅机规范

引风机	
设备型号	SAF26－18－2
型式	动叶可调轴流风机
流量(立方米/时)	1000800
风压(帕)	10822
生产厂家	上海鼓风机厂
送风机	
设备型号	FAF19－9.5－1
型式	动叶可调轴流风机
流量(立方米/时)	127.3
风压(帕)	4507
生产厂家	上海鼓风机厂
一次风机	
设备型号	G4－60－1No19F
型式	单吸双支承离心式风机
流量(立方米/时)	59.05
风压(帕)	11566
生产厂家	成都电力机械厂
磨煤机	
设备型号	HP－863
型式	碗式中速磨煤机
磨辊直径(毫米)	1300
电机转速(转/分)	24.25
传动速比	25.4
最大出力(吨/时)	38.5
密封风量(立方米/分)	70.75
额定功率(千瓦)	400
生产厂家	上海重型机器厂

三、电气设备及系统

(一) 发电机和主变压器

四期装有北京重型电机厂与法国阿尔斯通公司(以下称 ALSTOM)合作生产的三相 Y T225-460 型 35 万千瓦发电机组 2 台,该种机组定子线圈及其连线、出线采用水内冷,转子绕组、定子铁芯及端部均采用氢冷,密封系统采用双流环式油密封,励磁系统为高起始响应的无刷励磁装置,与发电机配套的主变压器为河北保定变压器厂生产的 SFP8-424000/220 型强迫油循环风冷三相无载调压升压变压器。7、8 号发电机主要技术规范见表 1-13,7、8 号励磁机技术规范见表 1-14,7、8 号主变压器技术规范见表 1-15。

表 1-13　7、8 号发电机主要技术规范

设备型号	7 号	8 号	设备型号	7 号	8 号
	N330-17.75/540/540			N330-17.75/540/540	
额定电压(千伏)	24		相数	3	
额定功率因数	0.85		极数	2	
额定频率(赫兹)	50		励磁方式	无刷	
额定功率(兆瓦)	350		定子绕组联结组别	Y 形	
额定电流(安)	9906		绝缘等级	F 线	
额定转速(转/分)	3000		生产厂家	北京重型电机厂与法国 ALSTOM 公司合作制造	

表 1-14(1)　7 号励磁机主要技术规范

设备型号	7 号	设备型号	7 号
	TKJ91/36		TKJ91/36
额定功率输出(千瓦)	1604	额定励磁功率(千瓦)	6.2
额定整流电压(伏)	562	转速(转/分)	3000
额定整流电流(安)	2855	额定频率(赫兹)	250

续表

设备型号	7号	8号	设备型号	7号	8号
	TKJ91/36			TKJ91/36	
励磁电流(安)	61(直流)		相数	11	
励磁电压(伏)	101(直流)		冷却方式	空冷	
额定功率因数	0.90		定转子绝缘等级	F	
性能参数			额定工况下整流器最高温度		
最大值：2倍额定值，30秒	6418kW，1124V,5710A		额定空气流量(立方米/秒)		
电枢(转子)绕组最高温度(℃)	<145		冷却空气温度(℃)	<30	
励磁(定子)绕组最高温度(℃)	<145		生产厂家	法国 ALSTOM 公司	

表1-14(2)　8号励磁机主要技术规范

额定功率输出(千瓦)	1353	冷却方式	空冷
额定整流电压(伏)	542	定转子绝缘等级	F
额定整流电流(安)	2495	性能参数	
励磁电流(安)	156(直流)	最大值：2倍额定值，30秒	5409kW,1084V，4990A
励磁电压(伏)	75(直流)	电枢(转子)绕组最高温度(℃)	<145
额定功率因数	0.90	励磁(定子)绕组最高温度(℃)	<145
额定励磁功率(千瓦)	9	额定工况下整流器最高温度	
转速(转/分)	3000	额定空气流量(立方米/秒)	2.2
额定频率(赫兹)	250	冷却空气温度(℃)	<30
相数	11	生产厂家	北京重型电机厂与法国 ALSTOM 公司合作制造

表 1-15 7、8 号主变压器主要技术规范

设备型号	7号	8号	设备型号	7号	8号
	SFP8-424000/220			SFP8-424000/220	
额定容量(兆伏·安)	424		空载电流(%)	0.267	
额定电压(千伏)	242±2×2.5%/24		负载损耗(千瓦)	1030	
接线组别	YN,d11		阻抗电压(%)	15.1	
相数	3		零序阻抗(欧)	20	
额定频率(赫兹)	50		调压方式	无载调压	
冷却方式	强迫油循环风冷(ODAF)		接地方式	经闸刀接地	
空载损耗(千瓦)	229		生产厂家	河北保定变压器厂	

9、10 号发电机系东方电机股份有限公司生产的 33 万千瓦发电机组。发电机定子铁芯由高导磁、低损耗的冷轧硅钢板扇形片叠装而成,定子绕组为三相、双层、短矩绕组,绕组接线为双星形。发电机转子主要由转轴、转子绕组、护环和中心环及转轴风扇等组成。发电机采用水-氢-氢冷却方式,即定子线圈采用水内冷,发电机转子、定子铁芯及其他结构件采用氢气冷却。

励磁方式采用机端变压器静止整流的自并励励磁系统,励磁变为广东顺特电气有限公司生产,励磁系统为中国电器科学研究院有限公司生产的 EXC9000 微机型。

9、10 号主变均为常州东芝变压器有限公司生产,型号为 SFP10-400000/220 的户外三相双线圈铜绕组无励磁调压油浸式变压器。主变低压侧通过封闭母线与发电机出线相连接,主变高压侧与 220 千伏 GIS 升压站相连接,高压侧中性点可通过闸刀接地,或经过避雷器与放电间隙并联后接地。变压器内部铁芯为三相五柱式,通过油箱顶部瓷套引出接地。主油箱采用全封闭结构,其机械强度能承受住真空压力 133 帕。变压器采用强迫油循环导向风冷(ODAF)冷却方式。

9、10 号发电机主要技术规范见表 1-16,9、10 号主变压器技术规范见表 1-17。

表 1-16 9、10 号发电机主要技术规范

设备型号	9 号	10 号	设备型号	9 号	10 号
	QFSN-330-2-20			QFSN-330-2-20	
额定电压(千伏)	20		额定功率因数	0.85	
额定频率(赫兹)	50		极数	2	
额定功率(兆瓦)	330		励磁方式	机端变-静止可控硅励磁	
额定电流(安)	11208		定子绕组联接组别	Y 型	
额定转速(转/分)	3000		绝缘等级	F 线	
相数	3		生产厂家	东方电气集团东方电机有限公司	

表 1-17 9、10 号主变压器主要技术规范

设备型号	9 号	10 号	设备型号	9 号	10 号
	SFP-400000/220			SFP-400000/220	
额定容量(兆伏·安)	400		空载电流(%)	0.13	
额定电压(千伏)	242±2×2.5%/20		负载损耗(千瓦)	899.8	
接线组别	YN,d11		阻抗电压(%)	16.23	
相数	3		零序阻抗(欧)	26	
额定频率(赫兹)	50		调压方式	无载调压	
冷却方式	强迫油循环风冷(ODAF)		接地方式	经闸刀接地	
空载损耗(千瓦)	158.4		生产厂家	常州东芝变压器有限公司	

(二) 220 千伏升压站

台州发电厂一至三期分别为 220 千伏一段配电装置和 110 千伏配电装置,自建厂初期开始就建成并投运,升压站为露天水泥框架结构,半高层布置,随着 2010 年 8 月 8 日台州发电厂一至三期 6 台机组关停而逐步停用,2014 年 6 月 28 日 110 千伏升压站退役。目前 220 千伏一段系统接线为双母线带旁路方式,采用专用母联、

专用旁路开关。配电装置采用半高型软母线布置方式，自西向东依次排列正母、副母、旁母。共有州恒 2U83 线、州利 2U84 线、州君 2Q34 线、州田 2351 线 4 条 220 千伏线路。

台州发电厂四期 220 千伏二段系统接线为双母线带旁路方式，采用专用母联、专用旁路开关。配电装置采用中型硬母线布置方式，自南向北依次排列正母、副母、旁母。

四期 220 千伏二段系统共设七回出线，其中与一至三期联络线二回，另五回出线分别为：台门 2348 线、州门 2341 线、台桔 2355 线、台乡 2350 线、州临 2352 线；进线二回，分别为 7 号主变和 8 号主变；03 号高压备变馈线一回。

五期升压站采用双母线接线方式，220 千伏正、副母三段间设有专用 3 号母联开关。220 千伏设备采用金属封闭气体绝缘开关装置即 GIS 装置，由上海西门子股份公司制造，外壳为铝合金材料，型号为 8DN9。采用双母线接线方式，母线为封闭式共相结构，上、下层布置，其中上层母线为副母，下层母线为正母。

五期 220 千伏配电装置共有 10 个间隔，9 号主变、10 号主变、04A/B 号高压备变均接入本升压站，五期 9、10 号机组通过台外 2Q30 线、台沙 2Q31 线 2 条 220 千伏线路与系统连接。

各出线情况见表 1－18。

表 1－18 2016 年台州发电厂 220 千伏输出线路情况

电压等级(千伏)	线路名称、编号及起迄地点	投运日期(年)
220	州恒 2U83 线(台州发电厂—恒利变电所)	1982
	州利 2U84 线(台州发电厂—恒利变电所)	1983
	州君 2Q34 线(台州发电厂—君田变电所)	1984
	州田 2351 线(台州发电厂—君田变电所)	2003
	台门 2348 线(台州发电厂—海门变电所)	1996
	州门 2341 线(台州发电厂—海门变电所)	1996
	台峰 2350 线(台州发电厂—巨峰变电所)	1996
	台巨 2355 线(台州发电厂—巨峰变电所)	1996
	州临 2352 线(台州发电厂—临海变电所)	1996
	台外 2Q30 线(台州发电厂—外沙变电所)	2007
	台沙 2Q31 线(台州发电厂—外沙变电所)	2007

220 千伏系统正常运行方式：220 千伏正、副母线并列运行，母联开关合闸，220 千伏副母二段母线对 220 千伏旁路二段母线充电。

220 千伏正母二段及副母二段正常运行时联结设备规定如下：1. 正母二段：220 千伏联络(一)线、7 号主变，台桔 2355 线、州门 2341 线。2. 副母二段：220 千伏联络(二)线、8 号主变、220 千伏 2 号旁路开关，台门 2348 线、台乡 2350 线、州临 2352 线、03 号高压备变。

220 千伏正母三段母线接 9 号主变、台沙 2Q31 线；220 千伏副母三段母线接 10 号主变、台外 2Q30 线、04 号高压备变。

（三）厂用配电装置

7、8 号机每台机组各设有 6 千伏工作母线 2 段及脱硫母线 1 段，机组正常时由各自的工作高压厂变供电。在机组启动、停机或事故时，由电源取自 220 千伏系统，采用有载调压方式的启备变供电，7、8 号机配备 2 台启备变。7、8 号机还设有 2 段公用 6 千伏母线，分别为 6 千伏公用 7A 段与 6 千伏公用 07B 段，正常时 6 千伏公用 07A 段由 6 千伏 7A 段供电，6 千伏公用 07B 段由 6 千伏 8B 段供电；6 千伏 8A 段作为 6 千伏公用 07A 段备用电源，6 千伏 7B 段作为 6 千伏公用 07B 段备用电源。9、10 号机组设有 4 段公用 6 千伏母线，分别为公用段 2 段、煤灰段 2 段，其余与 7、8 号机相同。

7、8 号发电机组也按机、炉、燃料、水、灰、化学区域配置 380 伏厂用系统。每台机组设有 380 伏工作母线 2 段，各由一个低压厂变供电，07A 低压备变作为 380 伏 7A、7B 段与 380 伏公用 7B 段备用电源，07B 低压备变作为 380 伏 8A、8B 段与 380 伏公用 7A 段备用电源。还各设除尘段 2 段、公用段 2 段、厂区段 2 段、循环水处理段 2 段、除灰段 2 段、化水段 2 段，电源各取自相应的变压器，2 段之间设有联络开关，互为备用；输煤段 3 段，电源取自相应的变压器，380 伏输煤 7A、7B 段备用电源取自 07C 输煤变；码头段 2 段，电源取自相应的变压器，备用电源取自 07C 码头变；照明段 2 段，电源取自相应的变压器，备用电源取自检修段；另有金工段、检修段各 1 段。9、10 号发电机组按机、炉、灰区域配置 380 伏厂用系统。每台机组设有 380 伏锅炉、汽机、除尘母线各 2 段，脱硫母线 1 段，照明母线 1 段分别由锅炉变、汽机变、除尘变、脱硫变、照明变供电；还设公用段 2 段、厂区段 2 段、循环水处理段 2 段、除灰段 2 段，电源各取自相应的变压器，2 段之间设有联络开关，互为备用，9、10 号脱硫母线 2 段之间设有联络开关，互为备用。9、10 号机照明母线 2 段之间设有联络开关，互为备用。

7、8、9、10 号机还设有 380 伏保安电源系统。每台机组各设 2 段保安母线，正常时由各自 380 伏工作段供电，紧急时由各自柴油发电机供电。保安段下还设有

380 伏事故照明段 2 段。

7、8、9、10 号机各配置 2 套 60 千伏·安交流不停电电源(UPS)。UPS 系统为 DCS、DEH 等主要控制系统,以及变送器、机组录波器、火灾报警器等重要负荷提供高质量不间断电源。

(四) 继电保护

一至五期 220 千伏线路均采用双重化配置微机型保护。其中州门 2341、台门 2348、台峰 2350、州临 2352、台巨 2355,采用南瑞继保 PCS-901 和北京四方 CSC101 型微机型保护;州恒 2U83 线、州利 2U84 线采用南瑞继保 RCS931 和北京四方 CSC101 型微机型保护,州君 2Q34 采用南瑞继保 PCS-931GMM 和国电南自 PSL602U(光纤距离保护),州田 2351 采用南瑞继保 PCS-931GMM 和南瑞科技 NSR-302G 保护,台沙 2Q31 线、台外 2Q30 线 PSL603A 和 RCS-931A 数字式保护装置,二套保护通道均为光纤专用通道。220 千伏联络(一)、(二)线配置双重化南瑞 PCS-931 和四方 CSC-103 光纤保护。

220 千伏母线各配置 1 套南瑞继保 RCS-915 保护装置和深圳南瑞 BP-2 型微机型母差保护装置。220 千伏断路器失灵保护通过母差回路出口。

升压站系统断路器和 220 千伏闸刀可远程或就地操作。220 千伏一段断路器和闸刀操作通过 UT-2000Ⅱ型汉显微机防误闭锁装置实现相互间防误闭锁。

6 千伏电源断路器除 6 千伏公用 07A、07B 段外,其余均配置微机综合保护装置,6 千伏厂用变压器及电动机断路器均配置微机综合保护装置,电动机配置低电压跳闸保护。380 伏系统断路器均在断路器本体集成微机保护,电动机有低电压跳闸保护。

四、输煤设备

(一) 卸煤系统

台州发电厂以海运燃煤为厂外运输方式。在一期工程时建有 3000 吨级卸煤码头 1 座,装有上海新建机器厂生产的桥式抓斗卸煤机 2 台,二期工程时建成浅万吨级码头 1 座,配套安装 2 台长春发电设备厂生产的桥式抓斗卸煤机。三期工程时在 3000 吨级码头增装 1 台长春发电设备厂生产的桥式抓斗卸煤机,在浅万吨级码头增装 1 台同样的桥式抓斗卸煤机。6 台卸煤机起重量均为 10 吨(含抓斗自重 4.5 吨),理论计算生产能力每台均为 400 吨/时。浅万吨级煤码头从东往西分别编号为 12、13、14 号卸煤机。后因 2010 年台州发电厂一至三期 6 台机组的关停,燃料卸煤码头相应拆除了 1～3 号卸煤机;燃料输煤系统相应拆除 0～6 号皮带机及配套碎煤机、大块分离器、取样机、除铁器、滚轴筛等设备;一至三期程控控制系统拆除,保留7号、10号、11号皮带机及辅助设备,并入四期程控系统。

目前继续沿用二期工程浅万吨级码头,13号卸煤机、14号卸煤机;沿用三期浅万吨级码头,12号卸煤机。

四期7、8号机组建设的时候,就在浅万吨级码头以东方向,建设2个5000吨级泊位卸煤码头1座,选用上海交通大学起重与运输机械设计中心设计的4台XMJ10-100型卸煤机,起重量均为10吨(含抓斗自重4.5吨),装卸能力每台均为400吨/时,年卸煤能力可达220万吨,从东到西分别编号为21、22、23、24号卸煤机。

五期工程2台30万千瓦燃煤发电机组年需以晋北烟煤为主的混煤约137万吨。五期没有新建煤码头,而是采用提高四期煤码头接卸能力的方式,以满足五期机组用煤需要,因此,五期工程时未增加卸煤设备。

(二) 煤场

一期工程时建储煤场1座,东西长240米,南北宽104米,面积24960平方米,有效堆煤面积16704平方米,设计堆煤高度12米,可储煤12万吨,随着一至三期6台机组的关停,1号煤场现已废弃。沿用三期工程储煤场2座,分别为2号煤场储煤2.4万吨、3号煤场储煤2.2万吨。四期工程设4个储煤场,分别为4号煤场储煤2.5万吨、5号(一)煤场储煤3万吨、5号(二)煤场储煤3万吨、6号煤场储煤2.5万吨。同时增建横向跨度80.14米、纵向长度82.25米的干煤棚1座,堆煤高度12米,可贮干煤2.3万吨。四期煤场装有DQL1000/1200.30型斗轮堆取料机2台。

图1-3 四、五期煤场

四期工程时增设4个储煤场,设计长度为220米,可储煤12.8万吨,能供2台33万千瓦机组21天燃煤需要。并建有干煤棚1座,可贮干煤2.3万吨。

五期工程 2 台 30 万千瓦燃煤发电机组年需以晋北烟煤为主的混煤约 137 万吨。燃煤由矿区经铁路至北方港口，转用 2～5 万吨级海轮运至宁波北仑港或舟山老塘山港，再用浅吃水 5000 吨级海轮运至电厂码头；或由矿区至青岛港、连云港下水，再用浅吃水万吨级海轮直运至电厂码头。五期工程未新增煤场，完全利用电厂原有设施。

（三）输煤系统

一至三期输煤系统装有皮带机，因 2010 年台州发电厂一至三期 6 台机组的关停，相关设备拆除。2010 年输煤一至三期有五条输皮带机未拆除，经过改造 7 号皮带机接长至四期皮带机，现在三期 7 号、10 号(一)、10 号(二))、11 号(一)、11 号(二)供四、五期输煤系统使用。

四期输煤系统，装有皮带 22 条，总长度 4037.33 米，带宽均为 1.2 米，额定输送量均为 1000 吨/时，设有 21～27 号及碎煤机楼 8 个转运站。配有碎煤机 2 台、滚轴筛 2 台、除铁器 10 台、电动犁煤器 14 台、落煤筒挡板 4 个、原煤仓 8 个、除尘器 29 台、皮带秤 4 台、取样装置 2 台、大块分离器 2 台等设备。四期输煤系统的特点是，采用卸煤、上煤同一皮带宽度，取消分流装置输送系统，使系统简化、流畅，不致因出力不同而出现阻塞现象；针对船舶来煤大块煤较多的情况，在省内电厂中首先采用大块分离器，使大煤块、大石块等在进入煤场前就分离出来，避免以往输煤系统中因大块造成后续设备一系列不安全因素。

2008 年 8 月，五期工程扩建，增加输煤旁路系统，装有皮带 3 条，总长度 423 米，带宽均为 1.2 米，额定输送量均为 1000 吨/时，现来煤不需要通过斗轮机直接可上四、五期煤仓。五期煤仓间增加 2 条皮带机，总长度 258 米，带宽均为 1.2 米，额定输送量均为 1000 吨/时。

（四）输煤程控系统

一至三期输煤系统原为中央继电器集中控制，因 2010 年台州发电厂一至三期 6 台机组的关停，一些不用的设备进行拆除。2010 年输煤一至三期系统设备仅有：7 号、10 号(一)、10 号(二)、11 号(一)、11 号(二)皮带机及相关辅机设备，为使设备安全可靠运行，取消一至三期输煤程控系统并将该系统设备控制合并至四期输煤控制系统中，在三期煤控楼增设 1 个远程站。

四期输煤系统控制采用程控和就地控制两种方式，程控装置为西安通灵公司产品，系统于四期 7、8 号机组运行前调试成功投运，能实现四期输煤系统所有皮带机、局部辅助设备及煤仓自动配煤控制，同时与实行独立操作的卸煤机、堆取料机、实物校验装置进行部分信号联系，达到集中控制目的。该系统在程控室设置 1 个主控站，在碎煤机楼和煤仓间各设 1 个远程站，主控站与远程站通过同轴电缆连接,实现相互间的数据通信。程控设备包括 PLC 主机 1 台、上位机 2 台、SONY-46F300A 彩色液晶电视 1 台、视频监控系统 1 套。

2008 年 8 月,台州发电厂五期工程投产发电以后,输煤系统由四、五期系统共用。五期利用四期原有输煤系统,对四期主厂房 30A、30B 号皮带机进行加长改造,在五期主厂房新增 31A、31B 号皮带机。并从 23 号转运站至 26 号转运站增加 24B、25C、26B 号 3 条皮带组成的旁路系统。新增 3 条旁路皮带控制直接接入四期煤控楼主站,在五期煤仓增设 1 个远程站及 1 套视频监控系统。

2014 年 12 月,输煤程控进行整合,输煤程控系统设 1 个主站和 5 个远程站,主站设在四期煤控 PLC 室,5 个远程站分别设在三期煤控、21 号转运站、碎煤机楼、四期煤仓间和五期煤仓间。程控设备包括 140CPU65150 型 PLC 主机 1 台、上位机 4 台、8 台 55 寸彩色组合 LED 大屏 1 组、各类模块(如电源模块、以太网模块、I/O 模块等)、交换机、光端机、光纤收发器、隔离继电器、现场传感器、执行器件等。各远程通信采用光缆和同轴电缆进行通信。输煤系统可采用程控和就地控制两种方式,能实现输煤系统所有皮带机、局部辅助设备及煤仓自动配煤控制,同时与实际独立操作的卸煤机、斗轮堆取料机、实物校验装置进行信号联络,达到集中控制的目的。

输煤程控工业电视改造,三期、四期、五期皮带工业电视通过以太网在四期煤控楼四期煤控室里显示与操作。

(五) 输煤视频监控系统

输煤视频监控系统主要由 7 台网络硬盘录像机、65 台定焦摄像机、15 台球形摄像机、1 台服务器、1 面电视墙和相关配套传输设备组成。转运站、煤场及码头等区域的摄像机汇聚到就近的一个现场就地箱内,然后通过光缆、专用视频光端机等设备将信号传到煤控楼。三期煤控区域和四、五煤仓间硬盘录像机通过光缆将视频信号传输到煤控。

下列摄像机可以转动、变焦和调节光圈:10 号皮带机、19 号皮带机机头云台球式摄像机;29 号皮带机中部云台球式摄像机;30 号皮带机及 31 号皮带机机头、机中、机尾各三台云台球式摄像机;三期码头、四期码头各一台云台球式摄像机;3 号、5 号、6 号煤场各一台云台球式摄像机;23 号转运站底层云台球式摄像机。

煤仓间各仓口摄像机具有跟踪犁煤器抬落功能。当 PLC 发出某个犁煤器"落"信号后,在煤控操作台视频监控机显示器主预览界面相应的监控图像将自动弹出预览小窗口图像,并在煤控电视墙所设定监视画面对所动作的犁煤器进行跟踪监视。

2014 年 12 月完成输煤程控工业电视改造,输煤程控工业电视系统改造中除原五期煤仓16台定焦摄像机保留外，其余更换定焦摄像机39台，更换云台摄像机12台，同时增加8台定焦摄像机和3台云台球机摄像机。输煤视频监控系统主要由7台网络硬盘录像机、65台定焦摄像机、15台球形摄像机、1台服务器、1面电视墙和相关配套传输设备组成。转运站、煤场及码头等区域的摄像机汇聚到就近的一个现场就地箱内，然后通过光缆、专用视频光端机等设备将信号传到煤控楼。三期煤控区域和四、五煤仓间硬盘录像机通过光缆将视频信号传输到煤控。

五、仪控设备

台州发电厂7、8号机组扩建投产时采用德国西门子公司生产的TELEPERM ME/XP系列DCS控制系统。7、8号机组分别于2009年11月和2011年11月对DCS控制系统进行了全面的改造。均采用了上海艾默生电站过程控制工程公司生产的DCS控制系统(OVATION 3.2.0)，包括数字式电液调节系统(DEH-V)。旁路系统为瑞士苏尔寿产品，选用二级串联装置。

9、10号机组分别于2007年12月和2008年4月投产。DCS控制系统均采用了上海艾默生电站过程控制工程公司生产的DCS控制系统(OVATION 1.7.2+solaries10(3/05))，该系统是集过程控制、企业管理信息技术、当今世界最先进的计算机及通信技术于一身的典范，包括数字式电液调节系统(DEH)。旁路系统为南京西海电力设备有限公司引进德国HORA产品。选用二级串联，配有三级减温装置。由于控制系统使用年限较久，导致硬件故障率上升，遂于2016年9月开始对10号机组的DCS控制系统进行了升级改造，改造后的控制系统版本号为OVATION 3.3.0。2016年12月投入正常运行。

台州发电厂7～10号机组的DCS控制系统从功能上可包括以下6个子系统：数据采集系统(DAS)、顺序控制系统(SCS)、炉膛安全监控系统(FSSS)、模拟量控制系统(MCS)、数字式电液控制系统(DEH)、汽机紧急跳闸系统(ETS)。

数据采集系统(DAS)

各台机组数据采集系统均为机组集散控制系统一部分，采集和处理机组运行所需的全部数据，每台机组采集2000点左右信号量，并具有监视、显示、报警、记录、打印、历史数据存储、检索等功能。

顺序控制系统(SCS)

各台机组顺序控制系统均能实现汽轮机和锅炉辅机设备启停控制，电动和气动阀门程序控制和联锁保护。7～10号机组顺序控制系统集成在集散控制系统中。

炉膛安全监控系统(FSSS)

7～10号机组炉膛安全监控系统在集散控制系统DCS中的BMS系统实现。

各台机组虽采用不同的燃烧安全系统，但均能实现主燃料切断保护(MFT)、燃油泄漏试验、炉膛吹扫、炉膛火焰监视功能。

模拟量控制系统(MCS)

各台机组协调控制系统的控制方式均具有汽机跟随方式(TF)、锅炉跟随方式(BF)、协调控制方式(CCS)和基本方式(BASE)等4种控制方式，采用滑压或定压方式进行压力设定控制。

机组在协调控制方式下具有辅机故障减负荷(RB)、机组快速甩负荷(FCB)和按照电网调度遥控负荷控制(ADS)，对机组进行负荷控制，并参与电网调频。在遥控负荷指令方式下可以实现机组自动发电控制(AGC)。

数字式电液控制系统(DEH)

7号、8号机组DEH控制系统分别于2010年、2011年随机组DCS改造采用艾默生过程有限公司提供的OVATION控制系统，数字式电液控制系统可以实现汽机转速控制、负荷控制、调频、协调控制、快速减负荷、主汽压控制、多阀(顺序)控制、阀门试验、汽轮机程控启动和甩负荷工况控制等功能。

汽机紧急跳闸系统(ETS)

汽轮机监视仪表用于连续测量、记录汽轮发电机组振动、转速、差胀、转子偏心、汽缸膨胀、轴向位移等机械状态参数多通道监视系统。7～10号机组ETS系统通过OVATION控制系统实现，7号、9号、10号TSI系统采用飞利浦MMS6000系统，8号机组TSI系统采用本特利公司生产的3300系统。

六、输灰系统

2006年前台州发电厂8台机组灰渣系统按一至三期与四期自成系统，每台机组均由静电除尘器、灰渣系统组成。一至三期6台锅炉为两级出灰，灰渣混除。四期7、8号炉为两级出灰，灰渣分除。

随着一至三期6台机组在2010年关停后，台州发电厂只有四台机组，7、8号炉电除尘灰斗出灰方式为水出灰和干出灰。9、10号炉电除尘灰斗出灰方式为干出灰。四台炉炉底灰渣均由捞渣机出渣方式，直接从炉底拉至渣仓储存，再放至运渣车输送。7、8号炉锅炉省煤器灰斗出灰方式为水出灰和干出灰，9、10号炉锅炉省煤器灰斗出灰方式为干出灰。7～10号炉锅炉省煤器灰斗及9、10号炉电除尘灰斗灰由仓泵送至五期干灰库，7、8号炉电除尘灰斗灰由仓泵送至四期干灰库。

9、10号机组年灰渣总量约21万立方米，考虑40%灰渣综合利用，剩余灰渣堆至电厂现用的6、7号灰库且可满足6年内堆放要求；另外，在现有的5、6号灰库南面滩涂上建设一个库容800万立方米的8号灰库。为了提高灰渣综合利用程度，电厂在五期9、10号机的灰渣问题与台州四强新型建材有限公司等4家灰渣综合利用企业签订灰渣供应合同。

（一）静电除尘器

1、2号炉原为“文丘利水膜式除尘器”，因除尘效率已降至90%以下，随着环保要求提高和机组扩容改造，已经将其改为浙江菲达环保科技有限公司生产的2FAA4×37.5M－1×88－150型四电场电除尘器，设计除尘效率为99.55%，装有干出灰系统。

3～6号炉原各装设每炉2台GP117DG－3型三电场电除尘器，设计除尘效率为98.3%。随着机组扩容改造，3～6号炉电除尘器改为除尘效率为99.55%的四电场电除尘器。2010年1～6号炉的除灰除尘系统已随着机组的关停而全部拆除。

四期7、8号炉各装有每炉2台2FAA3×45M－2×88－130型三电场电除尘器，设计除尘效率为99.43%。经烟尘排放浓度和排放量监测，7、8号炉排放浓度分别为34.6毫克/立方米和35.8毫克/立方米，低于国家G13223－1996标准规定的200毫克/立方米。

五期9、10号炉采用高效静电除尘和烟气脱硫、低氮燃烧等措施，并同步建设四期2台33万千瓦机组的脱硫装置。9号、10号炉各装有每炉2台2FAA4×40M－2×88－145型四电场电除尘器，设计除尘效率为99.62%。五期9、10号机的2台30万千瓦超临界燃煤机组各配一套湿式烟气石灰石—石膏脱硫系统。吸收塔以美国巴威公司（B&W）为技术支撑（吸收塔包括1个托盘、3层喷淋装置和1套两级式除雾器，每层喷淋装置对应1台浆液循环泵），脱硫装置采用一炉一塔，每套脱硫装置的烟气处理能力为一台锅炉100%BMCR工况时的烟气量。

在2015年下半年至2016年，7号、9号、10号机组相继进行了超低排放改造，增设湿式电除尘器。7号机组湿电由上海克莱德贝尔格曼机械有限公司生产，型号为CBV－350T＊4.8/1440－1，外形尺寸为16.0米（长）×14.35米（宽）×17.07米（高），壳体材质为碳钢＋鳞片防腐，阴极线/框架为钛合金/2205，阳极管为PP，喷嘴为PDVF气流均布板PP；9号、10号机组湿电由德创环保有限公司生产，型号为DWG144－5，外形尺寸为15.02米（长）×14.56米（宽）×17.6米（高），壳体材质为Q235＋鳞片防腐，阴极线为钛合金刚性针刺线，阳极模块为蜂窝型、C－FRP，喷嘴为316L。改造后机组的粉尘排放浓度进一步下降至5毫克/立方微米以下。

（二）除灰、出渣系统

1～6号炉的除灰、出渣系统已随着机组的关停而全部拆除。

位于四期锅炉房东南角的除灰综合泵房内装有3台8/6S－H型渣浆泵和4台8/6E－AH型灰浆泵，渣浆由渣浆泵经2根DN200低压渣管输送至脱水仓，正常时一运二备,脱水后的灰渣由自卸车运出厂外综合利用。灰浆泵将灰浆输送至浓缩池浓缩,完成一级除灰过程。

2015年11月,7号炉捞渣机改造完成后,捞渣机头部下设有储渣仓,渣经捞渣机刮板输送至储渣仓,通过汽车运输方式将渣运出厂外综合利用。渣浆泵系统不再出渣,系统暂时保留。五期捞渣机型式和出渣方式与改造后的四期捞渣机相同。

四期综合泵房内装有4台8/6E-AH型灰浆泵,灰浆泵将灰浆输送至浓缩池浓缩,完成一级除灰过程。系统配有DNS45型周边双传动提耙浓缩机的浓缩池2座,4台型号为PZNB-115/6型卧式三柱塞单作用喷水式柱塞泵。浓缩后的灰浆由池底排出,经下浆管进入柱塞泵,输送至6号、7号灰库。浓缩池澄清后溢水进入回水箱,由回水泵打至冲灰水箱,经冲灰泵升压后作为冲灰用水,四期循环水的海水为冲灰补水,工业杂用水作为冲灰水箱补充水供调节。

四期机组有水出灰和干出灰两种出灰方式。四期水出灰系统:机组飞灰由电除尘器、锅炉省煤器灰斗进入箱式冲灰器制成灰浆。灰浆落入灰沟由冲灰水冲至灰浆泵进口灰池。灰浆泵将灰浆输送至四期浓缩站的灰浆分配槽,然后进入浓缩池进行浓缩。浓缩后的灰浆被柱塞泵通过高压灰管输送至7号灰库。四期干出灰系统由电除尘除下后用仓泵输送系统送到四期干灰库。

五期9、10号机组的出灰方式为干出灰。采用灰、渣分除,干灰干排的除灰渣方式。锅炉炉底的渣经捞渣机捞出后直接上渣仓贮存,由自卸运渣车运出供综合利用。五期出灰方式为干出灰,灰从电除尘器、锅炉省煤器灰斗下来通过仓泵输送系统输送至五期干灰库,再由汽车拉走或投运至五期干灰库制浆系统制浆,制浆水源来自四期综合泵房冲灰水泵,干灰制浆池下设两台灰浆泵,通过两根灰浆管与7A、7B、7C灰浆管连接,将制成的灰浆输送至四期浓缩站灰浆分配槽。然后进入浓缩池进行浓缩。浓缩后的灰浆被柱塞泵通过高压灰管输送至7号灰库。

(三)灰库

2006—2010年期间台州发电厂共使用1、6、7号3个灰库。1号灰库在台州发电厂下游老鼠屿以东1.2千米的海涂,占地300亩,作为1～6号炉排灰场兼堆渣场。6号灰库距电厂12千米,占地3900亩,库容850万立方米。7号灰库紧挨6号灰库,东起台州湾北岸椒江入海口南洋二期围涂海塘,南至6号灰库内堤,西至市场乡机耕路,北临八角河南岸,占地2160亩,灰库实际面积1988亩,库容500万立方米。2010年随着一至三期6台机组的关停,1号灰库部分土地由有关部门通过政府部门进行拍卖收购。2010年后台州发电厂就只有6、7号2个灰库,供四、五期储存灰渣。

2010年以后,台州发电厂主要依靠6号灰库存放7号、8号机组湿粉煤灰。7、8

号炉的输灰系统有3根直径180毫米×10毫米高压输灰管进行输灰，采用二用一备，每根输送量115立方米/时，进入灰库的灰浆浓度在20%～30%之间，水经过自然沉淀澄清达标后外排。随着2015年下半年至2016年对7、8号机组出灰系统的改造，由原来的湿粉煤灰系统改为干出灰系统，水出灰系统也就随之逐步停运。

四期干灰库储存7号、8号炉电除尘器底部输送过来的干灰，由浓相正压气力输送设备(气灰混合)输送至混凝土干灰库，四期干灰库相切布置，共分两组，一组为7A原灰库—7B原灰库—7号细灰库—7号粗灰库(钢灰库)，另一组为8A原灰库—8B原灰库—8号细灰库—8号粗灰库(钢灰库)。原、细灰库直径为12米，高度为27米，容积1500立方米，粗灰库容积为300立方米。

五期干灰库储存9、10号炉电除尘器底部输送过来的干灰，由浓相正压气力输送设备(气灰混合)输送到10号炉电除尘器西侧混凝土干灰库，五期原、粗、细灰库直径为12米，容积2000立方米。

台州发电厂干灰基本上由台州天达环保有限公司负责运输。

七、脱硫系统

2007年至2008年，四期机组增加脱硫系统改造完成，而五期机组则基建时同步建设脱硫系统。因此，至2016年底，台州发电厂的五期2台33万千瓦超临界燃煤机组及四期2台35万千瓦超临界燃煤机组各配一套湿式烟气石灰石—石膏脱硫系统。吸收塔以美国巴威公司(B&W)为技术支撑(吸收塔包括1个托盘、3层喷淋装置和1套两级式除雾器，每层喷淋装置对应1台浆液循环泵)，脱硫装置采用一炉一塔，每套脱硫装置的烟气处理能力为一台锅炉100%BMCR工况时的烟气量，由浙江省电力设计院和浙江省天地环保工程有限公司负责设计，浙江省火电建设公司负责设备安装。

脱硫装置采用成品石灰石粉作为脱硫剂，将石灰石成品粉制成浓度为30%左右的石灰石浆液，通过石灰石浆液泵不断地补充到吸收塔内，经浆液循环泵送至吸收塔上部的喷淋装置进行再循环。每层喷淋层对应一台循环泵，保证脱硫率≥95%。每台锅炉的烟气分别从A、B侧引风机出来，经烟道汇总后经过GGH(烟气加热器)的原烟气端降温，进入吸收塔，原烟气在进入吸收塔后，烟气折流向上经过吸收塔托盘，使主喷淋区的烟气分布均匀，然后与三层喷淋装置下来的浆液进行充分接触，使得烟气中的二氧化硫等酸性成份与石灰石浆液中的碳酸钙以及送入的氧化空气进行化学反应而被脱除，烟气在脱硫过程中被石灰石浆液冷却并达到饱和。脱硫后的烟气连续流经两层锯齿形除雾器，除去烟气中所含的细小液滴，这样经过洗涤和净化后的烟气流出吸收塔。从吸收塔出来的净烟气通过GGH的净烟气侧升温,使烟气温度升至80℃以上,最后通过烟囱排入大气。

脱硫装置采用成品石灰石粉作为脱硫剂,将石灰石成品粉制成浓度为30%左右的石灰石浆液,通过石灰石浆液泵不断地补充到吸收塔内,经浆液循环泵送至吸收塔上部的喷淋装置进行再循环。每层喷淋层对应一台循环泵,保证脱硫率≥95%。氧化风机送出的氧化空气经喷水增湿后送入吸收塔,把脱硫反应生成的亚硫酸钙($CaSO_3 \cdot 1/2H_2O$)氧化为石膏($CaSO_4 \cdot 2H_2O$)。吸收塔浆液的固体悬浮物含量应控制在18%～20%之间,当吸收塔固体悬浮物含量达到20%时,石膏浆排出泵将浆液排至石膏浆液缓冲箱;当吸收塔固体悬浮物含量低至18%时,石膏浆排出泵将浆液排回吸收塔,送至石膏浆液缓冲箱。浆液经一、二级脱水,得到含水率不大于10%的石膏,石膏被储存在石膏仓内,石膏仓的石膏通过石膏卸料机装车外运。

FGD装置能适应锅炉最低稳燃负荷(35%BMCR)工况和100%BMCR工况之间的任何负荷,且在锅炉负荷波动时有良好的适应性。脱硫装置所有系统及设备选型按在BMCR工况、燃用设计煤种(含硫量0.80%)下设计,但其设计容量涵盖燃用校核煤种(含硫量0.9%)时的功能要求,燃用煤种含硫不大于1.4%时,脱硫效率不低于95%。石灰石粉及浆液制备系统及工艺水系统、石膏脱水系统和脱硫废水处理系统为四套脱硫装置公用。为监测烟气污染物排放情况,本FGD系统安装烟气排放连续监测系统,主要包括SO_2分析仪、NO_x分析仪、CO分析仪、浊度仪、流量计、氧量计、压力计及温度计等。

2015年12月,台州发电厂进行了首台7号机组脱硫超低排放改造,2016年进行了9、10号机脱硫超低排放改造,2017年6月前完成8号机脱硫超低排放改造。脱硫超低排放机组改造主要是新增了立式湿式电除尘器;水平烟道除雾器;一座塔外浆池(塔外浆池与吸收塔通过联通管连通);塔外浆池内新增二台吸收塔循环泵及二台搅拌器;吸收塔内改造采用双层交互式喷淋层+一层标准型喷淋层+单均流增效板形式;四期干式静电除尘改为低低温电除尘;拆除回转式GGH;增设管式GGH系统等;系统设备通过高效协同控制,进一步降低主要烟气污染物含量,实现机组超低排放,使燃煤机组的主要烟气污染物排放指标达到燃气发电的标准。

MGGH主要包括两级换热器(烟气冷却器和烟气加热器)、热媒辅助加热系统、热媒水系统、蒸汽吹灰系统及附属管道、阀门、附件等。热媒介质采用除盐水、闭式循环,由MGGH热媒水泵驱动。两级换热器之间的换热通过闭式循环的热媒水实现,通过热媒水泵(一用一备)增压驱动。系统设置热媒水旁路,分别设置进水调节阀以及旁路调节阀，在机组低负荷时，利用辅助蒸汽加热热媒水，通过调节热媒水流量将烟气冷却器出口的烟气温度控制在不小于 90℃，以满足电除尘器入口烟气温度的要求。

四期 MGGH 冷却器每台机组共两台，布置在空预器出口与电除尘器入口之间的垂直烟道内；五期 MGGH 冷却器每台机组设一台，布置在引风机出口与吸收塔入口之间的垂直烟道内，。MGGH 加热器每台机组一台，布置在湿式电除尘器出口、后烟道除雾器的出口烟道内。MGGH 加热器入口烟道上布置有烟道除雾器用于去除雾滴。

四期 MGGH 冷却器设置 4 台蒸汽吹灰器，4 台声波吹灰；五期 MGGH 冷却器设置 12 台蒸汽吹灰器。为保证机组在低负荷工况下烟气加热器出口烟气温度不低于 80℃，MGGH 系统增设热媒辅助加热系统。

热媒辅助加热介质采用辅助蒸汽，辅助蒸汽从各机组辅汽联箱引接，蒸汽冷凝水进入锅炉疏水扩容器。热媒辅助加热器为管壳式，每台机组设一台，设计容量满足在 50%THA 工况下能使 MGGH 烟气加热器出口烟温达到 80℃。

每台机组设置一台 MGGH 补水箱，用于 MGGH 初次启动或运行过程水容积减少时的补给。正常运行时热媒水一般不需补充和疏放，但应控制好液位。另外，补水箱还起到判漏以及调压的功能。

为了防止长期运行时因结垢等问题给热媒水带来污染，设置加药箱，根据化学测试结果定期加入药品，控制热媒水水质。

四期机组每台 MGGH 冷却器设置两个灰斗，共四个灰斗。每个灰斗下设置一台输灰仓泵，通过气力输灰系统将灰斗内积灰输送至省煤器冷灰斗。

四期机组低低温电除尘器（以下简称“电除尘”）因进口烟温的降低，电除尘灰斗采用蒸汽加热，电除尘电场采用高频电源供电。

湿式电除尘器（以下简称“湿电”），布置在脱硫吸收塔出口，采用高频电源供电，进一步去除烟气中的石膏雾滴、烟尘微粒、$PM_{2.5}$、SO_3 微液滴和汞化合物等污染物。湿电通过喷淋水将集尘阳极板上捕获的烟尘直接冲洗至吸收塔。湿电出口烟道设置了烟道除雾器，以尽量减少雾滴和浆液。

在机组超低排放改造时，四台机组分别拆除原脱硫 GGH，增加一座塔外浆池及两台吸收塔循环泵，增设 MGGH 烟气冷却器及加热器，改造后机组的 SO_2 排放浓度进一步下降至 35 毫克/标准立方米以下。

目前，脱硫超低排放改造后性能保证值：烟囱出口烟尘排放浓度（干基，6%O_2）≤5 毫克/标准立方米，烟囱出口 SO_2 排放浓度（干基，6%O_2）≤35 毫克/标准立方米，达到国家环保标准。

八、化水处理设备及系统

(一)补给水除盐系统

一至三期6台机组的补给水除盐系统于2014年一并拆除。

四期的7、8号机组补给水除盐设备系统,均为二级除盐,从四期投产一直使用至今。配置2套一级除盐加混合床处理系统,采用单位串联制连接,一级除盐为单元制,二级除盐2台混床为母管制并联连接。2套一级除盐,每套设计出力100吨/时,正常时一运一备,机组启动或事故时两列同时运行,除盐水由3台1000立方米除盐水箱储存。

五期的9、10号机组化补水除盐设备在四期原有2套补给水处理系统共5列除盐设备基础上,增加一根DN200的不锈钢管子接至9、10号机组的除盐水箱及闭式水系统。采用3列运行、2列备用的运行方式,供水可满足一至五期机组正常运行及机组启动或事故时的锅炉补水量及水质要求。2010年一至三期关停拆除,补给水系统就只剩四、五期。

2012—2015年,为解决机组对外供热的需求,台州发电厂分两次新建2套一级除盐加混合床处理系统,同样采用单位串联制连接,一级除盐为单元制,二级除盐2台混床为母管制并联连接。2套一级除盐,每套设计出力100吨/时,并配套新增一台2000立方米除盐水箱储存,和原3台除盐水箱连接。

(二)凝结水精除盐系统

凝结水是锅炉给水主要部分,为防止铜、铁、硅及溶解性盐类,减少机组启动时凝结水排放量,设置凝结水精除盐系统。

7、8号机组在四期主厂房汽机零米层各设一套凝结水精处理设备,每套各有3台直径2200毫米体外再生高速混床,3台高速混床二运一备,每台混床通过50%凝结水量,对凝结水进行100%处理。

凝结水精处理区域位于五期靠四期一侧主厂房A列外,由凝结水再生设备间、精处理配电间、水务控制间、浓酸碱区、再生废水池组成。

五期9、10号机组凝结水处理系统采用中压混床除盐方式,每台机组由三台中压高速混床、一台再循环泵和一套旁路系统组成,两台泵运行时,不设备用泵。两台机组两套精处理系统共用五套树脂,其配套的树脂再生系统选用高塔分离系统。正常情况下精处理系统对凝结水进行100%处理,每台混床出力为全部凝结水量的50%。混床投运初期,混床出水经再循环泵重新打至混床入口,对混床内树脂进行冲洗,待混床出水水质合格后,打开混床出口阀,投运混床。在机组启动初期,当凝结水含铁量超过1000微克/升时,直接排放,不进入精处理系统。

(三) 闭式冷却水系统

五期的闭式水系统有别于四期的冷却水系统,没有高大的水冷却塔,减少了占地面积,闭式水系统作为重要的辅机设备与油、气、水的冷却水系统(就是四期的工业水系统),这与四期有很大的差别。正常情况下,一台闭式冷却水泵运行,另一台泵备用,另外一台事故冷却水泵作为紧急时备用。闭式冷却水泵型号为 DFSS400-24/4A 双吸式离心泵。运行时,启动上水泵向闭式冷却水箱进水至正常水位且确认水质合格,然后启动闭式冷却水泵,向机、炉各辅机的油系统、轴承供水。采用闭式循环冷却水系统,无需水冷却塔。水源采用高水质的除盐水,供各辅机设备冷却水用。

(四) 炉内加药系统

发电机组炉内加药系统,其工作过程是用计量泵将药品(氨、磷酸盐、联氨、十八烷胺)加入凝结水、给水、炉水中,除去水中溶解氧,并控制给水、炉水 pH 值,防止水系统金属腐蚀和炉内结垢。

一至三期 6 台机组炉内加药系统布置在一至三期主厂房固定端 9 米层,配备有向机组热力系统加氨、联氨、磷酸盐及十八烷胺的加药装置。于 2014 年一并拆除。

7～10 号机组炉内加药系统,由凝结水、给水加氨装置,炉水加磷酸盐装置,给水加联氨装置,加十八烷胺装置四部分组成。各加药装置均独立运行,由工业控制计算机远程控制。加药装置电气系统可分为电气控制和计算机变频调节两部分:电气控制是用计算机来完成各个加药装置电气设备远程启停控制、保护,加药设备故障报警及加药箱液位报警等功能;计算机变频调节是通过对来自取样系统的化学分析信号(pH 值、电导率、联氨值等),由炉内工业控制计算机进行 PID 调节,并对隔膜计量泵转速进行无级变频调节,以精确控制锅炉加药量。

(五) 制氢系统

四期 7、8 号机组建设初期,因发电机转子绕组、定子铁芯及端部均采用氢冷,特配备建设了制氢站,安装 2 套 DQ-5/3.2 中压水电解制氢设备,可供 7、8 号机组发电机氢冷需要。但该制氢站于 2004 年为置换机组脱硫用地需求拆除,改为购买液氢钢瓶来补氢。

随着五期 9、10 号机组的投产,2008—2009 年,台州发电厂购置了美国生产的 2 立方米/时 HOGEN ® H 系列氢气发生器(制氢机)各一台,分别安装在 7 号机和 9 号机的化学精处理旁边,制出的氢气同供氢站的瓶装氢,采用了四、五期母管联在一起,供 7～10 号机组发电机氢冷需要,平时正常运行时,四、五期 2 台制氢机各自保证四期 7、8 号机和五期 9、10 号机的需要,当四期或者五期出现气压不足,或者制氢机故障时,打开母管的连通阀向另一期机组供气,液氢钢瓶作为后备力量,在紧急状态下补氢,确保机组万无一失地安全运行。

(六)废水处理系统

四期工程建设时就配套安装一套废水处理系统,因效果不佳而拆除,后采用了浙江东发环保有限公司设计的工业废水处理系统。该系统将全厂工业废水纳入回收、处理利用,每昼夜可处理废水 1 万吨。全厂废水处理系统分工业废水综合处理系统和煤泥站废水综合系统两大部分。考虑到厂区废水来源的复杂性,为拓宽废水站的处理范围,2009 年对设备进行了技术改造。改造的主要内容是在四期废水站调节水池与气浮池之间增加两套总出力 200 立方米/时的高效全自动沉淀装置。改造后,当悬浮物较多、浊度较大、水质较差时,调节池中的废水由原废水提升泵提升,利用静态管式混合器加入混凝剂,再加入助凝剂与废水进行混合,进入高效全自动沉淀装置进行絮凝沉淀,去除大颗粒悬浮物,出水加混凝剂(PAC)和助凝剂(PAM)后,再依次进入气浮池、V 形滤池进行后续处理。而当进水水质较好时,高效全自动沉淀装置可不加药,废水通过沉淀装置进入气浮池、V 形滤池进行后续处理,或者直接停用高效全自动沉淀装置,按改造前的处理方式进行处理。2011—2014 年,为降低废水中含有的悬浮物等杂质,提高废水出水水质,先后增加两套处理量为 200 吨/时一体化沉淀装置。

2014 年和 2015 年,为了提高废水出水水质及系统自动化程度,对四期废水站及三期煤泥废水站进行改造,同时对化学再生酸碱废水进行分类收集,大大减少废水排放量,完成了对全厂各废水用户进行分级利用,大大提高了废水回用量,降低了台州发电厂发电水耗。

2016 年,为积极响应省委省政府“剿灭劣五类水”号召,四、五期精处理,阴、阳离子交换器再生后的废水进行分类收集,低盐水回收至废水站清水池,高盐水进行 pH 调整、曝气等工序处理后达标排放,实施全厂酸碱废水、脱硫废水处理,上报氨氮废水处理科技项目。

工业废水综合处理系统。处理四、五期雨水泵房及一至三期主厂房废水,水质达到工业冷却水补水标准时,经过加药处理送至工业冷却水系统和脱硫水池及五期工业水池等系统重复使用,多余清水送至废水池排口排放,有自动监测装置监测排水水质。

煤泥站废水综合处理系统。处理一至三期排涝泵房废水,1、2 号沉煤池及四期南、北沉煤池废水:加药处理后出水经清水泵分别向 7、8 号炉冲灰系统,一至三期煤场喷淋泵前池,四期煤场喷淋泵前池供水,多余清水送至废水池排口排放。另外,对四期工业废水处理站、煤泥废水处理站程控系统进行升级改造并增加化学再生酸碱废水处理系统及排泥水处理系统的程控系统,将全部程控画面引入四期化水控制系统内。

2016 年在原脱硫废水处理系统基础上改造出一套处理量为 12.5 立方米/时的脱硫废水处理系统，主要是对原有设备和管道进行修复，更换污泥压滤机并新增一个预沉池。

（七）淡水补给系统

淡水补给水取自距电厂 13.5 千米外的溪口水库，水库正常库容 2060 万立方米。一至三期 6 台机组年用水量为 700 万立方米/年淡水，四期 7、8 号 2 台机组需增加 550 万立方米/年淡水。五期 9、10 号机组的耗用淡水仍取自溪口水库，需用量约 0.14 立方米/秒（含供热用水和四期脱硫用水），因台州发电厂已对一至四期供水系统进行了改造并采取节水措施，使用水量从原来的 0.45 立方米/秒降至 0.29 立方米/秒。随着一至三期 1～6 号机组全部关停，因此五期 9、10 号机组实现发电、供热增容不增水量。

四期工程在溪口淡水泵房安装 250S－65 型水泵 2 台，考虑到原一期工程安装的 2 条 400 毫米自应力钢筋混凝土水管经常泄漏需要改造，又增装 8SH－13A 水泵 3 台，并且在供水管道上采用了钢管取代了老式钢筋混凝土水管，从而减少了沿途因水管泄漏引起的纠纷和水资源浪费。同时进行水泵改造，分别将原来一、二期工程安装的 2 台 8NB－12 型水泵和 2 台 6BA－8 型水泵改造为 3 台 8SH－13A 水泵。

考虑到溪口水库的库存量，特别是干旱季节的用水紧张问题，在 2013 年，将 2 号淡水管与牛头山水库接通，正常情况下台州发电厂发电用水由溪口水库来供给，牛头山水库作为台州发电厂的后备水源，当溪口水库检修需加固、出现异常或者大旱季节时，可确保台州发电厂淡水供应安全。

九、脱硝系统

台州发电厂于 2012 年 10 月开始启动机组脱硝改造工程，并于 2014 年 6 月底前完成 7～10 号机组脱硝全部改造工程。

台州发电厂 7～10 号机组脱硝工程均采用选择性催化还原法（SCR 法）烟气脱硝工艺，整个脱硝系统由烟气系统、SCR 催化反应系统、尿素热解系统、尿素溶液制备和输送系统等组成。

脱硝系统对称布置两个催化反应器，分别处理锅炉省煤器出口的两路烟气，SCR 反应器设计为烟气竖直向下流动，反应器入口设气流均布装置，反应器入口及出口段设导流板。从锅炉省煤器来的烟气，在 SCR 反应器入口前的烟道中通过喷氨格栅，与稀释后的氨气充分混合后，进入 SCR 反应器，经 SCR 中的多层催化剂将烟气中的部分氮氧化物催化还原为氮气和水后，烟气经过 SCR 反应器出口烟道进入锅炉空气预热器。催化剂在每个催化反应器中分两层布置,同时预留空间,在初装催化剂活性降低时,可以加装新催化剂。

为了防止烟气中的飞灰在催化剂上沉积,堵塞催化剂孔道,在每层催化剂上装有3个声波吹灰器,备用层催化剂预留3个声波吹灰器安装位置,吹灰介质为压缩空气。

每台机组脱硝系统本体配置一套尿素热解系统。尿素热解系统包括高流量循环输送装置、尿素溶液计量分配装置、带喷射器的热解炉、电加热器等。在尿素溶解罐配置完成的50%尿素溶液由尿素溶液输送泵输送至尿素溶液储罐,经尿素溶液循环装置送至尿素溶液计量分配装置,然后通过计量分配装置进入热解炉,在热解炉内分解成氨,经氨气喷射格栅(AIG)喷入烟道。

台州发电厂四期和五期脱硝工程的尿素溶液制备与输送系统为一个公用系统。尿素经汽车运输至尿素制备区,采用气力输送方式直接送入尿素溶解罐或通过破袋经斗提机送至尿素颗粒筒仓,然后投入尿素溶解罐。使用溶液罐内的蒸汽盘管将除盐水加热至所需温度,自动控制尿素溶液温度。通过控制尿素加入量及除盐水加入量,并启动搅拌器,配置成50%浓度的尿素溶液,通过蒸汽盘管,保持溶解罐温度在28℃以上,避免尿素结晶析出。

尿素溶液配好后由尿素溶液输送泵送到相应机组的尿素溶液储罐。每次尿素溶液输送结束后需通过尿素溶液输送管路及返回管路进行冲洗。尿素溶液输送管路及返回管路需要保温、伴热,控制溶液温度在28℃以上,以避免管道内有尿素结晶析出。尿素溶解罐蒸汽加热后冷凝水送到业主指定位置。

2013—2014年,四、五期机组相继进行了脱硝改造,脱硝系统采用选择性催化还原(SCR)技术。从尿素制备区来的尿素溶液进入热解炉后,热解反应产生氨气。从省煤器引出的烟气进入脱硝反应器,烟气中氮氧化物与热解炉来的氨气发生反应,为提高反应效率,脱硝反应器配置有两层催化剂,经过脱硝后的烟气氮氧化物大幅下降。在2015年下半年至2016年,7号、9号、10号机组分别在各炉原脱硝反应器预留层再增加一层催化剂。改造后机组的烟气中NO_x排放浓度进一步降低至50毫克/标准立方米以下。

2015年12月,台州发电厂完成首台7号机组超低排放改造,2016年已完成9、10号机超低排放改造,2017年6月前完成8号机超低排放改造,实现台州发电厂四台机组全部完成超低排放工作。

脱硝系统超低排放改造主要是采用了现有两层催化剂利旧、新增一层催化剂方式;系统设备通过高效协同优化控制,提高脱硝效率,增加喷氨量,进一步降低主要烟气污染物含量,实现机组超低排放,使燃煤机组的主要烟气污染物排放指标达到燃气发电的标准。

图 1-4 9号机组脱硝系统顺利投运

十、通信和电力系统调度自动化

(一) 电力系统调度自动化

关口电能量计量系统(ERTU 装置)。采集各关口电度表里的有、无功进出电能,满足电力市场及浙江电力调度所统计电能需要。设备采取主、备互备的运行方式,而主站采集通过电力数据网(电力Ⅱ区)或电话数据传输方式,向 ERTU 装置读取数据。ERTU 设备由浙江电力创维科技有限公司生产,在 20 世纪 90 年代投运了 2 台,后随着 ERTU 升级又增加了 2 台。2007 年时增加至 5 台,并在 2011 年升级为 ERTU3000 智能网络型装置。

SCADA 实时监控系统。SCADA 实时监控系统实现电网数据采集和监控,兼顾全网实时数据共享功能。网络是单网、单冗余结构,主要由服务器、工程师站、数据采集机、浏览器、路由器及相关软件等组成。SCADA 系统设备由上海申贝科技有限公司生产,于 2008 年升级为 YJD2006 自动版本。

PMU 同步向量采集装置。采集涉网设备的功率、电流、电压、功率因素、机组转速、功角、鉴相信号等,通过电力数据网(安全Ⅰ区)传送省调主站,为电网稳定提供实时数据。PMU 设备由四方科技有限公司生产,2009 年 2 月投运。

AVC 无功调节系统。根据电网电压情况,采集机组实时信息,通过电力数据网(安全Ⅰ区)传送到省调主站,主站下发指令(机组无功目标指令和电网 220 千伏电压目标指令),自动调节机组的无功功率输出,达到调节电网电压、稳定电网电压的目的。设备由上海惠安系统公司生产,2011 年 11 月投运,2015 年 8 月升级为双平面运行。

为了与卫星时间同步,根据卫星同步时钟设备,实现全厂的时间统一。2001 年

5月初开始组建GPS卫星同步系统，由西安授时中心提供设备。2015年6月升级改造，建设投运北斗卫星同步系统，实现全厂各设备的北斗时钟统一对时，实现与调度的时间一致。北斗卫星同步系统设备由上海岭通科技有限公司提供设备。

远动数据交流采集单元UC630和D200主机。UC630采集单元是采集电气量的有、无功功率，电流、电压、频率及开关、刀闸位置遥信等信息量，然后现场通过光纤把这些量传送至D200主机，通过主机及系统光纤通道传送至省调调度端，同时实现机组的AGC功能传送，2013年12月实现双机双网的双平面运行。通道由省调接入网和地调接入网两套安全防护设备(电力Ⅰ区)完成。

烟气排放信息子站。采集从台州发电厂的烟气排放连续监测系统(CEMS)、厂级监控信息系统(SIS)获取脱硫、脱硝、除尘、热负荷和实时煤耗等信息，通过电力安全区(Ⅱ区)及时传送到省调主站。设备由四方科技有限公司生产，2016年6月建设投运。

(二) 通信

1) 行政通信。哈里斯程控交换机(IXP－2000LX)于2006年5月投入运行。总机为IXP2000LX型4096端口，五只机柜，实际装机3012门。同时省调2M板接入LX型，电信(三个2M)7号信令接入LX交换机。IXP－2000LX投入运行后，同时原LH型和M型交换机退出运行。2011年9月，行政交换总机(HARRIS IXP2000 LX4096)与中国移动椒江公司开通两条中国7号信令2M业务联网，并将台州发电厂行政交换机上由台州发电厂用户挑选出的1000个固定电话加入由中国移动椒江公司为台州发电厂手机用户组建的虚拟网中，以实现台州发电厂虚拟网内的固定电话和虚拟网内的手机通过虚拟网互拨互通。电话交换设备厂家是河北远东哈里斯通信有限公司。

2) 系统通信。由SDH光纤环网为主干网，SDH数字微波环网为后备，光纤、微波与省电力公司通信网互联，实现全数字化交换网络和传输网络。光纤通信配置容量为622M(美国太乐公司生产)，型号为TELLABS。2008年7月增加台沙2Q31线电力环网光纤。2014年5月增加椒北变电力环网光纤(州田2351线和州君2Q34线)两个2M。2014年5月增加继电保护复用光纤设备GGXC600A－08光电转换接口柜(州君2Q34线、州田2351线、台外2Q30线、台沙2Q31线)。2012年4月增加传输双平面数据的光端机(杭州儒普通信科技公司)8E1(75欧)＋4ETH PDH。2014年4月增加机房逆变电源(大唐科源科技公司)48伏/220交流5000(伏安)电源系统。

3) 生产调度通信。台州发电厂生产岗位原共有4台调度总机，分别分布在网控(数字程控60门)、四期集控(DYD60门)、Ⅰ～Ⅲ期煤控(数字程控40门)、Ⅳ期煤控(DYD40门)。2010年8月8日随着一至三期6台机组的关停,同时也关停了网控(数字程控60门)和Ⅰ～Ⅲ期煤控(数字程控40门)两台调度总机。2014年2月投入五期调度总机(IXP2000型),60门容量,河北哈里斯通信有限公司提供设备。2015年11月四期调度总机升级改造,升级为IXP2000型80门容量的总机。2016年11月升级Ⅳ期煤控调度总机(IXP2000型64门,可扩充至512端口,实际用户48端口),三台调度总机均由河北哈里斯通信有限公司提供设备。

十一、消防设施

五期工程建设时,五期消防水系统管网通过二个接口连接在四期消防水系统管网上,并与四期消防水系统管网共同形成四、五期主厂房外环消防水系统管网。由于拆除了一至三期6台发电机组及配套的消防泵,一至三期外围的消防管网于2016年通过改造也连接到四期消防水系统管网,因此,台州发电厂形成了由四期消防泵统一供给的消防水系统。

四期消防水系统为稳高压消防给水系统,由三台消防水泵、一套稳压装置、消防水池及消防管网组成。稳压装置由二台稳压泵及一个直径为1.2米的气压罐组成;消防水池由两座400立方米的消防水池(相互连通)组成。消防管网遍布全厂消防重点部位,全厂消防管网由二部分组成:一部分为厂区常规消防水管网,沿道路布置室外消火栓89只,室内消火栓(与水带、水枪一起安装在消火栓箱内)共计796只,在主厂房油箱、配电室和电子室等处的消火栓箱内均配有喷雾水枪;另一部分为安装在主厂房、输煤系统和锅炉燃油库的雨淋阀自动喷淋(雾)和泡沫灭火系统管网,共有雨淋阀自动喷淋(雾)装置104套、泡沫自动灭火装置1套、手动喷淋装置5套。

四、五期工程建设同时配套安装火灾自动报警系统和气体自动灭火系统,根据保护对象可选用各类型的探测器和灭火剂,达到自动探测火情、自动报警、自动释放灭火剂。台州发电厂消防自动报警与灭火系统配置概况见下表1-19。

表1-19 台州发电厂消防自动报警与灭火系统配置概况

区域	厂家	型号	控制范围	报警系统	灭火系统
7、8号机组	海湾安全技术股份有限公司	报警控制器JB-QG-GST9000	7、8号汽机系统,锅炉系统,油系统及辅助系统等	光电感烟探测、电子差定温感温探测、可燃气体探测、线型感温探测、手动报警按钮	雨淋阀喷水、七氟丙烷气体灭火、泡沫灭火

续表

区域	厂家	型号	控制范围	报警系统	灭火系统
9、10 号机组	西门子公司	报警控制器 BC8002F	9、10 号汽机系统,锅炉系统,油系统及辅助系统等	光电感烟探测、电子差定温感温探测、线型感温探测、手动报警按钮	雨淋阀喷水、IG－541 气体灭火
四期输煤系统	海湾安全技术股份有限公司	报警控制器 JB－QG－GST500	四期输煤系统	光电感烟探测、电子差定温感温探测、线型感温探测、手动报警按钮	雨淋阀喷水
信息中心机房	海湾安全技术股份有限公司	报警控制器 JB－QG－GST200	信息中心机房	光电感烟探测、电子差定温感温探测	七氟丙烷气体灭火

第三节　主要技术经济指标

一、发电量与产值

自台州发电厂建厂发电开始至 2016 年底,台州发电厂累计完成发电量 2275.99亿千瓦·时,累计完成总产值(不变价)160.85 亿元。台州发电厂响应国家“节能减排”“上大压小”号召,在浙能集团公司“大能源战略”指导下,从 2009 年 9 月 2 日开始对台州发电厂一至三期 6 台 13.5 万千瓦机组实施整体关停,截至 2010 年 8 月 8 日顺利完成。从 2013 年 9 月 9 号机组技改工程开始至 2015 年止,相继对 2 台 30 万千瓦、2 台 33 万千瓦机组进行改造,9、10 号机组容量从 30 万千瓦增至 33 万千瓦,7、8 号机组容量从 33 万千瓦增至 35 万千瓦,全厂发电设备容量增至 136 万千瓦。2006—2016 年末,全厂累计完成发电量 879.04 亿千瓦·时,累计完成总产值 64.3 亿元。2006—2016 年发电量及总产值完成情况见表 1－20。

表 1-20 2006—2016 年发电量及总产值完成情况

年度	类别		
	总产值（亿元）	发电量（亿千瓦·时）	全员劳动生产率（元/人/年）
2006	7.21	98.29	317727
2007	6.67	91.60	308136
2008	7.48	103.18	363230
2009	7.57	103.07	365820
2010	6.53	89.56	315172
2011	6.08	82.61	296146
2012	5.21	70.95	256959
2013	5.64	76.89	292023
2014	4.64	63.44	327085
2015	3.61	49.44	259280
2016	3.65	50.01	265203
累计	64.30	879.04	308592(年平均)

注：不变价总产值及全员劳动生产率计算价格，2006～2016 年按 790 元/万千瓦·时计算。

二、能源消耗

2006 年至 2015 年期间，台州发电厂成为浙江省能源集团控股的国有股份公司。2007 年 12 月 20 日和 2008 年 4 月 4 日，五期工程两台 30 万千瓦机组分别投产。作为全国千家节能行动单位之一，台州发电厂积极响应国家建设“环境友好型和资源节约型社会”的号召，主动积极部署一至三期 6 台 13.5 万千瓦机组的关停行动。2009 年 9 月对四台 13.5 万千瓦机组（2～5 号机组）实施关停，其余两台 13.5 万千瓦机组（1 号机，6 号机）在 2010 年 9 月份关停。2011 年起台州发电厂的机组容量配置为两台 30 万千瓦机组和两台 33 万千瓦机组，总容量 126 万千瓦。在 2013—2015 年四台机组完成了增容改造和脱硝改造后，台州发电厂的机组容量配置为两台 33 万千瓦机组和两台 35 万千瓦，总容量达 136 万千瓦。从 2006 年至 2016 年期间台州发电厂立足现有基础，加强内部管理，依靠技术进步，加速淘汰和改造落后工艺装备，以工艺现代化和设备大型化为手段，促进产品结构调整和工艺装备结构优化;注重节能降耗、提高劳动生产率、环境保护和资源回收与综合利用;为确保节能目标,台州发电厂进行了一系列的节能技术改造。供电煤耗率与厂用电率大幅度下降,供电煤耗从 2006 年的 335.76 克/(千瓦·时)下降至 2016 年的 316.4 克/(千瓦·时);同时,厂用电率从 2006 年的 7.15%下降至 2016 年的 6.49%。

2006 年至 2016 年,台州发电厂累计发电量 855.77 亿千瓦·时,共耗原煤 3707.1 万吨。2006—2016 年能源消耗指标见表 1-21。

表 1-21　2006—2016 年能源消耗指标

年度	指标							
	厂用电量(万千瓦·时)	厂用电率(%)	发电标准煤耗率[克/(千瓦·时)]	供电标准煤耗率[克/(千瓦·时)]	耗原煤量(万吨)	发电用油量(吨)	化补水量(万吨)	化补水率(%)
2006	70321.09	7.15	311.74	335.76	428.4	1590.9	—	—
2007	66327.78	7.24	311.82	336.16	394.9	1852.5	28.9	1.05
2008	79049.84	7.66	311.01	336.81	457.0	1454.4	30.6	1.02
2009	72195.45	7.0	312.44	335.97	435.2	991.5	—	—
2010	63133.89	7.05	301.05	323.88	364.9	667	26.4	0.97
2011	50868.05	6.16	303.92	323.86	341.1	508.1	21.9	0.88
2012	45480.18	6.41	305.1	326	291.8	639.54	28.8	1.34
2013	47934.18	6.23	300.3	319.98	310.3	376.22	25.37	1.08
2014	40491.6	6.38	297.68	317.98	261.1	661	19.1	1.0
2015	30993.7	6.27	296.61	316.45	209.4	463.22	17.34	1.2
2016	32453.6	6.49	295.87	316.4	213	383.72	15.1	0.975

三、设备可靠性

设备可靠性指标是台州发电厂生产管理水平的综合反映。2007 年根据国家电力监管委员会颁布了《电力可靠性监督管理办法》及《电力可靠性监督管理工作规范》的要求,逐步修订了《可靠性管理标准》和《可靠性工作标准》,建立并完善了可靠性网络,对科学规范开展可靠性工作奠定基础,切实将可靠性工作落到实处。

2007年,国家电力监管委员会颁布了《火力发电机组可靠性评价实施办法(试行)》,开展30万千瓦及60万千瓦级常规火电机组可靠性评价,并对优胜机组进行表彰。

2005年电力可靠性管理中心开发了发电设备、输变电设施可靠性管理信息系统网络版软件,可靠性实现了数据互联、互通,使可靠性统计评价手段得到全面升级,不仅满足可靠性管理工作的需要,也实现了与生产管理系统协调一致。

2010年,可靠性中心增加了对20万千瓦及以上燃煤机组的脱硫系统及除尘设备的火电机组进行可靠性数据的采集和统计,台州发电厂按照中心要求,开展对辅机设备的脱硫、电除尘可靠性数据采集和统计,并在2015年底逐步增加了硫硝及湿式电除尘的可靠性数据采集、统计并上报工作。

在电力可靠性性管理中心及浙能集团可靠性管理的指导下,可靠性管理体系不断创新,可靠性管理工作不断提高,机组安全可靠运行水平稳步提升。台州发电厂机组装机容量从2008年上升至最高峰10台机组后,2009至2010年进行了一至三期6台机组逐步关停,运用可靠性数据统计、分析、整改、评估、总结,促进可靠性与安全生产有机结合,设备等效可用系数、等效强迫非计划停运率均保持在较高的水平,可靠性考核指标均达到或超过集团下达的"指标对标"的标杆值。

表1-22 2006—2016年设备主要可靠性综合指标

时间(年)	台数	利用小时(小时/台)	可用小时(小时/台)	非计划停运次数(次/台/年)	运行系数(%)	等效可用系数(%)	等效强迫停运率(%)
2006	8	6697.5	8324.91	0.63	94.5	94.89	0.26
2007	9	5175.3	6795.4	0.78	90.23	92.62	0.38
2008	10	4984.65	7467.58	0.6	85.94	96.68	0.32
2009	10	4979.4	7405.43	0.4	77.51	92.45	0.52
2010	6	5853.69	7705.36	1	91.95	94.46	0.35
2011	4	6556.67	7991.79	0.75	89.65	91.15	0.15
2012	4	5630.65	8050.38	0.75	84.97	91.59	0.55
2013	4	6102.1	7883.5	0.25	86.09	89.85	0.07
2014	4	5035.02	7728.13	0.5	76.59	87.92	0.23
2015	4	3773.98	7904.4	0.5	61.47	90.18	0.16
2016	4	3732.03	7590.66	0.25	61.53	86.35	0.12

第四节 运 行

一、规程和制度

台州发电厂于20世纪80年代初期1号机组投产发电前就出台了运行规程,并逐年根据机组投产和运行情况,开展运行管理整顿、运行优化工作,对交接班制度、巡回检查制度、定期试验及切换制度、操作管理制度、设备异动管理制度、运行分析制度、工作票制度等进行修订。在一至三期6台机组进行了增容DCS改造,新增加了DCS、DEH系统,共对运行规程进行了五次修订。

与此同时,20世纪90年代末四期扩建工程7、8号机组投产前,33万千瓦机组及辅助岗位运行规程和运行管理制度印刷完成。编写了《33万千瓦集控运行规程》上下两册,《燃料四期运行规程》《燃料Ⅰ、Ⅱ、Ⅲ期运行规程》按企业标准要求正规印制。随着2008年五期9、10号的投产,2010年8月8日的一至三期6台机组的全部关停,所有的规程都是按照标准化管理规范要求,全厂管理制度、岗位责任制也逐一修订成《管理标准》和《岗位标准》。

《33万千瓦集控运行规程》上下两册分别于2006年、2010年、2015年进行三次修订。由于机组扩容改造,其中2015版运行规程命名为《四期集控运行规程》。

五期扩建工程两台30万千瓦机组分别于2007年12月、2008年4月投产发电,《30万千瓦集控运行规程》上下两册于2008年正式发布,并分别2012年、2015年进行二次修订。由于机组扩容改造,其中2015版运行规程命名为《五期集控运行规程》

根据企业标准化管理的需要,台州发电厂于2014年对全厂共277个《工作标准》进行了修订并下发,按企管岗位的划分要求,就岗位职责与权限、岗位人员的岗位任职要求、检查与考核等方面的规范进行详细阐述。

台州发电厂经过30多年的发电运行,规程、制度健全,这些规程、制度由各级领导、值班员及有关工程技术人员在工作中贯彻执行,并经常组织考试,考试成绩与定岗、定级、经济责任制考核挂钩。

二、运行岗位设置

2005年5月,台州发电厂进行机构优化,燃料、环保、化学3个分场检修剥离,原环保、化学运行及化学试验班人员并入运行部,运行岗位得到进一步缩编。2006年

10 月 19 日，制定《台州发电厂发电部、运行部、化学分场生产岗位定岗、定编，岗位聘任、组合实施办法》《台州发电厂发电部、运行部、化学分场生产岗位定岗定编方案》。燃料、环保运行岗位未参加定岗定编。2013 年 7 月，为向台二公司输送人才，台州发电厂实行三定(定岗、定编、定员)改革，使人力资源进一步配置优化。2015 年 11 月台州发电厂再次进行机构改革，调整台州发电厂机构设置、全面优化人员配置。

原发电部运行岗位设置，每值 42 人。值班长 1 人，单元长 6 人(三个单元，每单元正、副各 1 人)，操作员 12 人(每台机组正、副各 1 人)，巡检员 18 人(每台机组机、电、炉各 1 人)，网控 2 人(主、副各 1 人)，另外每值备员 1 人，一至三期循环水泵房主、副值各 1 人。随着 2009 年 8 月 31 日 2～5 号机组关停和 2010 年 8 月 8 日一至三期台机组关停，人员分流。

运行部自 7、8 号机组试运行开始，就实行单元制模式管理，7、8 号机组共 1 个集控室，9、10 号机组共 1 个集控室，采用机电炉集中控制方式，至 2016 年人员配备，7～10 号机组集控运行岗位设置为每值 30 人。值长 1 人，单元长 2 人，操作员 8 人，巡检员 12 人，油泵房值班员 1 人，电气值班员 2 人(另外配置备员 2 人)，循泵值班员 2 人。

运行部化学运行原为一、二、三期运行 5 个班，四期运行 5 个班。2005 年 5 月，全厂机构优化时缩减为 5 个运行班，每个班均需负责一～四期制水、炉内水处理、煤化验、净水站、空压机运行等。2011 年 3 月 1 日实行“六班三倒”扩为 6 个运行班。2013 年“三定”后化学运行岗位设置为每班 5 人，运行副班长 1 人，主值 1 人，副值 3 人，专业交叉培训后上岗，运行人员均需掌握班内各个岗位技术。

运行部环保运行岗位分散，遍布面广，每值为 11 人。班长 1 人，环保主值 1 人，环保副值 2 人，环保巡检员 3 人，柱塞泵值班员 1 人，综合值班员 2 人(另外配置备员 1 人)。另溪口水库淡水泵房设 3 人，采取轮换制，2 人一班连续日夜值班一周。

燃料部有一个完全独立的输煤系统，其运行岗位设置为运行 6 个班，每班 11 人。正、副班长各 1 人，输煤控制室主值 1 人，副值电工 2 人，斗轮机 2 人，皮带巡检工 3 人，值班电工 2 人。

表 1－23　发电部运行岗位定员

岗位名称	每值定额(人)	一控人数	二控人数	三控人数	岗级
值班长	1	5			14
单元长	1	5	5	5	14

续表

<table>
<tr><th>岗位名称</th><th>每值定额（人）</th><th>一控人数</th><th>二控人数</th><th>三控人数</th><th>岗级</th></tr>
<tr><td>副单元长兼巡检长</td><td>1</td><td>5</td><td>5</td><td>5</td><td>13</td></tr>
<tr><td>操作员(一)</td><td>2</td><td>10</td><td>10</td><td>10</td><td>13</td></tr>
<tr><td>操作员(二)</td><td>2</td><td>10</td><td>10</td><td>10</td><td>12</td></tr>
<tr><td>机电巡检员</td><td>2</td><td>10</td><td>10</td><td>10</td><td>11</td></tr>
<tr><td>炉电巡检员</td><td>2</td><td>10</td><td>10</td><td>10</td><td>11</td></tr>
<tr><td>电气巡检兼网控副值</td><td></td><td>10</td><td></td><td>5</td><td>11</td></tr>
<tr><td>备员</td><td></td><td>15</td><td>10</td><td>10</td><td>按实际岗位执行</td></tr>
<tr><td>网控主值</td><td>1</td><td colspan="3">5</td><td>12</td></tr>
<tr><td>油泵房值班</td><td>1</td><td colspan="3">5</td><td>8</td></tr>
<tr><td>出灰工</td><td></td><td colspan="3">1</td><td>8</td></tr>
<tr><td>培训人员</td><td></td><td colspan="3">11</td><td>按实际岗位执行</td></tr>
<tr><td>合计</td><td colspan="5">227</td></tr>
</table>

表1－24　运行部运行岗位定员

<table>
<tr><th>岗位名称</th><th>每值定额（人）</th><th>四期人数</th><th>五期人数</th><th>岗级</th></tr>
<tr><td>值班长</td><td>1</td><td colspan="2">5</td><td>14</td></tr>
<tr><td>单元长</td><td>1</td><td>5</td><td>5</td><td>14</td></tr>
<tr><td>副单元长兼巡检长</td><td>1</td><td>5</td><td>5</td><td>13</td></tr>
<tr><td>操作员</td><td>4</td><td>20</td><td>20</td><td>13</td></tr>
<tr><td>机电巡检员</td><td>2</td><td>10</td><td>10</td><td>12</td></tr>
<tr><td>炉电巡检员</td><td>2</td><td>10</td><td>10</td><td>12</td></tr>
<tr><td>电气巡检兼网控副值</td><td>1</td><td>5</td><td>5</td><td>12</td></tr>
<tr><td>备员</td><td>2</td><td>10</td><td>10</td><td>按实际岗位执行</td></tr>
<tr><td>网控主值</td><td>1</td><td colspan="2">5</td><td>13</td></tr>
<tr><td>培训人员</td><td></td><td colspan="2">10</td><td>按实际岗位执行</td></tr>
<tr><td>合计</td><td colspan="4">150</td></tr>
</table>

表 1－25 化学分场运行岗位定员

岗位名称	每值定额(人)	人数	岗级
运行班			
班长	1	5	12
副班长	1	5	11
一～三期主值	1	5	9
四期主值	1	5	9
五期主值	1	5	9
一～三期炉内、炉外	各 1	10	8
四、五期炉内	各 1	10	8
四、五期炉外	1	5	8
备员	2	10	按实际岗位执行
培训人员		3	按实际岗位执行
综合试验班			
班长		1	11
副班长		2	10
技术员		1	10
班员		17	8 岗、9 岗各占 50%
合计	84		

运行部自 7、8 号机组试运行开始即实行单元制模式管理，7、8 号机组共 1 个集控室，9、10 号机组共 1 个集控室，采用机、电、炉集中控制方式。2008 年 4 月 10 日，结合五期生产投运情况，编制台州发电厂五期集控、化学、环保运行相关运行岗位见表表 1－26。

表 1－26 五期集控、化学、环保运行相关运行岗位

岗位名称	每值定额(人)	人数	岗级
运行部			
值班长(兼)	1	5	14

续表

岗位名称	每值定额(人)	人数	岗级
单元长	1	5	14
副单元长兼巡检长	1	5	13
操作员	4	20	13
巡检员	6	30	12
化学			
副班长(兼)	1	5	11
主值	1	5	9
副值	1	5	8
环保			
班长(兼)	1	5	12
脱硫主值	1	5	11
脱硫副值	2	10	10
脱硫巡检员	2	10	9
干出库值班员	1	5	8

2013 年 7 月 26 日为满足向台二公司输送人员和台州发电厂发展的需要，决定开展“定岗、定编、定员”的“三定”工作。“三定”后运行岗位设置如下：

表 1－27　运行部

岗位名称	过渡定员(人)	目标定员(人)	岗级
集控岗位			
值长	7	7	15
单元长	14	14	14
操作员	48	48	13
巡检员	72	72	9 至 11
值班电工	2	2	8
网控值班员	12	12	12

续表

岗位名称	过渡定员(人)	目标定员(人)	岗级
循泵值班员	6	6	10
油泵值班员	6	0	8
备员	12	8	按实际
化学岗位			
化学运行班班长	1	1	11
化学运行副班长兼再生组长	1	1	10
化学主值	6	6	11
化学副值	12	12	9
化学巡检	6	6	8
备员	4	2	按实际
化学试验班班长	1	1	11
副班长兼技术员	1	1	10
班员(化学试验工)	8	8	8 至 9
再生组主值	2	2	9
再生组副值	4	4	8
环保岗位			
环保运行班长	7	7	12
脱硫主值	6	6	11
脱硫副值	12	12	10
脱硫巡检	12	12	9
柱塞泵值班员	6	0	8
综合值班员	12	6	9
溪口泵房值班工	4	2	7
备员	4	3	按实际

表 1 - 28　燃料部

岗位名称	过渡定员(人)	目标定员(人)	岗级
燃料运行班长	6	6	14
燃料运行副班长	6	6	12
燃料主值	6	6	10
燃料副值	6	6	9
燃料巡检	12	12	8
斗轮机司机	12	12	10
值班电工	2	2	8
备员	7	4	按实际
燃料码头班长	1	1	13
燃料码头副班长	2	2	12
卸煤机司机	24	24	11

三、生产调度

(一) 负荷及电网设备调度

台州发电厂发电负荷由浙江省电力调度通信中心调度,2006 年前由于系统负荷出现爆发性增长,电力模拟市场中断运行,但到了 2010 年系统负荷出现过剩现象。负荷调度机组负荷由本机组报价和市场价格决定,目前负荷指令由浙江省电力调度通信中心通过 AGC 客户机自动调度。

台州发电厂全厂设备实行分级调度。因为“厂网分开,竞价上网”等一系列措施的实行,台州发电厂负荷优化控制系统根据电网调度的负荷指令来进行台州发电厂机组负荷的调节,通过浙江省电力调度通信中心的 AGC 自动调度。为了使台州发电厂的负荷及时满足电网要求,保证机组运行在允许的负荷范围内和安全的工况下,需合理地调配各台机组的负荷调节任务,降低机组的负荷调节频度,提高机组的稳定性,延长主、辅机组设备的寿命;经济分配各台机组的负荷,降低全厂的供电煤耗。目前 AGC 自动调度的设备有:220 千伏母线、母联开关及闸刀、线路及断路器、闸刀及其继电保护和自动装置;各发电机、主变压器、汽轮机、锅炉、11 回 220 千伏出线、一至三期和四期之间 2 条 220 千伏联络线。而由台州电业局调度的,原有一至三期的 110 千伏母线及 3 回 110 千伏出线,已经在 2014 年 6 月 27 日全部退役。另有2条向溪口水泵房供电的10千伏线路，则由椒江区供电局调度。台州发电厂其他生产设备均由值长调度。

（二）厂内运行调度

台州发电厂实行统一的运行生产调度指挥。值长根据台州发电厂的机组运行情况，在确保机组运行安全性和经济性的前提下，根据上级生产调度指令，对全厂生产系统进行指挥、监督和控制。一般情况下，由值长向单元长及电气值班员、燃料、化学、环保班长发布操作指令，尽可能根据各机组实际情况，进行负荷的分配、启动与停止的操作。而在紧急情况下，特别是在夜间，值长有权直接向本厂任一运行人员和任一检修、维护、运行、管理、后勤等部门发布指令，组织有生力量相互配合工作，确保台州发电厂发电安全。

（三）事故处理调度

当遇到灾害、事故等紧急情况时，当值值长即时成为应急指挥组组长，负责现场应急指挥，应尽快限制事故的发展，消除事故的根源，解除对人身和设备安全的威胁，用尽一切办法，保证对电网、用户的正常供电。当值值长作为应急指挥组组长，应及时汇报省调和主管领导，召集运行、设备、维护、检修有关人员及职能部门到场协助处理。处理事故时，应尽快恢复厂用电系统正常用电，凡对电网有重大影响的操作，均应征得省调（或区调）同意，并严格执行调度员所发布的操作命令，将处理情况、事故原因等及时地向调度员汇报。

厂领导到达现场后，在了解事故情况下，立即接替为应急指挥组组长，值长为副组长，各有关部门领导到场后成为指挥组成员，到场的与事故或灾害处理相关的职工，按相应预案进行快速处理并服从应急指挥组的指挥，尽量将损失减小到最低。

（四）运行方式

台州发电厂生产设备和系统运行方式均在相应运行规程中作出明确和具体规定，运行值班员按规程执行。当节假日、检修或电网运行方式变化时，由厂部下发特殊运行方式及注意事项，值长负责执行。

台州发电厂共装设3段220千伏母线，其中220千伏一、二段母线均为双母线带旁路方式，采用专用旁路开关和专用母联开关，2段220千伏母线通过2条联络线互相联结。正常运行方式时220千伏母联开关母联运行，220千伏一段母线带州利2U84线、州恒2U83线、州田2351线、州君2Q34线，220千伏二段母线带州临2352线、台巨2355线、台峰2350线、州门2341线、台门2348线。

220千伏三段母线为GIS组合式电器装置，采用双母线接线方式，母线为封闭式共相结构，上、下层布置，其中上层母线为副母三段，下层母线为正母三段，采用专用母联开关,正常运行方式时220千伏母联开关母联运行。220千伏三段母线台外2Q30线、台沙2Q31线二回出线,连接椒江外沙变。

随着2010年台州发电厂一至三期6台机组的全部关停,运行方式有所改变,台临2351线送至临海变,台龙2353线送至跃龙变,州泽2357线送至泽国变,台清2354线送至国清变,台海2370线送至海门变,220千伏正、副母一段分别通过220千伏联络(一)、(二)线与四期220千伏正、副母二段联结。前大1881、前汾1884双回线送至大汾变,经大三1886线送至三门变与跃龙变联系。正常情况下,大三1886线解环。前杜1883线送至杜桥变。2006年2月,220千伏大田变投运,台清2354线改为台大2354线。2006年7月,220千伏台渚变投运,台龙2353线改为台渚2342线。2007年12月,110千伏章安变投运,新增前章1882线。2009年10月,原台渚2342线开断改接至回浦变,改建后台州发电厂至回浦变的线路命名为回台4P86线。至2014年6月27日110千伏系统全部退役。

截至2016年底,一至三期220千伏系统共设六回出线,其中与四期联络线二回,另四回出线分别为:州利2U84线、州恒2U83线、州田2351线、州君2Q34线。正母一段:220千伏联络(一)线、州恒2U83线、州田2351线、220千伏1号旁路开关。副母一段:220千伏联络(二)线、州利2U84线、州君2Q34线。

四期220千伏系统共设七回出线,其中与老厂联络线二回,另五回出线分别为:台门2348线、州门2341线、台桔2355线、台乡2350线、州临2352线。进线二回,分别为7号主变和8号主变;03号高压备变馈线一回。

五期220千伏系统共设台外2Q30线、台沙2Q31线二回出线,连接椒江外沙变;进线二回,分别为9号主变和10号主变;04号高压备变馈线一回。

(五)运行分析

台州发电厂自投产发电以来一直重视运行分析和运行管理。各集控均建有运行分析记录,每班分析运行状况,分析汽温、汽压、制粉电耗、飞灰、燃烧工况、喷燃器角度、氧化锆计氧量、汽机真空等指标参数,及时调整运行工况,实现节能降耗。电气运行根据电表计量分析厂用电量。锅炉运行根据煤种变化,提出调整喷燃器角度和调整风量的建议,并根据负荷、粉仓粉位,采用三磨带两炉运行。根据环境温度和循环水温度变化及时调整循泵叶片角度和循泵运行台数,将一至三期6台机组不投油稳燃负荷从6万千瓦调至5.5万千瓦。另外,运行部也开始着手各种试验,不断地采取各种措施,在7、8号炉进行俄罗斯煤、印尼煤的试烧工作。通过试验调整,改善7、8号锅炉应对燃煤紧张的抵抗力,促进安全、经济运行。结合运行分析,通过各种途径的努力,一至三期6台机组通过通流增容改造供电煤耗下降到349克/(千瓦·时)左右,7、8号机组供电煤耗也下降到320克/(千瓦·时),厂用电率由2006年的7.15%下降到2016年的6.49%。全厂供电标准煤耗从2006年的335.76克/(千瓦·时)下降到2016年的316.4克/(千瓦·时)。

(六) 运行管理和培训

在运行管理上，根据运行实际情况及时修改运行规程和一系列运行管理制度。20世纪90年代末起，根据企业标准将《运行管理制度》修订为《运行管理标准》，并制订出台《台州发电厂防止重大事故的二十项重点要求》《电气防误装置运行、维护管理制度》。要求全员必须遵守《电力安全工作规程》《运行规程》等规章制度，值长、单元长和安全员应负责教育职工遵章守纪，并负责监督有关规程及安全措施的执行。在职工中经常性地开展反习惯性违章活动。

场部管理人员应按《运行部反违章管理制度》有关要求，经常深入现场进行反违章检查，检查职工安全生产行为，及时制止不安全现象。班组日常安全工作要做到班前会布置，操作前提醒，工作中监督，班后会总结。运行各值每月应进行一、二次班组安全活动。活动内容包括：认真组织学习事故通报、安全规程、安全简报、安全措施，针对各类不安全现象分析原因，制订防范措施，并按规定做好安全活动记录及台账。部主任每月初主持召开本部门安全分析会，总结上月安全生产情况和教训，学习上级有关文件和事故通报，根据本部门实际情况提出具体防范措施，布置本月的安全工作，做好记录。对发生的不安全情况，应及时组织分析，认真总结并吸取教训，防止再次发生类似情况。

定期检查各部门落实防误操作情况，对重大、复杂、防误闭锁解锁后操作实行双重监护，重大操作推行典型操作票制度。每季度对运行各部门执行“两票三制”情况进行检查，并纳入《经济责任制考核》。当值发生不安全情况，还应做到汇报及时、记录详实，分析时严格执行“四不放过”原则。生产中发生的“异常”及以上的各类事故，部安全员按事故性质对照《电力生产事故调查规程》的规定进行统计上报。

在运行技术培训上，师傅带徒弟采用”一对一”的传统培训方式与集中学习授课相结合的方法。除日常性的技术问答、现场考问与讲解、技术讲课、反事故演习、操作练兵、仿真机上机操作等方式外，还采用了“请进来、走出去”方式，不定期地请专工或者有关专业人员进行知识传授，特别是机组改造以后的异动部位、设备等。根据需要还派出人员去外面学院专业学习，运行部门针对年轻大学生或外厂转进来的人员，展开有针对性地各类岗位培训和岗位成才活动。

(七) 运行优化

自从建厂以来，台州发电厂经过多年努力，不断改革、整顿，进行运行优化工作，并制订出《台州发电厂运行管理优化工作实施细则》，根据实际情况每年进行修改，删除或增加一些实用性的优化细则，尽量将考评标准逐项细化，确定责任部门，

2006—2016年期间每年都在根据实际情况不断更改与完善中。运行优化工作有计划、有检查、有督促,运行管理水平得到了提高。

根据机组真空情况合理安排凝汽器清扫、反冲时间,提高投入率。调整锅炉燃烧过程,合理配风,降低飞灰及大渣含碳量等,从2006年到2010年,关停前的一至三期6台机组分别从12.5万千瓦机组改造成13.5万千瓦机组,供电煤耗率与厂用电率逐年大幅度下降,使锅炉设备在较佳工况下运行,并取得一至三期6台炉在40%负荷下不投油运行,节约了大量燃油。

随着四期、五期机组的投产,运行部也在各方面作出了努力。每年都根据机组主、辅机设备运行状况,在与设计值、行业标准值同类型机组标杆值对标的基础上,通过开展性能试验及综合分析,建立一整套科学、合理的运行调整方法和控制程序,使机组始终保持最安全、最经济的运行方式和最佳的参数控制,降低机组运行消耗。对每台机组及公用系统开展对标分析、性能试验,全面分析查找影响机组节能降耗的问题;通过加强操作调整、设备治理和改造,实现机组运行指标达到设计值的目标。

运行优化必须坚持"保人身、保电网、保设备"基本原则,任何系统、设备、操作的优化方案均不准违反"两措"的要求。运行优化的主要内容包括机组启停过程优化,汽机、锅炉、电气、除尘脱硫、供热、运行参数、负荷经济调度优化等。

锅炉方面:启动过程中,应根据机组实际情况选择微油点火、前置泵上水、汽泵全程运行(五期)、单侧风机启动等节能技术,同时根据参数变化,适时投运设备,优化启动过程。锅炉负荷低于稳燃负荷时,应尽快缩短停运时间,减少燃油消耗。采用微油点火系统启动时,投入磨煤机进口一次风暖风器,一次风温度上升后及时停运暖风器。微油枪投入期间,保证合理的煤粉细度,控制锅炉升温升压速度,投入空预器辅汽连续吹灰。

汽机方面:定期开展热力试验,对照标杆查找分析短板,以提高汽轮机热效率为目标,全面优化汽机系统运行方式。采用机组定滑压运行优化,汽轮机单、顺阀控制方式优化,高、低压加热器运行优化,循环水系统运行优化,凝结水系统运行优化,四期工业水系统运行优化,等等。

电气方面:整合系统各类运行信息,深度开展电气运行方式分析,结合电气运行方式特点,有针对性地根据年度、季度、月度不同工况,开展电气设备优化工作,不断提高发电机效率,降低厂用电率;进行发电机运行参数的优化,变压器运行优化,照明系统运行优化等。

各专业、班组要结合设备、系统和运行人员积累的宝贵经验调整工作,不断完善优化方案,有针对性地开展运行优化工作,杜绝生搬硬套。运行优化要以机组耗差分析系统为参考依据，以绩效考核为保障，深入开展指标竞赛活动，充分调动全体员工的积极性、主动性和创造性，强化全员的节能降耗意识，实现机组参数压红线运行。运行优化不是简单的运行方式和参数的调整，而是一个系统的管理模式。通过动态对标，以运行数据分析、优化运行体系为抓手，理清工作思路、实现闭环管理，使运行优化工作不断持续改进。运行优化工作要定期开展统计分析、经验总结工作，通过经验积累，不断完善运行规程、典型操作票、定期工作标准等规章制度，实现机组运行优化的系统化、制度化、常态化。运行优化要以机组主要能耗指标及主要小指标的改善为标准，在同工况、同条件下进行同比（环比）分析，以此检验运行优化的效果。

四、考核与奖励

台州发电厂对运行的考核与竞赛，主要是围绕安全、经济指标两个方面开展。其次，为严肃运行纪律，制订各种考核制度。运行部还出台《运行部职工绩效考核管理办法》细则，成立了职工绩效考核小组，组长由运行部主任担任，副组长由党支部书记担任，部门其他领导为考核小组成员，每年都对职工进行自评与测评。

发电部、运行部开展运行经济小指标活动，发电部采用值与值、班与班之间小指标竞赛，红旗值竞赛等几个阶段，使一至三期 6 台机组供电煤耗从 379 克/(千瓦・时)下降到 350 克/(千瓦・时)左右。运行部门采取一系列考核竞赛措施，努力降低厂用电率，机组严格控制参数压红线运行，调整锅炉燃烧，降低飞灰可燃物，供电煤耗从 350 克/(千瓦・时)下降到 335 克/(千瓦・时)。

在竞赛方面，2008 年随着 9、10 号机组相继投入商业运行，运行部也实行以降低煤耗为主要指标的性能系数竞赛和小指标竞赛。2008 年随着机组负荷率下降和脱硫电耗增加，供电煤耗在 335 克/(千瓦・时)上下波动。

由于台州发电厂在 2006 年前装机容量小，机组老化、人员较多，且面临煤价上涨、发电利用小时数下降、同行业竞争日趋激烈等各类不利因素，台州发电厂盈利水平将大幅下降，甚至可能出现较大的亏损情况。按照台州发电厂以“提质增效、增收节支”为主题的要求，运行部调动一切积极因素，加强运行管理，提高安全生产精细化管理水平，深挖内部降本增效潜力，通过有关运行方式优化调整、强化降低厂用电率措施、加强经济小指标考核及提高机组供热能力保供热等，确保顺利完成各项生产、经营任务。为此，运行部出台了一系列措施，首先在运行优化上下苦功，出台相关的运行优化措施、降低厂用电率措施、加强机组运行小指标管理考核、提高机组供热能力和保供热措施、加强节水与提高废水回用量、减少淡水消耗量与节油措施等六方面，并且落实到各值各单元各机组，推出运行的考核与竞赛制度，克服机组负荷率下降和脱硫、脱硝设备电耗增加的因素,努力降低机组煤耗。特别是2014年10月17日,浙能集团首次电动给泵节能改造在台州发电厂成功实施,这使台州发电厂的节能技术又一次走在前列。截至2016年底,台州发电厂的厂用电率由2006年的7.15%下降到2016年的6.49%。全厂供电标准煤耗从2006年的335.76克/(千瓦·时)下降到2016年的316.4克/(千瓦·时)。

第五节　设备管理与检修

一、管理体制与制度

设备管理体制经历由专业分场为设备主要负责人,转变为设备部为设备主要负责人的几次变革。2006年至2016年,厂内机构进行了多次变动,2010年一至三期6台机组全部关停,2008年的9、10号机组顺利投产,为适应管理需要,多次对《设备分工管理》《设备检修管理》、《设备点检管理》、《设备维修作业及技术质量管理》、《给油脂管理》等标准进行了修订。

2012年,将原《设备管理》(Q/TFD223002—2005)、《设备异动管理》(Q/TFD223016—2007)、《设备定置管理》(Q/TFD223013—2005)、《设备备品配件管理》(Q/TFD223018—2005)、《设备监造管理》(Q/TFD223001—2005)、《设备命名及编码管理》(Q/TFD223010—2008)等标准经过合并修订为《设备管理》(Q/TFD223002—2012)。

二、管理职能

厂长是设备管理的总负责人,负责贯彻、执行上级发布的设备管理条例、方针、政策,进行层层分解、落实。生产副厂长、总工程师在厂长领导下全面负责设备管理的技术工作。

设备管理部是全厂设备管理的归口部门,履行设备资产管理、点检管理、检修管理、科技技改管理、生产技术管理的职能,负责汽机、电气、锅炉、仪控、燃料等专业设备及土建、起重、暖通等专业的技术管理。

运行部负责生产调度、运行、电力市场并履行电能质量技术监督管理职责;负责7～10号机组生产设备(除燃料区域外)的运行及其管理;负责环保、粉尘、噪声、煤样、灰样、油品、水样、气样、汽样、渣样等试验工作,并负责以上工作所属试验设备的维护以及检修管理等。

检修分场负责组织实施全厂汽机、电气(一次)、锅炉、燃料设备的检修、技改等工作,并完成浙能公司下达的厂外检修任务。

维护部负责汽机、电气、锅炉、仪控等设备的日常维护及管理,负责电气(二次)、仪控设备检修,并协助检修分场参加浙能公司下达的厂外检修任务。

燃料部主要负责卸煤、输煤系统设备的运行、检修及其管理等,有责任协助检修分场参加浙能公司下达的厂外检修任务。

行政事务中心负责全厂公用生活设施,全厂污水系统、建筑物房顶及下水系统,全厂的卫生设施、浴室内部设备,全厂木制设备,全厂道路及雨水井的维护、检修及管理。

三、优化检修计划及项目控制

台州发电厂一至三期 6 台 13.5 万千瓦机组 A 修间隔定为 5 年,期间安排 4 次 C 修或临修;30 万等级机组 A 修周期是 6 年,期间安排 1 次 B 修,4 次 C 修。随着 2010 年 13.5 万千瓦机组全部关停,检修计划根据 30 万千瓦机组等级执行。

随着浙江地区机组利用小时的降低,台州发电厂抓住机组调停期间消缺及检查工作,尽量缩短检修时间。在机组实施超低排放长时间改造中,安排检修工作。检修的标准项目根据设备的使用要求、运行状况、状态监测的结果,修前开展运行、维护分析,在一个 A 级检修周期内所有的项目进行解体检修。检修的特殊项目主要内容遵照《发电企业设备检修导则》(DL/T 838)中规定,各专业结合台州发电厂检修规程编制标准项目。

A 级检修的标准项目主要内容为:制造厂要求的项目;进行全面解体、定期检查、清扫、测量、调整和修理的项目;定期监测、试验、校验和鉴定的项目;需要定期更换零部件的项目;技术监督规定的检查项目;消除设备和系统缺陷和隐患的项目。

B 级检修项目是根据机组设备状态评价及系统特点和运行情况,有针对性地实施部分 A 级检修项目和定期滚动的检修项目。

C 级检修的标准项目主要内容为:消除运行中发生缺陷的项目;重点清扫、检查和处理易损、易燃部件的项目;技术监督规定的检查项目。

四、检修全过程管理

台州发电厂在机组检修开工前做好如下准备工作:编制检修管理手册。针对机组设备的运行情况、存在的缺陷和最近的检查结果,按照年度检修计划确定重点检修的项目,制订符合实际的对策和措施,并做好有关的设计、试验(检修前机组的性能试验)和技术鉴定工作。落实检修物资(包括备件、材料、安全用具、专用工具及施工机具等)的准备和检修施工场地布置,对在检修中使用的起重设备、运输设备、施工机具、专用工具、安全用具、试验设备按照规程进行检查和试验。制订施工安全措施、技术措施和组织措施。编写好检修文件包。确定需测绘和校核的备品配件加工图。制订检修计划的网络图和施工进度表。组织检修班组学习和讨论检修计划、项目、进度、措施及质量要求,并做好特殊工种的安排,确定检修项目的施工和验收负责人。

图 1－5　机组检修

检修开工前的 10 天,完成所有检修项目外包施工合同的签订,各施工单位必须按照合同规定的时间进入现场并配合进行检修前的各项准备工作。

检修过程中每周召开检修协调会,根据检修管理手册的要求进行进度管理、质量管理和现场文明、安全生产管理。检修解体后,各专业召开解体分析会,形成解体分析报告。

冷态总验收在分段验收合格后进行,重点对检修项目完成情况和质量状况、分段验收和分部试运转情况以及技术资料进行核查,并进行现场检查。设备管理、运行、安健环等部门负责人、有关专业人员和各施工单位(部门)的负责人参加。

机组 A、B 级检修服役后 25 天,由总工程师(副总工程师)主持召开检修总结会,对该机组进行热态总验收,设备管理、运行、安健环等部门负责人及有关专业人员参加,对整个检修工程进行热态总结。

五、检修外包管理

设备检修工作，安排好本企业承担的检修项目，确系工期紧迫、项目工作量大以及本单位确实无法进行的检修项目，经立项后对外发包。为了便于检修现场的安全文明施工和质量管理，降低检修成本，在安排外包项目时充分考虑检修工作的专业、设备和系统的完整，尽可能地减少现场外包队伍的数量。

根据各检修部门申请意见，设备管理部门提出检修外包的立项申请，申请内容包括：外包项目名称、外包项目工时、拟邀请的外包单位、检修质量负责人等。外包检修工程应实行全面合同管理，对合同的项目、费用、时效、安全和技术文件进行全面的审定。费用在100万元及以上的外包单一项目必须进行招投标。

为了加强外包检修项目的质量管理，从外包项目立项开始，设备管理部明确各外包项目的技术负责人和质量验收人，分别或共同参与外包项目全过程质量管理。

作业人员在检修过程中严格执行施工方案，并对检修工艺质量及测量数据的准确性负责，质检人员深入检修现场，随时掌握检修情况，坚持质量标准，认真负责地把好检修质量关。

六、检修施工管理

在检修施工全过程中，明确安全责任，健全检修安全管理制度，切实执行国家和行业的有关安全标准及规范规定，做到全员、全过程、全方位的安全控制管理。检修施工现场的安全管理按集团公司《安全生产工作规定》执行。检修应做到文明施工，备品件(材料)应摆放有序，对易燃易爆的材料要做到随用随领(一时用不完的必须放置在安全区域并设置明显标志)，做到“工完料尽场地清”。严格执行《检修现场安全管理》《重大检修项目危险点分析管理》等制度，定期开展反违章检查和文明检查工作。

七、技术记录和台账

台州发电厂历年来都非常重视检修技术记录和台账工作。

一般技术记录是由检修各班组负责，记录内容包括设备技术状况、系统设备结构视图或结构变化，测量和测试的数据等；任何设备与其母设备及子设备的从属关系，都直观地表现出来，这样可以为技术人员今后查找设备及维修准确部位提供极大的便利。

分场技术主管及班组长(技术员)负责督促检查。技术台账按班组建立，分别按照年、月顺序记录设备技术经历(包括安装、投运、改造、重要故障、历次检修、主要缺陷等)。所有设备相关的每一条数据,包括设备的技术参数(设备台账、设备制造商、设备型号、设备序列号、物料清单等)以及运行数据(服务开始时间、供应商合同等)。任何一组设备都创建了巡检计划,定期 B 修、C 修维护计划以及年度 A 修计划。为了确保维修工作有序顺利执行,准备好计划所需的资源、备件、注意措施以及相关文档。

另外,根据不同类型的工作(如不同检修、日常的巡检、设备的改造、新设备安装等)、设备状态及时跟进直至归档。分析记录的数据,也可以通过图表报告对故障设备进行合理分析,并且做出准确且精确的决策。

八、点检定修制度

点检定修制度是以点检为核心的全员设备检修管理体制,可使设备可靠性、维护性、经济性达到协调优化管理。

在点检定修制中,点检人员是设备管理的责任主体,既负责定检,又负责设备全过程管理。台州发电厂自成立设备部以来,经过机构优化整合,分别设立检修、维护、自动化分场,同时,设备部在全厂范围招聘机、电、炉、热工、燃料、环保、循泵等各专业点检员。至此,全厂各专业点检员全部集中到设备部。

日常点检、专业点检和精密点检三个层面既相对独立又相互联系。

1. 日常点检是对设备全方位的点检和维护,由设备管理部点检员、维护人员、运行巡检人员共同实施,深入现场,及时掌握设备缺陷情况,并对异常设备作出分析,采取相应的防范措施,组织有生力量进行及时处理。发现重大设备缺陷和隐患,及时组织抢修。

2. 专业点检是对关键、非关键设备的点检,以标准化的指标为主,由设备管理部专业对口的点检员实施,负责对设备的跟踪,做好本专业设备的台账记录和完善,以及设备的技术改造、新设备的引进工作,经常对本专业的设备开展设备状态检测。

3. 精密点检是借助于先进的诊断仪器对主要设备进行定期的振动、油品、红外热像等诊断、分析,对有故障现象或劣化倾向的运行设备进行跟踪监测和分析,其主要工作由状态监测人员和专业点检员实施。抓好设备现代化管理工作,了解国内、外本专业技术现状与发展趋势,推广新技术、新工艺,推动合理化建议和 QC 小组活动的展开。

三个层面的点检,通过机组运行实时数据系统、设备状态分析等,形成设备检修管理的整体。

九、设备状态监测

为保证台州发电厂发电设备的安全运行，对机、电、炉、燃料、环保等重要设备的运行状态进行监视与检测。监测的目的在于及时发现设备的各种劣化过程以及发展趋势，以求在可能出现故障或性能下降到影响正常工作之前，及时维修与更换，避免发生危及人身和设备安全的事故。

电力设备在运行中经受电的、热的、机械的负荷作用，以及自然环境（气温、气压、湿度以及污秽等）的影响，长期工作会引起老化、疲劳、磨损，以致性能逐渐下降，可靠性逐渐降低。设备的绝缘材料在高电压、高温度的长期作用下，成分、结构发生变化，介质损耗增大，绝缘性能下降，最终导致绝缘性能的破坏。目前台州发电厂进行设备状态试点的监测，对设备状态周期性的数据进行检测，利用设备状态数据来判断是否符合标准，并制订相应的管理标准。确定进行状态检修的设备为机组主要设备，汽轮机、发电机、磨煤机、给水泵电动机等设备，建立起相关台账制度，实行长期跟踪和在线监测。根据每一设备状态数据的检测周期不同，决定各种设备的维修时间也不同。特别对设备运行周期性较长的、性能逐渐下降、可靠性下降、设备故障率逐渐增大可能危及系统的安全运行，必须对这些设备的运行状态进行监测。

同时建立相关台账，将数据输入计算机，实行信息共享，可以定期对设备进行状态判别。通过状态监测、状态分析，积累各类状态数据，探索出主要部件磨损曲线、制粉电耗曲线等劣化规律，有针对性地处理好这些设备，从而提高设备可靠性，缩短检修时间，降低维护费用，综合效益显著。

十、设备缺陷管理

根据企业发展实际需要，台州发电厂分别于 2006 年、2008 年、2010 年和 2011 年对设备缺陷管理标准进行修订。2013 年，台州发电厂根据浙江省能源集团有限公司《所属企业经营责任制考核办法（试行）》和《安全生产工作奖惩规定》制订了《经济责任制考核管理》标准，从经济责任制方面对一、二、三类缺陷从发现到消除全过程作了具体的考核规定。2015 年底，浙能集团 ERP 管理系统在台州发电厂正式实施，在原 ERP 上运行的缺陷管理系统也随之并入新 ERP 系统。

十一、重大设备检修

自 2006 年以来，台州发电厂各台机组根据检修计划按时开展大小修，2006—2016 年机组大、中、小修时间见下表。

表 1-29　2006—2016 年机组大、中、小修时间表

序号	机组名称	检修时间	检修等级
1	1 号机	2006 年 3 月 25 日至 2006 年 4 月 26 日	A
2	1 号机	2007 年 12 月 22 日至 2008 年 1 月 1 日	C
3	1 号机	2008 年 12 月 27 日至 2008 年 12 月 31 日	C
4	1 号机	2009 年 9 月 23 日至 2009 年 10 月 5 日	C
5	2 号机	2006 年 9 月 16 日至 2006 年 10 月 18 日	A
6	2 号机	2007 年 10 月 2 日至 2007 年 10 月 12 日	C
7	2 号机	2008 年 9 月 17 日至 2008 年 9 月 27 日	C
8	3 号机	2006 年 1 月 30 日至 2006 年 2 月 10 日	C
9	3 号机	2007 年 1 月 11 日至 2007 年 2 月 12 日	A
10	4 号机	2006 年 2 月 26 日至 2006 年 3 月 11 日	B
11	4 号机	2007 年 11 月 8 日至 2007 年 11 月 18 日	C
12	4 号机	2008 年 11 月 10 日至 2008 年 11 月 20 日	C
13	5 号机	2006 年 3 月 12 日至 2006 年 3 月 20 日	C
14	5 号机	2007 年 2 月 22 日至 2007 年 2 月 28 日	C
15	5 号机	2008 年 11 月 20 日至 2008 年 11 月 30 日	C
16	6 号机	2006 年 12 月 28 日至 2006 年 1 月 9 日	C
17	6 号机	2007 年 12 月 28 日至 2008 年 1 月 9 日	C
18	6 号机	2008 年 4 月 13 日至 2008 年 4 月 23 日	C
19	6 号机	2009 年 5 月 13 日至 2009 年 5 月 21 日	C
20	7 号机	2006 年 1 月 13 日至 2006 年 2 月 2 日	C
21	7 号机	2007 年 5 月 11 日至 2007 年 5 月 31 日	B
22	7 号机	2008 年 10 月 3 日至 2008 年 10 月 22 日	C
23	7 号机	2009 年 10 月 14 日至 2009 年 12 月 30 日	A
24	7 号机	2011 年 1 月 19 日至 2011 年 2 月 2 日	C
25	7 号机	2012 年 1 月 12 日至 2012 年 2 月 7 日	C

续表

序号	机组名称	检修时间	检修等级
26	7 号机	2013 年 4 月 14 日至 2013 年 6 月 13 日	B
27	7 号机	2015 年 8 月 12 日至 2015 年 12 月 15 日	A
28	8 号机	2006 年 5 月 3 日至 2006 年 5 月 19 日	C
29	8 号机	2007 年 3 月 5 日至 2007 年 4 月 30 日	B
30	8 号机	2008 年 6 月 2 日至 2008 年 6 月 18 日	C
31	8 号机	2009 年 5 月 28 日至 2009 年 6 月 11 日	C
32	8 号机	2010 年 5 月 12 日至 2010 年 5 月 28 日	C
33	8 号机	2011 年 10 月 10 日至 2011 年 12 月 21 日	A
34	8 号机	2012 年 10 月 17 日至 2012 年 11 月 28 日	B
35	8 号机	2014 年 4 月 2 日至 2014 年 6 月 5 日	B
36	9 号机	2009 年 3 月 17 日至 2009 年 5 月 6 日	A
37	9 号机	2010 年 3 月 26 日至 2010 年 4 月 11 日	C
38	9 号机	2011 年 5 月 28 日至 2011 年 6 月 17 日	C
39	9 号机	2012 年 5 月 17 日至 2012 年 6 月 4 日	C
40	9 号机	2013 年 9 月 25 日至 2013 年 12 月 5 日	A
41	9 号机	2014 年 10 月 4 日至 2014 年 10 月 24 日	C
42	9 号机	2016 年 3 月 1 日至 2016 年 6 月 11 日	B
43	10 号机	2010 年 1 月 29 日至 2010 年 3 月 27 日	A
44	10 号机	2011 年 2 月 6 日至 2011 年 2 月 20 日	C
45	10 号机	2012 年 5 月 22 日至 2012 年 6 月 10 日	C
46	10 号机	2014 年 1 月 16 日至 2014 年 3 月 30 日	B
47	10 号机	2015 年 2 月 26 日至 2015 年 3 月 15 日	C
48	10 号机	2016 年 9 月 7 日至 2016 年 12 月 16 日	A

第六节　技术监督

一、金属监督

台州发电厂投产之初在生产技术科设金属监督专职和金属试验室，负责归口金属监督管理和金属试验工作，并建立金属监督网。电厂按照《电力工业技术监督工作规定》《火力发电厂金属技术监督规程》及网、省有关条例规定执行，金属技术监督工作制度完善，网络健全，预防性试验项目完成好，受监焊口质量把关严，重大缺陷隐患整改及时，锅炉四管爆泄引起非计划停运次数逐年下降。在9、10号机组基建安装阶段，同时进行了锅炉压力容器安全性能检验。在历年机组A、B、C修和临修时，检修维护等相关人员对锅炉受热面及承压部件进行规范化检查，对照检验大纲和检验规程，探索承压部件损坏规律，查找受热面缺陷，进行妥善处理，组织浙江省特种设备检验研究院、浙江省浙能技术研究院等单位对锅炉压力容器性能进行标准化检测检验，保障锅炉压力容器的安全运行。2016年，台州发电厂四台锅炉因四管泄漏引起非计划停运总计为0次。

7、8号机组累计运行都超过10万小时，9、10号机组累计运行也都超过了5万小时，大修期间按规定对每台机组主蒸汽、再热热段等四大管道进行射线或超声波检验普查以及四大管道的支吊架检验调整，并对7、8号机组主蒸汽管道进行了寿命评估，发现管道焊缝存在裂纹、未焊透、未熔合、夹渣、气孔等诸多缺陷，逐一安排返修。在焊接技术和工艺质量管理中，实施现场监督，检查施焊环境、焊接材质、坡口清理、对口质量、预热温度、工艺参数选择、焊缝外观、层间保温、消氢和焊后热处理，确保焊接和热处理工艺的严格执行，焊接一次合格率达到95%以上，最终合格率达到100%。

二、电气设备绝缘监督

绝缘监督网成员由设备部、运行部、维护部、安健环部、检修分场专业人员组成，绝缘监督专职设在设备部，由电气点检员兼任。绝缘监督负责6千伏及以上全部高压电气设备、架空线路、接地装置和绝缘油的技术监督。电气设备高压试验由检修分场试验班负责，气相色谱分析试验由运行部化学试验班负责。

2006年以来，台州发电厂人员经历了分流调动，绝缘监督网成员组成有较大变动，但绝缘监督工作保持一贯连续性，贯彻落实“安全第一、预防为主”的方针，坚持从预防性试验、发现和消除电气设备绝缘隐患两项基本工作做起，做好电气设备检修、改造及安反措执行的技术监督，对发生的电气设备故障采取切实有效的整改措施。制定并执行《高压试验现场安全工作制度》《专责监护人的安全职责》等一系列规章制度，编写了《〈电气设备预防性试验规程〉台州发电厂补充规定》等技术文件。

2007 年 3 月，8 号发电机汽侧端部定子固定结构松动，上、下层多根线棒严重受损，下层线棒也有多根受损，发电机进行恢复性大修，抬出所有线棒进行整体修复处理。检修过程中，完成了定、转子局部和整体的各类检查性试验，包括单支线棒电容量机介损测量、定子铁芯损耗试验、定子端部固频模态测试等，经过近 40 天的努力恢复 8 号发电机正常运行。由于该发电机制造（设计）方面存在一些缺陷，基建投产时遭受短路电流冲击留下难以消除的隐患。2012 年 10 月 16 日发生 C 相出线及中心点引线绝缘损坏，最终引发 B、C 相间短路，造成发电机跳闸，定转子严重损伤。经讨论决定，将 8 号发电机定子整体更换成北京北重汽轮电机有限责任公司的 Q96M 型发电机定子，转子返厂更换绕组。

日常检查以及设备维修、预试过程中及时发现许多电气设备绝缘缺陷，消除了隐患。2008 年 6 月，红外测温发现州门 2341 正母闸刀 A 相发热达 110℃，停电检查发现闸刀动、静触头均有烧损，原因为闸刀接触不良引起，更换触头后，闸刀运行正常。2015 年 12 月，在 7 号机检修中发现主变及高压厂变盘式绝缘子有老化开裂现象，之后对 7 号、8 号机封闭母线所有盘式绝缘子予以更换，老式酚醛材质更新为新式的 SMC 模压盘式绝缘子。2016 年 1 月，220 千伏 2 号母联开关 A 相六氟化硫气体微水含量严重超标，经气体回收、抽真空、置换六氟化硫气体，后微水试验合格。

更新运行多年的老旧电气设备，持续改造 220 千伏升压站断路器、闸刀、电压互感器、电流互感器等，将油浸式电流互感器更换为六氟化硫电流互感器。先后对 220 千伏联络一线、台门 2348 等多条线路做了避雷器加装工作。在 7 号、8 号发电机避雷器柜内安装三台 JDZX4－20 型电压互感器，增设了发电机定子匝间保护装置。2011 年 5 月，9 号发电机碳刷架改造，新型碳刷架装置为一把五组合碳刷刷握结构。

引进新技术新设备，提高电气设备健康状态监督水平。购置新型红外成像仪，坚持开展全厂室外高压电气设备红外测温工作。购置氧化锌避雷器带电测试仪，开展台州发电厂 110 千伏、220 千伏氧化锌避雷器运行中全电流、阻性电流和功率损耗测试。购置多倍频感应耐压测试仪，开展发电机出口半绝缘压变耐压试验。

三、热工监督

台州发电厂热工监督自建立以来，一直在总工程师的领导下，建立由设备部、维护分场、自动化分场、保护班、自动班、液控班组成的三级技术监督网和各级监督人员责任制，设立技术监督专责，按责任制的分工共同完成热工监督工作。2013 年 8 月自动化班组改革以及 2016 年 4 月组织机构调整后，现由设备管理部、维护部、仪控一班、仪控二班、仪控三班组成三级技术监督网，热工监督专职由设备管理部热工点检兼任，电力科学研究院是热控技术监督的技术支持单位。

热工监督任务包含热工仪表监督和热工控制装置的监督，热工监督通过对热工仪表及控制装置进行正确的系统设计、设备选型、安装调试，以及周期性的检定、校验、日常维护、技术改造和统计、考核等工作。

热工监督内容包括检测元件，脉冲管路，二次线路，显示(或指示)仪表及控制设备，化学环保分析仪表，保护、联锁及工艺信号设备，程序控制系统，过程控制计算机系统，计量标准器具及装置，数据采集监控系统，模拟量控制系统，顺序控制系统，锅炉燃烧管理系统，数字式电液控制系统，汽轮机紧急跳闸系统，汽轮机安全监视仪表，机炉辅机控制系统，脱硫脱硝系统。

随热工自动化技术提高及技术改造加大，热工设备建成以 DCS 为核心的自动化系统，加强现场设备及控制系统技术监督。7、8 号机组控制系统分别于 2009 年 10 月和 2011 年 10 月由西门子系统改造为基于 WindowXP 操作系统的 OVATION3.2 系统，改造内容包括操作系统的更换，控制器的更换，信号点的重新核对，逻辑组态的调试，联锁、性能试验的验证。目前带有 21 对控制器及 12 台控制站；9、10 号机组分别于 2007 年、2008 年投产，采用基于 Solaries1.7.2 操作系统的 OVATION 控制系统，目前带有 19 对控制器及 12 台控制站；10 号机组于 2016 年 10 月由 Solaries 操作系统升级改为 Window7 操作系统，控制系统升级为 3.3 版本。四、五期脱硫及四、五期脱硫公用系统采用 Solaries1.7.2 操作系统的 OVATION 控制系统。随控制系统的集成度逐渐变高，DCS 控制改造增多，台州发电厂于 2014 年 2 月将四期公用系统工业水系统改造进入 DCS 系统，2014 年 2 月完成 7、8 号机组吹灰控制系统改造进入 DCS 控制，2014 年 4 月完成四台机组壁温改造进入 DCS 控制系统监视，2015 年新增脱硝及超低排放改造设备进入 DCS 控制，2016 年小机 METS 改造进入 DCS 控制。同时 2015 年 10 月台州发电厂开展信息系统安全等级保护检查并进行监督整改，对生产一区 DCS 控制系统安全管理方面进行加强，设置安全口令，关闭安全隐患端口，于 2015 年 12 月在四、五期分别配置安凯防护装置，对工程师站进行审计和监控。

热工监督定期对热工自动化设备清册台账进行监督检查：热工检测系统设备台账；I/O清册；自动调节系统设备台账；机炉主保护和机炉一般保护联锁系统设备台账；顺序控制系统设备台账；SOE清册；备用设备清册，计算机控制系统硬件台账，计算机控制系统软件台账，标准仪器仪表设备清册、说明书、合格证及检定合格证；热工设备系统配置图、控制原理功能块图、逻辑图、安装接线图、电缆、管道清册等竣工图、热工报警与保护定值清册、热工系统调试方案、试验曲线、调试总结；模拟量控制系统参数设置记录等。

四、电测仪表监督

2006年初，台州发电厂共有主变220千伏侧开关8台，备变220千伏侧开关1台，主变110千伏侧开关2台，备变110千伏侧开关2台，共有关口计量点13个。完成全厂关口电能计量回路移位工作。将电压切换回路与保护分开，新装了1只电能表兼继电器柜(用于四期网控)，1只电能表柜(老网控)。

2007年完成1～8号机共16个关口计量点的关口电能表的更换，9号机新上关口点的关口电能表安装。2010年1～6号机组整体关停，110千伏线路关口点取消，变更为1、2号主变220千伏侧及3号高压备变为关口点。2012年17个关口计量点。为简化本厂关口计量点管理，2012年12月18日以台州发电厂设备上报了关于《台州发电厂关口计量点变更的请示》(〔2012〕173号)，申请将本厂220千伏Ⅰ段母线侧8个关口计量点改至220千伏Ⅱ段母线侧的联络(一)线、联络(二)线上。2013年7月22日，浙江省电力公司同意批准了本厂计量点变更的申请。2013年11月1日零时，正式启用220千伏联络(一)线、联络(二)线关口进行结算。代替220千伏Ⅰ段母线上的所有关口计量点包括1号主变、2号主变、州君2Q34线(台燎2Q34线)、220千伏1号旁路、台临2351线、州恒2U83线、台大2345线、州利2U84线共8个关口，减少了6个关口计量点。

2007—2008年五期基建投产，随着五期的9、10号机组投产，五期的电测设备同时纳入监督范围。

2010年新增一套四、五期电能量抄表系统，电能量抄表系统能与本厂PI系统通信，使各个生产岗位均可对其取得基本数据，方便统计和管理。相关数据通过PI数据库上送集团公司，为浙能集团内运行监测和优化提供了数据保障。

2013年，开展远动专业的双平面改造工作，使用上海惠安系统控制有限公司的UC630全同步测控装置取代原先的各独立的远动变送器

2016年对9、10号机组进行了DEH的发电机功率变送器改造，发电机功率测量装置由三个传统的FPW-201H型功率变送器改造成三台新型的南瑞继保

PCS-988P发电机功率变送装置，采用双路电源、双路电压、双路电流供电模式，可靠性提高，解决了传统变送器存在的在输入发生快速变化时，输出会发生严重畸变，从而可能引起误控制的情况。

持续进行全年电量平均不平衡率统计分析，定期检查相关回路情况。

表 1-30　2011—2016 年全年电量平均不平衡率统计

年份	2011 年	2012 年	2013 年	2014 年	2015 年	2016 年
不平衡率	0.396	0.379	0.314	0.298	0.316	0.327

五、化学监督

2012 年，化学专业组织力量对发电机定冷水碱化处理进行了深入研究，提出旁路小混床树脂分层填装的技术方案，定冷水 pH 值由原先的 7.0 左右提升至 8.0～9.0 并保持长期稳定，初步达到预定目标；2012 年 5 月，开始在四期阴阳床再生工作中试行无顶压再生，与原先的水顶压再生方式相比，无顶压再生的再生用水量及酸碱耗明显下降，节约效果可观；根据化学监督要求，将 7～10 号机的炉内水质控制作适当调整，加强期望值控制，给水 pH 值控制在 9.3 以上、炉水 pH 值控制在 9.4 以上。

2013 年，化学四期制水扩容工程的 3 号列制水设备和 4 号除盐水箱(2000 立方米)都通过验收后投运，扩容工程的完成缓解了当前除盐水供应紧张局面，极大地增加了除盐水的供应能力和储存能力，为今后供热量增加提供有力保障。同时，停运三期的化补水制水设备；6 月，经过改造，增加了 1 号无阀滤池出水管与化学水池的管路及阀门，用生活处理水补充化学水池，解决了扩容工程 3 号列制水设备的预处理用水问题；四期精处理再生方式由中抽法改为高塔分离器，高塔分离器的投运提高了再生质量，从而提高精处理的出水水质；完成化学程控系统整合工作，极大地提高了化学运行的自动化水平，提高工作效率；2013 年 12 月，3 号列阳离子交换设备发生故障，打开罐体后发现，固定中排管用的支架脱焊，中排管弯曲，床体衬胶大面积鼓包、脱落。经过数天抢修，设备重新投入运行，分析原因可能槽钢与床体的焊接质量工艺差，支架脱落后拉裂衬胶，之后大量树脂、酸液渗入床体内壁加重了衬胶破坏，后续运行过程中加强监督力度。

2014 年，根据台州发电厂化学岗位人员配置的变化，在符合化学监督的前提下，对化学运行的手工大分析项目进行适当调整，减少部分手工分析项目，同时对炉外水处理设备的阳床钠表，阴床、混床的电导及硅表等在线仪表配置补充完善，确保水质优良可靠；对炉内加药也进行了适当调整，鉴于 9 号机组检修发现的结垢情况，参考电科院给予的建议，对五期炉内 Na_3PO_4-NaOH 溶液比例由原来的 1∶1 改为 2∶1，同时改造完成了炉内水处理的自动加氨控制系统并已投运；为应对近年来台州发电厂供热量的不断扩大，化学第四列制水设备于 2014 年 12 月开始运行，缓解除盐水供应紧张的局面；2013 年改造的将生活处理水补充到化学水池的方案，经过上半年的运行发现，部分矾花沉积在阳床床体中，导致床体周期制水量下降，生活水处理原采用的混凝剂是聚合铝盐，产生的矾花较铁盐轻，2014 年下半年将原用于制生活水的相应加药管路重新改接，将原投加的混凝剂聚合铝改为投加聚合铁，同时，生活水池水源改用调节水池来水。

2015 年 1 月完成了 9 号机锅炉热化学试验，根据热化学试验结果，对五期的 9、10 号机炉水加药 Na_3PO_4-NaOH 溶液比例进行适当调整，将加药浓度稀释一倍，减少每次化学加药对炉水水质的冲击影响（9、10 号机炉水处理方式：Na_3PO_4-NaOH 混合处理从原来的 1000∶2000 克比例调整为 250∶500 克配比），同时，增加饱和蒸汽在线钠离子表计；通过一段时间的运行掌握饱和蒸汽钠离子变化的规律，再次确定相应的炉内加药运行方式，改善蒸汽品质。2015 年基本完成化学试验室改造工作，重新调整规划试验室设备的合理布局，完善化学试验室环境，同时新增超纯水机、液相锈蚀测定仪、体积电阻率测试仪等仪表，提高化学分析水平，完善分析试验规范管理工作。废水方面，做好四期废水站及三期煤泥废水站改造工作，提高了废水出水水质及系统自动化程度；同时对化学再生酸碱废水进行分类收集，大大减少废水排放量，完成了对台州发电厂各废水用户的分级利用，大大提高了废水回用量，降低厂发电水耗。原 7 号机组在线钠表已运行 20 余年，故障率较高，维护工作量较大，为便于更好更准确地进行化学监督，在 7 号机组检修期间，完成 7 号机组精处理及炉内在线钠离子表计改造更换工作，效果良好。2016 年为解决供热量增加后水质下降的情况，新增 7 号机组凝汽器补水脱气装置，大大降低了机组补水水质的溶解氧、二氧化碳含量；200 吨/时的新增预处理系统在 5 月份正式投入使用，为下半年的高供热量提供了稳定的输出。同时在 9 月份，为解决今后供热规模持续提升而带来的供水紧张问题，针对运行提出的化学炉水的水样不稳定、表计变化较大等问题，化学仪表专业通过改造取样管路，在管路上新增 SWAN 专用稳压调节阀，很好地解决了这一问题，确保了水样稳定性，提高了数据可靠性。

六、继电保护监督

继电保护及自动装置监督的范围是 380 伏及以上继电器、继电保护、安全自动装置。

2006—2016 年期间继电保护设备更新换代较快，根据保护运行情况积极开展设备改造工作。2006 年 220 千伏 1 号母联保护改造，原采用母差保护屏内静态型电流继电器保护，改造为微机型保护；完成 1 号发电机、主变、高压厂变、低压厂变保护改造，原整流型保护改造为微机型保护；完成四期网控线路故障录波器改造。

2007 年，220 千伏台临 2351 线、台渚 2342 线保护改造；110 千伏故障录波器改造；配合台州电网建设，新增 110 千伏前章线保护。

2009 年 220 千伏台桔 2355 线、台乡 2350 线保护；220 千伏 2 号母联充电解列保护改造；110 千伏前大 1881、前汾 1884 线保护改造工作。完成全厂继电保护专用接地铜网的敷设。

2010 年 220 千伏州门 2341 线、台门 2348 线保护改造。线路保护开始按浙江电网线路保护标准设计组屏配置。

2011 年配合恒利变投运完成 220 千伏州恒 2U83 线、州利 2U84 线保护改造。州恒 2U83 线第一套保护按 CSC101A/CSC122A/CSY－102Y 配置，第二套保护按 RCS931A/CZX12R2 配置，二套保护通道均为光纤专用通道。

2012 年，220 千伏 1 号旁路保护改造。

2014 年，配合君田变投产，州田 2351 线、州君 2Q34 线保护换型改造；2014 年 6 月 27 日，原有 110 千伏母线及 3 回 110 千伏出线系统全部退役。

2015 年，220 千伏联络二线两侧保护改造、220 千伏二段母线保护改造，220 千伏二段母线原单重配置的 RADSS 中阻抗型母差保护，改造后新母线保护按浙江电网已出台的典型的配置方案、组屏方案、二次回路设计方案，配置一套南瑞继保的 PCS－915GAZJ 和长园深瑞的 BP－2CSAA 型微机母线保护。

2016 年，完成 03 号高压备变保护改造、220 千伏一段母线保护改造，220 千伏一段母线原单重配置的 RADSS 中阻抗型母差保护，改造后新母线保护按浙江电网已出台的典型的配置方案、组屏方案、二次回路设计方案，配置一套南瑞继保的 PCS－915GAZJ 和长园深瑞的 BP－2CSAA 型微机母线保护。2016 年 12 月，220 千伏一段母线保护改造结束，台州发电厂全厂涉网设备保护全部实现微机化、双重化。

2007 年，五期 9、10 号机组基建相继投产，五期继保及自动装置设备纳入监督范围，2007—2014 年期间 9、10 号发变组保护、04 号备变保护发生多次保护装置紧急缺陷，2014 年完成 04 号高压备变保护改造，2016 年完成 9 号发变组保护、10 号发变组保护改造，通过改造，五期继电保护设备健康状态得到极大提高。

在设备改造中，进行全过程技术监督，跟踪设备健康状态，严格执行整定规程，通过设备改造，继电保护设备保持良好的健康状态。涉网重要设备保护动作正确率均为100%。

2012年10月16日,8号发电机组发生C相定子绕组匝间故障(一分支首末端短路),造成发电机电流和主变高压侧电流增大,发变组后备保护启动,发电机差动和发变组差动保护启动。由于8号机未配置定子匝间保护专用PT,无匝间保护切除故障,故障持续了两秒后转变成发电机内部B、C相短路故障,随即转变成内部三相短路故障,最后发电机差动保护和发变组差动保护动作跳闸,跳开主变高压侧开关,关主汽门并灭磁,直到故障电流衰减,保护返回。为增加完成8号机组匝间保护专用变的加装,增设8号发电机匝间保护。2013年完成7号机组发电机匝间保护加装。2012年4月18日,220千伏正母二段A相接地故障,220千伏二段母差保护正确动作。2015年3月5日15时22分06秒,220千伏副母一段避雷器(二)A相支持瓷瓶断,造成220千伏副母一段A相故障接地,220千伏一段母差动保护正确动作。2015年12月4日220千伏副母一段C相故障接地,220千伏一段母差保护正确动作。

2008年、2009年、2011年、2012年、2015年根据台州发电厂设备情况重新修订《台州发电厂继电保护技术监督标准》。

七、电能质量监督

电能质量监督是把台州发电厂的220千伏、110千伏电压曲线合格率,负荷曲线合格率作为考核指标。为了圆满完成这项技术基地,电厂在20世纪90年代末,就成立了由总工程师任组长的电能质量监督网络,全面领导电能质量监督工作,总值长(运行总监或副总工程师)负责台州发电厂电能质量监督具体工作的落实,运行部副主任负责所在部门的电能质量监督工作,成员包括每个值长、电气技术员等。电能质量监督在业务上受浙江省能源集团有限公司和浙江省电力调度中心领导。

电能质量监督是通过对运行机组的发电机有功、无功、系统频率及220千伏、厂用电系统母线电压的监视,正常投运一次调频、AVC、AGC。由值长根据本厂机组的实际运行情况,进行及时调整设备运行方式、运行参数,积极采取相应防范措施,防止本厂电气设备异常运行及电网系统原因引发的电能质量事故和电力系统事故。台州发电厂自投产发电以来,母线电压合格率统计均为100%,负荷曲线合格率均不低于99%,浙江电网统调台州发电厂并网运行与辅助服务管理考核均取得较好成绩。

八、环保监督

台州发电厂坚持可持续发展战略、保护优先、预防为主、综合治理、公众参与、损害担责的原则,做到电力与环境保护同步规划、同步实施、同步发展。严格执行电力建设项目中防治污染的设施必须与主体工程同时设计、同时施工、同时投产使用的环境保护"三同时"管理和建设项目环境保护设施的竣工验收工作。不断建立健全环保技术监督网络和岗位责任制,开展本单位环保技术监督工作自查自评。

台州发电厂环保监督坚持制度化、法制化管理,结合台州发电厂实际情况,制定了多项规章制度,如《台州发电厂环境保护工作管理办法》《台州发电厂技术监督管理—环保监督》《台州发电厂环保经济考核规定》《烟气排放连续监测系统设备维护管理》《台州发电厂突发环境污染事件应急预案》等,严格落实国家各项环保法律、法规的要求。

台州发电厂勇挑重担、践行国企责任,根据国家"上大压小"等脱硫减排政策及上级主管部门相关文件精神,于2009年8月31日对2～5号机组、2010年8月8日对1、6号机共六台13.5万千瓦机组实行关停。

台州发电厂不断采用新技术,推行文明、清洁生产,减少有害物质排放,防治环境污染和其他公害。2005年5月和7月分别完成7号机组和8号机组电除尘的干出灰改造,大大减少湿灰外排量。2007—2008年,五期工程同步建设石灰石-石膏湿法脱硫设施,四期工程进行了脱硫改造。2009年对四期工业废水站进行提效改造。2011年,台州发电厂对8、9、10号机脱硫系统浆液循环泵传动装置进行改造,取消减速机,采用直连方式,避免减速机故障缺陷影响,提高了设备的运行可靠性。2012年12月,台州发电厂积极响应省委省政府号召,率先开展取消7号机组脱硫旁路改造,自此拉开了2013—2014年的脱硝改造大幕。在脱硝改造的过程中,同步进行低氮燃烧器改造、脱硫旁路挡板取消、脱硫吸收塔除雾器改造、汽轮机通流改造和电除尘高频电源改造等。2014年和2015年对四期工业废水站和煤泥废水站进行改造。2016年在原脱硫废水处理系统基础上改造出一套处理量为12.5立方米/小时的脱硫废水处理系统,主要是对原有设备和管道进行修复,更换污泥压滤机并新增一个预沉池。2017年将完成酸碱废水处理改造,主要水源为来自化学水处理、四期五期精处理再生废水及四期化学水处理系统目前仍未收集的不能回收利用的废水。为实现燃煤机组主要污染物排放达到超低排放目标,台州发电厂制订了2015—2017年的超低排放改造计划,脱硝系统主要是新增一层催化剂,脱硫系统新增塔外浆池、除尘系统新增湿电等,目前7、9、10号机组已改造完成,烟气污染物排放指标均优于燃气轮机组排放标准,最后1台8号机组的超低排放改造在

表 1－31 2006—2015 年烟尘污染物排放统计

年份	2006	2007	2008	2009	2010	2011	2012	2013	2014	2015
烟尘排放量（吨）	4021	3743	2178	703	701	534	540	402	286	203
二氧化硫排放量（吨）	61539	48762	32210	16374	6970	2714	2179	2166	1461	1053
氮氧化物排放量（吨）	24412	23136	29557	21853	16532	15720	13457	12746	3338	1322

2017 年 6 月完成。

台州发电厂在坚持合法合规排污的基础上，进一步降低污染物排放，也得到了政府部门的财政支持，无论是脱硫改造、脱硝改造还是超低排放改造，抑或是脱硫增效改造、低氮燃烧器改造等，省财政和市财政均有专项资金补助。

台州发电厂坚持污染物排放浓度与总量双控制原则，2013 年 10 月和 2015 年，分别在五期集控和废水标排口 CEMS 小室安装了废气和废水刷卡排污总量控制系统，可实时得知台州发电厂污染物排放总量及浓度排放，目前 2 套系统运行稳定。

台州发电厂坚持信息公开原则，2013 年为响应《关于转发环境保护部“十二五”主要污染物总量减排考核办法的通知》（国办发〔2013〕4 号）及《关于做好 2014 年主要污染物总量减排监测体系建设运行工作的通知》（浙环函〔2014〕134 号）文件精神，积极落实台州市环境保护局关于进一步规范省控及以上重点企业自行监测工作的通知要求，台州发电厂按照相关要求认制定了自行监测方案并在省自行监测信息公开平台，内容包括主要污染物的名称、排放方式、排放浓度和总量、超标排放情况，以及防治污染设施的建设和运行情况等。

台州发电厂环保监督坚持思想引导、氛围营造的原则，定期邀请环保领域相关专家到厂授课宣讲。2015 年是新《环境保护法》实施开局之年，台州发电厂特邀请北京中安科健安全工程技术研究院崔峰老师对新《环境保护法》进行了专题培训，主要分析了当前环境保护的形势并对自 20 世纪起世界范围内发生的典型环境污染事件进行了剖析解读，另外对照新旧环保法的不同之处重点对新《环境保护法》的制度创新情况进行了分析。2016 年特邀台州市环境保护局政策法规处赵伟奇处长在教培中心第一教室进行新《大气污染防治法》的培训。新法突出了改善大气环境质量这条主线，需坚持源头治理，抓主要矛盾，解决突出问题，加大处罚的力度。每年 6 月 5 日环境日，台州发电厂在做好本企业节能减排工作的同时积极宣传，走进社区，旨在增强全民环境意识、节约意识、生态意识，选择低碳、节俭的绿色生活方式和消费模式，形成人人、事事、时时崇尚生态文明的社会新风尚，为生态文明建设奠定坚实的社会和群众基础。

台州发电厂环保设施运行稳定，近几年来均未因台州发电厂设备原因而发生环境污染事件。在历次的环保监督检查中，均受上级单位好评，每年的企业信用等级评价均较好。

九、节能监督

2005 年 5 月，节能监督专职设在设备部，由总工程师任组长，分别负责生产技术节能专职及热效率试验组，并制订节能管理制度、奖励考核办法，组成节能管理网。后因机构改革和人员变动，节能技术监督网经过多次调整。台州发电厂根据浙江省电力工业局颁发的《节能监督工作实施细则》《电力技术监督导则》和《节能技术监督管理标准》(Q/TFD222001－2002)，2012 年 10 月，修订为台州发电厂企业标准《技术监督管理标准》(Q/TFD222003－2012)。2013 年 3 月综合管理部成立后，将节能监督专职设在综合管理部。因机构改革，于 2015 年 9 月，修订台州发电厂企业标准《技术监督管理标准》(Q/TFD222003－2015)。

节能技术监督范围包括生产运行、设备检修及试验、技术改造、节水管理、节油管理、节电管理、燃煤管理及能源计量。监督机组经济技术指标完成情况，加强指标考核，发现异常及时开展运行调整，2006 年就在 8 台机组上多次开展锅炉热态燃烧调整试验及机组运行优化试验。每月进行一次凝汽器真空严密性试验，真空下降速度应小于 0.27 千帕/分，如发现泄漏及时进行查漏消漏。根据循环水系统情况，及时做好凝汽器清扫工作，合理确定循环水泵运行方式及调整叶片角度。要求高加随机组滑启滑停，高加投入率均要求 100%。做好热力系统查漏消漏，严格控制汽水排放，机组化学补水率需一直保持在 2%以下。在机组大修前后开展机组的热效率试验，对设备、管道及阀门保温进行散热测试，定期对锅炉空气预热器漏风率进行测试。对低效、高耗能设备实施技术改造，推广新技术、新产品的应用。同时加强了节能技术改造，如对一次风机、凝泵和四期给水泵进行变频器改造、电除尘的高频电源改造。2013 年至 2015 年台州发电厂先后对 7～10 号汽轮机实施通流部分改造，使 4 台汽轮机热耗率比改造前有明显下降。对 7～10 号炉空气预热器进行检修，4 台锅炉的空预器漏风率也有较大幅度下降。

2012 年、2015 年，加强节能技术管理工作，完善台州发电厂企业标准《技术监督管理标准》节能监督内容，积极开展安全生产对标工作，形成《台州发电厂安全生产对标管理办法》，通过指标评价工作，进行节能指标控制。

实施节能技术措施以后，取得良好的效益。为节约锅炉助燃用油，制订并多次修订《台州发电厂锅炉助燃用油考核办法》，使锅炉启停炉及低负荷耗油量逐年下降，年耗油量从2006年的1590.9吨下降到2016年的479.82吨。为节约厂用电，一方面开展辅机优化运行方式，另一方面对高电耗辅机实施变频和节能改造，厂用电率由2006年的7.15%下降到2016年的6.49%。全厂供电标准煤耗从2006年的335.76克/(千瓦·时)下降到2016年的316.4克/(千瓦·时)。

十、励磁监督

2012年8月，台州发电厂在原有九项监督的基础上，建立励磁监督网络，并颁布三级网络人员岗位职责，在总工程师的领导下，建立由设备部、自动化分场、继保班的三级技术监督网和各级监督人员责任制，设立技术监督专责。按责任制的分工，共同做好励磁专业各项技术监督的工作。2016年4月，由于电厂组织机构调整，由设备管理部、维护部、电气三班组成三级技术监督网，调度自动化监督专职由设备管理部专职点检兼任。

台州发电厂运行机组为7～10号机共四台机组，其中7、8号机为两机无刷励磁系统，采用南瑞继保RCS9400励磁系统；9、10号机为中国电器科学研究院有限公司(广州擎天实业有限公司)生产的EXC9000型微机型自并励励磁系统。2013年，利用9号机组A级检修机会，完成9号机励磁系统改造，改造范围包括：励磁调节器、进线柜、整流柜、跨接器的功率元件，试验项目严格按照国家标准执行，小电流试验、启励、阶跃响应、通道切换、过励限制、低励限制、励磁系统建模、PSS、PSVR等试验都按要求进行，试验报告内容齐全，确保励磁系统的安全可靠运行。9号机组增容后，额定励磁电流由原先的2075安增至2221.45安，额定励磁电压由原先的455伏增至486.51伏。可控硅采用瑞士ABB的5STP 28L4200通态平均电流为3170安，反压4200伏。在单个功率整流柜运行时满足发电机强励和1.1倍额定励磁电流连续运行的要求。在7号机B修中进行了7号机转子接地保护国产化改造，采用南京南瑞继保电气有限公司的PCS-985R系列旋转型转子接地保护系统，该系统适用于大型无刷励磁机组的转子绕组对地绝缘监测和保护。严格执行编号：20131201浙江省电力公司电力科学研究院技术监督工作联系单《关于及时进行励磁系统增减磁继电器检查和更换的通知》，在7号机(5月)、9号机(10月)检修期间，对增减磁回路的各继电器进行更换。11月25日，按《关于浙江电网大中型发电机组调差系数整改的通知》(浙电便函〔2013〕71号)的要求更改7～10号机组调差系数。

2014年，在8号机B修中进行了8号机转子接地保护国产化改造，采用南京南瑞继保电气有限公司的 PCS－985R 系列旋转型转子接地保护系统，该系统适用于大型无刷励磁机组的转子绕组对地绝缘监测和保护。3 月 19 日，10 号机 B 级检修期间，在励磁调节器调试过程中发现发电机空载额定电压分磁场开关灭磁时出现灭磁用可控硅及其触发器损坏现象，及时组织专家进行分析，认为灭磁主回路中 V4、V5 可控硅的触发方式，为《电力电子变流技术》中最简易的触发方式，原理上分析是可行的。根据现场调试中可控硅多次损坏现象情况初步判断，在拉开磁场开关灭磁过程中，偶尔有暂态大电流流经触发器及可控硅触发极，致使触发器接点粘连及可控硅触发极损坏。目前触发回路采取限压限流措施，经多次灭磁试验及机组停机灭磁回路检查正常。11 月 27 日按照相关文件：20141204 国网浙江省电力公司电力科学研究院技术监督工作联系单《关于加强 HPB 系列直流灭磁开关内部机构检查的意见》，本厂进行核查，无该系列灭磁开关，结合联系单要求，对其他型号的灭磁开关进行检查。

2015 年，结合 10 号机 C 修机会，完成对 10 号机的励磁调节器内的过励限制曲线方程修改，经试验与发电机厂家提供的转子过励曲线可配合。期间，严格执行编号：20151201 浙江省电力公司电力科学研究院技术监督工作联系单《关于开展励磁系统脉冲控制电源回路检查的建议》，对 7～10 号机进行检查，无共用电源情况。8 月 23 日，8 号发电机机 B 套调节器电源异常报警，检查为 8 号机励磁调节器电源监视继电器故障，及时更换电源监视继电器，至今运行正常。

2016 年，严格执行编号为 20161201 浙江省电力公司电力科学研究院技术监督工作联系单《关于核查机组 PSS 投入推出定值的的意见》，对 7～10 号机进行核查，反馈电科院。严格执行编号为 20161202 浙江省电力公司电力科学研究院技术监督工作联系单《关于对浙江电网发电厂 AVC 子站运行情况进行排查的通知》，对台州发电厂 AVC 子站进行排查，更换其后台操作系统，并进行优化。11 月 28 日，9 号机励磁调节器 1 号整流柜 B 相断流，查为脉冲板输出异常，停机后及时更换脉冲板及霍尔变送器，至今运行正常。

十一、调度自动化监督

台州发电厂在 2012 年 8 月，在原有九项监督的基础上，建立调度自动化监督网络，实行分级管理，在总工程师的领导下，建立由设备部、自动化分场、远动通讯班和继保班的三级技术监督网和各级监督人员责任制，设立技术监督专责。按责任制的分工，共同做好调度自动化专业各项技术监督的工作。2016 年 4 月，由于台州发电厂组织机构调整，现由设备管理部、维护部、电气二班和电气三班组成三级技术监督网，调度自动化监督专职由设备管理部专职点检兼任。

调度自动化监督的范围是远动终端D200装置及遥测采集模块D20A、遥信采集模块D20S、组合采集模块D20C；升压站计算机监控系统、电能量计量系统的电能量远方终端(ERTU)等。监督的主要内容包括自动化设备入网管理、建设与改造管理、检修质量管理及技术管理监督。

2014年3月，完成9号机组AGC、AVC测控屏电源模块更换工作。2014年4月，配合台临2351间隔更名为台大2345线间隔工作，完成厂内SCADA系统间隔命名修改，RTU采集屏、PMU柜间隔接线间隔命名修改工作，修改远动信息表，完成遥信、遥测量与省调核对工作。2014年6月组织开展自动化专业迎峰度夏自查自评工作；根据2014年迎峰度夏监督检查总结报告制订整改计划，开展整改工作。开展本厂远动专业反事故演练。2014年8月，组织开展厂内二次安全防护现场评估检查，开展全厂现场交换机以及计算机的USB、网络口等涉及系统防护的设备检查，对不符合要求的安排整改；完成台州发电厂省调三级数据网第一平面及二三区网络设备搬迁工作，并对台州发电厂《电力二次系统安全防护方案》进行了修订，并通过省调自动化处的评审，9月份形成终稿报省调自动化处备案。2014年继续完成第二平面接入远动设备改造工作。结合机组停役机会，完成10号机组AGC、AVC I/O模块，8号机组AGC I/O模块、遥测模块，全厂脱硫采集I/O模块，03号高压备变I/O模块，以及三期网控升压站系统遥信、四期升压站遥信部分的改造工作。至12月底已完成双平面改造所有I/O模块的相关改造工作，于2015年1月完成改造工作。2014年11月25日至28日，针对浙江电网统调发电厂涉网自动化技术监督告(预)警第2014001号通知单要求，安排上海惠安厂家来厂进行AVC装置功能逻辑检查整改工作，AVC装置检查工作内容：

1）AVC上、下位机增加数据不刷新功能。

2）验证AVC通信闭锁、数据刷新、数据突变、双量测的闭锁逻辑。

3）AVC后台工作，增加后台数据库，包括上位机参与AVC闭锁的遥测数据不刷新遥信报警信息，上位机、下位机参与AVC闭锁的遥测数据突变遥信报警；上位机、下位机通信闭锁遥信报警信息。

4）增加各机组通信异常报警。

2014年12月完成电能量计量系统改造工作：台州发电厂共用5台创维公司的ERTU小主站，投运年限较久，软硬件落后，经常出现“死机”，“死机”后且装置面板无任何报警，造成各系统无法从ERTU读到数据。经改造，更换5台ERTU小主站为ERTU3000小主站，并将三期ERTU独立组屏。

2015年3月至6月，完成台州发电厂电力数据网双点接入改造全部工作。期间完成了两台远动主机(D200)改造工作，完成RTU、ERTU、PMU发电能力申报的业务迁移调试工作,完成地调接入网网络设备改造、通道安装及业务接入调试工作,各业务迁移后运行正常。改造后完成与省调AGC指令数据联调工作,经省调确认核对正常,AGC正常投入;完成与省调AVC指令数据核对工作,经省调确认核对正常,AVC正常投入;完成省调接入网、地调接入网入侵检测设备接入调试工作。根据《浙江电网统调发电厂涉网自动化技术监督工作会议纪要》(浙电会纪字〔2014〕91号),依据“火电机组烟气排放及供热监测平台技术规范”的要求,已在2015年开展机组烟气脱硫信息监控平台的建设工作,在集团统一安排下已完成设备采购工作,台州发电厂将采用北京四方的CSC-850烟气监测信息子站系统,于2016年8月完成改造并与省调主站进行联调。2015年,台州发电厂开展了科技项目远动(自动化)监控管理平台研发项目,通过在厂站端交换机镜像端口实时采集并保存各业务数据。通过设置模型的判据实现对实时数据的报警与提示,于2016年5月完成研发并投入使用。

2016年5月,根据国调《关于时间同步运行管理工作的通知》(调自〔2013〕82号)及浙江省电力公司发布浙电调字〔2013〕110号通知文件精神,开展时间同步装置专项整治工作。台州发电厂原有四期、五期两个独立的时间同步系统:原四期时间同步系统采用西安骊天电子科技有限公司的MH200型主时钟对时系统;五期采用上海泰坦生产的主时钟对时系统;卫星主时钟只有GPS,不支持北斗二代,不符合文件要求。2015年已开展时间同步系统改造,改造后的时间同步系统采用上海岭通的HT201同步时钟系统,实现以北斗卫星对时为主、全球定位系统(GPS)对时为辅的单向授时方式。

第七节 环境保护

一、管理机构

台州发电厂的环保工作一直坚持“绿色化”发展战略,实行“一把手”负责制,还专门成立了以厂长为组长的环境保护领导小组,以副厂长为组长的环境保护工作小组,在2015年11月前归口管理部门为设备管理部,2015年11月,由于台州发电厂机构改革,归口管理部门调整为安健环部。台州发电厂同时制定了《台州发电厂环境保护工作管理办法》《台州发电厂技术监督管理—环保监督》《台州发电厂环保经济考核规定》《烟气排放连续监测系统设备维护管理》等多项环保规章制度,从烟尘、二氧化硫和氮氧化物三项污染物排放,到废水、灰渣,形成了责任到人、评价到人的良好氛围。

二、烟尘治理

四期工程 7、8 号机组静电除尘器和五期工程 9、10 号机组静电除尘器随机组同步建设，设计效率分别为 99.43％和 99.62％。为了既能满足环保排放要求又能最大限度地节约能源，2013 年完成 7 号和 9 号机组高频电源改造；2014 年 6 月完成 8 号机组电除尘壳体加固及高频电源改造，3 月完成 10 号机组高频电源改造。改造后在除尘效率提高的同时实现了对电场的协调控制和能源的合理分配；所有电场形成大闭环控制，并通过 CPU 快速处理，实现整个电除尘器高效节能、稳定运行的目的。2015 年 12 月 7 号机组静电除尘器改造为低低温电除尘并新增湿式电除尘，2016 年 6 月和 12 月 9 号机组和 10 号机组分别新增湿式电除尘。2017 年 6 月 8 号机组静电除尘器也改造为低温电除尘并新增湿式电除尘，届时四台机组的除尘效率将达到 99.84％以上，烟尘污染物时均值排放浓度稳定低于 5 毫克/立方米。

电除尘器是利用高直流电压产生电晕放电，使气体电离，烟气在电除尘器中通过时，烟气中的粉尘在电场中荷电；荷电粉尘在电场力的作用下向极性相反方向运动，到达极板或极线时，粉尘被吸附到极板或极线上，通过振打装置落入灰斗，而使烟气净化。

三、废气治理

为履行国有企业改善大气环境质量、保护公众健康的社会责任，台州发电厂一直坚持“绿色化”发展战略，不断采用新技术，推行文明、清洁生产，减少有害物质排放，防治环境污染和其他公害。台州发电厂 2006 年至 2016 年烟尘、二氧化硫和氮氧化物三项污染物排放详见下表。

表 1－32　台州发电厂 2006—2016 年烟尘污染物排放指标

年份	烟尘排放量(吨)	二氧化硫排放量(吨)	氮氧化物排放量(吨)
2006	4021	61539	24412
2007	3743	48762	23136
2008	2178	32210	29557
2009	703	16374	21853
2010	701	6970	16532
2011	534	2714	15720

续表

年份	烟尘排放量(吨)	二氧化硫排放量(吨)	氮氧化物排放量(吨)
2012	540	2179	13457
2013	402	2166	12746
2014	286	1461	3338
2015	203	1053	1322
2016	100	614	902

（一）四期机组烟气脱硫工程

四期机组烟气脱硫工程是对7、8号机组烟气系统进行技术改造。2005年11月，浙江省发改委批准立项，浙江省电力设计院完成该项目的环境影响报告表，2005年11月30日，原浙江省环境保护局对该报告进行了批复。经相关部门批准，该工程于2006年4月开工建设，7、8号机组分别于2007年12月和2007年10月完成168小时试运行。

四期脱硫系统采用石灰石-石膏湿法脱硫工艺，设计效率不低于95%，同步运行率不低于95%。

（二）五期扩建工程

五期扩建工程是在前四期工程的基础上新增2台30万千瓦机组，配套安装石灰石-石膏湿法脱硫设施和静电除尘设施，与主体工程同时设计、同时施工、同时投入生产和使用。2005年2月浙江省电力设计院完成该项目初步设计，2005年4月编制完成了环境影响报告书，2005年5月原国家环境保护总局以环审〔2005〕447号文进行了批复。2006年1月国家发展和改革委员会以发改能源〔2006〕235号进行了核准批复。2006年4月开工建设，9、10号机组分别于2007年12月和2008年4月完成168小时试运行。

五期脱硫系统采用石灰石-石膏湿法脱硫工艺，设计效率不低于90%，同步运行率不低于95%。

（三）四期、五期机组脱硝改造

台州发电厂2012年专门成立脱硝委员会，2012年7月，取得浙江省环保厅浙环建〔2012〕91号批复；2012年9月，取得浙江省发改委浙发改能源〔2012〕1195号批复；2013年1月，取得浙江省发改委浙发改设计〔2013〕6号批复。2012年10月开工建设，7～10号机组分别于2013年6月、2014年4月、2013年12月和2014年6月完成脱硝168试运行。

脱硝系统采用低氮燃烧＋选择性催化还原(SCR)脱硝的工艺，使用尿素为还原剂，四期设计脱硝效率为80%，五期设计脱硝效率为70%，脱硝系统可用率98%以上，改造后氮氧化物时均值排放浓度稳定低于100毫克/立方米。

脱硝改造过程中同步进行了脱硫旁路挡板取消和静电除尘器高频电源改造，提升综合脱硫效率2%，同时实现了对电场的协调控制和能源的合理分配，所有电场形成大闭环控制，并通过CPU快速处理，实现整个电除尘器高效节能、稳定运行的目的。

（四）四期、五期机组超低排放改造

台州发电厂2014年成立超低排放改造工程项目领导小组及项目管理办公室，2015年成立超低排放改造项目安全生产委员会，投资4.52亿元由浙江天地环保工程有限公司总承包、浙江省火电建设公司施工。2015年5月20日相关厂家已开始进厂施工，2015年12月完成7号机组72小时试运行，2016年6月和12月分别完成9号和10号机组72小时试运行，2017年6月完成8号机组72小时试运行，计划2017年6月完成8号机组超低排放改造工程。

超低排放改造的主要技术措施为：脱硝方面，对锅炉原有低氮燃烧器系统及制粉系统进行优化调整，进一步降低锅炉出口NO_x浓度，另外再SCR脱硝装置预留层加装第三层催化剂实现脱硝提效，满足NO_x浓度≤50毫克/立方米。脱硫方面，将原有的三层标准型吸收塔喷淋层改为双层交互式喷淋并增加一塔外浆池，在液气比不增加的情况下，通过改善塔内气流分布，强化传质效果，实现脱硫增效，满足SO_2排放浓度≤35毫克/立方米。除尘方面，四期机组将电除尘改为低温电除尘，另外在脱硫后新增湿式电除尘器；五期机组在脱硫后新增湿式电除尘器，满足烟尘排放浓度≤5毫克/立方米。

超低排放的工作原理：石灰石-石膏湿法烟气脱硫工艺的原理是采用石灰石粉制成浆液作为脱硫吸收剂，与经降温后进入吸收塔的烟气接触混合，烟气中的二氧化硫与浆液中的碳酸钙，以及加入的氧化空气进行化学反应，最后生成二水石膏。脱硫后的净烟气依次经过除雾器除去水滴、再经过烟气换热器加热升温后，经烟囱排入大气。由于在吸收塔内吸收剂经浆液再循环泵反复循环与烟气接触，吸收剂利用率很高，钙硫比较低(一般不超过1.1)，适用于任何煤种的烟气脱硫。

石灰石-石膏湿法烟气脱硫工艺的化学原理：

1）烟气中的SO_2溶解于水中，生成亚硫酸并离解成H^+和HSO^{-3}；

2）烟气中的氧(由氧化风机送入的空气)溶解在水中，将HSO^{-3}氧化成SO_4^{2-}；

3）吸收剂中的碳酸钙在一定条件下于水中生成Ca^{2+}；

4）在吸收塔内，溶解的二氧化硫、碳酸钙及氧发生化学反应生成石膏

($CaSO_4 \cdot 2H_2O$)。

由于吸收剂循环量大和氧化空气的送入，吸收塔下部浆池中的 HSO 或亚硫酸盐几乎全部被氧化为硫酸根或硫酸盐，最后在 $CaSO_4$ 达到一定过饱和度后结晶形成石膏 $CaSO_4 \cdot 2H_2O$，石膏可进行综合利用。

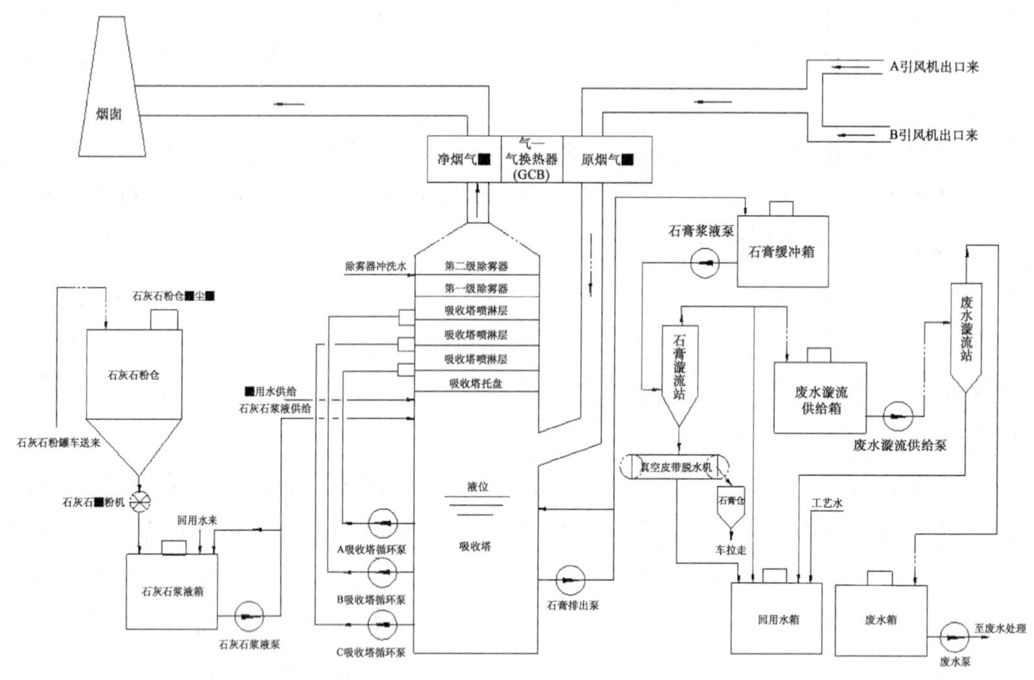

图 1-6　超低排放工作原理

四、氮氧化物治理

2012 年成立脱硝改造领导小组，2013 年 6 月和 12 月分别完成 7 号和 9 号机组脱硝改造，2014 年 4 月和 6 月分别完成 10 号和 8 号机组脱硝改造。台州发电厂脱硝装置采用低氮燃烧＋选择性催化还原(SCR)脱硝的工艺，使用尿素为还原剂，四期设计脱硝效率为 80%，五期设计脱硝效率为 70%，脱硝系统可用率 98%以上，改造后氮氧化物时均值排放浓度稳定低于 100 毫克/立方米。台州发电厂为履行国有企业改善大气环境质量、保护公众健康的社会责任，保障浙江省能源供应安全，为实现燃煤机组主要污染物排放达到超低排放目标，2015 年 12 月完成 7 号机组、2016 年 6 月和 12 月完成 9 号和 10 号机组、2017 年 6 月完成 8 号机组超低排放改造。脱硝方面，通过在锅炉低氮燃烧器进一步调整的基础上，SCR 脱硝装置加装预留层催化剂技术措施，届时脱硝效率将达到 85%以上，氮氧化物时均值排放浓度稳定低于50毫克/立方米。

原理：SCR脱硝系统是向催化剂上游的烟气中喷入氨气，利用催化剂将烟气中的NO_x转化为氮气和水。

在SCR反应器内，NO通过以下反应被还原：

$$4NO + 4NH_3 + O_2 \rightarrow 4N_2 + 6H_2O \quad (1)$$

$$6NO + 4NH_3 \rightarrow 5N_2 + 6H_2O \quad (2)$$

第一个反应是主要的还原反应。此外，催化还原过程还伴随着下列的反应：

$$2NO_2 + 4NH_3 + O_2 \rightarrow 3N_2 + 6H_2O \quad (3)$$

$$6NO_2 + 8NH_3 \rightarrow 7N_2 + 12H_2O \quad (4)$$

SCR系统NO_x脱除效率通常很高，喷入烟气中的氨几乎完全和NO_x反应。有一小部分氨没有参与而是作为氨逃逸离开了反应器。一般来说，对于新的催化剂，氨逃逸量很低。

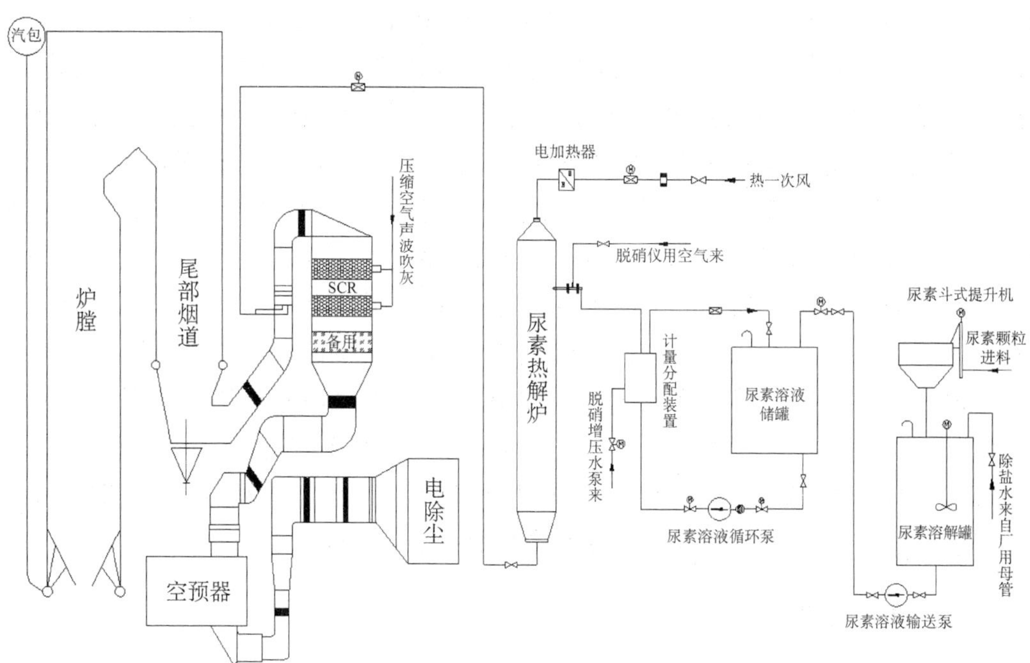

图1-7 机组脱硝系统

五、灰渣治理与综合利用

台州发电厂历来非常重视灰、渣的综合利用工作，2005年7月和5月分别完成

7号机组和8号机组电除尘的干出灰改造,大大减少湿灰外排量。五期工程9号机组和10号机组采用灰渣分除、干灰干排、粗细分排系统,新增灰渣可以全部综合利用。2014年和2015年分别完成8号机组和7号机组省煤器干出灰改造。2016年和2017年分别完成7号机组和8号机组的水出渣改造。灰渣可作为建筑材料,均由台州天达建材股份有限公司处理。

六、工业废水治理

台州发电厂的工业废水有温排水、生活污水、工业废水、酸碱废水、脱硫废水、输煤系统及煤场排水。为了厂区废水综合利用及确保废水排放达标,在2006年前就已经完成了全厂废水综合治理工程。考虑到厂区废水来源的复杂性,为拓宽废水站的处理范围,2009年对现有设备进行了技术改造。改造的主要内容是在四期废水站调节水池与气浮池之间增加两套总出力200吨/时的高效全自动沉淀装置。改造后,当悬浮物较多、浊度较大、水质较差时,调节池中的废水由原废水提升泵提升,利用静态管式混合器加入混凝剂,再加入助凝剂与废水进行混合,进入高效全自动沉淀装置进行絮凝沉淀,去除大颗粒悬浮物,出水加混凝剂(PAC)和助凝剂(PAM)后再依次进入气浮池、V形滤池进行后续处理。而当进水水质较好时,高效全自动沉淀装置可不加药,废水通过沉淀装置进入气浮池、V形滤池进行后续处理,或者直接停用高效全自动沉淀装置,按改造前的处理方式进行处理。

2014年和2015年对四期工业废水站和煤泥废水站进行改造,在原四期工业废水站调节池的基础上划分为平流沉淀区和溢水收集的清水区,减少后续工艺段处理负荷,使总体出水水质仍符合回用要求。同时增加一套一体式沉淀池200吨/时,来面对将来可能增加的大颗粒悬浮废水。另外,对四期工业废水处理站、煤泥废水处理站程控系统进行升级改造并增加化学再生酸碱废水处理系统及排泥水处理系统的程控系统,将全部程控画面引入四期化水控制系统内。

2016年在原脱硫废水处理系统基础上改造出一套处理量为12.5吨/时的脱硫废水处理系统,主要是更换污泥压滤机并新增一个预沉池。

七、煤尘治理

随着我国经济快速发展,工业生产扩大化推进,环保要求不断提高。燃煤发电厂运煤系统普遍存在煤尘污染严重、环境脏乱差、安全文明生产隐患大等现象,严重影响环境以及运行人员的身心健康和安全文明生产。台州发电厂建厂初期由于没有考虑到除尘措施这方面,造成投产后粉尘污染十分严重,粉尘浓度达到85～88毫克/立方米,超过工业卫生标准＜10毫克/立方米的要求,严重损害了职工的身体健康。

建厂伊始，煤尘污染严重，后来慢慢地逐步将煤尘治理放到工作日程上来。输煤系统的煤尘治理，目前国内基本采用湿式和干式两种方法。湿法是在扬尘点处喷水抑尘，对移动卸煤机和斗轮机采用跟踪喷水抑尘，由于投资成本少，短期见效快，因此台州发电厂采用湿法。现在按照规定每月对每个储煤场测温，干旱、暑热季节对煤堆喷水，减少煤尘飞扬。另外由于台州发电厂地处沿海，经常有台风光临，因此在四期工程时就着手建造储煤场 4—1、5—1 干煤棚 1 座，高 32.14 米，跨距 75 米，长 82.5 米，建筑面积 6188 平方米，可贮干煤 2 万多吨。干煤棚的建成不仅仅可以储存干煤，还可以减少煤尘飞扬。

在输煤系统安装冲洗和水喷雾，收到一定效果，同时还铺设冲洗喷雾污水回收管道 4000 米，安装增压水泵 2 台，污水泵 5 台，设置 400 立方米澄清池 1 个，60 立方米沉煤池 1 个，但是效果不怎么明显。经过多年的不断改造，在煤场安装喷淋装置，在输煤皮带、导煤槽、落煤管、除尘风管处安装水喷雾装置。同时，还改造十多个皮带机尾导煤槽，在 4 号(一)、4 号(二)皮带、3 号(二)皮带安装 3 台缓冲式锁气器等，使粉尘治理取得较好效果，粉尘浓度达到国家标准。

四、五期工程上马初期，台州发电厂就把煤尘治理考虑进去，着重安装了输煤系统喷雾和地面冲水，配有二级沉淀池处理系统等。特别在 2014 年至 2016 年，为了落实省委省政府“五水共治”目标，对二期码头、四期码头原有污水回收系统进行技术改造，新建 2 座集污池，新增 20 台潜污泵和 1000 多米污水管，收集二期码头、四期码头污水，泵送至全厂污水处理系统，实现码头污水回收、处理，达到排放闭环管理。工程于 2016 年 12 月通过验收，投入使用。随着一至三期 6 台机组的关停，就把煤尘治理的重点放到四、五期工程。通过生产技术改造，更新卫生防护设施，采取综合防尘措施，粉尘浓度大幅度下降，效果十分明显。输煤系统治理后各作业场所空气中粉尘浓度、均值及样品指标合格率均达到环保标准。

四期工程建设时配套安装一套废水处理系统，由浙江东发环保有限公司设计并安装新的工业废水处理系统中，煤泥站废水综合系统是重点部分。煤泥站废水综合处理系统主要处理一至三期排涝泵房废水，1、2 号沉煤池及四期南、北沉煤池废水，经过化学加药处理后出水经清水泵分别向 1～8 号炉冲灰系统、一至三期煤场喷淋泵前池、四期煤场喷淋泵前池供水，多余清水送至废水标排口排放。考虑到五期，2013 年 12 月在北沉煤池，紧靠沉煤池南侧增加干燥池，面积(44.5×7.5)平方米；在南沉煤池，紧靠沉煤池北侧增加干燥池，面积(44×5.5)平方米。其作用是将沉煤池内淤煤用挖掘机挖至干燥池内滤水干燥后运至就近煤场；目的就是防止以前直接用污水泵将煤、水抽至煤场，造成煤场淤煤、积水严重，污染环境。

2014 年 4 月，由于冲洗水在四、五期共用情况下，流量明显不足，因此将四期泵房原有的1、2号冲洗水泵进行改造，更换一台新泵型号为Y-250M，淘汰了原来的1、2号泵型号为Y225M-2的三台冲洗泵，进行合并重新命名为“1号冲洗水泵”，原3号冲洗水泵改名为“2号冲洗水泵”，并将泵房出口管路重新改造更换。

2015年8月，由于27号皮带机至29号皮带机冲洗水管(159管)腐蚀严重，出现多处漏水现象，进行更换了总长度约300米的冲洗水管。

2015年11月，为了充分利用全厂回收处理后的废水用于输煤皮带机冲洗系统，重新铺设四期泵房蓄水池化学处理水进水管道，铺设位置从厂内山洞东侧口经过山洞至燃料四期泵房蓄水池，长度约440米，采用219无缝管，及液位控制阀、水表等辅助设施，有效地提高废水再利用，为台州发电厂的节能减排做出贡献。

2016年12月，因四期煤场地基加高等原因，且四周石墙有多处大面积开裂，有倒塌危险，并且石墙高度已经不够，将四期4、5、6号煤场四周挡煤墙石墙改混凝土墙并加高至3米，墙厚200毫米。改造后的目的是防止原煤外溢，增加围墙牢度。

八、噪声治理

台州发电厂主要噪声源有锅炉房、汽机房、碎煤机室、风机房、机组启停时的高能排气等，包括机械性噪声、空气动力噪声、电磁性噪声等。台州发电厂2008年至2016年厂界噪声情况见下表1-33。

表1-33　台州发电厂2008—2016年噪声监测情况

年份	时段	噪声分贝(dB)(最低至最高)	标准分贝(dB)	年份	时段	噪声分贝dB(最低至最高)	标准分贝(dB)
2008	昼间	61.4～71.1	65	2013	昼间	54.2～63.9	65
	夜间	58.3～61.8	55		夜间	41.8～54.3	55
2009	昼间	58.4～69.6	65	2014	昼间	52.7～61.2	65
	夜间	51.2～54.5	55		夜间	47.2～54.5	55
2010	昼间	53.2～64.5	65	2015	昼间	51～63.9	65
	夜间	45.2～54.6	55		夜间	46.7～54.9	55
2011	昼间	51.7～60.5	65	2016	昼间	52～64.4	65
	夜间	42.3～52.9	55		夜间	46.7～54.3	55
2012	昼间	49.1～61.5	65				
	夜间	43.6～52.9	55				

（一）五期扩建工程噪声治理

五期扩建工程位于厂区的西侧，由于主厂房、锅炉送风机、一次风机以及脱硫岛距西厂界和西北厂界距离较近，导致厂界和附近居民敏感点均存在着不同程度的超标，于 2009 年 5 月至 7 月进行噪声治理，主要治理内容为：

1）主厂房 9 号、10 号主变北侧做一道 6 米高的隔声屏障。

2）主厂房 A 列外和扩建端 0.0 米和 6.3 米层百叶窗外设置消声通道，扩建端的原有 4 个风机排风弯头更换为消音弯头。

3）A 列外的大门做增强密封和隔声效果的改造，A 列外和扩建端 6.3 和 12.6 米层的现有推拉窗内增设隔声窗。

4）锅炉送风机及一次风机处利用原有的钢架在西侧设置一道 12.47 米高的隔声屏障，10B 电机和壳体借用现有框架设置隔声间，进风口设置阻抗复合式消声器，锅炉侧屏障及 10B 送风机隔声间加装平开隔声窗。

5）灰仓除尘器风机排风口加装排风消声器。

（二）四期生产楼噪声治理

四期生产楼处于 7 号机组北侧，与 7 号机组仅间隔一条单行马路，开窗时室内噪声能达到 70 分贝以上，对生产楼造成了较大的影响，于 2010 年 9 月至 12 月进行了噪声治理，主要治理内容为：

1）对 7 号锅炉侧的一次风机、送风机和磨煤机进行大型隔声间治理，并配套一次风机、送风机通风消声系统，照明系统和大型隔声门，同时对该区域的送风机管道表层采取阻尼吸隔声包扎处理。

2）对四期主厂房区域靠近生产楼侧的轻质彩钢壁面采取吸隔声处理，并更换现有的普通门窗为隔声门窗。

3）对现有热控楼和生产楼靠近四期方向的门窗进行更换。

4）生产楼与主厂房的连通天桥加装一道电动感应门。

5）四期集控改装一道电动门。2011 年项目实施后，在机组正常工况下，生产楼、热控楼内各办公室在开窗情况下的噪声≤55 分贝。

（三）脱硝改造项目噪声治理

台州发电厂四期 2×35 万千瓦和五期 2×33 万千瓦燃煤机组脱硝改造项目，7 号机组于 2013 年 6 月试生产，8 月份进行了环保验收监测。验收监测结果显示部分厂界噪声未达到《工业企业厂界环境噪声排放标准》(GB13248－2008)3 类标准，敏感点噪声不符合《声环境质量标准》(GB3096－2008)2 类标准。2013 年 12 月 19 日，浙能集团组织有关专家对噪声治理方案进行了专家评审，于 2014 年 2 月至 5 月进行了噪声治理，主要治理内容为：

1）对四期、五期主厂房壁面（8000多平方米）进行阻尼和吸隔声结构降噪治理。

2）对五期锅炉区域的扫风机（加装隔音罩）、冷一次风管（包扎）、10号机组两台一次风机进风口（更换新的消声器）进行降噪治理。

3）对脱硝区域的脱硝空压机房（通风口加装消声器、门窗换为隔音门窗）进行降噪治理。

4）加装五期锅炉区域的密封平台。

九、环境绿化

台州发电厂自建厂伊始，就把以环境绿化为主体的生态建设列为企业发展规划内容之一，设立由行政管理部为兼职绿化办公室，行使绿化管理职能，下属绿化班承担全厂绿化规划、施工、养护工作。制订有《厂区绿化管理标准》的规章制度。

图1－8　厂区活动中心

绿化工作随台州发电厂建设和创建工作的推进而逐年完善。截至2006年初，台州发电厂一至四期厂区总面积为666018.15平方米，应绿化面积为204697平方米，已绿化202650平方米，占可绿化面积的99%，绿化率占厂区总面积的30.427%。绿化主要种植香樟、桂花、夹竹桃、海桐、紫荆、茶花等各类花木2125株，种、移草坪38000平方米。2006年前，台州发电厂已建成休闲、运动于一体的职工活动中心。扩大了休闲绿地面积15000平方米、运动绿化面积45000平方米。除了绿化美化环境，还投入巨资购置养护设备和机械，另有维修费、非生产建筑费用等700万元用于美化厂区环境的改造。按照规划，厂区的绿化以乔、灌木为主，乔、灌、花、草结合进行绿化布局;在措施上采用平填土地、改良土壤、优选品种;在设施上配备了暖气大棚、大小草坪车、洒水车等绿化专用设备。

台州发电厂五期工程的建设随着2007年12月20日,9号机组连同脱硫设施同时完成168小时满负荷试运行并正式移交商业运行。2008年4月4日,10号机组连同脱硫设施同时完成168小时满负荷试运行并正式移交商业运行。针对厂五期7～10号机周边区域进行了绿化设计改造工作全面展开,经过2013年至2015年的不懈努力,对厂前区及相关区域进行道路、绿化改造,使台州发电厂厂区增加绿化面积5000平方米,全厂绿化面积达23万平方米。

为了绿化和美化厂区及周边环境,不仅仅台州发电厂职工活动中心绿化工程为职工提供了休憩娱乐场所;还出资对前所大转盘、前所村仙宫山人文景观和绿化进行建设。此外,台州发电厂新村也已形成绿茵遍布、鸟语花香的人居环境。2010年8月,随着台州发电厂一至三期6台机组全部关停和拆除,绿化工作逐步跟进,至2016年底对原一至三期主厂房及周围场地进行平整及绿化改造。同时,因拆除的游泳池、电影院及新建二幢青工楼、职工大型停车场而增加的绿化面积约7000平方米。2016年5月13日至7月5日,将一、二、三期油库全部拆除,还原绿化。至此,厂区绿化面积达30万平方米。整个厂区已建设成为乔、灌、花、草错落有致,四季常青,姹紫嫣红的花园式工厂。

第八节 燃料管理

一、机 构

台州发电厂的燃煤管理工作自建厂以来,一直由燃料分场煤管组进行调度、调运、核算、统计、化验以及煤场管理等。至2006年初,厂内实行机构改革,成立燃料管理部,全面负责燃煤管理工作,设计划调度、值班调度兼采制样、质量管理、统计兼成本核算、煤场管理兼内部管理、港口兼计算机管理、煤质综合管理(化验)、驻港员等岗位共16人。2013年7月,厂内机构再次调整,撤燃料管理部并入燃料分场,成立煤管组,到厂煤采制化由第三方宁波越华能检负责,进厂煤化验由运行部负责,人员减至11人。2014年7月,撤销燃料管理部,职能整体划归为燃料分场。

二、燃煤供应渠道及流程

2006年前,台州发电厂与省燃料公司签订长期燃煤供应协议,协议规定由台州发电厂与省燃料公司就燃煤品种、价格、数量磋商后签订当年供煤合同,合同中明确供煤数量、价格、质量标准、验收方法、结算依据。2006年至2016年台州发电厂又改与富兴公司签订供煤合同。

台州发电厂在每年10月1日前向富兴公司提交下一年度用煤计划,并以年度供煤计划为基数,在每月20日前以书面形式提出下月供煤需求计划,明确供应数量、品名。富兴公司根据台州发电厂提交的供煤需求计划,在每月28日前向台州发电厂提交下月计划,经台州发电厂确认后实施。

燃煤流程:2009年前,台州发电厂一是从一转港秦皇岛港或天津港、黄骅港、京唐港,转运至二转港上海港,宁波港北仑港区、镇海港区,舟山港老塘山港区,然后海运至台州发电厂。二是直接由一转港秦皇岛或天津港、连云港、青岛港、日照港、岚山港直接装船运至电厂。2009年开始至2016年由舟山老塘山港区和六横港区直接装船运至台州发电厂。

承接电煤运输任务的海运单位:2006年前有台州海运公司、舟山一海海运公司、宁波海运集团公司、宁波江海海运公司、山东日照福之达海运公司、台州市新开源海运公司等参加台州发电厂电煤运输。2006年7月山东日照福之达海运公司退出,2013年2月宁波海运集团公司、宁波江海海运公司退出,2016年2月台州新开源海运公司退出电煤运输。进厂煤流程如下图所示。

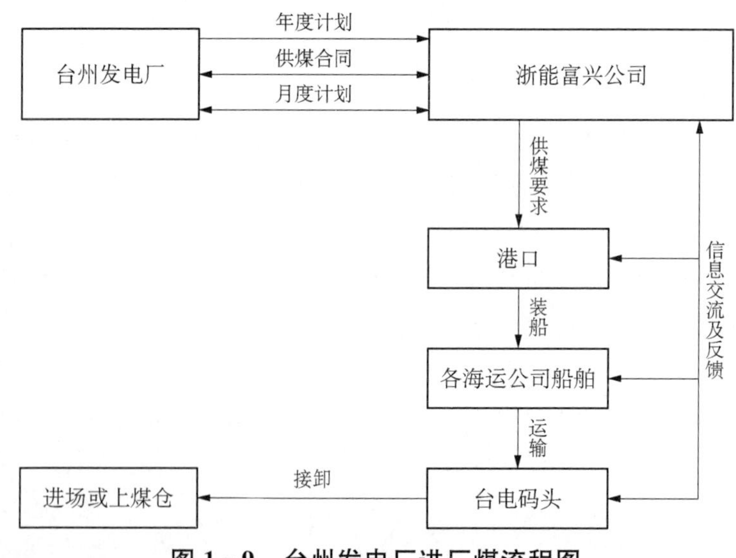

图1-9 台州发电厂进厂煤流程图

三、燃煤调度

台州发电厂燃料管理部根据年度发电量计划制订年度煤炭调运计划，根据月度发电量计划、检修计划制订月度进煤量计划，并按旬平衡进厂煤量。调运计划首先安排完成一转港中转量，再安排二转港中转量，2007 年 11 月后停运一转港电煤中转。富兴公司负责燃煤装船和到达海门港前的船舶调度，以及燃煤质量把关，对燃煤质量情况有责任随时向台州发电厂通报。船舶到港后由电厂与台州港调联系靠泊和卸煤事宜，万吨轮一般需在港外锚地过驳减载后进港，2007 年 4 月浅水万吨轮“浙海 352”轮进入电煤运输后无需港外过驳减载。

2006 年，由燃料管理部与燃料分场协商确定燃煤和卸、输煤系统调度。涉及燃煤管理工作的考核由燃料管理部根据电厂经济责任制规定负责考核，2013 年 7 月开始由燃料部负责燃煤装卸系统调度。2014 年 7 月，撤销燃料管理部，职能整体划归为燃料分场。

四、燃料验收

到厂煤数量，由燃管部值班调度与船方联系人员按照交通部海洋运输管理局《煤炭船舶运输水尺计量操作规程》进行满载和空载水尺验收。船方提供装货港交接清单数量作为运单数入账，到港验收数量作为实收数，二数之差即为途损，如途损超过 0.5%时就要查找原因。台州发电厂到厂煤电子秤计量数据作为码头水尺验收数据核对的参考依据，其中四期到厂煤电子秤备有实煤校验装置，每月安排 2 次实煤校验。途损累计数作为富兴公司对各海运公司考核依据。

到厂煤质量验收包含采样、制样、化验三个过程，2006 年前，台州发电厂增设规范的制样室，并购置相应制样设备，配备专门人员，持证上岗，严格按 GB474《商品煤样制备方法》、GB475《商品煤样采取方法》采样、制样，样品代表性得到较大提高。在 11 号皮带机中部安装 2 套自动采样装置(2 套采样头、1 套制样缩分装置)，在 22 号 A、22 号 B 皮带机各安装一套自动采样装置，并通过国家电力公司浙江发电用煤质量监测检验中心鉴定，但自动采样装置在采样过程中存在着全水分损失超标现象，台州发电厂与富兴公司、国家电力公司浙江发电用煤质量监测检验中心、宁波能检中心协商后决定，全水分样仍采用人工采样方式以减少全水分损失带来的误差，自动采样装置作为参考数据。因此到厂煤化验由燃料分场煤管组(煤管科、燃料管理部)负责，具备各项工业分析、全水分测定、热量测定、灰熔点测试、含硫量测试、氢元素测定等功能。2014 年 12 月开始到厂煤化验由运行部负责。

采制化过程均严格执行《商品煤样采取方法》《煤样的制备方法》《煤的工业分

析方法》等国家相关标准,保证检验过程的公正。

五、码头及煤场管理

1～3号泊位前沿水深−6.8米,允许靠泊船宽不大于21米的浅吃水万吨级船舶。4号泊位水深−5.8米,允许靠泊船宽不大于14米的4300吨级船舶,码头前沿港池宽50米。2006年前,因1～3号泊位需靠泊船型超宽的煤船,委托浙江省交通设计院对1～3号泊位进行靠泊能力评估,专家和相关管理单位人员进行评审,结论:在限制靠泊速度和靠泊后采取抢卸、6级大风时离泊等措施的前提下可靠泊。

船舶根据海门港潮位,由台州市港航管理局调度(简称港调)统一指泊。船舶装好燃煤离港时报知港调,预报到港时间,并根据实际到港时间按序进港。台州发电厂根据生产需要向台州港调提出船舶靠泊要求,由港调向船舶发出靠泊指令。值班调度在指定的泊位上要求煤船缓慢靠泊,避免碰撞,及时调整缆绳,做好安全措施,保证人员上下船安全。防汛抗台期间,台州发电厂封闭码头,做好卸煤机防风措施,船舶全部调离码头。

2010年8月后,在用储煤场6个,理论储量为18万吨。在煤场管理中,主要遵循以下原则:按到厂煤的热值、挥发分、含硫量的高低分堆存放,堆煤做到堆平堆齐,并用推土机压实。坚持"烧旧存新"原则,发生存煤自燃现象或温度超过60℃时,立即组织清场上仓。2006年前,储量盘点采用皮尺丈量煤堆体积,2006年后,采用SDLM(三德)激光盘煤仪,效率大为提高。每隔2至6个月对每个煤场清场一次,每月二次对每个储煤场煤堆测温,干旱、暑热季节对煤堆喷水。煤种煤质不清的燃煤严禁上煤仓。

六、卸煤管理

海门港锚地分为港内锚地与港外锚地,港外锚地供船舶候潮进港用;港内锚地位于台州发电厂码头对面,允许同时抛锚2～3艘5000吨级船舶。进港及靠泊台州发电厂作业的船舶由台州市港航管理局调度(简称港调)统一指泊。船舶装好燃煤离港时报知台州港调,预报到港时间,并根据实际到港时间按序进港(一转港船舶有靠泊优先权)。台州发电厂根据生产需要向台州港调提出船舶靠泊要求,由台州港调向船舶发出靠泊指令。

船舶靠泊台州发电厂码头后,视船舶装载及码头前沿水深情况对船舶进行减载。燃料部煤管组在下达卸煤计划时,根据供、耗煤及煤场库存情况,在保证锅炉安全的前提下,尽力缩短计划卸船时间。根据海门港潮水情况,卸船计划下达时均以12小时为单位,并以此计算速遣时间进行考核。

卸煤作业包括煤轮卸煤和清舱。正式办理煤船验收交接后，由燃料管理部下达卸煤和入炉作业任务，并根据卸船情况安排进厂煤采样工作。同时向值长汇报入炉煤质及来煤煤种情况。

为了缩短卸煤时间，加快船舶周转，2016 年前台州发电厂与各海运公司签订《船舶速遣合同》，2016 年 1 月份开始停止对各海运公司收取船舶速遣费。2006—2016 年统计见下表 1 - 34。

表 1 - 34 2006—2016 年卸船统计 单位：吨

年份	到厂煤船船型															总计
	10000 吨级						7500～5000 吨级					4500 吨级及以下				
	12 小时	24 小时	36 小时	48 小时	60 小时	≥72 小时	12 小时	24 小时	36 小时	48 小时	≥60 小时	12 小时	24 小时	36 小时	≥48 小时	
2006	27	12	18	1			225	16	3			496	20	5		823
2007	2	4	8				107	4	3			589	78	20		815
2008	3	6					120	17	20	2		740	41	21		970
2009	32	11	9		2		69	19	13			606	29	6		796
2010	32	22	15	1			15	8	1			577	15	9		695
2011	43	23	19				31	13	6			457	8	2		615
2012	32	23	43	1			63	9	16			247	1	2		437
2013	36	26	56	1			184	36	6			69	9			423
2014	55	16	51	2			129	27	4			54	6	1		345
2015	33	15	48	1			94	19	19			44	3			276
2016	33	10	24		1		133	54	17			47	9			328

七、统计核算

2006 年至 2016 年 1 月燃料统计核算采用 MIS 燃料管理子系统，燃煤调度管理、来船来煤记录、煤质记录、到厂煤皮带秤记录、入炉煤皮带秤记录、入炉煤掺配记录、煤场管理记录，以及燃煤统计日报、统计月报、生产月报等。2016 年 2 月开始 ERP 管理系统正式投运，达到全集团信息管理共享。

燃煤统计是每日对上一日来船来煤、耗煤量、库存情况进行统计，并编制燃料日报,根据船舶装载、煤质化验记录汇总统计、编制各种月报表。日报表每日报至富兴公司,月报表次月初报至富兴公司。

燃煤款核算工作由台州发电厂燃料部负责办理,核算时以供煤合同条款为基础,根据来船装载、煤质数据资料进行单船核算,燃煤统计是每日对上一日来船来煤、耗煤量、库存情况进行统计,并分别编制1～6号机和7、8机燃料日报,根据船舶装载、煤质化验记录汇总统计、编制各种月报表。日报表每日报至富兴公司,月报表次月初报至富兴公司,并全月汇总,经双方核实认可。煤质化验数据以宁波越华能检化验数据为结算依据,结算煤量以到厂验收后的实收数量为准。

2006—2016年共耗原煤31645812吨(2010年8月开始停止进1～6号机组燃料)。燃煤主要指标见下表。

表1-35 2006—2016年燃煤主要指标

年份	类别							
	1～6号机组燃料				7～10号机组燃料			
	耗原煤量(吨)	低位发热量(千焦/千克)	灰份Aad①(%)	挥发份Vdaf②(%)	耗原煤量(吨)	低位发热量(千焦/千克)	灰份Aad(%)	挥发份Vdaf(%)
2006	2399042	20123	27.42	37.57	2028249	22639	20.32	37.08
2007	2325434	20410	26.66	37.47	1684343	22848	18.05	36.12
2008	2130303	19935	26.08	37.44	2507136	21671	20.14	35.71
2009	1147172	20416	25.07	25.07	3144731	22763	18.12	35.25
2010	428369	20223	25.29	37.52	3227700	22366	18.50	36.23
2011					3464614	22125	20.20	36.65
2012					2902825	22211	20.51	35.54
2013					3066156	21415	19.15	34.99
2014					2638333	21064	19.51	35.23
2015					2088845	22106	20.76	37.09
2016					1961655	22101	20.70	36.22

注:①Aad,空气干燥基;②Vdaf,干燥无灰基。

八、燃油管理

台州发电厂自建厂初期就建有燃油库，随着一、二、三期上马就建有可以装燃油容积560立方米的油罐2只，随着四、五期工程的扩建，四期装有容积1000立方米的油罐2只，燃油泵分别有2台。由于一至三期的油泵房地势较低，台风季节经常被潮水淹没。为保证台风季节台州发电厂锅炉供油安全，又在地势相对高一些的四期油泵房增设3号燃油泵，3号燃油泵并入1、2号燃油泵供油系统，但不与四期供油系统相连。两油库码头进油母管部分共用，至油库附近分开独立进油。为增强应对事故的能力，两油库也可以通过进油母管进行互联。油库有专人值班，由发电部管理。2010年一至三期6台机组全部关停后，油泵房划给运行部管理。油库进油工作及耗油统计报表由运行部锅炉技术员负责，油库与泵房均有严格的出、入及管理制度，配备可靠的消防设备。同时，建立耗油、进油以及统计报表流转程序。

2016年7月，一、二、三期油库全部拆除，还原绿化。

台州发电厂在节油方面做了许多努力。2006年至2010年一至三期的13.5万千瓦机组由原来的负荷低于8万千瓦，锅炉就须投油助燃，之后，经过不断地摸索中，分别在燃烧调整方面下苦功，经过不断地试验，达到了当燃煤挥发份大于18%时，可做到5万千瓦低负荷不投油稳燃。同时又在机组启停时，采用了微油枪技术，节约燃油；同时，在四、五期的33万千瓦、30万千瓦机组上，针对每次升、停炉过程中，耗油量占总耗油50%这一突出问题，运行部锅炉技术组在点火方面想办法，采用了微油枪技术，可以节约大量的燃油。在汽机冲转前，采取了用暖风器提前加热磨煤机进口风温，以达到可以提前启动磨煤机的要求，炉膛温度满足投粉条件时，投运第一台磨煤机，通过这种优化操作，缩短升炉时间，节约了大量的燃油。运行部还在锅炉的油枪容量上下苦功，这几年不断在运行中摸索，使油枪容量不断减少，点火尽量采用微油点火，节油效果显著。2006—2016年耗油统计见下表。

表1-36　2006—2016年耗油统计

年份	1～6号机组燃油耗量(吨)	7、8号机组燃油耗量(吨)	9、10号机组燃油耗量(吨)	总燃油耗量(吨)
2006	686.8	904.1	—	1590.9
2007	544.8	1460.2	858.7	2863.7
2008	506.4	696.1	363.7	1566.2

续表

年份	1～6 号机组燃油耗量(吨)	7、8 号机组燃油耗量(吨)	9、10 号机组燃油耗量(吨)	总燃油耗量(吨)
2009	238.8	575.6	215.3	1029.7
2010	—	403	201.7	604.7
2011	—	349.6	161.5	511.1
2012	—	455.62	183.92	639.54
2013	—	243.96	167.76	411.72
2014	—	434.58	226.42	661
2015	—	332.3	240.02	572.32
2016	—	257.02	222.8	479.82

第二章　电厂扩建

第一节　五期工程

一、工程概况

台州发电厂五期工程是在原有一至四期工程(总装机容量147万千瓦)基础上实施的扩建工程。该工程充分利用电厂一至四期工程已有的部分公共设施,新建2台30万千瓦燃煤发电兼供热机组,同步安装烟气脱硫设施,并对三期1台13.5万千瓦燃煤机组和四期2台33万千瓦燃煤机组同步实施脱硫改造。五期工程9、10号机组采用技术引进型国产亚临界设备,1机1炉单元制系统。工程计划建设工期26个月,静态总投资24.4221亿元,动态总投资25.9841亿元,其中25%项目资本金6.496亿元,由浙江东南发电股份有限公司以自有资金出资;其余75%所需资金,由中国农业银行等贷款解决。该工程在浙能公司基建体制中首次采取"业主负责制与管理服务相结合"的新型基建模式,台州发电厂作为浙江东南发电股份有限公司的全资电厂,全面负责工程建设和管理。

五期工程占地面积8.39公顷(其中新征土地7.85公顷)。其主厂房位于四期主厂房西侧,并与四期主厂房脱开27米平行排列,固定端朝东,紧挨钟山西北麓,隔钟山南向即为椒江,西南面为小园山,北侧为前所村。工程采用GIS配电装置等新技术,且充分利用老厂已有的公用系统设施,科学规划,集约用地,整个工程无民房拆迁安置问题。

五期工程循环水系统采用扩大单元制海水直流供水系统,循环冷却水量约26立方米/秒,其取水口布置在四期工程取水泵房上游约175米处;排水口位于取水口上游,距小园山以西约300米、离岸150米处,并采用淹没式排水头部水底排水方式。五期工程机组耗用淡水仍取自溪口水库,需用量约0.14立方米/秒(含供热用水和四期脱硫用水),因电厂已对一至四期供水系统进行了改造并采取节水措施,使用水量从原来的0.45立方米/秒降至0.29立方米/秒,故五期工程机组可实现发电、供热增容不增水量。

图2-1　五期厂区全景

五期工程2台30万千瓦燃煤发电机组年需以晋北烟煤为主的混煤约137万吨。燃煤由矿区经铁路至北方港口,转用2～5万吨级海轮运至宁波北仑港或舟山老塘山港,再用浅吃水5000吨级海轮运至电厂码头;或由矿区至青岛港、连云港下水,再用浅吃水万吨级海轮直运至电厂码头。五期工程不再新建煤码头,而是采用提高四期煤码头接卸能力的方式,以满足五期机组用煤需要。同时,五期工程不新增煤场和点火油罐,完全利用电厂原有设施。

五期工程机组厂内灰渣系统采用灰渣分除方式。渣系统采用捞渣机直接脱水后上渣仓,飞灰采用气力集中方式。9、10号机组年灰渣总量约21万立方米,考虑40%灰渣综合利用,剩余灰渣堆至电厂现用的6、7号灰库且可满足6年内堆放要求;另外,电厂拟在现有的5、6号灰库南面滩涂上规划建设库容800万立方米的8号灰库。为了提高灰渣综合利用程度,电厂在五期工程前期已与台州四强新型建材有限公司等4家灰渣综合利用企业签订灰渣供应意向书。

五期工程采用高效静电除尘和烟气脱硫、低氮燃烧等措施,并同步建设四期2台33万千瓦机组的脱硫装置。按设计煤种和年运行5500小时计算,五期工程投产后每年新增SO_2排放量1875吨,但四期2台机组每年可脱除SO_2量18562吨,相抵后,全厂总计可减少SO_2排放量约16687吨。此外,电厂灰库附近正在建设国家级化学原料药基地，热负荷集中且发展潜力大，五期工程机组投产后，全厂能形成提供250吨/时的工业蒸汽能力，从而可实现增容减排、发电兼顾供热、节能环保与资源综合利用等目的。

五期工程机组通过220千伏电压等级接入电网，二回路送出工程经厂区东南侧的钟山山顶直接跨越椒江后，接至台州市区220千伏外沙变电站。

二、工程前期

2002年，台州发电厂根据社会经济发展形势并结合自身情况，制定了“外谋扩建五期工程，内抓脱硫供热改造”的企业发展战略，着手开展扩建五期工程的初期调研工作，并委托浙江省电力设计院进行前期厂址调研和初步方案设计，以及温排水、码头、送出工程等关键性问题的研究。

2003年春夏，浙江及全国许多省（市、区）出现了供电紧张的严重态势，浙江省是全国拉闸限电数量最多、电力供需矛盾最为突出的省份之一。在此形势下，省委、省政府决定抢建一批“短、平、快”的30万千瓦机组以缓和全省用电紧张形势。当年8月，台州发电厂审时度势，成立企业发展部，抢抓机遇，加快推进企业发展工作。

在此过程中，为了做好工程抢建的准备工作，在浙江省能源集团公司的统一安排和组织下，台州发电厂同步推进并开展了两大工作：一是主设备调研、谈判、订货工作；二是争取“四通一平”工程单独立项审批工作。2004年2月28日和3月7日，浙能集团副总经理毛剑宏代表集团公司与哈尔滨锅炉厂、四川东方汽轮机厂、东方电机股份有限公司签订了五期工程锅炉、汽轮机、发电机供货合同。

2004年6月，省发改委委托电力规划设计总院在杭州主持召开五期工程总平面布置方案和“四通一平”工程初步设计方案咨询会议；7月，浙能集团向省发改委上报《台州发电厂五期“四通一平”工程项目建议书》；9月，省发改委下发《台州发电厂五期“四通一平”工程项目建议书的批复》；11月，台州发电厂成立五期综合部和五期工程部；至12月底，“四通一平”工程及开山前所需的采矿权证、森林采伐许可证、安全生产许可证以及环保、水保、爆破等审批工作和山林补偿协商工作均已完成，工程管理服务单位、监理单位和施工单位已进场，“四通一平”工程已全面具备开工条件。

此时，国务院针对近年来全国出现的电力建设规模快速增长，项目未批先建、无序建设等情况，下发了《关于坚决制止电站项目无序建设意见的紧急通知》，对电力项目暂停审批并进行清理整顿。五期“四通一平”工程也由此而未能在年底前如期进行。

根据国务院、发改委对电力项目清理整顿并开展项目评议优选的有关要求，台州发电厂组织相关单位和人员，全力以赴，精心编制了五期工程项目申请及评议优选报告，重点突出本项目在依托老厂扩建可充分利用各类资源、集约用地、增容减排、兼顾供热、负荷就地消化，以及投资省、见效快、前期工作深入全面等方面的特色和优势。

2005年初，经国家发改委组织专家评议优选及审查，五期工程在浙江省上报的11个电力建设项目中脱颖而出。5月，国家发改委正式下发《关于浙江省电站项目清理及近期建设安排有关工作的通知》，五期工程顺利列入浙江省2006年新开工电力项目建设计划。前期工作由此得以进一步推进，并先后取得了国家环保总局、国土资源部、水利部、国家电网公司、省发改委等重要部门对五期工程环评报告、土地预审、水保方案、接入系统、供热规划、四期脱硫工程可研报告等方面的关键性批复或审查意见。至2005年12月，五期工程报请国家发改委进行核准立项所必备的27个方面的支撑性文件已全部取得。2005年12月27日，浙江省发改委向国家发改委上报了《关于台州发电厂五期扩建工程项目核准报告的请示》(浙发改能源〔2005〕1231号)。

在五期工程通过国家发改委组织的评议优选并纳入浙江省2006年新开工电力项目计划后，五期“四通一平”工程再次启动。2005年7月26日，征地工作经过一个多月的艰苦协商，相关各方终于形成一致意见并签署了《征地会议纪要》，28日，前所村村民代表大会以97%的赞成率通过了《征地会议纪要》。8月5日十时三十分，五期“四通一平”工程顺利实施首次开山试爆。由此，五期工程正式拉开了“四通一平”及开山平基工程的序幕。

至2005年12月，五期主厂房桩基工程、排水箱涵(厂区段)工程、雨水泵房工程、烟囱工程，以及三大主机和前三批辅机设备、四大管道等的招投标工作已开展或完成；现场管理手册、施工总平方案、网络进度计划、总控制进度计划等主要工程管理文件已编制完成，工程司令图评审已结束。

2006年3月8日，浙江省发展和改革委员会转发国家发展改革委员会《关于台州五期扩建工程项目核准的批复》，这标志着五期工程的前期工作已基本完成，进入项目正式开工阶段。

三、资金筹集

本工程注册资本金为工程动态投资的25%，由浙江东南发电股份有限公司独资建设。资本金以外融资由中国农业银行浙江省分行、中国民生银行股份有限公司杭州分公司贷款解决。2004年11月，浙江省电力设计院编制完成可行性研究报告，同年12月，由能源部电力规划设计总院主持审查可行性研究报告，并于2005年6月10日下达台州发电厂五期扩建工程可行性研究报告的审查意见，批准工程静态投资为245811万元（按2004年价格水平），考虑建设期贷款利息及价差预备费后，工程动态总投资为264687万元，单位投资为4411元/千瓦，铺底生产流动资金为1322万元，工程计划总投资为266009万元。2007年1月29日，能源部电力规划设计总院下达关于台州发电厂初步设计的审查意见，批准工程静态投资为244221万元（按2005年价格水平），考虑建设期贷款利息及价差预备费后，工程动态总投资为259841万元，单位投资为4331元/千瓦，铺底生产流动资金为1322万元，工程计划总投资为261163万元。2007年2月25日，浙江省能源集团有限公司批准初步设计概算静态投资为230855万元，考虑建设期贷款利息及价差预备费后，工程动态总投资为236475万元，单位投资为3941元/千瓦，铺底生产流动资金为1322万元，工程计划总投资为237797万元。

五期工程竣工实际决算投资为230943万元，单位造价3849.05元/千瓦。其中固定资产229627.1153万元，固定资产形成率为99.43%。

表2-1　竣工工程决算一览表　　单位：万元

投资构成	可行性研究估算	初步设计批准概算	批准调整概算	实际值
热力系统	118619	118394	117037.25	121079.7
燃料供应系统	1833	787	775.5	622.6
除灰系统	3988	3612	3648.8	3538.9
水处理系统	2688	2865	3091	2242.6
供水系统	15226	13201	14734.2	11421.3
电气系统	21844	20886	21857.6	21083.7
热工控制系统	10965	9465	1085.3	6619.5
交通运输工程	1145	1145	1145	1145.3
附属生产工程	5447	5431	5336.9	5375.7
水质净化工程	357	430	357.6	193.8
地基处理	5589	3958	5562.2	2052.7
土石方工程	956	1791	1221.9	1933.6
厂内外临时工程	572	1217	572.4	1938.8

续表

投资构成	可行性研究估算	初步设计批准概算	批准调整概算	实际值
脱硫装置	17648	14987	16577	15353.7
概算总投资	264687	236475	259843	230943.5

四、工程设计

2003 年 9 月 27 日，台州发电厂向台州市政府发函请示，要求扩建五期工程。9 月 30 日，台州市发展计划委员会复函台州发电厂，同意扩建五期工程。10 月 27 日，台州发电厂正式委托省电力设计院研究和编制《五期工程初步可行性研究报告》《五期工程项目建议书》《五期工程出线论证方案》。12 月 22 日，省电力设计院在桐庐召集各专业负责人会议，全面布置和启动五期工程相关设计报告的编制工作。

2004 年 2 月 8 日，浙江省能源集团有限公司在杭州主持召开了台州发电厂五期扩建工程环境影响初步分析报告论证会，与会专家和代表对项目的建设发表了充分的意见，省、市、区三级环保部分代表明确表示在符合国家的环保法律法规前提下原则支持项目的建设。

2004 年 6 月，华东电网公司在杭州组织召开了台州发电厂五期工程初步可行性研究报告审查会议；2004 年 7 月，台州发电厂委托浙江省电力设计院进行台州发电厂五期工程可行性研究；8 月，《台州发电厂五期扩建工程项目建议书》经浙江省发展和改革委员会上报国家发展和改革委员会；12 月，电力规划设计总院在杭州组织召开了五期工程可行性研究报告审查会议。

2004 年 9 月，浙江省水利河口研究院测绘分院出具台州发电厂五期工程水文测验技术报告。2004 年 11 月 4 日，浙江省国土资源厅组织对由浙江省科技咨询中心矿山技术开发咨询部与浙江地勘实业发展有限公司共同编制的《台州发电厂五期工程山体开挖及生态环境治理方案》进行评审，原则同意通过评审。2005 年 2 月 24 日浙江省能源集团有限公司组织召开了台州发电厂五期工程可行性研究温排水物理模型试验专题研究成果评审；2005 年 3 月，台州航海学会出具台州发电厂无扩建取排水工程通航环境安全评估报告；2005 年 4 月，华东电力设计院出具五期工程安全预评价报告；2005 年 5 月 23 日，国家环境保护总局下发《关于台州发电厂五期扩建工程环境影响报告书》审查意见的复函，原则同意浙江省环境保护局初审意见；2005 年 7 月 6 日，台州市发展和改革委员会批复《浙江省化学原料药基地临海园区 2005—2010 年集中供热规划》；2007 年 1 月 29 日，能源部电力规划设计总院下达关于台州发电厂初步设计的审查意见。

第二节 施工准备

一、征地平基

五期工程为扩建工程，依投老厂，充分利用一至四期工程的水、煤、灰等辅助设施，因而厂址规划占地面积较小，厂区总面积为9.35公顷，新征用地约8.6公顷。本期工程“四通一平”阶段因220千伏升压站改为GIS室内升压站，所以涉及拆迁范围不大，仅有厂区边坡的建设将钟山山下至山顶庙宇的道路拆迁。在整个工程实施过程中所涉及的拆迁还有：循环水排水箱涵的建设、四期的石子煤系统、四期加氯间、老厂部分消防水管道和雨水管路的改造。

在整个工程实施过程中，主厂房开挖等引起的基槽余土大约为4万立方米，循环水泵房区域开挖约为3.1万立方米，边坡开发方量约为8万立方米，循环水进水管隧道开挖方量为0.8万立方米，厂区总挖方量约为103.9万立方米。

本工程“四通一平”及零星工程位于台州发电厂厂区内，工程由浙江电力建设有限公司承建。本期“四通一平”的范围是本期厂区围墙外2米，为减少厂区土石方量，厂区竖向采用阶梯式布置，部分边坡处采用钢筋混凝土加固，两侧采用坡度为6%道路连接。按厂区山体开挖部分标高为5.37～10.3米，厂区填方标高为5.37～9.40米计算，厂区挖方量为61.5万立方米，边坡处开挖方量为26.5万立方米，填方量为4.4万立方米。“四通一平”工程中厂区总挖方量为88.0万立方米，总填方量为4.4万立方米。

表2-2 “四通一平”工程总土石方量一览表

项目	面积(万平方米)	平整标高(米)	填方(万立方米)	挖方(万立方米)
厂区T1	5.0	5.37～9.40	4.4	—
厂区W1,W3	2.5	5.37和10.5	—	61.5
厂区边坡W2	1.0	—	—	26.5
施工区T2	2.0	5.0	1.0	0
小计	—	—	5.4	88.0

二、组织单位

本工程业主单位为台州发电厂，2003 年 11 月 4 日，台州发电厂为加强五期工程的领导，加快五期工程的进程，特成立了台州发电厂五期工程前期工作领导小组，下设工作小组。2004 年 11 月 17 日，为了更好地做好五期扩建工程的建设工作，根据五期扩建工程进展的实际需要，成立了五期综合部和五期工程部。2004 年 12 月 7 日，为确保五期扩建工程顺利进行，保障五期工程所在地区乡村、企事业单位的财产和人员安全，特成立了台州发电厂五期"四通一平"工程治安保卫领导小组，下设保卫办公室和山体爆破安全警戒协调小组。2005 年 9 月 14 日，为了加强安全生产监督管理，防止和减少安全生产事故，确保工程建设者的人身安全健康、国家和投资者的财产不受损失，根据有关规定成立了台州发电厂五期工程安全委员会，安委会下设办公室作为日常办事机构。

三、工程参建单位

本工程采用以厂代建的形式行使业主管理职能，采用"业主、建设管理方、监理"的建设管理模式。建设管理方为浙江省电力建设有限公司；由浙江省电力设计院负责主体设计，五期工程的可行性研究设计、初步设计、司令图设计、施工图设计及竣工图编制的全过程设计监理由中国电力建设工程咨询公司负责。五期工程的施工监理由浙江电力建设监理有限公司负责，包括土建施工、安装施工、调试及竣工验收前的创优、达标配合工作等，主要为主体工程以及五期脱硫工程的土建工程监理、安装工程监理、调试工程的监理；主设备供应商为哈尔滨锅炉有限责任公司、东方汽轮机厂及东方电机股份有限公司。

五期工程主要施工单位及所承担的施工内容分别为：浙江省伊麦克斯基础工程有限公司承担主厂房区域等桩基施工，主厂房及 A 排外构建物工程项目由浙江省建工集团负责施工，浙江昆仑建设有限公司负责承担炉后、脱硫等区域土建施工，设备安装及就地调整试验由浙江省火电建设公司负责，调整试验由杭州意能电力技术有限公司负责，烟气脱硫工程由浙江天地环保工程有限公司总承包。

四、生产准备机构

生产准备工作由台州发电厂全面负责，2006 年 9 月 4 日，成立了由厂长任组长的生产准备领导小组，下设生产准备办公室，配备专业技术人员，抓好人员培训，修订规程，健全规章制度，根据《启规》要求，以《基建达标细则》为标准做好生产准备工作。各专业运行操作规程、系统图和制度发至个人，并完成记录簿、纸、报表、安全工器具、操作用具、现场安全标志、设备命名、管道介质流向、色环、机组启动曲线、启动流程图等全部准备事宜，为2台30万千瓦机组投运奠定基础。生产准备机构在2009年10月20日五期工程建成投产后撤销。

第三节 施 工

一、主厂房

五期工程为扩建工程，主机与四期不同，故该期主厂房与四期工程的主厂房结构脱离，本工程充分贯彻了中国电力建设工程咨询公司《2000年燃煤示范电厂》的设计思路，在简化系统，合理布置，降低工程造价，节煤、节电、节水和提高系统自动化水平等方面进行了大胆的探索和合理的设计。

本工程主厂房按照汽机房、除氧间、煤仓间、锅炉房、静电除尘器、吸风机和烟囱的顺序进行排列。集中控制室布置在两炉之间，每天机组按照单元制方式，一机一炉一个单元分散控制系统。汽机房、除氧间以及煤仓间采用17档，每档9米，全长154.8米(包括9号、10号机组见伸缩缝1.8米)，每台机组占用8档，检修场地1档。汽机房A列到烟囱中心线距离165.51米，其中汽机房27米，除氧间9米。汽机房纵向布置两台机组，两机之间设有安装和检修用场地。汽机房分为三层，底层0米，中间层6.3米，运转层标高12.6米。汽机房内按模块功能进行布置，汽机房油系统布置在汽机头部靠A排柱侧，循环冷却水系统布置在汽轮机低压缸、凝汽器靠A排柱侧，闭冷水系统布置在近发电机侧底层，汽动给水泵布置在靠除氧间侧运转层。锅炉为半露天布置，汽包端部设置小室，锅炉炉顶设置轻型防雨罩顶盖。五期工程的上煤系统，利用四期工程的设施，将四期煤仓层的皮带进行延伸。锅炉两侧布置送风机，并设独立的架构，锅炉后侧布置一次风机。在炉侧布置凝结水箱、定期排污扩容器。两台炉设置一个机组排水槽，布置在两炉之间。锅炉炉后按照工艺要求布置电气除尘器、吸风机、烟囱以及烟气脱硫设备。汽机房A列到烟囱中心线距离165.51米，烟囱高度为210米。在两台炉电除尘器之间布置电气除尘器以及灰系统控制室。本期升压站工程仍采用屋外配电装置，布置在主厂房北侧。主厂房A列外布置的电气设备由主变压器(两台)、高压厂变(四台)及高压起备变(两台)组成。新建220千伏升压站布置于主厂房的西北侧，主变进线间隔两间，起备变间隔一间，出线间隔四间，母联间隔一间，压变间隔2间。

主厂房及A排外构建物工程由浙江省建工集团有限责任公司承建，主要包括汽机间建筑、除氧煤仓间建筑、锅炉零米层建筑部分。五期安装工程包括锅炉、汽轮发电机、主变压器、电除尘、电气、热控设备等主辅设备安装，由浙江省火电建设公司承担，质量始终处于受控状态。

二、主设备

五期工程2×30万千瓦燃煤机组锅炉是由哈尔滨锅炉厂有限责任公司根据美国ABB—CE燃烧工程公司技术设计制造的型号为HG-1025/17.55—YM15的锅炉，配由东方汽轮机厂设计制造的30万千瓦汽轮发电机组，系亚临界压力，一次中间再热、控制循环汽包锅炉，采用平衡通风、摆动式直流燃烧器、四角切圆燃烧方式、固态排渣，单炉膛Ⅱ型、全悬吊式结构，向下作自由膨胀。制粉系统采用HP863中速磨煤机，一次风正压直吹式系统。每台炉配5台HP863中速磨，每台磨供一层共4只燃烧器，在BMCR工况时，运行4台磨煤机，1台备用。

五期工程建设有二台30万千瓦汽轮发电机组，汽轮机由东方汽轮机厂与日本日立公司合作制造，型号为N300-16.7/538/538，型式为单轴、双缸、亚临界、中间一次再热、双排汽冲动凝汽式，转向是自汽轮机向发电机看为逆时针旋转。发电机采用水—氢—氢冷却方式，即定子线圈采用水内冷，发电机转子、定子铁芯及其他结构件采用氢气冷却。

励磁方式采用机端变压器静止整流的自并励励磁系统，励磁变为广东顺德电气有限公司生产，励磁系统为东方电机控制设备有限公司生产的GES3320微机型。

9号、10号主变均为常州东芝变压器有限公司生产，型号为SFP10-370000/220的户外三相双线圈铜绕组无励磁调压油浸式变压器。

五期30万千瓦机组分散控制系统(DCS)采用上海西屋控制系统有限公司的Ovation系统，该系统是集过程控制及企业管理信息技术为一体、融合了当今世界最先进的计算机与通信技术的先进系统。

三、输煤系统

台州发电厂输煤系统目前是四、五期系统共用。五期利用四期原有输煤系统，对四期主厂房30号A、B皮带机进行加长改造，在五期主厂房新增31号A、B皮带机。并从23号转运站至26号转运站增加24号B、25号C、26号B三条皮带组成的旁路系统。

四、升压站与电气系统

五期升压站采用双母线接线方式，220千伏正、副母三段间设专用3号母联开关。220千伏设备采用金属封闭气体绝缘开关装置即GIS装置，由上海西门子股份公司制造，外壳为铝合金材料，型号为8DN9。220千伏配电装置共有10个间隔，9号主变、10号主变、04号A/B高压备变均接入本升压站，通过台外2Q30线、台沙2Q31线输送至220千伏外沙变电所。

五、化学水、闭式水、循环水

（一）化学水

扩建本期工程后，原有两套补给水处理系统共5列除盐设备，采用3列运行2列备用的运行方式，供水可满足一至五期机组正常运行及机组启动或事故时的锅炉补水量及水质要求。故本期工程未再增设主要锅炉补给水处理设施，仅在原有系统上完善。

凝结水精处理区域位于五期工程靠四期工程一侧主厂房A列外，由凝结水再生设备间、精处理配电间、水务控制间、浓酸碱区、再生废水池组成。本工程由浙江省电力设计院设计，浙江省昆仑建设集团股份有限公司施工。工程于2006年9月22日开工，2007年1月18日通过了结构中间验收，2007年4月1日移交安装单位施工，2007年9月28日竣工验收。

（二）闭式水

本期工程有关的辅机设备与油、气、水的冷却水系统（就是四期的工业水系统）与四期有很大的差别，采用闭式循环冷却水系统，无冷却塔，水源采用高水质的除盐水，供各辅机设备冷却水用。

（三）循环水

五期工程循环水系统采用海水一次循环冷却的供排水系统，海水取自椒江，取水明渠垂直于循环水泵房，泵房后循环水进水管穿越钟山至主厂房，泵房边坡采用自上而下分层开挖，预裂爆破法。本工程由浙江省电力设计院设计，泵房本体工程由浙江昆仑建设集团股份有限公司负责施工，取水明渠及边坡施工由水电十二局四公司负责施工，循环水进水管工程由浙江省火电建设公司负责施工，厂内循环水排水工程由浙江省二建建设集团有限公司负责施工，厂外循环水排水管以及排水头部工程由浙江海洋工程有限公司负责施工。循环水泵房由前池、进水间、泵房间、电气控制室组成。泵房工程于2006年10月02日开工，2007年4月22日通过了中间验收，2007年3月29日移交安装单位施工，2007年12月10日竣工验收。循环水进水管于2006年1月6日开始施工，2007年7月20日竣工。

六、灰渣系统

五期工程采用灰渣分除、干灰干排的除灰渣方式。锅炉低渣经捞渣机捞出后直接上渣仓贮存,由自卸运渣车供综合利用。五期出灰方式为干出灰,灰从电除尘器、锅炉省煤器灰斗下来通过仓泵输送系统输送至五期干灰库,再由汽车拉走或投运五期干灰库制浆系统制浆,制浆水源来自四期综合泵房冲灰水泵。干灰制浆池下设两台灰浆泵,通过两根灰浆管与 7 号 A、7 号 B、7 号 C 灰浆管连接,将制成的灰浆输送至四期浓缩站灰浆分配槽,然后进入浓缩池进行浓缩。浓缩后的灰浆被柱塞泵通过高压灰管输送至 7 号灰库。

七、脱硫装置

五期工程的 2 台 30 万千瓦超临界燃煤机组各配一套湿法烟气石灰石-石膏脱硫系统。吸收塔以美国巴威公司(B&W)为技术支撑(吸收塔包括 1 个托盘、3 层喷淋装置和 1 套两级式除雾器,每层喷淋装置对应 1 台浆液循环泵),脱硫装置采用一炉一塔,每套脱硫装置的烟气处理能力为一台锅炉 100%BMCR 工况时的烟气量,由浙江省电力设计院和浙江省天地环保工程有限公司负责设计,浙江省火电建设公司负责设备安装。

每台锅炉的烟气分别从 A、B 侧引风机出来,经烟道汇总后引入脱硫增压风机(静叶可调轴流式),经过 GGH(烟气加热器)的原烟气端降温,进入吸收塔。原烟气在进入吸收塔后,烟气折流向上经过吸收塔托盘,使主喷淋区的烟气分布均匀,然后与三层喷淋装置下来的浆液进行充分接触,使得烟气中的二氧化硫等酸性组分与石灰石浆液中的碳酸钙以及鼓入的氧化空气进行化学反应而被脱除,烟气在脱硫过程中被石灰石浆液冷却并达到饱和。脱硫后的烟气在连续流经两层锯齿形除雾器,除去烟气中所含的细小液滴,这样经过洗涤和净化后的烟气流出吸收塔,从吸收塔出来的净烟气通过 GGH 的净烟气侧升温,使烟气温度升至 80℃以上,最后通过烟囱排入大气。

脱硫装置采用成品石灰石粉作为脱硫剂,将石灰石成品粉制成浓度为 30%左右的石灰石浆液,通过石灰石浆液泵不断地补充到吸收塔内,经浆液循环泵送至吸收塔上部的喷淋装置进行再循环。每层喷淋层对应一台循环泵,保证脱硫率≥95%。氧化风机送出的氧化空气经喷水增湿后送入吸收塔,把脱硫反应生成的亚硫酸钙($CaSO_3 \cdot 1/2H_2O$)氧化为石膏($CaSO_4 \cdot 2H_2O$)。吸收塔浆液的固体悬浮物含量应控制在 18%～20%之间,当吸收塔固体悬浮物含量达到 20%时,石膏浆排出泵将浆液排至石膏浆液缓冲箱;当吸收塔固体悬浮物含量低至 18%时,石膏浆排出泵将浆液排回吸收塔，送至石膏浆液缓冲箱。浆液经一、二级脱水，得到含水率不大于10%的石膏，石膏被储存在石膏仓内，石膏仓的石膏通过石膏卸料机装车外运。

第四节　调试验收

一、9号机组

台州发电厂五期工程9、10号机组汽机、锅炉、热工、化水分系统调试及机组整套启动调试由浙江省电力试验研究所负责，电气及热工就地设备调试由浙江省火电建设公司负责，机组外围部分系统调试由安装单位和设备厂家负责，机组设备运行操作由台州发电厂承担，由浙江电力建设监理有限公司负责工程建设全过程监理。7号机组调试与启动按照电力工业部1996年颁布的《火力发电厂基本建设工程启动及竣工验收规程》执行，整套启动调试分三个阶段：空负荷调试阶段，从首次锅炉点火至机组首次并网发电；带负荷调试阶段，从机组首次并网发电至首次满足168小时满负荷试运条件；满负荷调试阶段，从首次满足满负荷试运条件开始至168小时满负荷试运行结束。2007年10月18日，召开台州发电厂四、五期9号机组启动验收委员会第一次会议。

2007年10月28日，9号机组锅炉第1次点火成功，10月30日发电机首次并网，12月20日完成168小时连续满负荷试运行，历时53天。整套启动试运行期间锅炉共点火13次，汽机冲转启动13次，机组并网9次，机组共发电14134.02万度，耗燃油821.8吨，耗煤71241吨。9号机组的整套启动试运行主要分三个阶段进行：2007年10月28日点火至10月30日17时18分首次成功并网的空负荷试运阶段，期间完成了《火力发电厂基本建设工程启动及竣工验收规程》所要求的机组轴系振动监测，调节保安系统参数整定调试、超速试验及有关电气试验等；2007年11月8日至12月4日结束的带负荷试运阶段，期间完成了锅炉燃烧细调整、制粉单耗、不投油最低稳定燃烧试验，CCS细调整、RB功能试验等性能试验项目；2007年12月13日0时至12月20日0时的168满负荷试运阶段，期间机组发电5105.94万度，耗煤25780吨，平均负荷率101%，脱硫效率95.3%，CCS投入率98.85%，电气及热工保护投入率、主要仪表投入率、顺控投入率均为100%。浙江省电力建设工程质量监督中心站与2008年2月14日至15日对9号机组进行了整套启动后的质量监督检查，并形成了《9号机组整套启动试运后质量监督检查报告》。9号机组于2007年12月20日0时0分动态移交商业运行，机组列入了省调日常生产调度。

在 9 号机组整套试运期间，发生考核 MFT 共 6 次，由于线路出线改造、10 号机组循环水沉管等工作而停运等待 10 天。期间存在的问题有：锅炉冷一次风风道面积偏小以及在线一次风量测量装置结构不合理问题(该问题通过一次风测量装置改造后得以消除)，两台气泵均出现阀芯卡死问题(该问题通过与厂家协商，在暖泵结束后不投盘车直接冲转，并且改造前置泵、气泵进口滤网等方式消除)。

二、10 号机组

2008 年 3 月 11 日，10 号机组锅炉第一次点火成功，3 月 15 日发电机首次并网，4 月 4 日完成 168 小时连续满负荷试运行，历时 25 天。整套启动试运行期间锅炉共点火 1 次，汽机冲转启动 4 次，机组并网 3 次，机组共发电 10874.88 万度，耗燃油 128.5 吨，耗煤 59106 吨。10 号机组的整套启动试运行主要分三个阶段进行：2008 年 3 月 11 日点火至 3 月 16 日 13 时 55 分成功首次并网的空负荷试运阶段，期间完成了《火力发电厂基本建设工程启动及竣工验收规程》所要求的机组轴系振动监测，调节保安系统参数整定调试、超速试验及有关电气试验等；2008 年 3 月 16 日至 3 月 27 日结束的带负荷试运阶段，期间完成了锅炉燃烧细调整、制粉单耗、不投油最低稳定燃烧试验，CCS 细调整、RB 功能试验等性能试验项目；2008 年 3 月 28 日 0 时至 4 月 4 日 0 时的 168 满负荷试运阶段，期间机组发电 5090.64 万度，耗煤 21395 吨，平均负荷率 101%，脱硫效率 95.3%，CCS 投入率 98.85%，电气及热工保护投入率、主要仪表投入率、顺控投入率均为 100%。由于受五期送出工程影响，机组在 168 小时满负荷运行后进行停机保养，直至 10 月下旬五期送出线路投运后重新启动，并于 2008 年 11 月 3 日 15 时 37 分再次并入电网运行。浙江省电力建设工程质量监督中心站与 2008 年 11 月 25 日至 26 日对 10 号机组进行了整套启动后的质量监督检查，并形成了《10 号机组整套启动试运后质量监督检查报告》。10 号机组于 2008 年 11 月 3 日 15 点 37 分动态移交商业运行，机组列入了省调日常生产调度。

在 10 号机组整套试运期间，未发生 MFT。期间存在的问题有：锅炉冷一次风风道面积偏小以及在线一次风量测量装置结构不合理问题(该问题通过一次风测量装置改造后得以消除)。

三、脱硫工程

五期脱硫工程业主为台州发电厂，建设管理方为浙江省电力建设有限公司，施工监理为浙江电力建设监理有限公司，浙江省天地环保工程有限公司为 EPC 总承包单位。脱硫工程的主要分包商为：土建工程由浙江昆仑建设集团股份有限公司负责，安装工程由浙江省火电建设公司负责，防腐工程由杭州顺豪橡胶工程有限公司负责，调试工程由杭州意能电力技术有限公司负责。五期机组烟气脱硫工程 9 号机组脱硫装置 2007 年 2 月 1 日安装开工，2007 年 11 月 4 日脱硫系统受电；2007 年 11 月 22 日首次通入烟气，12 月 13 日开始整套 168 小时试运，12 月 20 日整套 168 小时试运结束，同时移交生产。10 号机组脱硫装置 2007 年 3 月 20 日安装开工，2007 年 11 月 18 日脱硫系统受电；2008 年 2 月 19 日首次通入烟气，2 月 29 日开始整套 168 小时试运，4 月 4 日整套 168 小时试运结束，同时移交生产。在 2008 年 4 月到 2009 年 4 月期间，脱硫系统运行正常，平均脱硫效率超过合同保证值。

四、基建达标

2007 年 10 月 30 日，为全面开展台州发电厂五期工程基建达标投产工作，确保实现“钱江杯”和争创国优的目标，按照中国电力建设企业协会《火电机组达标投产考核标准》(2006 年版)的有关规定，特成立台州发电厂五期工程基建达标投产各组织机构，并编制了《台州发电厂五期工程达标投产计划》。

台州发电厂五期工程 9 号、10 号机组分别于 2007 年 12 月 20 日和 2008 年 4 月 4 日完成了 168 小时满负荷运行，动态移交生产。工程经监理公司评定，建设质量总评等级为优良。

表 2－3　9 号机组及公用系统建设质量总评分

专业名称	建筑、安装单位工程质量评定			单位工程优良率(%)	备注
	总数(个)	合格(个)	优良(个)		
建筑工程	45	1	44	97.89	
安装工程	40	0	40	100	
调试项目	135	0	135	100	
检验项目		质量标准		实际评分	
		合格	优良		
建筑、安装静态质量(分)		>48	>56	67.4	
安全文明生产(分)		>8	>8	9.9	
机组调整试运质量(分)		>24	>27	30	
质量总评分	107.3(质量总评满分为 108.6 分)				
质量总评等级	优良				

表 2-4　10 号机组及公用系统建设质量总评分

<table>
<tr><td rowspan="2">专业名称</td><td colspan="4">建筑、安装单位工程质量评定</td><td rowspan="2">单位工程优良率(%)</td><td rowspan="2">备注</td></tr>
<tr><td>总数(个)</td><td>合格(个)</td><td colspan="2">优良(个)</td></tr>
<tr><td>建筑工程</td><td>11</td><td>0</td><td colspan="2">11</td><td>100</td><td></td></tr>
<tr><td>安装工程</td><td>31</td><td>0</td><td colspan="2">31</td><td>100</td><td></td></tr>
<tr><td>调试项目</td><td>135</td><td>0</td><td colspan="2">135</td><td>100</td><td></td></tr>
<tr><td rowspan="2">检验项目</td><td rowspan="2"></td><td colspan="4">质量标准</td><td rowspan="2">实际评分</td></tr>
<tr><td colspan="2">合格</td><td colspan="2">优良</td></tr>
<tr><td colspan="2">建筑、安装静态质量(分)</td><td colspan="2">＞48</td><td colspan="2">＞56</td><td>67.4</td></tr>
<tr><td colspan="2">安全文明生产(分)</td><td colspan="2">＞8</td><td colspan="2">＞8</td><td>9.9</td></tr>
<tr><td colspan="2">机组调整试运质量(分)</td><td colspan="2">＞24</td><td colspan="2">＞27</td><td>30</td></tr>
<tr><td colspan="2">质量总评分</td><td colspan="5">107.3(质量总评满分为 108.6 分)</td></tr>
<tr><td colspan="2">质量总评等级</td><td colspan="5">优良</td></tr>
</table>

台州发电厂五期工程已按设计要求完成了全部建筑和安装工程,无威胁工程安全稳定运行的重大问题;已按现行规程和相关的规定完成了工程的整套启动试运行及性能试验项目等全部调整试验工作,并移交生产;各参建单位在工程建设期未发生人身死亡事故和其他重大及以上的责任事故;各分项工程质量已全部合格,且优良率达到规程规范的要求。根据中国电力建设企业协会《电力工程达标投产管理办法》(2006 年版)进行考核,达标自评分标准分为 1000 分,9 号机组为 968.5 分,10 号机组为 973.1 分。

2009 年 4 月 22 日,浙江省能源集团有限公司台州发电厂五期扩建公司基建达标(预)复检组对台州发电厂五期工程 9 号、10 号机组达标投产情况进行了认真细致的考核:安全健康与环境管理组标准分 150 分,9 号机组得分 139.6 分,10 号机组 141.4 分;建筑工程质量与工艺标准分 150 分,9 号机组得分 140.4 分,10 号机组得分 142,2 分;安装工程质量与工艺标准分 200 分,9 号机组得分 183.1 分,10 号机组得分 186 分;调整试验与技术指标标准分 200 分,9 号机组得分 185.74 分,10 号机组得分 188.05 分;工程档案管理标准分 100 分,9 号机组得分 93.5 分,10 号机组得分 93.5 分;工程综合管理标准分 200 分,9 号机组得分 188 分,10 号机组得分 188 分。9 号机组总计得分 930.34 分;10 号机组总计得分 938.85 分。按照《电力工程达标投产管理办法》的规定,检查组认为:台州发电厂五期扩建工程 9 号、10

号机组符合达标投产的各项条件，通过了（预）复检，可按规定给予颁发基建达标投产证书和授牌。

2009年4月20日，根据浙江省建筑行业协会和浙江省工程建设质量管理协会浙协〔2009〕33号、浙工质协〔2009〕12号文的通知精神，台州发电厂建设工程通过了“钱江杯”（电力系统）复查，并于2009年6月获得了“钱江杯”（优质工程）荣誉证书和奖牌。

2009年12月28日，浙江省发展和改革委员会在杭州主持召开了台州发电厂五期扩建工程验收会议，参加会议的有省安全生产监督管理局、省档案管理局、杭州电监办、省电力公司、省能源集团公司、省电力建设质量监督中心站，台州市环保局、椒江区环保局、浙江东南股份有限公司及项目建设、监理、设计、施工等单位的领导和专家。竣工验收委员会认为：台州发电厂五期扩建工程为浙江省重点工程，工程的开工、建设符合国家基本建设项目管理程序，整个工程于2008年4月4日全面建成投产。机组通过一年多的生产运行考核，各项指标达到设计要求。土地审批、使用符合国家有关规定，工程环境保护、水土保持、档案管理、职业病防护、安全设施和消防等各项验收符合国家有关法律法规要求。工程建成后，为缓解浙江省用电形势和电网稳定运行做出了积极贡献，取得了良好的社会效益和经济效益。验收委员会同意台州发电厂五期扩建工程通过竣工验收。

第三章　科技与教育

第一节　科技进步

一、组织管理

自 2006 年以来,台州发电厂一直延续科技创新管理体系,成立由生产副厂长任组长,各职能部门、生产分场领导及科技专职为成员的科技进步领导小组,并建立由分场、班组技术员为成员的科技管理网络。在设备管理部设科技管理专职,具体负责科技管理制度,标准的制订、实施、检查、考核;中长期科技发展规划、年度计划的编制;科技项目呈报及实施的组织、协调。领导小组每年至少召开 2 次会议,议题主要有贯彻科技进步方针、政策;研究和部署科技工作,解决项目实施中的问题;审定科技成果和奖励等。2001 年始成立科技三级网络成员,由厂科技进步领导小组及分场(部门)、班组三级有关科技人员组成,每年根据人员调动情况,进行相应调整。至 2016 年,电厂修订的科技管理标准有《科技计划管理》《科技情报管理》《技术改造与技术进步管理》《合理化建议和技术改进管理》《QC 小组管理》等。

二、科技活动

台州发电厂坚持科技创新,2006 年至 2015 年,开展节能减排等科技项目,取得良好成绩,获得浙江省电力科技项目 1 项,浙江电力科技奖一等奖 1 项,二等奖 5 项,三等奖 8 项。

三、科技项目选介

8 号机组汽轮机电液控制系统改造:

8 号机组 33 万千瓦汽轮机 DEH 控制系统原选用了法国阿尔斯通公司的

MICROREC 控制系统，汽轮机数字电液控制系统主要配置简单，系统没有冗余设计，无法做到任一卡件、任一信号的故障在线更换且不影响机组正常运行，同时汽机保安系统 GSE 采用“一对一”保护设计，单个保护测点误动将会造成机组跳闸，这些潜在的控制系统问题都会影响设备安全、正常运行。为完善、提高控制系统的安全性、可靠性，需要对 DEH 控制系统进行改造，以解决系统存在的问题。

该项目主要采取了以下措施：(1)采用工业以太网和 BITBUS 工业控制网络，大大提高了系统网络的通信速率和可靠性。(2)跳机逻辑采用三取二方式，跳闸改成四取二串并联相结合方式，有效防止误动及拒动。增加了 SOE 功能及实现与 DEH 的一体化。(3)提高了 DEH 系统的故障监测水平，各种状态过程可视化。(4)具有友好的人机界面和操作方式。(5)多种流行的标准接口，除了实现系统内文件和数据共享，更具备与其他系统通信功能。(6)控制系统对重要信号三选二设计，相关硬件也三选二，分散布置。(7)采用硬件可靠、先进和标准化。

通过对 8 号机组 DEH 控制系统的改造，解决了原控制系统存在的各种问题。首次实现了新华 DEH－Ⅴ型控制系统与引进型 33 万千瓦阿尔斯通汽轮机本体设备有机结合。该课题的研究应用，进一步提高了 DEH 控制系统的各种控制功能以及 DEH 系统的开放性和安全性，为台州发电厂汽机的检修、改造提供科学的技术信息，为逐步实现设备的状态监测、预防维修提供必要技术信息，为延长电厂汽轮机等设备的使用寿命提供科学的技术依据。同时为其他同类进口机组的技术改造提供了坚强的动力和很好的借鉴。

第二节　技术改造

一、技术改造管理

为保证生产安全、经济、稳发、满发、节能降耗，提高自动化水平，提高文明生产水平，自 2006 年起，台州发电厂延续一贯的技术改造方针，加大投入，并实行全过程管理，制订企业标准《技术改造与技术进步管理》(Q/TFD222004－2005)，规定技改范围、立项程序、项目管理，各部门分工和职责、管理要求、考核、奖惩。厂部建立由生产副厂长、总工程师，以及设备、策划、财务、供应、审计等部门主任和各专业工程师组成的评审组，对项目必要性、可行性、安全经济性、概算合理性及项目后续评估作出评审。电厂对技改项目管理实行项目责任制，项目负责人对项目全过程负责，投资超过 200 万元的项目成立项目领导小组。项目竣工验收后一个月内编写完成竣工报告,并进行安全、经济效益后续评估,作出结论,同时将新增资产入账,更新固定资产卡片。

台州发电厂根据浙江省能源集团公司发电企业技术改造管理办法规定,技术改造与技术进步项目按重要程度及投资额划分为:重点项目,投资在500万元及以上或上级特别指定的项目;一般项目,投资在10万元以上、500万元以下;零星项目,投资在10万元以下。凡50万元及以上技改、科技项目均要进行初步设计,编制概算书,并实行招标、投标,必要时报请浙江省能源集团公司组织或参加招投标。

二、设备改造

表3-1　项目改造清单

序号	项目名称	项目负责人	总投资(万元)	施工年份
1	1、2号机励磁调节器改造	朱晓瑾 邵铃敏	120	2006
2	6千伏一、二段开关柜改型	王　新	210	2006
3	1号机6号高加本体更换	赵　峰	130	2006
4	3A、3B高压备变6千伏共箱母线改造	王　新	550	2006
5	7C、8A磨煤机变加载,旋转喷嘴环改造	王贤民	190	2006
6	一至三期主厂房中央空调二台机组改造	周海亮	165	2006
7	7号机组闪光报警装置(立屏)改造	过小玲	105	2006
8	8号机组DCS操作与监视系统设备升级	陈学奇	350	2006
9	4号斗轮机、14号卸煤机电气改造	张　辉 管顺能	100	2006
10	四期A、B滚轴筛及A、B大块分离器改造	吴永朋	114	2006
11	万吨码头滑线改拖链	张　辉	124	2006
12	推耙机改型购置2台	肖友胜	260	2006
13	四期冲灰泵、灰浆泵改造	朱希戈	100.8	2006
14	4、5号炉电除尘器安装干出灰系统	叶文剑	1247.1	2006
15	生活水处理系统改造	王志堂 金士政	150	2006
16	1～6号机组发电机内冷水系统改造	王志堂	140	2006

续表

序号	项目名称	项目负责人	总投资（万元）	施工年份
17	一至三期期主厂房钢窗改造	金礼炎	426	2006
18	厂区江堤护坡改造	徐志钢	168	2006
19	行政大楼装修改造	徐志钢	435	2006
20	电力市场配置	付林平	100	2006
21	3、4、6号机组发电机内冷水系统改造	王志堂	128.4	2007
22	4、5、6号循环水泵改型	方匡坤	400	2007
23	220千伏LW15－220型开关改造	钟金辉	140	2007
24	高压线路保护改造	陈朝晖	120	2007
25	8号机凝结水泵变频调速改造	邵铃敏 朱晓瑾	320	2007
26	3号炉引风机变频调速改造	陈朝晖	220	2007
27	7号炉电除尘高压电源改造	朱晓瑾	200	2007
28	1、3、4、5号炉微油冷炉点火及低负荷稳燃技术改造	徐顺法	360	2007
29	7号炉仪用空压机改造	杨朝辉	176	2007
30	2号斗轮机整机报废及更换	裘丛杰	900	2007
31	一至三期碎煤机改造	杨益平	110	2007
32	Ⅰ～Ⅲ期及四期灰渣集中处理	朱希戈	100	2007
33	计算机设备更新	蒋　良	100	2007
34	检修大楼建造	金礼炎	450	2007
35	1211自动灭火系统改造	颜晓斌 祝录生	180	2007
36	7A、7B、旋转滤网改造	方匡坤	120.0	2008
37	四期220千伏开关站部分LW15－220型开关改造	钟金辉	130.0	2008

续表

序号	项目名称	项目负责人	总投资（万元）	施工年份
38	7 号、8 号 A、8 号 B 高压厂变 6 千伏共箱母线改造	王　新	290.0	2008
39	四期网控设备保护改造	陈朝晖	120.0	2008
40	7 号炉微油点火技术改造	杨朝辉	260.0	2008
41	8 号炉微油点火技术改造	潘国传	260.0	2008
42	8 号机 GMA 柜改造	过小玲	118.0	2008
43	8 号机旁路控制油系统阀门改造、控制系统升级	倪卫良	190.0	2008
44	购置推耙机 1 台	肖友胜	130	2008
45	23 号卸煤机变频改造	裘丛杰	200	2008
46	台州发电厂生产区域门禁系统改造	付林平	120	2008
47	全厂安防闭路监控系统改造	石生彦	150	2008
48	PMU 系统子站分系统配置	陈朝晖	100	2008
49	7 号发电机加装自动补氢装置	周仁米	240	2008
50	3 号淡水管改造(续)	朱希戈	2256.23	2008
51	7 号机凝汽器管板及管束更换	潘世汉	2850.0	2009
52	8 号机自动补氢装置	王志堂	110.0	2009
53	四期 220 千伏开关站部分 LW15－220 型开关改造	钟金辉	260.0	2009
54	四期 220 千伏开关站部分隔离开关改造	王　新	228.0	2009
55	9、10 号机凝结水泵变频调速改造	陈朝晖	350.0	2009
56	9、10 号炉一次风机变频调速改造	朱晓瑾	610.0	2009
57	220 千伏出线加装避雷器	钟金辉	118.4	2009
58	7 号机组 DCS、DEH 改造及 GMA 柜改造	过小玲	1650.0	2009
59	9、10 号机各加装一台套凝结水混床	王志堂	250.0	2010

续表

序号	项目名称	项目负责人	总投资（万元）	施工年份
60	8号机主机1、2号冷油器改造	赵 峰	115.0	2010
61	8号机旁路控制油系统阀门改造	陈晓勇	250.0	2010
62	9、10号机组磨煤机一次风量测量装置改型	程声樱	190.8	2010
63	贵重仪器及检修工器具更新购置	何彩龙	150.0	2010
64	220千伏联络线增容改造	钟金辉	168.0	2010
65	溪口泵站取水口供水隧洞启闭器系统改造	荣 伟	288.0	2010
66	四期220千伏开关站LW15－220型开关改造	钟金辉	100.0	2010
67	四期220千伏开关站正、副母隔离开关改造	王 新	110.0	2010
68	6千伏公用07A、07B段F+C开关改造	钟金辉	390.0	2011
69	四期220千伏升压站部分电流互感器改造	钟金辉	120.0	2011
70	高压变频小室冷却系统改造	朱晓瑾	130.0	2011
71	8、9号机组供热改造	周仁米	1180.0	2011
72	五期高旁阀改造	陈 健	123.0	2011
73	7号炉空预器密封改造	沈崇华	100.0	2011
74	7、8号炉脱硫吸收塔循环泵传动方式改造	荣 伟	198.0	2011
75	9号机锅炉闭环吹灰优化控制系统	何成君	110.0	2011
76	8号机组DCS、DEH系统改造	过小玲	1450.0	2011
77	溪口泵站取水口供水隧洞启闭器系统改造	荣 伟	288.0	2011
78	9、10号炉一次风机变频调速改造	朱晓瑾	610.0	2011
79	五期汽动给水泵前置泵改型1台	李春富	140.0	2012
80	四期化学水处理增容扩建	王志堂	895.0	2012
81	9号机凝汽器加装胶球清洗系统	潘世汉	420.0	2012
82	7号、10号机组厂内供热改造	徐顺法	1130.0	2012
83	虚拟服务器扩容升级	陈永平	198.0	2012
84	淡水管道直供改造	叶文剑	284.4	2012

续表

序号	项目名称	项目负责人	总投资（万元）	施工年份
85	四期输灰管隧道加固工程	金礼炎	252.0	2012
86	22 号卸煤机变频改造	陈建伟	180.0	2012
87	7、8 号机氢冷器更换改造	潘世汉	120.0	2012
88	台州发电厂五期循环水进水明渠改造	方匡坤	490.0	2012
89	溪口泵站取水口供水隧洞启闭器系统改造	朱希戈	288.0	2012
90	9 号机组节能增容改造	李晓晖	2135.0	2013
91	10 号机组节能增容改造	李晓晖	2135.0	2013
92	8 号发电机定子更新改造	罗统领	2723	2013
93	7 号炉低氮燃烧器改造	徐顺法	1050.0	2013
94	9 号炉低氮燃烧器改造	徐顺法	700.0	2013
95	10 号炉低氮燃烧器改造	徐顺法	700.0	2013
96	10A、10B 前置泵改造	李春富	120.0	2013
97	9、10 号机励磁系统改造	章良健	200.0	2013
98	双平面接入远动设备改造	王迎迎	179.2	2013
99	7 号炉 GGH 及配套设备改造	金　涛	260.0	2013
100	9 号炉 GGH 及配套设备改造	金　涛	260.0	2013
101	10 号炉 GGH 及配套设备改造	潘来春	260.0	2013
102	30 万千瓦机组屏式过热器增壁温测点改造	周敏华	253.4	2013
103	五期飞灰测碳仪改造	周敏华	100.0	2013
104	7 号炉电除尘器壳体加固及高频电源改造	沈　亮 章良健	380.0	2013
105	7～10 号脱硫吸收塔循环泵出口隔离阀安装	朱希戈	144.0	2013
106	33 万千瓦仿真机升级改造	王庆建	110.0	2013
107	8 号机组汽轮机通流(节能增容)改造	李晓晖	2650.0	2014
108	8 号炉低氮燃烧器改造	徐顺法	980	2014
109	8 号炉 GGH 改造	陈强进	430.0	2014

续表

序号	项目名称	项目负责人	总投资（万元）	施工年份
110	8 号炉电除尘及高频电源改造	章良健	440	2014
111	7、8 号炉省煤器干出灰改造	沈 亮	139.0	2014
112	7、8 号炉脱硫氧化风机改造	朱希戈	132.0	2014
113	220 千伏联络二线保护改造	王迎迎	100	2014
114	NCS 监控系统后台设备改造	蒋 坤	100	2014
115	10 号机组 SCR 脱硝控制及锅炉燃烧全局控制系统优化	潘 宇	125.0	2014
116	椒北变配套线路保护改造	王迎迎	135.0	2014
117	8 号机组屏式过热器增装壁温测点	周敏华	100.0	2014
118	7～10 号炉 GGH 吹扫空压机改造	陈强进	220	2014
119	四期、五期暖通控制系统改造	吴煜忠	120.0	2014
120	行政区域中央空调机房改造	吴煜忠	580.0	2014
121	噪声污染综合控制	朱新场	820	2014
122	8 号机组励磁机改造	罗统领	500.0	2014
123	四期工业废水处理站改造	王骁杰	350	2014
124	二期码头、四期码头污水回收系统技术改造	陈建伟	300	2014
125	龙湾项目部购置集体宿舍	赵 旌	780	2015
126	7 号机组通流改造	李晓晖	2650.0	2015
127	7 号机组超低排放	金宣斌	12000	2015
128	化学水处理系统增加预处理一套	王志堂	480.0	2015
129	380 伏 7A、7B 段母线	陈愫珠	180	2015
130	380 伏公用 7A、7B 段母线	陈愫珠	165	2015
131	10A、10B 一次风机变频器改造	蒋 坤	145.0	2015
132	380 伏给煤机变频器高低压穿越改造	蒋 坤	100.0	2015
133	检修电源箱改造	柳昌明	350.0	2015

续表

序号	项目名称	项目负责人	总投资（万元）	施工年份
134	台桔 2355、台乡 2350 线路保护改造	王迎迎	120	2015
135	10 号炉厂内主蒸汽旁路供热改造	谢伟宏	900.0	2015
136	7 号炉省煤器改造	徐顺法	560.0	2015
137	7 号炉捞渣机改造	钱道卫	775.0	2015
138	7 号炉空预器加装柔性接触式密封改造	钱道卫	190	2015
139	9、10 号炉脱硫系统氧化风机改造	朱希戈	120.0	2015
140	检修升降平台	张凡志	340.0	2015
141	7 号机组屏式过热器增装壁温测点	周敏华	100.0	2015
142	7、8、9 号机组尿素热解制氨 SCR 脱硝装置控制系统优化	潘　宇	200.0	2015
143	DCS 安全防护与审计监控	陈永平	100.0	2015
144	消防系统全覆盖完善改造	沈　亮	100.0	2015
145	四期生产辅助系统暖通改造	吴煜忠	490.0	2015
146	真空皮带机改造	沈　亮	256.0	2015
147	9 号机组超低排放改造	金宣斌	11200	2016
148	10 号机组超低排放改造	金宣斌	6000	2016
149	9 号机组供热备用汽源改造	谢伟宏	900.0	2016
150	9 号机 3 号高压加热器更换	赵　峰	188.0	2016
151	7 号机凝汽器补水系统增设脱气装置	王志堂	220.0	2016
152	380 伏厂区 7A、7B 段母线改造	柳昌明	118.5	2016
153	四期化水 PC 及 MCC 改造	陈愫珠	251.0	2016
154	7 号机励磁机改造	罗统领	490.0	2016
155	9、10 号发变组保护改造	王迎迎	160.0	2016
156	AVC 子站改造	蒋　坤	179.1	2016
157	安防监控系统整体改造	蒋　坤	350.0	2016

续表

序号	项目名称	项目负责人	总投资（万元）	施工年份
158	10 号炉再热器减温器改造	张凡志	323.0	2016
159	7 号炉二次风调节风门改造	徐顺法	155.0	2016
160	9 号炉风机消音器更换	陈强进	103.0	2016
161	10 号炉风机消音器更换	钱道卫	103.0	2016
162	脱硫废水系统改造	王骁杰	400.00	2016
163	10 号机组 DCS、控制系统、操作系统升级改造	潘　宇	180.0	2016
164	台州电厂“浙能集团国家职业技能鉴定站台州发电厂实训基地”建设	叶仁杰	539.00	2016

三、技改项目选介

（一）脱硝改造

台州发电厂四期两台 33 万千瓦和五期两台 30 万千瓦燃煤机组脱硝改造工程，于 2012 年 9 月 25 日获得省发改委核准批复（浙发改能源〔2012〕1195 号文），采用选择性催化还原法（SCR）脱硝，还原剂制备选用尿素，总投资 34584.11 万元。台州发电厂脱硝改造项目机组于 2012 年 10 月 18 日开工，2014 年 6 月 25 日完成 168 小时满负荷试运行后投产。工程决算实际完成投资为 29674.53 万元，采用选择性催化还原法（SCR）脱硝装置，四期机组烟气设计脱硝效率为不低于 80%、五期机组烟气设计脱硝效率为不低于 70%，脱硝装置可利用率均为 98%，按年利用小时 5500 小时计算，氮氧化物年减排量 7286 吨。

（二）超低排放改造

自 2015 年 5 月开始，台州发电厂对 7～10 号机组进行超低排放改造。项目总投资 4.5 亿元，对现有的脱硝、脱硫和除尘系统进行提效改造，采用高效协同脱除技术，使机组烟气的主要污染物排放浓度达到天然气燃气轮机组的排放标准，实现煤电清洁化生产。7 号机组于 2015 年 5 月 20 日开工建设，2015 年 12 月 25 日通过 72 小时连续试运。通过超低排放改造后，在试运行期间，各项排放物指标：SO_2 浓度为15.354毫克/立方米，烟尘浓度为4.379毫克/立方米，NO_x 浓度为 40.479 毫克/立方米。9 号机组于 2016 年 2 月开工建设，2016 年 6 月 23 日通过 72 小时连续试运。投运期间各项排放物指标：SO_2 浓度 12.635 毫克/标方，烟尘浓度为 3.262 毫克/标方,NO_x 浓度为 27.236 毫克/标方。排放浓度低于天然气机组排放标准。系统内各设备运行稳定,各运行参数优良,未出现异常情况。10 号机组于 2016 年 9 月开工建设,2016 年 12 月 21 日通过 72 小时连续试运。投运期间各项排放物指标均低于 SO_2 浓度 35 毫克/标方,烟尘浓度 5 毫克/标方,NO_x 浓度为 50 毫克/标方的排放标准。系统内各设备运行稳定,各运行参数优良,未出现异常情况。8 号机组自 2017 年 2 月份开工,同年 6 月 25 日通过 72 小时连续试运。

第三节　信息管理及计算机应用

2015 年 11 月,企业按照集团标准化要求进行全厂性机构调整,信息专业从设备管理部门分离出来,成立信息中心,成为一个部门。成立了厂网络与信息安全领导小组,加强对网络与信息安全的领导和沟通,并对网络管理制度进行了梳理和完善。

网络与信息安全领导小组在 2016 年护航 G20 国际峰会中发挥了较大作用。

2012 年起,台州发电厂对原来笼统的计算机管理标准进行了全面修订和补充,结合集团信息安全有关标准,陆续发布了信息系统安全管理、信息系统运维管理和电力二次系统安全防护管理等管理标准,以及电力二次系统安全防护应急预案和信息安全应急响应预案,涵盖了二次防护、安全性评价等要求。同时调整充实了厂信息与网络安全领导小组和工作小组,设立信息安全岗位职责,进一步强调对信息安全工作的重视。

2016 年 4 月,台州发电厂信息中心 QC 小组的“缩短门禁系统协助开门时间”课题荣获 2015 年度浙江省电力行业 QC 小组活动优秀成果一等奖。

2016 年 8 月,信息中心 QC 小组在浙能集团 2014—2015 年度青年“QC”优秀成果发布评审中,QC 成果《缩短 IT 资产信息核查时间》荣获二等奖。

一、计算机网络建设

随着 MIS、ERP 等系统应用的拓展,电厂网络也不断拓展、改造和优化。2006 年 9 月东南 ERP 增加了燃料管理、财务预算管理和财务分析等模块功能的实施。应五期工程和实业公司等新的业务需求,2006 年台州发电厂上线了五期基建 MIS、丰源公司 MIS 系统等,原 MIS 系统中电子考勤也投入正式运行。燃料管理等模块根据业务需求变更进行了修改,实施 ERP 燃料核算系统,开发台州发电厂 MIS 燃料管理系统与 ERP 系统的接口,系统于 2007 年 10 月 1 日上线运行。配合厂机构改革、相关管理制度的变更和五期系统建设等对 MIS 系统进行相应的修改。为与集团 EAM 系统接轨，完善 MIS 系统设备管理功能，提升台州发电厂设备管理水平，2010 年台州发电厂启动了 MIS 系统完善项目，于同年 9 月份与珠海前景公司签订合同，在设备台账、设备文档管理、设备部计划管理、系统接口等方面进行合作开发。2011 年进行进一步开发，包括项目管理、工单管理、ERP 接口等方面。

2007 年 12 月 18 日改造完成位于Ⅰ～Ⅲ期化学楼的信息机房。改造后机房内配置了精密空调和新风系统、智能监控和消防报警系统、供电和防雷改造等。设备的物理安全、抗电磁干扰能力、环境温湿度得到很大改善，为信息系统稳定、可靠运行提供了良好的外部环境。

2014 年，信息中心机房因 1～3 期厂房的拆除，在烟囱实施爆破之前进行搬迁。新址的台州发电厂信息中心机房位于四期化学楼 2 层，层高 3.4 米(梁下 2.6 米)，建筑面积约为 144 平方米，内设主机房、监控室、缓冲区等区域。整个项目包括装饰系统、电气安装系统、防雷接地系统、综合布线系统、空气调节系统、UPS 系统、安全防范系统、环境监控系统、KVM 系统、机柜系统、消防报警及气体灭火系统等 11 个系统，并及时完成服务器、网络设备搬迁及相关设备的安装调试工作。2014 年集团为提升广域网的速率以及避免单点故障，与移动公司签订 100M 的 MSTP 链路，有效保证台州发电厂与集团链路的快速可靠性。

2014 年，首次无线覆盖在 1 号行政楼及武警楼无线覆盖实施，1 号行政楼及武警楼无线覆盖在保障厂网信息安全的前提下，满足访客、会议上网需求，方便管理人员移动设备上网查询信息等。

二、软件开发与应用

(一) 管理信息系统

按照《台州发电厂管理信息系统总体设计》，2007 年推进一卡通系统使用，功能拓展到医保挂号、刷卡领料。2009 年下半年完成 IC 卡，提高了安全性，同步增加了厂车路线调整实施车载刷卡系统。2008 年充分利用原一卡通系统，生产场所四期、五期和部分外围场所的工程师站、电子室、配电室等重点防护场所开始使用门禁系统。2009 年四五期生产区域、燃料等外围生产区域门禁也投入运行。原工作票系统存在速度慢、操作不便等现象，2006 年进行了全面改造，工作票上增添了危险点分析系统。

在 2010 年 10 月份完成了主要服务器加入域管理的工作，为今后信息系统的统一身份认证提供了技术平台。

MIS 系统实用化完善工作：2007 年，MIS 燃料管理系统与 ERP 系统接口，MIS

增加燃料管理模块。台州发电厂2007年自行开发计算机资产管理系统,用于录入全厂所有新计算机设备发放记录,以后各类计算机设备的发放、调配及配件更换等都将纳入统一管理。五期SIS系统的建设:根据五期SIS系统建设的规划,2009年6月完成五期SIS项目的相关调试工作,增加MIS系统图,调整生产统计报表等。2010年,完善MIS系统并与浙能集团公司EAM系统接轨。2012年为进一步加强台州发电厂固定资产管理,规范台州发电厂固定资产管理秩序,提升固定资产管理水平,在MIS系统中增加固定资产管理模块,与ERP的固定资产模块交互信息,方便各部门查询,并在MIS中实现固定资产报废、移交及信息错误纠正等功能。“环保管理系统推广应用”是集团推广的科技项目,主要是统一格式报表开发及与集团系统接口,台州发电厂的环保管理业务已在MIS系统中开发投用。

2009年初完成了厂1号行政楼视频会议室、一楼会议室、LED大屏幕等多媒体系统建设。2012年建立了域名为tzpp.org的网易企业邮箱。2014年“OA系统升级改造”,用户切换到新系统使用。

2011年上半年,台州发电厂完成了四五期档案的数字化工作,约20万页图档通过扫描等处理,以PDF格式存入图档管理系统供全厂员工方便查阅。2016年按照浙能集团公司办公室统一安排,完成“图档管理系统升级”。

(二)企业资源计划系统(ERP)

2007年,东南ERP燃料核算系统实施。

集团规划在2015—2016年统一建设集中部署ERP系统,涵盖人力资源、财务、物资、项目、生产、营销、燃料等管理。2015年完成台州发电厂基础数据收集工作,2016年初开始各模块操作培训,2016年4月份集团ERP投入单轨运行。

(三)PI实时数据库系统

PI实时数据库系统投运以来不断完善,2006年开始将1～8号机组DCS数据等全厂主要实时数据送入PI数据库。2007年“基于PI实时数据库的状态检修研究”项目已完成各项基础工作,建立了包括设备综合台账、实时测点分析、设备健康评估、实时画面重演和生产信息发布等功能的状态检修软件平台,在8号机组汽轮机各轴瓦增加振动测点并将实时数据通过PI数据库引入振动分析软件,为进行状态检修提供依据,目前各项工作正在逐步深入。2008台州发电厂1～6号机组发电量通过DCS送入PI,8号机组通过电量统计系统进入PI。2010年台州发电厂电量数据,上煤量数据,环保数据,振动监测数据,9号、10号机组性能数据等逐步通过PI实时数据库上送集团。还开发了ERTU到PI接口、自动抄表系统到PI接口等,在PI数据库中进行了数据预处理和计算。

（四）厂主页

“企业门户网站建设”项目将集成目前电厂各应用系统数据，展现企业各关键信息，用户只需访问门户网站一个入口即可了解各个系统的情况和待办任务，并能方便地进入到目标应用系统。项目将加强企业知识的管理，企业知识是用户在日常工作中产生的各类文档、表格、日志等，通过门户网站可以对这些分布在各个系统中的企业知识进行管理和搜索，方便有相应权限的用户获取。项目将对部门网站进行整合定制，实现显示格式统一，做到模块化、架构化、标准化网站改造，项目将新建对标网站，升级改进班组建设台账，并根据电厂及各部门的实际业务需要增加一些业务流程。企业门户网站 2015 年底投入正式运行。

2010 年结合域认证进行了厂班组建设台账网站的开发，于 2010 年 7 月份投入正式使用。同年完成了厂新教育培训网实施，并在厂主页增加相应栏目，提供了功能更强、更稳定的培训与考试平台。2010 年开始建设“设备虚拟检修”，以循泵检修为原型，通过 VR 技术实现设备检修过程的三维展示和虚拟操作，在员工培训等方面发挥重要作用。

2011 年上半年，台州发电厂进行了三维虚拟厂区建设，系统于 7 月 1 日通过验收并在新版厂主页上发布。本系统虚拟场景效果良好，拟真度较高，为台州发电厂展示形象提供了一个全新平台，并为设备虚拟检修等后续研究提供了一定的技术储备。

三、网络管理

近年来，台州发电厂不断加大信息安全投入，陆续投运了网络入侵防护系统 NIPS、IT 运维管理系统、桌面安全准入系统、IT 运维审计系统、日志审计系统，及时更新企业版网络防病毒系统，形成了一套较完备的信息系统安全防护体系。同时加强对 AD 域的管理、以域账号为基础的账号统一认证体系建设，结合 IT 运维审计和桌面安全准入系统等，做到对信息系统管理员和普通用户权限、行为等的精细化控制，充分满足信息安全管理制度的要求。

桌面准入系统部署后，接入台州发电厂办公网络的所有终端都需事先进行身份认证和安全认证，非法终端、非法用户和未达到安全要求的用户无法接入台州发电厂办公网络，对加强网络安全起到了明显作用。对照浙能集团公司的信息安全检查规范，对每个终端都设置了相应的准入条件，对检测不满足条件的自动进行更新杀毒软件和病毒码、更新安全补丁等措施，保障接入终端的安全性；对于一些确认的违规的程序进行禁止，确保办公网络安全；做到对接入终端进行认证、终端使用者认证，杜绝 IP 地址的冒用，杜绝非法设备的接入，减少了非法外联。在实际使用中，安全准入系统虽然存在稳定性欠缺、网络资源占用较高、兼容性有待提高等各种问题,但在客户准入方面操作简单,能集成 AD 域认证,功能界面友好,有力保障信息安全。

台州发电厂在实施 IT 运维审计系统项目后,对重要服务器、安全设备、网络设备及其他 IT 核心设备进行集中管理,权限分配集中管理,按需开放权限。各信息系统管理员独立使用自己的域账号登录访问,外来调试、测试、安装的人员,按需要开设临时账号。通过运维审计系统,用户不需要接触核心系统的账号密码,有利于系统安全;对于所有核心系统的操作,信息安全管理员可以进行实时监控,并且可以即时中断外来人员的链接,确保安全;所有的操作有记录、可回放,对于设备的故障诊断及误操作都能有一个依据。

在目前建立的信息安全体系中,核心系统的访问和操作通过 IT 运维审计系统把关,对接入客户端用准入系统把关,各边界都有防火墙隔离,生产控制大区与管理大区以物理隔离器隔离,内网有网络防病毒软件、NIPS,vlan 按部门划分、ACL 访问控制、IPS 上做的带宽控制,建设账号的统一认证体系,事后也有日志进行查询、审核,并通过 IT 运维管理系统对信息安全运行情况进行实时监控,发现问题及时提醒。

2010 年,信息系统首次进行等级保护评测,并提交公安部门备案。

2012 年,建设运维审计系统,保证操作留痕迹,以便事后能有效地审计以及有根据地排错。

2012 年,台州发电厂修订了电力二次系统安全防护应急预案,并结合安全性评价要求建立了信息安全应急响应预案。根据制度要求,对各项应急预案定期安排演练,并根据实际需要补充了相应系统的应急操作手册,保障突发情况可得到妥善处置。

2015 年底完成第一台机组“DCS 安全防护与审计监控”。“DCS 安全防护与审计监控”是为了解决目前 DCS 系统存在的安全问题。由于通常 DCS 系统上不能安装除操作系统、应用软件以之外的第三方安全软件,安装“DCS 安全防护与审计监控”后可提高生产控制系统主机的安全防护。

2016 年,根据演练,从实用性出发,以原有的《电力监控系统应急预案》《信息安全应急响应预案》二个预案为基础,编制了《网络与信息安全应急预案》。

第四节　教育培训

一、教育培训管理

电厂建有教培中心楼 1 幢,内有仿真机专用场地 700 平方米,目前装有 30 万千瓦、35万千瓦火力发电机组仿真机各一套，及与之相配套的工程师站和教练站、仿真机集控室、仿真机计算机室、资料室、办公室等。教培中心设有教室4间，其中第一教室为大教室，有80多个座位；第二、三、四教室各有四五十个座位；教室配有电教设备及用于电化教育的器材；还有用于计算机知识培训和网上学习考试的微机房1间，有计算机31台。

二、岗位技能培训

（一）上岗培训

台州发电厂对每年新入厂的大学生，先进行为期一周的入厂教育培训，然后下部门培训实习，再根据个人专业、特长及培训实习情况分配岗位，经岗位考试合格方可上岗。对个别新分配或转岗人员，其上岗培训由部门或班组负责。岗位培训主要以导师带徒的形式，签订师徒合同，根据岗位不同，签订3个月到12个月的书面合同，合同完成，从教育培训经费中支取师徒培训费。合同未完成，按《教育培训管理》进行考核。

（二）专业技能培训

（1）为加强运行人员的专业理论水平，从2010年5月至2011年12月，运行部门分6期共229人到上海电力学院进行集控运行理论知识培训。2011年8月至11月燃料部门分2期共68人到杭州电力教育培训中心进行燃料运行专业理论知识培训。2011年8月至2012年3月运行部化学分场分3期共70人到武汉大学进行化学专业理论知识培训。2012年3月份运行部环保部门31人在上海电力学院进行脱硫、脱销技能理论培训。

（2）为提高维护人员的技术技能，2010年8月至12月分批在浙西电力培训中心和湖州电力技术培训中心共95人进行检修技能培训；2011年7月维护部门45人到上海艾默生过程控制有限公司进行机组DCS控制系统改造OVATION设备培训。

（3）为提高管理人员的管理水平，2009年至2013年分6期共129人在浙江工商大学进行项目管理培训。

（三）培训网络

电厂建有健全、完善的三级培训网络，分为厂级、部门（分场）级、班组级；全厂教育培训工作由人力资源部归口管理；职工日常培训由分场负责；分场设有培训员，班组设兼职培训员。各分场每月通过技术问答、考问讲解、反事故预想、反事故演习、技术比武、技术讲课等培训方式完成日常培训任务。

（四）仿真机

台州发电厂30万千瓦火力发电机组仿真机是台州发电厂委托保定华仿科技有限公司，采用荣获1992年全国十大科技成就奖的华北电力大学大型火电机组仿真技术，在STAR—90支撑系统升级版STAR—90/for Window2003系统支持下研制开发的一套仿台州发电厂9号机组的30万千瓦火力发电机组仿真机。

图3-1　仿真机学习培训

2009年5月至12月，保定华仿科技有限公司人员在台州发电厂技术人员的密切配合下，经过收集资料、初步设计、详细设计、调试等过程，于2009年12月初投入使用，同年12月13日通过竣工测试验收。35万千瓦火力发电机组仿真机模仿台州发电厂7号机组，由保定华仿科技有限公司制造，电厂协作，于2013年6月投入使用，在2016年4月20日通过竣工测试验收。

仿真机在电厂中有着不可替代的重要作用，它能满足电厂运行人员对机组启停、正常运行调整、异常分析和事故处理以及特殊工况下操作培训的要求，也能满足电厂开展各种在真实发电机组上不能做或风险较大的运行实验的需要；台州发电厂二台仿真机的事故仿真多达700余种，覆盖了同类机组主、辅设备可能发生的各类事故，并且逼真度极高，受到培训学员的高度评价，就像在自己工作的集控室操作一模一样。

为了充分发挥仿真机的培训功能，制订仿真机管理标准，编写仿真机培训大纲、教材和操作规程，并设置专职，在培训本厂运行人员的同时，还接纳省内外电厂运行人员的培训。从仿真机投入培训至2016年12月，仿真培训了150多期，大大提高了运行人员的事故处理能力，为电厂的安全经济运行作出了贡献。

三、学历教育

台州发电厂在完善教育培训设施，抓岗位技能培训、专业技能培训的同时，也不忘鼓励职工参加各种形式的学历教育。2006 年至 2016 年间，组织选派职工参加浙江工商大学工商管理硕士(MBA)学习毕业有 4 人；参加浙江大学工程管理硕士毕业 11 人；参加浙江省能源集团与浙江大学联合办学，尚在学习之中的工程管理项士 6 人，工商管理硕士(MBA)2 人。职工利用业余时间参加各类函授、网络等学习教育积极。

至 2016 年末，大学及以上学历 384 人；大专 531 人；中专 53 人；高中、中技 278 人；初中及以下 129 人。

第四章　管　理

第一节　体制与机构

一、体制沿革

2011年,浙江浙能电力股份有限公司成立,台州发电厂受浙江省能源集团有限公司和浙能电力股份有限公司双重领导。

二、行政领导更迭

2008年11月27日,浙江东南发电股份有限公司聘任牟文彪为台州发电厂副厂长,免去马京程台州发电厂副厂长职务。

2010年12月27日,浙江东南发电股份有限公司聘任马京程为台州发电厂厂长,免去孙玮恒台州发电厂厂长职务。

2011年8月10日,浙江东南发电股份有限公司聘任吴春年为台州发电厂总工程师,免去牟文彪台州发电厂总工程师职务。

2012年5月5日,浙江东南发电股份有限公司免去牟文彪台州发电厂副厂长职务,8月30日聘任张浩为台州发电厂副厂长。

2013年1月11日,浙江东南发电股份有限公司聘任陈统钱为台州发电厂副厂长;同年4月9日,聘任沈波为台州发电厂厂长,免去马京程台州发电厂厂长职务。

2014年11月3日,浙江浙能电力股份有限公司免去陈统钱台州发电厂副厂长职务;同年12月24日,浙江浙能电力股份有限公司聘任王亨海为台州发电厂副厂长。

2015年7月13日,浙江浙能电力股份有限公司免去杨志明副厂长职务;同年8月3日,浙江浙能电力股份有限公司聘任赵建平为台州发电厂副厂长。

表 4-1 2006—2016 年台州发电厂行政领导更迭情况

姓 名	职 务	任职时间	姓 名	职 务	任职时间
孙玮恒	厂 长	2004.8—2010.12.27	马京程	副厂长	1998.5.20—2008.11.27
马京程		2010.12.27—2013.4.9	牟文彪		2008.11.27—2012.5.5
沈 波		2013.4.9—	杨志明		2004.2.23—2015.7.13
周慎学	副厂长	2004.7.12—2011.2.21	牟文彪	总工程师	2004.11.3—2011.8.10
陈统钱		2013.1.11—2014.11.3	吴春年		2011.8.10—
张 浩		2012.8.30—			
王亨海		2014.12.24—			
赵建平		2015.8.3—			

三、重要决策

2006—2016 年，台州发电厂各任领导班子精细管理、科学决策，在各阶段为企业的可持续健康发展做出了不懈的努力。

孙玮恒任厂长期间，面对省内电源建设飞速发展的形势，领导班子积极应对激烈的竞争，坚持以安全生产为基础，推进精细化管理强化内控，推进素质工程建设强化人才梯队建设，推进机构优化整合提高企业竞争力，推进五期扩建工程建设和台州第二发电厂前期工作提高企业发展力，推进企业文化建设、建设碧海明珠花园住房提高企业凝聚力。

全力强化安全生产管理。加强安全标准化建设，加强安全管理和设备管理，强化反违章隐患排查整治，强化技术培训和演练，10 万和 30 万等级机组近 20 台在全国性机组竞赛、供电煤耗标杆先进值等指标竞赛上名列前茅。

全力推进节能减排工作。提前完成“十一五”期间千家节能行动企业考核目标，以及与椒江区政府签订的 2010 年万元 GDP 能耗下降 7%的责任目标。

全力推进五期扩建工程建设。五期扩建工程在 2006 年 2 月 14 日获得国家发改委核准批复，是年奠基开工，2009 年五期扩建工程和四期烟气脱硫工程通过竣工验收。其中五期扩建工程高分通过了浙能集团基建达标检查验收，被浙能集团评为 2008 年度重点建设立功竞赛先进集体，被浙江省总工会、发改委授予 2006 年度省重点工程立功竞赛先进集体称号，获得了 2009 年度浙江省建设工程“钱江杯”(优质工程)奖；取得了省 30 万千瓦燃煤机组建设工程“四大”控制最优的成绩。

全力深化内部改革。通过两个阶段的机构优化调整,整合发电部、运行部、化学分场的生产人员,整合行政部、丰源公司后勤服务相关岗位,撤销维护一分场、维护二分场,成立维护分场和燃灰分场,建成30万千瓦仿真机项目,为台州发电厂五期的投产、运行人员的培养和对外输送储备了人才。

全力推进浙能台州第二发电厂"上大压小"项目建设。围绕"上大压小"发展目标,在较为困难的情况下实施并落实了台州发电厂6台13.5万千瓦机组关停工作(2009年9月2日,1、2号冷却水塔成功爆破,2010年9月15日,3号水冷塔成功爆破,标志着台州发电厂6台13.5万千瓦机组全部退出历史舞台),在极短的时间内开展和完成了包括台州发电厂4台13.5万千瓦机组在内的共362家企业、699台关停小机组,共计113.216万千瓦关停机组与替代容量资料的整编、核实、上报与公示工作。多番努力,在2010年8月21日,国家能源局批复同意浙能台州第二发电厂"上大压小"新建项目开展前期工作,标志着浙能台州第二发电厂项目建设正式拉开序幕。

全力发展供热市场。推进五期供热管线工程建设,于2009年8月通过可行性研究报告专家评审,至2010年3月16日,五期配套工程供热管线项目立项获省发改委批复,为台州发电厂获得了一个新的利润增长点。

全力推进"111"人才工程。至2008年7月,305名职工获得武汉大学成人高等教育毕业证书;至此,台州发电厂大专及以上学历达到1349人,"111"人才工程中高级工技能人员、大专及以上学历人员达到1000名的目标提前完成。

全力建设企业文化。打造台州发电厂"核心共进"企业文化体系,开展企业文化节系列活动;深入开展学习实践科学发展观活动,群众满意度测评满意率为100%。推进碧海明珠花园住房建设并完成了购房工作,提高企业的向心力。

企业获得了全国文明单位称号、全国电力系统企业文化建设先进单位、全国绿化模范单位、全国质量管理小组活动优秀企业、全国"安全生产应急知识竞赛"优胜单位、全国"职业安全健康知识竞赛"优秀奖、全国"安全生产事故排查治理知识竞赛"组织奖和省思想政治工作优秀单位、省节能工作先进集体、省卫生先进单位、省级社会治安综合治理先进集体、省先进职工之家、省电力行业协会QC小组活动优秀企业、省发电厂金属监督先进集体以及浙能集团安全生产先进企业、年度优秀企业、"安康杯"竞赛优胜企业、"四好领导班子"和台州市创建劳动关系和谐企业先进单位等荣誉。

马京程任厂长期间,企业面临着煤价过高、全口径发电设备利用小时逐渐下降、节能减排压力趋大等严峻形势。班子通过强化标准化、精细化管理,提高制度的执行力,提高安全生产和设备管理水平,做好企业安全生产工作,抓改革、谋发展,全面提升人员素质,推动企业稳中求进。

强化安全标准化建设。顺利通过安全性评价评审、安全生产标准化二级达标。8号机创造了台州发电厂30万千瓦机组大修后连续运行300天的最长记录;10号机在集团300万千瓦等级机组竞赛中获得三等奖,取得历史性突破。

深入推进节能减排工作。2012年10月,台州发电厂四期2×33万千瓦和五期2×30万千瓦燃煤机组脱硝改造项目获得浙江省发改委核准,紧锣密鼓开展四台机组脱硝改造工作;实施了9A凝泵、9号炉一次风机变频改造等一系列的重大节能技术改造项目,取得了显著的节能效果。

深化企业改革发展。先后撤销生产调度部、企业发展部,成立工程部,撤销企业策划部成立综合管理部,撤销水灰分场并入运行部,撤销燃灰分场。值长划归运行部,简化并理顺了生产调度流程。实施运行岗位六班三倒新运行倒班模式,降低职工劳动强度又提高了工作效率。完成6台13.5万千瓦机组关停后续工作。2012年8月23日,6台13.5万千瓦关停机组通过浙江省产权交易所公开挂牌交易后以1.2亿元成交成功拍卖。

全力支持浙能台州第二发电厂建设。在2011年初设置了台二电筹建处综合部、工程部、计划经营部、财务部等部门机构,输出各类管理、技术人才50人,与当地政府签订了购地合同。2011年3月初,浙能集团调整了台州第二发电厂筹建处的领导班子,台二电开始相对独立,台州发电厂还始终坚持根据台二电的需要进行人才培训,为台二电建设人才输出奠定基础。优化人力资源配置:根据13.5万千瓦机组关停后以及台二电筹建情况,及时调整、修改《台州发电厂人力资源规划》,平稳、分步转岗原发电部人员,共117人顺利地完成了转岗,实施有效整合。加大培训力度,职工整体素质得到提升,涌现出章良健、王迎迎等一大批优秀职工。2012年10月底,浙能台州第二发电有限公司成立后,第一批88人顺利调往台二电,台州发电厂职工由原来的2000人以上首次降至1952人。

加快五期供热管线项目工程建设。2011年2月25日,"五期配套工程供热管线工程项目选址调整意见书"获省住房和城乡建设厅颁发。3月10日,《台州发电厂五期供热管线工程可行性研究报告(调整稿)》通过评审。6月1日,《五期配套工程供热管线项目可行性研究报告》(浙发改能源〔2011〕527号)调整请示获省发改委批复,五期供热管线项目重新立项报批工作圆满完成。8月1日,五期供热管线项目初步设计获省发改委批复。11月8日,《五期配套工程供热管线项目市政工程施工许可证》获批,正式进入施工阶段,并做好对施工单位的质量、安全、文明监督,力促供热管线建设快速有序推进。

沈波任厂长期间,由于国家经济进入新常态,增速放缓,社会电力产能严重过剩,浙江省内火电机组发电小时断崖式下降,两降一升带来的压力越来越大,企业面临着越来越严峻的发展形势。为实现企业高效、稳定、可持续发展,班子通过强化精细化管理提高企业管理水平,强化安全生产固本强基,强化改革发展拓展企业发展空间,强化节能减排为区域环境建设作积极贡献,强化人力资源优化提升核心竞争力,努力推动企业稳中求进、提质效、转型升级。

严抓安全生产。健全安全生产责任体系,提高设备管理可靠性和检修维护质量,深入开展反违章和隐患排查治理,连续开展"文明生产大整治"行动,圆满完成平安护航 G20 大会战任务,顺利完成了台州发电厂 4 台机组的增容改造工作以及温燃的两台机组"油改气"项目,成功爆破拆除了一至三期的三根烟囱,安全有序抓好发电工作,2013 年发电量计划完成进度居省统调常规燃煤机组之首。至 2016 年底企业连续安全生产超过 1536 天,多台机组在全国火电 30 万千瓦等级各项指标竞赛排行前三。

紧抓节能减排。完成了 4 台机组的烟气脱硝改造工程,顺利完成了 7、9、10 号三台机组的烟气超低排放改造任务,烟气污染物排放达到天然气机组的排放标准。完成了 7、8 号机组锅炉给水泵的节能综合改造项目,节能效果显著。加强了污水治理、废水回收并减少了原水使用量,有序开展脱硫废水处理装置改造和酸碱废水处理项目建设,实现了供电煤耗和水耗的持续下降,为地方"五水共治"行动作出了积极贡献,并在 2015 年获评浙江省节水型企业。

深抓改革发展。2013 年出台《台州发电厂定岗、定编、定员实施办法》及岗位定编方案,经双向选择共有 1337 人录用至相应的报名岗位,圆满完成了定岗、定编、定员"三定"工作,并向台二电输送人员共计 591 人,企业人数首次降至 1400 人以下。2015 年底,根据浙江浙能电力股份有限公司所属营运企业部门岗位标准化要求,全面调整组织机构,成立厂办公室、人力资源部、设备管理部、党群工作部、监察审计部、财务产权部、计划营销部、安健环部、运行部、维护部、燃料部、物资采购部、前期办公室、信息中心、行政事务中心、工会办公室、检修分场、龙湾项目部、凤台项目部。原组织机构全部撤销。

抢抓项目拓展。全力发展供热市场,五期配套供热管线全线贯通,五期配套工程供热管线第二期项目,东海翔供热管线延伸段工程,南洋二路、南洋四路支线项目取得较大进展,南洋涂区块供热管道工程技改项目已开工。推进海天公司升级发展,在巩固检修市场的基础上,开拓了起重机械维修等维护市场,与椒北水厂签订了电气设备全年维护定检合同,提升公司的品牌影响力和竞争力。取得浙能技能培训实训基地的定位,拓宽了企业的发展路径。老机组拆除场地再开发,与中核建、高温堆公司等公司合作推进高温气冷堆项目,项目正处于项目建议书编制阶段。推进新能源项目调研和开发，与临海市东海翔集团有限公司签订《能源综合利用合作框架协议》，建设屋顶光伏发电项目。

勤抓提质增效。通过开展找短板系列活动、大讨论活动统一思想，弥补不足；通过开展“提质增效、增收节支”专项行动深挖内潜，降低经营成本；通过加强培训、推进素质工程优化人力资源，有效解决了人员到台二电后产生的各种短板，而且职工团队在省、集团、电力股份大赛上名列前茅。

力抓黄岩代管和项目部管理。全面加强黄岩热电的各项管理工作，在2013年年底圆满做好机组关停工作，在2015年3月份顺利完成了人员分流工作，82位职工调动到乐清电厂、兰溪电厂、台二电、台州发电厂工作。积极推进黄岩热电新项目建设，以期达到保障黄岩经济开发区集中供热需求和环保超低排放标准的要求。加强驻外项目部内控工作，做好龙湾和凤台两个项目部管理工作，得到了温州燃机和凤台发电公司的好评。

积极推进企业文化建设。巩固全国文明单位建设，推进“家园”文化建设，开展道德讲堂、结对共建、志愿者服务等活动，提高企业影响力和凝聚力；2016年2月2日，台州发电厂公共租赁住房项目开工。

企业先后荣获了全国电力行业质量管理小组活动优秀企业、全国安全生产领域“打非治违”知识竞赛优胜单位奖、第六届浙江省绿色低碳经济标兵、省创建和谐劳动关系先进企业、省第二批“廉政文化进企业”示范点、省“安康杯”竞赛优胜单位、浙能集团安全生产先进集体以及台州市模范企业等荣誉称号。

四、机构设置

2007年6月13日，经厂党政联席会议研究决定，撤销监察部、审计部，成立监察审计部。

2011年5月，撤销生产调度部，整体职能划归运行部。成立企业发展部和台州发电厂驻黄岩热电有限公司联络处。

2013年3月3日，电厂撤销企业策划部，成立综合管理部和工程部。7月，企业发展部撤销，整体划归工程部。

2014年7月，撤销燃料管理部，职能整体划归为燃料分场，并且成立前期办公室。

2015年，工程部改为计划营销部，安全质量监察部改为安健环部。

至2016年底，台州发电厂职能管理科室有厂办公室、人力资源部、党群工作部、工会办公室、财务产权部、监察审计部、物资采购部、计划营销部、安健环部、设备管理部、前期办公室、信息中心、行政事务中心，共13个。

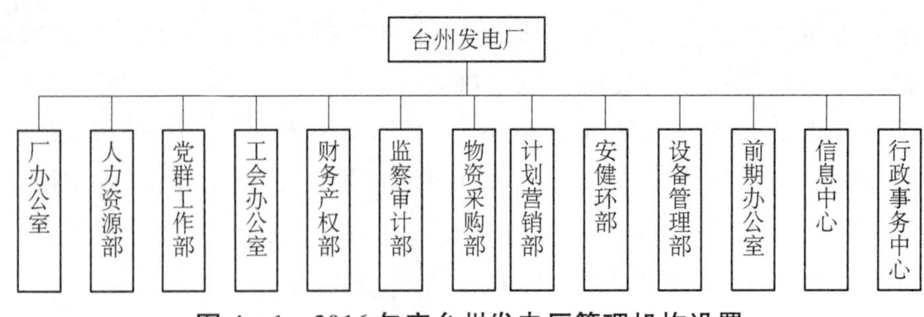

图 4-1　2016 年底台州发电厂管理机构设置

第二节　干部管理

2015 年 11 月 23 日，根据浙江浙能电力股份有限公司所属营运企业部门岗位标准化要求，台州发电厂组织机构调整、整合，撤消政治工作部，成立党群工作部，干部管理职责由人力资源部统一管理。

厂分别于 2009 年、2012 年、2014 年，对《台州发电厂干部管理标准》进行修订，进一步完善中层干部的培养、选拔、使用、交流等内容。当前版本（2014 年修订版）中，干部任（聘）用期限由一般五年改为三年，在干部考核测评中加入了中层干部互评，形成上中下三级考核制度。其中考核时对于发生因违反党风廉政受党纪、政纪处分及以上处罚的中层干部，或发生一般及以上人身伤亡事故，发生一般及以上责任设备事故、责任火灾事故，发生负主责及以上由人员伤亡构成的特大交通事故的部门中层正职和分管副职直接定性为不称职。此外，2015 年，《台州发电厂干部管理标准》还对解聘以及退出的中层干部待遇作了调整。

第三节　经济责任制与考核

2006 年以后，全厂经济责任制考核走上正轨，主体由两部分组成，一是每年年底编制新一年的经济责任制月度考核细则，二是每年年初制订本年目标考核细则。经济责任制月度考核细则和年度目标考核细则都以厂文件形式下达，并严格执行。至 2013 年 3 月，二项考核归口管理部门为企业策划部。各专业职能部门均为考核部门，并设有兼职考核员，负责对全厂实施与本部门有关的考核项目、指标考核，年度目标考核。各生产分场（部门）设有兼职考核员，负责本分场考核与汇总。同时，制订经济责任制考核细则、考核流程，并对各部门应该考核的内容、标准、指标、奖罚，均作出明确的规定。台州发电厂一直采用这种分级考核方式，但随考核内容、指标和目标项目不断增加而修改。2009年后新增了脱硫运行维护考核、脱硫运行指标考核、环保设施异常考核、热网月度考核等项目。

2006—2013年，以年度安全目标、经济管理目标、各部门工作目标为主要内容的年度目标考核基本不变。2014年开始，对年度目标考核进行修改，由四个部分组成，一是由安监部负责安全生产责任制目标考核，二是由综合管理部负责经营管理目标考核，三是由监察审计部负责党建党风廉政建设目标考核，四是由保卫人武部负责综合治理考核。这四部分权重比例设置不一样，生产部门占安全生产责任制考核权重为40%～60%，经营管理部门占经营管理目标考核权重也为40%～60%，党建党风廉政建设考核权重占12%，综合治理考核权重占8%，合并权重为100%。2014年对经济责任制(月度)考核管理(标准)进行修改，加大了安全管理考核力度，尤其是责任性不安全事件发生，相关人员都要挂钩考核；环保考核，细化脱硫指标、烟尘排放指标控制，新增脱硝指标考核、四期废水及煤泥废水系统指标考核。同时，因1～6号机组拆除对涉及1～6号机组考核内容、经济指标等作了删除、调整。总体的考核效果较好。

月度考核、年度目标考核奖金发放。各考核部门每月5日前将上月份考核情况通过IMS(管理信息系统)系统传到综合管理部考核专职，汇总形成初始意见后，经“厂经济责任制考核工作小组”考评会讨论，确定后由人力资源部核实发放奖金。年度目标考核每年在年度结束后进行，由综合管理部考核专职汇总，经“厂经济责任制考核领导小组”会议讨论，厂长批准后报人力资源部发放奖金。

第四节 计划管理

一、计划编制与实施

台州发电厂生产、经营各项工作计划，由各职能管理部门按计划管理标准分别编制各自专业年度计划、滚动计划和远期规划，并制订相应月度计划。其中有生产计划，财务成本计划，劳动工资计划，物资供应计划，基本建设计划，燃料供应计划，职工培训教育计划，环保和综合利用计划，主辅设备大修计划，技术改造工程计划，节能技术措施计划，反事故措施计划，安全技术措施计划，安全生产计划，技术监督计划，上网电量计划以及投资计划。

2006 年至 2013 年 2 月,企业策划部是全厂计划的综合管理部门,2013 年 3 月至 2015 年 12 月,综合管理部履行计划管理职能。2016 年 1 月起由计划营销部负责全厂计划的综合管理,在计划管理部门设计划专职,负责编制年、月度生产计划,上报《年度生产计划建议表》,下达全厂《月度计划任务书》,对各部门生产和工作计划完成情况按照经济责任制考核办法进行考核。

年度生产计划主要依据浙江省电力公司核定的机组额定可调出力,经批准的机组检修计划和计划临修率,同时考虑机组近期健康状况、燃料供应状况、季节性特点,结合历年生产完成情况,在每年的 9 月底前编制完成次年度上网电量计划,经厂有关领导会审,厂长批准后上报省电力公司,在每年的 10 月底前编制完成次年度发电量计划上报省经济和信息化委员会。电厂在 2006 年 9 月份开发完成 MIS 计划信息系统,有效地简化了部门月度计划、年度计划的编报流程,使计划工作从开环管理转变为闭环管理。

年度检修计划、设备技术改造计划、科技计划由设备部编制,编制时根据厂部要求、检修周期间隔、机组健康状况、设备技术改造与科技的行业标准,先由各部门在每年 6 月份前进行编制,设备部汇总审核,7 月份由生产副厂长召集生产部门有关人员商议检修费用,科技、技改项目及费用计划,经综合评定、平衡后,上报浙能电力股份有限公司和浙江省能源集团有限公司。

二、统　计

台州发电厂综合统计部门设有计划统计专职,负责全厂综合统计报表和生产日报工作,按规定向国家统计局、地方政府相关部门及上级部门和有关单位报送定期和不定期的统计报表,并完成各级统计部门下达的临时统计调查任务。建有生产综合统计台账,逐日记录全厂生产和各台机组运行情况,并为全厂经济活动分析提供资料。其他各有关部门根据工作需要分别设有专职和兼职统计人员,负责向有关部门报送相关统计报表。

三、合同管理

2006 年和 2008 年对《外包工程管理标准》作了局部修订。2009 年下半年,外包工程 MIS 系统全面升级,外包工程的立项审批在 MIS 系统中实现,《外包工程管理标准》重新修订。为规范审批流程,标准中增加了外包工程工作流程图,包括资质审查、签订合同、开工流程图、竣工决算流程图、质量保证金流程图,同时统一了报表的格式,包括项目申报表、进场原材料报验单、劳动用工合同终结会签单、一次性包干(包括监理、劳务用工及设计)结算单、经济合同审计签证单、工程质量保证金领取单。2010年、2011年分别对《外包工程管理标准》又作了局部完善。

2013年3月，厂内机构改革，企业策划部撤消，成立工程部。计划、标准、QC职能划到综合管理部，土建施工管理职能划到工程部，外包工程合同管理职能划归工程部。又一次重新修订了《外包工程管理标准》，主要修订内容如下：《外包工程管理标准》的名称修改为《外包项目管理标准》；增加了项目负责人负责制的条款，明确了项目的主管部门；增加了应急项目的审批流程，技术规范书和技术（服务）协议书的要求和审批流程，承包人资质审批流程和承包人推荐流程；完善了承包人的确定方式；增加了竞争性谈判、密封报价、招标的流程，明确了定标成员的组成；增加合同谈判人员的组成、合同谈判的依据和合同谈判的内容，修改了合同审批的流程，增加了合同盖章的内容；增加了开工、竣工验收，项目变更审批流程；增加了结算审批流程和项目款审批流程。相应地MIS系统也进行了升级改造，所有审批流程都在系统中实现。

2015年初对《外包项目管理标准》作了修订，主要是把标准中涉及的有关施工管理的内容划归到设备部，由设备部起草新的标准。《外包项目管理标准》修改为《外包项目招投标及合同管理标准》；外包项目管理标准结构修改如下：一、总则；二、立项管理；三、招投标管理；四、合同管理。为缩短外包项目的流程，原项目立项和推荐承包人的二个独立流程修改为一个流程。原外包项目立项由主管厂领导或厂长审批修改为由招投标领导小组或外包项目工作小组集体审批。增加竞争性谈判、密封报价、招标投标管理流程。

2015年制订了评标专家库管理制度，成立了评标专家库。在MIS系统中建立了与项目相对应的评标专家抽取平台，所有招投标项目的评标专家均在MIS系统中根据不同专业随机抽取，监察审计部专职全程监督。2015年外包项目MIS子系统也进行了全面升级，对合格供应商库进行了清理，对附件资料不完善的供应商进行清退，如有必要时再重新注册。项目负责人在推荐施工单位时须添加供应商的资质要求。

2015年11月，根据浙能集团的统一部署，厂内机构改革，工程部撤消，成立计划营销部，土建施工管理职能划到设备部，外包工程合同管理、计划、统计、营销职能归计划营销部。2016年4月ERP系统上线，所有外包项目的立项、投标报价、合同、付款均在ERP系统中实现。ERP系统给供应商提供了一个外部接口，使供应商能在外网上自行注册、资质维护和网上报价。针对ERP系统的流程和要求，《外包项目招投标及合同管理标准》作了修订。和原标准最大的不同是供应商在外网上进行电子版投标报价，不再参加现场开标，不再提供纸质版投标文件。需监督人员和计经同时开标，评标由评标专家在各自的电脑上进行审阅。

四、电力市场

2014年，浙江省开启电力用户与发电企业直接交易，电力用户须用电电压等级在110千伏及以上，参与直接交易试点的发电企业是符合国家基本建设审批程序并取得电力业务许可证的省统调燃煤、燃气发电企业。其中燃煤发电机组单机容量在30万千瓦及以上，且必须按规定投运脱硫、脱硝、除尘等环保设施，环保设施运行在线监测系统正常运转，运行参数达标，符合省级及以上环保部门要求。交易模式以双边协商模式为主。台州发电厂根据文件要求，与国网浙江省电力公司签订了市场主体入市协议，并递交了《浙江省电力直接交易市场准入申请表》。

2015年12月，根据省委省政府工作部署，浙江省电力用户与发电企业直接交易扩大试点范围，电力用户扩大范围，用电电压等级在35千伏及以上。发电企业通过平台集中单一制竞价开展直接交易，交易价格按边际出清价格统一确定，中标发电企业按报价排序，从低到高分配交易电量，报价相同的平均分配交易电量。由交易中心按电力用户名称拼音首字母排序，对电力用户与中标发电企业配对，规范性审查和安全校核由浙江能源监管办、省电力公司分别进行。台州电厂按规定提交入市申请，规定时间内在电力交易平台成功报价。

2016年5月30日，浙江省经济和信息化委员会联合浙江省物价局、国家能源局浙江监管办公室共同发布《关于印发〈2016年度浙江省进一步扩大电力直接交易试点工作方案〉的通知》(浙经信电力〔2016〕159号)。6月，“2016年进一步扩大电力直接交易试点”启动，电力用户范围进一步扩大为2015年用电量在100万千瓦时以上的工商企业以及执行大工业电价的工商企业。发电企业范围扩大，省外来电包括三峡集团溪洛渡水电站、中核集团秦山核电公司(二期、三期、方家山)、发电送我省的皖电东送机组(凤台电厂，平圩二期、三期等)、四川富余水电和福建来电参与市场。6月20日，浙江电力交易中心有限公司制定了《2016年浙江省进一步扩大电力直接交易试点组织工作管理规定》，确定此次扩大直接交易的交易方式采用交易平台集中单一制竞价方式，交易价格按边际出清价格统一确定，中标发电企业按报价排序，从低到高分配交易电量。6月22日，集中竞价交易平台开放，台州发电厂根据本厂实际情况，结合浙能集团和浙能电力股份的指示精神，积极参与了此次竞价，并顺利达成预定目标。

2016年，台州电厂组织相关人员参加浙能集团组织的电改培训，参加省信委组织的三期电力市场培训。

第五节 安全管理

一、安全生产委员会

电厂建立安全生产委员会，作为本厂安全生产决策机构，研究解决安全生产重大问题，决策决定安全生产重大事项，全面领导本厂安全生产工作，安全生产委员会随主要人员人事变动后及时调整。安委会下设办公室在安全生产监督管理职能部门，作为安委会常设办事机构，具体负责安委会日常事务。安全生产保障体系在安委会领导下，对安全生产履行管理职责，贯彻执行安委会做出的各项安全生产管理决策。安全生产监督体系在安委会领导下，对安全生产履行监督职责，贯彻执行安委会做出的安全生产监督决定。

二、安全监督机构

电厂自投产前在生产技术科设专职安全工程师，1983 年 12 月设立安全环保科，1984 年 6 月改为安全监察科，1999 年 1 月改为安全监察部，2003 年 8 月改为安全质量监察部。2015 年 11 月台州发电厂机构改革，撤销原安全质量监察部和保卫人武部，合并成立安健环部。自 2015 年改为安健环部后，工作职能从原来负责生产安全、文明生产的监督管理，改为负责生产安全、职业健康、消防安全、交通安全、消防安全、环保安全、文明生产等的监督管理，以及消防、消防的管理工作。

本厂实行内部安全生产监督制度，厂部对各部门、部门对班组实行上级对下级的安全生产监督。1997 年，全厂各生产部门均设立专职安全员，各职能部门设立兼职安全员，班组由副班长兼任班组安全员安全员，形成了由安监部门安监人员、各部门安全员、班组安全员组成的三级安全监督网络。

三、安全管理制度

从 2006 年至 2016 年，每年对安全管理制度进行修订完善。2015 年，制定了作为安全管理手册的《安全生产监督管理办法》，根据《安全生产监督管理办法》的要求，对全厂的安全管理制度进行了全面梳理，至 2016 年 12 月，新制定了《安全生产监督管理办法》《有限空间作业管理》《领导人员下基层、现场带班、值班规定》《厂区出入管理规定》等 4 个安全管理制度，取消了《安全生产委员会管理》《安全监督管理》《分场、班级安全员安全监督规定》《不符合(不合格)、事故、事件及其纠正与预防措施管理》《记录管理》《协商和沟通管理》《环境、职业健康安全的监测和测量管理》《环境和职业健康安全运行管理》《外出承包工程安全管理》等9个安全管理制度。现有32个安全管理标准和制度,其中安全管理标准22个,安全管理制度10个。

四、安全生产责任制

落实安全生产责任制是保证安全生产行之有效的措施。1998年制订《台州发电厂各级人员安全生产责任制》,1999年开始实施,按照"谁主管、谁负责"的原则,坚持"管生产必须管安全",全厂各级各类岗位制订了明确的工作标准,在工作标准中明确了职位、岗位安全职责,各司其职,一级对一级负责。2014年12月1日起施行新的《中华人民共和国安全生产法》(中华人民共和国主席令第十三号),于2015年对全厂的安全生产职责进行重新制订,厂部制订厂标准《安全生产职责》,在《安全生产职责》中落实厂部人员和各部门的安全职责,各部门根据厂标准《安全生产职责》制订了各班组安全生产职责和各岗位的安全生产职责。

建立安全生产工作奖惩制度。2015年按照"一岗双责"原则对《安全生产工作奖惩规定》修订,建立了按"一岗双责"原则的安全生产内部问责制度,实行管理者对被管理者安全生产责任追究制度,包括对被管理者主要负责人进行责任追究;被管理者的安全生产工作向管理者负责。在内部考核上,管理者为被管理者承担连带责任。

每年根据安全生产实际需要和工作重点,层层签订安全生产责任书,每年修改奖惩分明的《安全生产责任制考核办法》,坚持确保人身安全、主设备安全和电网安全的原则,确保全厂不发生员工死亡及重大伤害人身事故、一般以上设备事故、考核障碍、一般环境污染事件、直接经济损失达5万元以上的一般火灾事故、负主责的由人员伤亡构成的重大以上交通事故等安全目标的实现,做到层层把关,使安全生产处于受控状态。

五、安全教育培训

厂人力资源部每年安排以新入厂人员、部门管理人员以及班组长为重点的安全培训工作。新入厂的人员,经厂、部门和班组三级安全教育。厂级安全培训时间不少于24学时,部门安全培训时间不少于12学时,并经有关安全工作规程考试合格后方可进入生产现场工作,经相关技术业务培训合格后才能上岗;每年对部门管理人员、班组长进行安全教育培训不少于12学时。

班组利用安全日活动对班员进行日常的安全教育培训工作，班组每月至少进行二次安全日活动，2015 年将活动时间从 2 小时调整为不少于一小时，安全活动主要学习的内容包括上级有关安全生产文件、政策、法令、法规、事故通报、电力安全信息的学习，同时学习安全技术知识，提高员工的安全技术水平。通过对事故通报的学习，吸取经验和教训，举一反三，以增强职工安全意识。

根据《生产经营单位安全培训规定》(国家安全生产监督管理总局令第 3 号，2006 年 3 月 1 日起施行)的要求，主要负责人(取安全合格证 A 证)和厂部分管安全生产和与安全生产有关工作的厂领导、安监部门负责人及其专职安监人员(取安全合格证 B 证)，都经过了政府安全生产监督管理部门组织的安全取证培训，取得了相应的安全合格证，并全部参加了三年的安全复证培训。

六、安全生产检查及隐患排查与治理

电厂以安全生产日常检查、春季安全生产大检查、秋季安全生产大检查、安全生产专项检查、安全性评价、安全生产标准化评价等安全生产检查作为查找问题的主要手段，通过隐患排查对查找出的问题进行分级梳理，并根据梳理结果做好相应的治理工作。

1. 安全生产检查

电厂坚持每年 3 月至 5 月的春季安全大检查，9 月至 11 月的秋季安全大检查。春、秋季安全大检查按照计划布置、组织实施、总结梳理、整改反馈四个步骤认真开展，并做到厂领导带队检查，对查出的问题下达整改，对下达的整改项全部做到闭环管理。

2007 年电厂进行了第二轮安全性评价专家查评，检查出并下达整改项 169 条；2013 年电厂进行了第三轮安全性评价专家查评，检查出并下达整改项 168 条；电厂每年都进行安全性评价的自查工作。对每次自查和专家查评出的问题进行汇总、归类，责任落实到人，限期完成整改，实行闭环管理，保证安全性评价的实效性。

2013 年 3 月 6—14 日由浙江浙能能源技术有限公司对对台州电厂进行了电力安全生产标准化二级达标评审的现场评审工作，查评标准分 1800 分，其中不适用项 13 项，共 325 分，应得分 1475 分，实得分 1306 分，评审综合得分 88.5 分。依据《电力安全生产标准化达标评级管理办法》，台州发电厂达到电力安全生产标准化二级企业的标准。从 2014 年开始，每年电厂都进行电力安全生产标准化的自查工作。对每次自查的问题进行汇总、归类，责任落实到人，限期完成整改，实行闭环管理，保证电力安全生产标准化的实效性。

2. 问题的治理

电厂对安全生产检查查出的问题以缺陷、整改计划和两措的方式进行治理。对于查出的重大问题和隐患,在治理过程中制订对应的防范措施和应急预案。

电厂每年以上级颁发的反事故技术措施、需要消除的重大缺陷、提高设备可靠性的技术改进措施以及本厂事故防范对策等为依据,从改善作业环境和劳动条件、防止伤亡事故、预防职业病、加强安全监督管理等方面编制年度的"两措"计划,每年在7月31日前将下一年度重大"两措"项目与下一年度大修、技改项目同步报浙能电力生产安全部进行审查。于每年年初下达年度的"两措"计划,"两措"计划包括浙能电力批准的重大"两措"项目和本厂审定的一般"两措"项目,并落实技术方案、资金来源、实施时间。

七、反违章检查

违章是电力企业事故发生的重要根源,本厂在2008年至2013年2月,厂反违章检查增加了反违章的检查力度,每周进行三次反违章检查,在这期间台州发电厂的违章行为明显减少。从2013年3月开始,厂级反违章检查次数改为每周不少于一次,并加大了考核力度。厂级反违章检查出的问题由安健环部形成《安全生产及文明生产反违章检查情况通报单》在OA中公布,并将查出的问题录入MIS系统中实行闭环管理。

2013年厂级反违章检查进行了63次,发现问题197条,考核了92次;2014年厂级反违章检查进行了62次,发现问题385条,考核了196次;2015年厂级反违章检查进行了86次,发现问题621项,考核了190项;2016年厂级反违章检查进行了186次,发现问题1664条,考核了276次。

八、治安保卫

按照"打防结合、预防为主,专群结合、依靠群众"的社会治安综合治理工作方针,全面落实社会管理综合治理目标管理责任书,以"创安"十项要求为标准,大力推进以厂部、厂党委为主导,以广大职工群众为主体,以"四大体系"建设为核心,以民主政治建设为保障的治安综合治理建设,牢牢把握"平安台电"建设这一目标,充分发挥职工群众在建设"平安台电"中的主体作用,形成"人人有责、人人参与"的良好氛围,层层签订治安综合治理创安工作责任书,逐步细化治安管理的措施。2006年至2015年每年被评为台州市级治安安全单位,其中2009年被评为省级治安安全示范单位。

(一) 治安管理

2013年12月,武警台州市支队直属二中队撤离台州发电厂,台州发电厂成立保安队，人员由外包单位派遣，由保卫人武部负责管理。2015 年 11 月台州发电厂机构改革，撤消保卫人武部，保安队划归安健环部管理。2016 年 7 月，浙能应急求援中心正式进驻台州发电厂，执行台州发电厂治安保卫任务。

2008 年完善原有技防设施，监控中心设厂武警中队勤务室，对全厂重要部位和通道实行 24 小时实时监控，2010 年又进行升级与改造，监控中心搬到厂 119 消防指挥中心。2016 年对全厂治安监控设备实行数字化改造，1 号大门接待室配备智能访客系统，与地方公安联网，职工全部实行门禁刷卡出入大门。

（二）民兵建设

认真完成民兵整组等国防政治任务，充实完善台州发电厂民兵应急队伍。根据椒江区武装部的要求，台州发电厂建有民兵应急分队、民兵汽车运输连和民兵双 25 高炮连。

为确保上海世博期间的治安稳定，2010 年 9 月 14 日，厂长孙玮恒亲自带领民兵应急分队参加了台州市政府组织的“金盾—10”应急应战演练，10 月份被台州市委、市政府授予“金盾—10”演习先进单位。

2014 年 6 月 5 日下午，椒江区 2014 年重要防卫目标防恐实兵演练在台州发电厂打响。区武装部长魏庆宝上校担任本次实兵演练指挥长，党委书记杨志明现场协同指挥，区武装部党委班子成员，军事科、政工科、后勤科全体人员，台州发电厂保卫人武部，椒江区各街道武装部和各民兵整组分队，当地公安、交警，边防及台州发电厂 50 多位民兵参加了演练。

破获的案件：

针对 2006 年下半年厂区电缆等时有失窃的情况，保卫人武部组织人员做了大量的调查和夜间守候，在驻厂武警的配合下，11 月 28 日夜将犯罪嫌疑人张某某抓获，从而破获了多起厂区财物失窃案件，共有 9 人被判刑。

九、消防管理

（一）组织和制度

台州发电厂的消防工作贯彻“预防为主，防消结合”和“谁主管，谁负责”的方针，按照单位全面负责、全体职工积极参与的原则，实行厂级、部门级及班组级的消防三级防火责任制，并确定各级防火责任人。为加强消防安全工作领导，成立厂防火安全委员会。主任由厂长担任，副主任由党委书记、生产副厂长、经营副厂长、纪委书记、总工程师、工会主席担任，成员由副总工程师、运行总监及各部门负责人组成。根据机构和人员的变动，及时调整厂防火安全委员会人员。2015 年电厂进行了机构改革，撤消了保卫人武部，人员并入安健环部，因而厂防火安全委员会及厂防火领导小组的办事机构设在安健环部。按规定修订完善《消防安全管理》标准，详细规定各级人员的防火责任制、防火检查整改制度、消防宣传教育制度，以及消防设施和消防器材检查制度等。

（二）专职消防队伍

原厂专职消防队由从社会招聘的短期临时合同工 18 名组成，保卫人武部三名正式职工担任消防队长、副队长进行消防队管理工作。2013 年 12 月底因故解散老消防队员，2014 年 1 月重新招聘 12 名消防队员，在保卫人武部设消防专职一名，负责管理消防队工作。2016 年 8 月 1 日，厂专职消防队由浙江浙能消防服务有限公司接手管理，全面负责全厂的消防安全工作，消防队编制人员 25 名，消防队伍得到了加强，进一步提高了台州发电厂的自防自救能力。台州发电厂专职消防队主要负责本厂的火灾扑救及抢险救灾工作，负责全厂移动式消防器材的检查、配置、更换和维护，每年开展消防演练和消防知识培训，负责消防安全巡查、消防动火监护等工作。

十、交通安全管理

台州发电厂交通安全领导小组自 1993 年 7 月 18 日成立以来，每年根据机构和人员的变动情况进行调整，领导小组下设办公室(简称交管办)，交管办设在保卫人武部，并设一名交通专职负责全厂日常的交通安全管理工作。2015 年电厂进行机构改革，撤消了保卫人武部，交管办改设在安健环部，交通安全管理人员并入安健环部。台州发电厂对专、兼职驾驶员全部实行准驾审批制度。除每月的驾驶员安全学习外，交管办不定期邀请地方交警部门来厂讲课，提高驾驶员的安全驾驶意识。

十一、应急管理

2004 年 1 月，为了贯彻落实国务院提出的“加强全国生产安全应急救援体系建设，尽快建立国家生产安全应急救援指挥中心”的要求，台州发电厂成立了以厂长孙玮恒为组长的应急救援指挥机构，明确了生产安全突发事件应急救援领导小组及各级应急救援组织的职责，成立了预案编制小组，组织编制应急预案，并在当年发布了《生产安全突发事件应急预案》。

2008 年，经过了 4 年的努力，台州发电厂的应急预案体系初步形成，将原《生产安全突发事件应急预案》更名为《生产安全突发事件综合应急预案》，并发布了《生产安全突发事件综合应急预案》和 24 个专项应急预案。2011 年 8 月，按照《生产经营单位安全生产事故应急预案编制导则》(AQ/T9002 - 2006)的要求，台州发电厂的《生产安全突发事件综合应急预案》和 24 个专项预案在杭州通过了专家评审后报浙江电监办和地方相关部门进行了备案。

从 2015 年下半年开始至 2016 年 10 月份，按《电力企业应急预案管理办法》(国能安全〔2014〕508 号)和《电力企业应急预案评审与备案细则》(国能综安全〔2014〕953 号)的要求对台州发电厂的应急预案体系进行了全面修订，本次修订是按新的要求特别从完整性、针对性、实用性、科学性、操作性和衔接性等方面对应急预案体系进行重新编制，对应急预案的层次结构、语言文字、要素内容、附件项目等内容进行了全面的修改，共编制了 1 个综合应急预案、19 个专项应急预案、56 个现场处置方案，并于 11 月 4 日在杭州通过了专家评审，在 12 月向能监办和地方相关部门进行了备案。

为了验证应急预案的适应性，台州发电厂每年下达年度的应急演练计划。各部门按计划要求组织了各类应急救援演练，大大提高了全体员工的综合应急能力，同时也验证了应急预案的可操作性。

十二、安全记录

表 4-2 2006—2016 年安全生产统计

年份(年)	事故(次)	考核障碍(次)	一类障碍(次)	二类障碍(次)	异常(次)	轻伤(次)	未遂(次)	最高安全日(天)
2006	—		5	2	1	—	—	463
2007	—		7	—	—	—	—	828
2008	—		5	—	—	—	—	1194
2009	—		3	—	—	—	—	1559
2010	—		5	—	—	—	—	1923
2011	—		3	—	—	—	—	2288
2012	1	1	1	—	—	—	—	2576
2013	—		1	—	—	—	—	441
2014	—		2	—	6	—	—	806
2015	—		2	3	6	—	—	1171
2016	—		1	2	4	—	—	1537

十三、事故(事件)选录

2006年1月19日9时16分,8号机组负荷28万千瓦,汽包压力、汽包水位信号在CRT上出现红闪,三台给水泵勺管由“自动”切至“手动”且手动无法操作,实际汽包水位上升,但首出“汽包水位低低”发生MFT,发电机跳闸。经处理后,于13时6分重新并网运行。(一类障碍)

2006年7月11日3时15分,运行检查发现3号炉尾部烟道处泄漏声较大,经设备部点检员确证为右侧包覆过热器管子泄漏,汇报值长并经省调同意后于6时46分3号炉停炉临修。停炉后进行检查,查明右侧包覆过热器下联箱处管子爆泄,具体位置是:对右侧炉后起数第28、30、32根损坏管子更换,并补加防磨罩,对再右侧第1排第1、3根管子进行打磨补焊处理,管子更换长度约900毫米。经检修处理后,于7月13日17时46分重新并网运行。(一类障碍)

2006年8月4日2时59分,1号机组因机组协调不好,引起锅炉汽包水位波动较大,在退出自动过程中发生锅炉汽包水位高高,MFT动作,炉熄火,在1号炉吹扫过程中,MFT画面显示迟缓,网络通信联络跟不上,造成吹扫启动多次失败,不能进行正常点火,3时34分1号机拍车停机。于5时43分重新并网运行。(一类障碍)

2006年11月10日12时30分,运行人员发现4号炉炉膛结焦,汇报值长组织人员打焦,15时39分负荷减至10万千瓦,17时35分负荷减至6万千瓦,18时46分负荷减至4万千瓦,因多次减负荷无法将焦打完;申请省调同意,4号炉于11月10日23时34分,停炉进行打焦。打焦清焦工作结束后,于11月13日5时17分重新并网运行。(一类障碍)

2006年12月18日0时27分,8号机组高压缸抽真空阀电动装置行程开关在接通条件下因振动大接触电阻增大造成接点接触不可靠,引起8号机组高压缸抽真空阀电动装置关状态丢失,导致汽机跳闸机组解列。经更换该行程开关等处理后,于18日13时22分重新并网运行。(一类障碍)

2007年1月29日13时19分,因DNC-MRET检测柜内REF30板并联在B19继电器线圈两端的续流二极管短路,引起7号发变组“失磁保护Ⅲ、Ⅳ段”“反时限定子过负荷”“程序逆功率”保护动作,7号发电机跳闸停机。经更换处理后,于1月30日10时27分重新并网运行。(一类障碍)

2007年2月7日17时14分,8号机组负荷由25.5万千瓦减至16万千瓦过程中,炉膛火检相继失去,17时25分45秒炉MFT动作。于2月7日19时15分重新并网运行。(一类障碍)

2007年5月5日11时18分,8号机运行中“低励限制”“最低基准电压”等光字牌亮，发电机电压22.3 kV，无功至零，自动通道下手动加无功无效后将8号励磁调节器切至手动通道运行，11时20分，8号汽机、发电机跳闸，首要原因"失磁保护动作"。经检查处理后，于5日19时35分重新并网运行。（一类障碍）

2007年7月4日11时20分，8号机组负荷31.9万千瓦，汽机转速出现无规律间歇跳动，11时24分汽机转速大于3030转/分，频差动作，调门关闭，机组速降负荷，11时27分机组负荷到零，11时29分，在加负荷过程中推力轴承过应力再次跳机。经检查处理后，于7月4日13时50分重新并网运行。（一类障碍）

2007年9月6日，6号炉右侧低温再热器受热面管子发生泄漏，于20时38分，解列停炉临修，经处理后，于9月10日6时10分重新并网运行。（一类障碍）

2007年9月22日21时10分，8A引风机因轴承温度高跳闸，RB动作，8A送风机、8A一次风机相继跳闸；23时38分，8B一次风机因旁路柜侧闸刀操作闭锁机构辅助开关固定螺丝松动跳闸，炉MFT动作，8号机组解列。经处理后，于9月23日2时58分重新并网运行。（一类障碍）

2007年9月30日19时56分，在进行台大2345线开关由正母Ⅰ段热备用改为正母Ⅰ段运行时，因台大2345线互感器的二次屏蔽接地端子材质及制造质量不良，屏蔽罩与外壳间场强不稳定，引起台大2345线三相跳闸，220千伏正母Ⅰ段母差动作；220千伏1号母联开关，1号、3号、5号主变220千伏开关，州泽2357开关，台大2354开关，台临2351开关，220千伏联络(一)线一段开关跳闸；220千伏正母一段失电，3号机组、5号机组自带厂用电。现场对台大2345线互感器进行更换处理，21时52分台大2345线改冷备用，22时6分3号、5号主变220千伏开关由正母一段倒至副母一段正常后，3号机组于22时18分重新并网运行，5号机组于22时22分重新并网运行。（一类障碍）

2008年1月6日22时30分，运行检查发现4号发电机定子出线侧线棒发生微漏，1月7日0时15分4号机组解列，1月8日抽出4号发电机转子，更换漏水线棒。于1月11日23时48分重新并网运行。（一类障碍）

2008年4月12日9时29分，9C给泵因前置泵轴承温度高跳闸，RB动作，机组快速减负荷，9时38分汽包水位高高，炉MFT动作，9号机组跳闸、发电机解列。于13时38分重新并网运行。（一类障碍）

2008年8月2日9时16分，7A一次风机变频器故障跳闸，7号炉RB动作，7C磨煤机跳闸。9时18分，汽包水位高高，7号炉MFT，7号炉跳闸。于14时40分重新并网运行。在机组启动加负荷过程中，检查发现7号炉过热器管子发生泄漏，停止7号炉运行转D级检修。经检修处理后，于8月7日13时58分重新并网运行。（一类障碍）

2008年8月31日15时34分,2号发电机保护(二)柜的差动保护的两组CT饱和特性不一致,但保护装置采样准确,造成了CT迅速饱和,导致两个CT角差较大,差流超过定值,从而导致2号发电机B相差动保护动作,2号发电机开关跳闸,2号炉MFT。在当时CT无法更换的情况下,为提高躲过区外故障的能力,暂时将差动保护的比率制动系数定值从25%抬高到40%后,于23时45分重新并网运行。(一类障碍)

2008年12月21日18时5分,10号机组负荷18万千瓦,10B给煤机被一块250毫米×140毫米×200毫米的石块卡住跳闸,10A、10B送风机动叶由40%自动关至24%,锅炉总风量从762吨/时降至590吨/时,炉膛二次风箱差压低闭锁导致油枪无法投入。18时59分,10A、10D磨煤机因相邻两角煤火检消失而跳闸,10B磨煤机因出口温度高跳闸,随后导致锅炉MFT动作。经检查处理后,于12月22日5时57分重新并网运行。(一类障碍)

2009年2月13日1时24分,因逻辑问题,10A、10B、10D磨煤机进口热风门开始关闭,给煤机给煤量开始上升,并导致磨煤机跳闸,最终造成了炉MFT动作。经检查处理后,于5时55分重新并网运行。(一类障碍)

2009年8月15日19时51分,9B小机做低压主汽门松动试验,由于75%行程开关信号不正常,造成主汽门继续关闭;9B小机转速快速下降,引起汽包水位快速下降,RB动作,D磨煤机跳闸;运行启动了9C电泵后,由于9B小机松动试验30秒强制复位信号已到,低压主汽门重新开启,三台给泵同时运行,造成了汽包水位高高,MFT动作。经处理后,于8月20日4时12分重新并网运行。(一类障碍)

2009年8月30日21时16分,操作停运7B给泵过程中,7B给泵跳闸,给水流量突降至零,判断7B给泵出现倒转,汽包水位突降,50秒后7号炉汽包水位低低,炉MFT动作。于8月31日0时35分重新并网运行。(一类障碍)

2010年3月26日17时19分,9号机组负荷23.5万千瓦协调控制方式,由于9号发电机励磁碳刷集电环发生环火,最终导致集电环导电螺钉与大轴导通放电,17时34分手动解列停机。经检修处理后,于4月11日20时14分重新并网运行。(一类障碍)

2010年4月14日14时10分,8号机组“8号发电机定冷水箱水位低低”“发电机水系统主故障”报警,8B定冷水泵跳闸,8A定冷水泵闭锁启动;8号发电机断水保护动作跳机,发电机跳闸。经检查确认为定冷水箱液位开关误动,重新投用后正常,于17时18分重新并网运行。(一类障碍)

2010年6月1日12时42分,10号机组因“DEH故障”汽轮机跳闸、锅炉MFT、发变组跳闸。经检查确认,对故障的ETS系统卡件进行更换后设备重新正

常投运，于17时43分重新并网运行。（一类障碍）

2010年7月5日14时13分，由于7A控制油泵出口管接头断裂，7号机“EH油压力低低”报警，7号汽轮机跳闸；14时14分7号炉因高旁未打开造成MFT动作。经检查确认为7A控制油泵出口管接头断裂，控制油箱油位到零。对7号机7A、7B控制油泵出口管接头进行更换并重新加油后，于7月6日5时18分重新并网运行。（一类障碍）

2010年9月19日17时33分，因外沙变一条线路故障，9号、10号机组PLU动作，负荷均甩至零。9号机组因汽包水位低低保护动作，锅炉MFT；10号机组因发电机保护信号“GENERATOR ERR1/2”动作，发电机跳闸、汽轮机跳闸。检查正常后重新启动，9号机组于9月19日23时4分重新并网运行，10号机组于9月20日2时33分重新并网运行。（一类障碍）

2011年5月3日18时56分，因7号机调节器柜内一个测量励磁电流谐波分量的变送器电源回路接地，引起7号主变220千伏开关跳闸，7号发电机调频调压带厂用电运行。19时12分，7号机组因汽包水位低低动作锅炉MFT。由于7号A循环水处理变开关辅助接点接触不好，引起7号A循环水处理变开关高、低压未联跳，造成380伏循环水处理7A段母线失电，其下接的四期循泵房动力盘(一)及MCC(一)失电，热工电源(一)、(三)失电，造成循泵冷却水压力变送器失电，延时10分钟后循泵冷却水压力低保护动作，7A、8B循泵于19时22分5秒跳闸，8号机循环水进水压力到零，19时23分10秒，8号机低真空保护动作8号机组跳闸。于5月4日0时38分8号机组重新并网运行，于3时51分7号机组重新并网运行。（一类障碍）

2011年12月1日12时47分，10号机危急保安器注油试验时，因喷油电磁阀卡涩未复归，试验结束打开隔离阀时安全油压失去，导致10号机组跳闸。20时5分重新并网运行。（一类障碍）

2011年12月16日，8号机A修后启动并于16时59分并网。18时4分8号机负荷3.8万千瓦，在高压缸手动切缸过程中“抽真空阀后压力高”动作，汽机跳闸、发电机逆功率保护动作跳闸。重新启动并网运行后，12月17日7时46分，8机组负荷8.23万千瓦时，因给水旁路阀卡涩造成高水位保护动作，锅炉MFT。重新点火启动过程中，10时3分8号机组因主蒸汽流量指示不准(160吨/时，高旁未开)，锅炉MFT。12月19日8号机重新启动并网后负荷25.2万千瓦运行，22时4分在做380伏8B段BZT试验时，因主给水调整门执行机构动力电源瞬间断电，造成主给水调整门关闭，汽包水位低低保护动作，锅炉MFT、机组跳闸。处理正常后，于12月20日5时55分重新并网运行。（一类障碍）

2012年4月18日17时18分，台桔2355线由冷备用改为正母二段运行操作过程中,由于台桔2355开关母线侧接地闸刀A相动、静触头中心位置不对应,致使传动机构连接抱箍打滑闸刀未断开,操作人员违反电力安全工作规程有关运行操作规定和交接班制度,未逐相认真检查核对设备分闸状态,对绝缘测量值偏低未引起足够重视,在合上台桔2355正母闸刀时,发生台桔2355正母闸刀A相动静触头间拉弧,正母Ⅱ段差动动作,造成2号母联开关、州门2341开关、联络一线二段开关、7号主变220千伏开关、3号高压备变开关跳闸,正母二段失电,7号机组与系统解列调频调压带厂用电运行。故障消除后7号机组于20时2分并网,20时9分负荷4万千瓦,自动切缸过程中,高压缸保护动作,7号机跳闸。于4月19日2时24分重新并网运行。(考核障碍)

2012年10月4日21点33分,10号炉炉膛负压出现大幅度晃动,机组负荷、主汽压力小幅下滑,就地检查有泄漏声,经确认为10号炉过热器泄漏。经省调同意10号机组于10月4日23时50分解列。经检修处理后,于10月8日6时18分重新并网运行。(一类障碍)

2012年10月16日11时44分,8号机组因发电机励侧端部5点钟、7点钟位置L形支架松动,固定在该支架胶木板上的C相大连接线与支架在交变电动力的作用下出现相对移动,造成大连接线绝缘受损,当绝缘损伤到一定程度后绝缘被击穿,并通过胶木夹板(电机腔室内的油雾及绝缘磨损产生的粉末粘附在夹板表面形成爬电通道)引发C相大匝间短路,进而引发B、C相相间短路故障,引起差动保护动作,8号机组跳闸转检修。经检修处理后,于11月28日21时29分重新并网运行。(一般事故)

2013年6月16日4时24分,由于9号机组负荷及主汽压力升、降变化快,汽包水位剧烈变化,汽动给水泵实际转速跟不上指令变化,两台汽动给水泵转速指令与实际转速偏差达到退出CCS遥控设定值,在短时内未能自动调节控制水位,偏差大于10%后自动退出,汽动给水泵退出CCS遥控,切换到MEH进行汽泵转速控制方式后,运行人员未能手动准确调节,没有及时控制小机转速,导致汽包水位高高保护动作,9号炉MFT动作、机组跳闸。于8时18分重新并网运行。(一类障碍)

2014年4月11日13时20分,9号机组在定期对汽机12米运转层地面进行打磨清洗时,有部分清洁水漏至高加水位测量接线盒,引起测量电缆绝缘降低,3号高加水位测量出现偏差并失准;由于除氧器水位测点9LT4201的变送器水侧一次阀未开足,使除氧器水位低低保护动作,运行给泵跳闸,锅炉MFT,机组跳闸。于17时33分重新并网运行。(一类障碍)

2014年12月31日1时53分,10号炉膛压力急剧下降到−2540帕,炉膛负压低低低动作,锅炉发生MFT,10号机炉膛负压低低跳闸。于2015年1月2日6时

43 分重新并网运行。(一类障碍)

2015 年 3 月 7 日 3 时 23 分,由于 7A UPS 主机柜逆变器出口 1 个交流电容老化爆裂,液体溅出至保险丝板,造成主板判断为旁路超限,静态开关驱动板进行自我保护动作,UPS 未能切换到静态旁路,7A UPS 失电,导致部分辅机跳闸和部分曲线、参数无法监视。运行人员在撤出给水自动、快速将 7A 给水泵出系过程中,7A 给泵出口逆止门在水流快速倒流情况下未关闭,7A 给泵发生倒转,使给水流量到零。造成 7 号炉汽包水位低低 MFT,汽机跳闸,发变组跳闸。故障处理后,于 11 时 54 分重新并网运行。(一类障碍)

2015 年 8 月 4 日 10 时 33 分,10 号炉炉膛负压、引风机电流、给水流量等参数异常,现场检查确认为锅炉左前部屏式过热器附近泄漏。开始滑停,并于 15 时 29 分停机解列。经检修处理后于 8 月 17 日 3 时 29 分重新并网运行。(一类障碍)

2016 年 8 月 7 日 21 时 11 分,因 7 号炉捞渣机船体一人孔门弹开,造成 7 号炉炉底水封破坏,7 号炉 MFT,机组跳闸。故障处理后,于 8 月 8 日 7 时 18 分重新并网运行。(一类障碍)

第六节 劳动工资管理

一、职工构成

2006—2016 年期间,职工增加主要来源是对各高校应届毕业生的招聘录用。职工减少主要是职工正常退休和因工作需要调至外单位,调出人员主要是因台州发电厂上大压小,关停 6×13.5 万千瓦机组,在三门异地建厂(浙能台州第二发电有限责任公司以下简称台二电),2×100 万千瓦机组人员分流。

2006—2007 年主要调往乐电和兰电,其中调乐电 133 人,兰电 51 人;2012—2014 年主要调往台二电 622 人;2014—2016 年主要调往天虹杭州下城分公司(新疆相关单位)18 人;调天达 17 人。

至 2016 年末,台州发电厂在册职工 1375 人,其中女性 309 人。按学历层次分,研究生(含硕士)26 人,大学毕业生 358 人,大专毕业生 531 人,中专毕业生 53 人,高中及以下学历 407 人;按年龄层次分,不到 35 岁的有 146 人,35～39 岁的有 100 人,40～44 岁的有 293 人,45～49 岁的有 366 人,50 岁及以上的有 470 人。具有高级专业技术资格的有 26 人,具有中级专业技术资格的有 162 人,具有初级专业技术资格的有 464 人,工人高级技师有 8 人,技师 47 人,高级工 426 人,中级工 209 人,初级工 8 人。

表 4-3 历年职工进出厂情况(厂志)

年度	年末人数	人员增加					人员减少					
		合计	调入	招工	大中专校分配	其它	合计	调出人数	退休人数	辞职除名解除合同	死亡	其它
2005	2321	12	2		10		138	103	17	15	3	
2006	2203	5			5		123	105	15	2	1	
2007	2065	14	1		13		152	140	5	2	4	1
2008	2052	14	1		13		27	5	20	1	1	
2009	2058	44	28		16		38	14	19	5		
2010	2043	13			13		28	9	16	3		
2011	2022	16	4		12		37	11	21	2	3	
2012	1972	47	1		46	集 22	119	96	22	1		
2013	1886	20	2		18		106	72	29	5		
2014	1381	35	1		34		540	501	37	1	1	
2015	1393	50	32		18		38	8	26	2	2	
2016	1375	23	3		20		41	3	31	5	2	

二、劳动人事制度改革

为了适应电力改革、发展新形势，进一步优化人力资源，提高台州发电厂整体竞争力，促进企业和谐发展，按照高效、精干、先进的原则，分阶段开展定岗定编、机构优化整合工作。

2006年10月19日，制定了《台州发电厂发电部、运行部、化学分场生产岗位定岗定编岗位聘任、组合实施办法》。首先发电部、运行部、化学分场定岗定编工作领导小组根据《定岗定编方案》，结合安全生产的实际需要，提出拟聘任的班组长（包括单元长、副单元长）人选；第二步，发电部、运行部、化学分场定岗定编工作领导小组、各班组长根据《定岗定编方案》，结合安全生产的实际需要，对班组人员进行组合；第三步，发电部、运行部、化学分场组合后的富余人员在规定的时间内，填报《岗位申报表》，允许填报燃料运行、水灰运行二个志愿及是否服从分配；第四步，燃料分场、水灰分场提出拟录用人员名单，经人力资源部审核批准后录用；第五步，未组合上岗人员，按厂内待岗处理。

2007年8月21日，制定了《台州发电厂第二阶段机构优化整合方案》《台州发电厂第二阶段机构优化整合聘任、组合实施办法》，撤销维护一、维护二分场，成立了燃灰分场、维护分场，并对各生产部门的职能进行了相应调整和明确。

2007年12月20日，制定了《台州发电厂后勤机构优化整合岗位编制方案》《台州发电厂后勤机构优化整合实施办法》。组合范围：行政部、车队机构优化整合涉及的岗位。第一步，相关部门职能调整，成立行政部燃料食堂，撤销车队独立建制，撤销行政部生活食堂、生产食堂班组；第二步，人员双向选择组合；第三步，经过组合后仍未被组合的人员，原则上可申报到未被组合的空缺岗位。不愿意申报的，厂部待岗。

通过机构优化整合、岗位聘任组合，优化人力资源配置，提高了工作效率，降低了人力资源成本。

2015年11月23日根据浙江浙能电力股份有限公司所属营运企业部门岗位标准化要求，经厂党政联席会议研究决定，将台州发电厂组织机构调整、整合如下：厂部办公室、人力资源部、设备管理部、党群工作部、监察审计部、财务产权部、计划营销部、安健环部、运行部、维护部、燃料部、物资采购部、前期办公室、信息中心、行政事务中心、工会办公室、检修分场、龙湾项目部、凤台项目部、联源热力公司。原组织机构全部撤销。

三、工　资

2006年,台州发电厂工资实行岗薪工资制,职工工资由岗薪工资、工龄工资、浮动工资、洗书电、一流浮动工资、加班费、保健费组成。工龄工资实行分段计发,工龄在10年及以下的为5元/年;工龄在10年以上、20年以下为7元/年;工龄20年以上为9元/年。

2012年10月份开始工资系统在MIS系统运行。2016年1月起工资系统由MIS系统改为ERP系统运行,工资项目做了调整:

① 原工资表中的"浮动""粮补""另列"合并为ERP系统工资项"浮动工资";

② 原工资表中的"洗书电""一流"合并为ERP系统工资项"综合补贴";

③ 原工资表中的"补工资"更改为ERP系统工资项"补发工资";

④ 原工资表中的"扣工资"更改为ERP系统工资项"补扣工资";

⑤ 原工资表中的"奖金"更改为ERP系统工资项"综合奖";

⑥ 原工资表中的"补发"更改为ERP系统工资项"预发工资";

⑦ 原工资表中的"病事假"更改为ERP系统工资项"缺勤扣款";增加ERP系统工资项"退养补贴"。

由于ERP系统中的"保健津贴"放在单独发放奖金中,所以原工资表中的"保健费"不在工资表中发放,需人力资源部通知单独发放。

岗薪工资标准见下表:

四、奖　金

2006—2016年,台州发电厂奖金发放继续沿用考核计奖办法,按各岗位岗级对应的奖金系数计奖,配之分段分级经济责任制考核计奖办法。①台州发电厂奖金系数计算标准:运行人员:(岗级+1.65)×2÷10。检修分场综合班人员、金工班人员、维修班的磨辊质检员、工具修理:(岗级+0.5)×2÷10。检修分场综合管理部人员、财经部人员、办事员、维修班技术培训人员:岗级×2÷10。其他人员:(岗级+1)×2÷10。②龙湾发电部运行人员:(岗级+1.65)×2÷10。行政主管、物资计划采购、消防专职、车班班长、会计、综合事务、仓库保管员:岗级×2÷10。其他人员:(岗级+1)×2÷10。③凤台项目部运行人员:(岗级+1.65)×2÷10。办事员:岗级×2÷10。其他人员:(岗级+1)×2÷10。④其他生产分场除工具员、办事员、微波站值班员、综合事务、顾问、运输联络、仿真机教练以外其他人员:(岗级+1)×2÷10。⑤设备部除检修技改科技管理、综合事务管理、科技资料图纸岗位外;安全质量监察部除统计及综合管理岗位以外的其他人员:(岗级+1)×2÷10。其他人员:岗级×2÷10。新进职工:岗级×2÷10。⑥照顾人员,无确切岗位的,

表 4-4

2001年标准	一	二	三	四	五	六	七	八	九	十	十一	十二	十三	十四	十五	十六	十七	十八	十九	二十	廿一	廿二	廿三	廿四	廿五	廿六
4362																										5
4255																										4
4151																									25岗	3
4050																									5	2
3951																								24岗	4	1
3855																								5	3	
3761																							23岗	4	2	
3651																							5	3	1	
3545																						22岗	4	2		
3442																						5	3	1		
3342																					21岗	4	2			
3244																					6	3	1			

续表

2001年标准	一	二	三	四	五	六	七	八	九	十	十一	十二	十三	十四	十五	十六	十七	十八	十九	二十	廿一	廿二	廿三	廿四	廿五	廿六
3150																				20岗	5	2				
3058																				6	4	1				
2969																			19岗	5	3					
2882																			6	4	2					
2798																		18岗	5	3	1					
2704																		6	4	2						
2612																	17岗	5	3	1						
2524																	7	4	2							
2439																16岗	6	3	1							
2356																7	5	2								
2266															15岗	6	4	1								
2178															7	5	3									

续表

2001年标准	一	二	三	四	五	六	七	八	九	十	十一	十二	十三	十四	十五	十六	十七	十八	十九	二十	廿一	廿二	廿三	廿四	廿五	廿六
2095														14岗	6	4	2									
2014														7	5	3	1									
1937													13岗	6	4	2										
1862													7	5	3	1										
1791												12岗	6	4	2											
1722												7	5	3	1											
1655											11岗	6	4	2												
1592											7	5	3	1												
1523										10岗	6	4	2													
1458										7	5	3	1													
1395									9岗	6	4	2														
1335									7	5	3	1														

续表

2001年标准	一	二	三	四	五	六	七	八	九	十	十一	十二	十三	十四	十五	十六	十七	十八	十九	二十	廿一	廿二	廿三	廿四	廿五	廿六
1277								8岗	6	4	2															
1217								7	5	3	1															
1159							7岗	6	4	2																
1103							7	5	3	1																
1051						6岗	6	4	2																	
1001						6	5	3	1																	
953					5岗	5	4	2																		
908					5	4	3	1																		
865				4岗	4	3	2																			
823				4	3	2	1																			

续表

2001年标准	一	二	三	四	五	六	七	八	九	十	十一	十二	十三	十四	十五	十六	十七	十八	十九	二十	廿一	廿二	廿三	廿四	廿五	廿六
784			3岗	3	2	1																				
743			3	2	1																					
705		2岗	2	1																						
668		2	1																							
633	1岗	1																								
600	1																									

奖金系数一律不超过0.5。奖金统一分值。岗位变动在试岗期内，按试岗期岗级计奖，由部门考核发放。产假人员的奖金留部门自主分配；病、事假按不得奖月份计算，病、事假超过6个月的厂部扣回50%，超过9个月的厂部扣回100%。如借用其他部门人员则奖金系数全额扣回。奖金必须在部门内部进行二次分配，根据所辖各岗位人员的工作责任、工作强度、工作环境、工作表现、技术要求、工作量等要求综合考虑，拉开差距。

五、考核奖惩

2009年、2015年修订了《台州发电厂职工奖惩管理》，对职工劳动纪律进行更全面的管理；2010年、2015年，对《职工年度考核管理》进行了修订。职工考核依旧分同级互评、部门考评小组测评、厂考核小组综合评定3级，每年1月份实施，对职工全年工作进行综合考评。考核结果分为优秀、称职、基本称职、不称职4种，优秀比例控制在8%以内。2016年全年职工考核通知将优秀比例控制调整为20%以内。

为了适应企业改革发展的需要，建立正常的生产工作秩序，增强企业活力，2006年10月，修订了《台州发电厂职工试岗待岗管理办法》和《台州发电厂职工内部离岗退养实施办法》，完善了对待岗、内退的条件、程序、待遇等的规定；2013年，对《台州发电厂职工内部离岗退养实施办法》进行了再次修订，重点对待遇方面进行了修改，使之适应社会经济水平的发展；修订了《关于台州发电厂职工辞职的规定》。

六、技术职称评定

2006年至今，工程、政工系列的初级资格由单位工程、政工专业技术资格初级评审委会评审，工程、政工中级及以上专业技术资格上报浙江能源集团有限公司评审，其中高级专业技术资格由浙江能源集团有限公司推荐浙江省相关专业评审机构进行评审。经济、会计、统计等国家统一考试系列的专业技术资格，必须参加国家统一组织的考试取得。

2014年7月，浙江省能源集团有限公司专门发了《关于加强集团公司专业技术职称申报与考评有关工作的通知》(浙能人字〔2014〕33号)文件，对公司内系统各单位的专业技术资格申报与考评管理工作进一步进行了明确，强化了申报评审工作职责，规范了各类专业技术资格证书管理，加强了专业技术资格初定管理，严格把控评审条件，并对专业技术职务的聘任提了指导性意见。

表 4－5　2006—2016 年台州发电厂专业技术人员统计

年份	专业技术人员总数	高级专业技术资格	中级专业技术资格	初级专业技术资格
2006	563	27	219	293
2007	590	30	239	321
2008	585	31	207	347
2009	632	34	211	387
2010	647	35	215	397
2011	768	39	210	519
2012	764	25	192	547
2013	814	23	191	600
2014	608	21	159	428
2015	622	25	157	440
2016	652	26	162	464

七、人事档案

（一）管理职能

2005 年底时，劳动人事部已经改为人力资源部，管理工人及一般干部档案。2015 年 11 月，全厂性岗位标准化改革之后，干部管理职能由政治工作部划归人力资源部，全厂人事档案除厂领导外全部由人力资源部管理。

（二）标准化管理

2006 年以来，电厂分别在 2006 年、2008 年以及 2015 年对 1999 年制定的《人事档案管理标准》进行修订。在 2015 年修订之后，形成了当前执行的台州发电厂企业标准《人事档案管理标准》(Q/TFD251007—2015)。此标准对档案的收集补充、鉴别、借查阅以及转递做出了细致的规定，尤其是在借查阅制度上采取了更为严格、具体的规定，进一步规范了档案的管理工作。

（三）档案目标管理

根据《关于进一步加强人事档案管理工作的通知》(浙能人字〔2016〕9 号)，按照中组部、省委组织部《干部档案工作条例》中“干部档案管理实行集中统一和分级负责的管理体制”的规定，从 2016 年 3 月起对照《人事档案管理操作手册》(集团公司 2015 年 11 月印发)，全面开展干部档案清理整改工作，重点对 1999 年版《干部履历表》是否规范填写,学历学位证书复印件是否归档,档案是否按升级版要求装订,档案装具是否已使用中组部规定的新型干部档案盒和档案袋进行了检查和整改,9月底完成了干部人事档案的清理整改工作,使整理后的每卷档案都达到“分类准确、排列有序、目录清楚、装订整齐”的要求。

八、社会保险

(一)基本养老保险、工伤保险、生育保险

2006—2016年,职工基本养老保险和工伤、生育保险继续由省社会保险经办机构负责管理。从2009年7月开始,养老保险企业缴费基数按用人单位全体职工工资总额确定,缴费比例由20%调整为14%,个人缴费8%比例不变。

2015年10月份起,工伤保险缴费比例由0.5%调整为0.45%,生育保险缴费比例由0.5%调整为0.3%。

(二)医疗保险

2006—2016年,台州发电厂继续参加台州市城镇职工基本医疗保险。2015年起,通过招投标方式,台州发电厂为职工投保商业补充医疗保险,并建立大病补助基金委托保险公司管理。

(三)失业保险

2015年10月起,失业保险企业缴费比例由2%降至1.5%,个人缴费比例由1%降至0.5%。2016年5月,企业缴费比例再次降低至1%。根据《关于进一步做好失业保险支持企业稳定岗位工作有关问题的通知》(台人社发〔2015〕146号)精神,从2015年开始,台州发电厂向椒江区就业管理处申领稳岗补贴。稳岗补贴标准为企业及其职工上年度实际缴纳失业保险费总额的50%,主要用于职工生活补助、缴纳社会保险费、转岗培训、技能提升培训等相关支出。

(四)企业年金

2006—2015年,企业年金仍由浙江省能源集团有限公司自行管理,缴费基数为职工本人效益工龄工资+(本人年初岗级-1)×3,个人缴纳2份,企业缴纳10份。2016年,《浙江省能源集团有限公司年金计划》通过浙江省人力资源和社会保险厅确认,移交第三方管理。单位缴费按本单位参加企业年金职工上一会计年度实际发放工资总额的5%计提,单位缴费原则上根据职工个人收入、工龄进行内部分配,收入占80%,工龄占20%。职工个人缴费为单位为其缴费的25%。

九、劳动保护

台州发电厂劳动保护工作由厂工会、人力资源部、安全监察部、厂医院负责。

设有厂劳动医务鉴定委员会，负责职工因病、非因公负伤、工伤丧失劳动能力及致残程度的劳动医务鉴定。

劳动防护用品是劳动者在劳动过程中为免遭或减轻事故伤害、职业危害所配备的防护装备，发放劳动防护用品是保证职工在生产过程中的安全和健康的一种辅助性措施。为了更好地贯彻执行国家劳动保护政策，2008 年，电厂印发了《台州发电厂工会劳动保护实施办法》。又分别于 2010 年、2013 年和 2015 年对《台州发电厂劳动防护用品管理标准》进行了三次修订。标准规定各类人员劳动保护用品发放标准和使用期限，明确按职工所从事的工种发放个人劳动防护用品，并按要求正确使用劳动防护用品，以保障安全和保护健康。

十、离退休工作

1990 年 11 月，电厂设立离退休管理办公室，具体负责离休干部、退休干部及退休职工的管理和服务，厂工会、人力资源部、党群工作部等部门配合，离退休管理办公室直属厂党委领导。2000 年，离退办划归劳动人事部（现人力资源部），2015 年 11 月，离退休划归工会办公室。

台州发电厂坚持做到在政治上、生活上关心离退休职工，每年召开离退休职工座谈会，由厂领导通报厂情厂况，听取老同志的建议、意见和要求，遇厂内重要活动均邀请老同志参加，并设立离退休党支部，分设电厂椒江党小组和前所党小组，按照党章规定活动。2008 年，因党员人数增多，椒江党小组又分成碧海明珠党小组和花园新村党小组。离退休职工与在职职工同样享受体检、疗休养等待遇。1998 年，电厂对台州发电厂新村原幼儿园和椒江城区花园新村自行车房进行改造，建成两处老年活动室，使老年活动场所增至 550 平方米，设有阅览室、棋牌室、健身房等，2011 年，前所党小组活动场所搬迁至职工活动中心。2008 年，又在碧海明珠花园会馆二楼建立离退休活动场所，至此，离退休活动场所达到 800 平方米。每年慰问家居外地的离退休职工及家属，生病住院即派人探望，代办外地离退休职工的医药费报销等日常事务，及时为他们解决困难。

电厂自 1981 年 6 月第 1 位职工退休，至 2016 年末，共有 6 名老干部离休，536 名职工退休，详见下表。

表 4 - 6 1981—2016 年台州发电厂离退休职工统计

年份	1981	1982	1983	1984	1985	1986	1987	1988	1989	1990	1991	1992	1993
离休	—	—	—	1	1	1	1	—	1	—	—	1	—

续表

年份	1981	1982	1983	1984	1985	1986	1987	1988	1989	1990	1991	1992	1993
退休	2	—	—	1	2	4	4	5	14	12	10	13	35
小计	2	0	0	2	3	5	5	5	15	12	10	14	35
年份	1994	1995	1996	1997	1998	1999	2000	2001	2002	2003	2004	2005	2006
离休	—	—	—	—	—	—	—	—	—	—	—	—	—
退休	4	12	15	13	24	12	8	16	24	22	19	16	16
小计	4	12	15	13	24	12	8	16	24	22	19	16	16
年份	2007	2008	2009	2010	2011	2012	2013	2014	2015	2016	合计		
离休	—	—	—	—	—	—	—	—	—	—	6		
退休	4	25	20	15	19	25	31	35	26	33	536		
小计	4	25	20	15	19	25	31	35	26	33	542		

第七节　财务管理

一、核算体制

台州发电厂在 2013 年 12 月 19 日之前作为上市公司的浙江东南发电股份有限公司分公司，为内部非独立核算单位，执行《企业会计准则》，2009 年之前电厂只核算到发电生产成本一级，销售收入、利润等均由浙江东南发电股份有限公司本部核算。电厂实行全面的预算管理、指标考核办法，实施以成本管理为中心内容的经济责任制。2009 年开始，销售收入、利润等均由台州发电厂核算。电厂实行全面的预算管理，实施以利润为中心内容的经济责任制考核体系。2013 年 12 月 19 日，浙能电力(A 股)换股吸收合并东南发电(B 股)，台州发电厂作为浙江浙能电力股份有限公司分公司，为内部非独立核算单位，执行《企业会计准则》，电厂实行全面的预算管理，实施以利润为中心内容的经济责任制考核体系。

2009 年开始，执行《企业内部控制基本规范》，2012 年开始，对企业内部控制进行自我评价。

二、成本管理

台州发电厂自投产以来，一直实行生产成本核算。每年均以上级下达的经济责任制考核指标为依据，通过预测分析，编制成本计划。从控制生产成本着手，推行以“深化、细化、量化”为要求，以“总额控制、综合平衡、分散与集中相结合”为原则的财务成本预算管理。每月通过对成本预算执行情况分析，加强成本实时管理。每年根据9月底累计完成的实际情况和新情况及时对年终生产成本开支做出预测，并对经营策略作出必要修订，同时将预算执行情况，反馈给各部门、分场，如有差异及时作出反映和调整，年终对全年发生的实际情况进行全面分析和总结。

2006年至2016年，台州发电厂仍然全面推行成本预算管理，通过与各部门、分场签订经济承包责任书，分解费用指标到部门、分场。其中绿化费、运输费、业务招待费、办公费、差旅费等归口管理费用，由各费用使用部门负责。财务产权部为成本核算中心，实现费用预算指标计算机实时控制。各部门、分场设经济核算员，负责部门、班组经济核算。通过预测、计划、控制、核算、分析和考核，正确地反映企业生产经营情况，挖掘降低成本潜力，从而保证利润最大化。9号机组在2007年12月20日投入商运；7号脱硫工程在2007年12月26日投入运行，8号脱硫工程在2007年10月26日投入运行；10号机组在2008年11月3日投入商运。

2016年2月，台州发电厂根据浙能集团的统一安排，核算采用SAP系统，2—3月份SAP与老ERP系统并轨运行，4月份正式采用SAP系统单轨运行，项目结算、服务采购、燃料出入库、销售结算、材料采购等由各业务前端发起，财务审核过账，报销业务仍由财务审核完成。

2006年1～8号发电机组生产成本构成见表4-7；2007年1～9号发电机组生产成本构成见表4-8；2008—2009年1～2、4、6～10号发电机组生产成本构成见表4-9；2010年1、6～10号发电机组生产成本构成见表4-10；2011—2016年7～10号发电机组生产成本构成见表4-11。

表4-7　2006年1～8号发电机组生产成本构成　单位：万元

年份	合计	变动费用			固定费用					售电单位成本[元/(兆瓦·时)]	单位燃料成本[元/(兆瓦·时)]
		燃料	水费	其他变动成本	工资	福利	折旧	修理费	其他费用		
2006	258376	183172	470	6977	16742	2270	34613	13289	842	284.77	201.88

表 4-8　2007 年 1～9 号发电机组生产成本构成　单位：万元

年份	合计	变动费用			固定费用					售电单位成本[元/(兆瓦·时)]	单位燃料成本[元/(兆瓦·时)]
		燃料	水费	其他变动成本	工资	福利	折旧	修理费	其他费用		
2007	252208	177826	470	7308	17926	2601	34104	11243	730	298.73	210.63

表 4-9　2008—2009 年 1～10 号发电机组生产成本构成　单位：万元

年份	合计	变动费用			固定费用					电单位成本[元/(兆瓦·时)]	单位燃料成本[元/(兆瓦·时)]
		燃料	水费	其他变动成本	工资	福利	折旧	修理费	其他费用		
2008	361089	288070	480	8122	16188	2364	34478	8920	2467	381.42	304.29
2009	318803	236529	538	6970	16908	2566	41974	10660	2658	332.26	245.81

备注：2009 年生产成本中包含供热成本，计算售电单位成本时未包含供热成本。

表 4-10　2010 年 1、6～10 号发电机组生产成本构成　单位：万元

年份	合计	变动费用			固定费用					售电单位成本[元/(兆瓦·时)]	单位燃料成本[元/(兆瓦·时)]
		燃料	水费	其他变动成本	工资	福利	折旧	修理费	其他费用		
2010	310035	230813	559	5587	18666	2957	40035	9101	2318	370.06	274.27

备注：2010 年生产成本中包含供热成本，计算售电单位成本时未包含供热成本。

表 4-11　2011—2016 年 7～10 号发电机组生产成本构成　单位：万元

年份	合计	变动费用			固定费用					售电单位成本[元/(兆瓦·时)]	单位燃料成本[元/(兆瓦·时)]
		燃料	水费	其他变动成本	工资	福利	折旧	修理费	其他费用		
2011	310560	237664	390	4750	21731	3037	32728	8049	2211	396.70	301.98
2012	273351	196788	412	4074	25293	3220	32885	7846	2833	405.20	289.41
2013	260211	182276	465	4143	26971	3390	30673	9900	2393	354.97	246.03
2014	204872	139695	398	3700	19910	2887	25849	9893	2542	336.63	225.77
2015	161294	94207	519	3490	20842	2875	25093	11409	2859	337.75	191.12
2016	158479	98812	566	2802	16798	1489	25210	10066	2736	325.47	196.21

备注：2011—2016 年生产成本中包含供热成本，计算售电单位成本时未包含供热成本。

三、预算管理

台州发电厂预算日常工作由财务部(2015 年 12 更名为财务产权部)负责。每年 11 月,财务部根据厂部预算期生产经营总目标为预算大纲编制下一年度财务预算,并以通知等形式向归口编制部门提出预算总体要求。各归口部门根据预算大纲,结合本部门具体实际编制下一年度本部门预算,在 11 月底报财务部(财务产权部)。财务部(财务产权部)根据各归口部门上报预算进行汇总平衡,编制全厂总预算草案,经厂部审查后报浙江东南发电股份有限公司(2013 年改股为浙能电力股份有限公司)。浙江东南发电股份有限公司(2013 年改股为浙能电力股份有限公司)审核批准后,年度预算确立。财务部(财务产权部)会同厂部把批准的预算细化,将固定资产修理费,管理费用中的办公费、差旅费、易耗品等其他费用分解到各部门执行,并将预算费用纳入各部门经济承包责任书。预算费用使用情况,每月由财务部(财务产权部)统计,并及时将使用情况反馈给各部门,各部门根据预算费用使用情况进行合理安排和控制。同时,财务部(财务产权部)每月对总预算的各项指标实际执行情况与预算指标进行书面比较,找出差异,分析原因,年末厂考核领导小组根据各部门预算执行情况对各部门实施奖惩。

根据浙能集团信息化工作统一部署,2015 年预算编制引进信息化系统。2014 年 11 月 11 日,浙能集团海波龙全面预算管理信息系统正式环境正式开放,2015 年预算由各业务部门预算编制员按照浙能电力公司的预算编制指导意见分别填列相关业务数据,财务产权部填列财务产权类预算,再由各业务部门负责人审批提交到财务产权部,经财务产权部审批后,由厂领导分级审批上报至浙能电力财务产权部。浙能电力在系统里下达各稿预算意见,台州发电厂按上述流程修改后再上报至系统。2015 年集团继续推进海波龙全面预算信息系统第二、三阶段的实施,2016 年预算编制真正从各业务部门发起,改变了以往预算由财务产权部全部包揽的做法,体现一体化、专业化及精细化管理需求,达到业务与财务联动效果。

四、资金管理

台州发电厂对资金管理按照集中统筹安排的原则,为重点保证生产经营资金,建立明确的管理办法及资金审批和申报程序。从 2006 至 2013 年,按照浙江省东南发电股份有限公司规定,由东南公司从浙江省电力公司收取电费,资金归口浙江省东南发电股份有限公司管理,根据计划下拨生产费用。2013 年 12 月 19 日浙江浙能电力股份有限公司成立后,管理体制基本沿续原模式,资金归口浙江浙能电力股份有限公司管理,由浙能电力从浙江省电力公司收取电费,再根据计划下拨台州发电厂。提取的各项基金上缴浙江省能源集团有限公司管理。

2006 年至 2013 年根据集团公司资金运作管理要求,台州发电厂采用“收支两条线”的账户模式,设立收入户和支出户,并在集团公司下属财务公司开设内部结算户。所有收入的现金都必须进入收入户,不得利用收入账户坐支。收入账户中的余额于营业终了全额上划至开立在财务公司的内部结算户。财务部门根据请款计划每天向财务公司请款,资金汇入支出户后凭资金计划和付款依据支付款项。每天营业终了保留集团公司确定的余额,多余部分上划至开立在财务公司的内部结算户,确保了资金归集、支付工作的顺利开展,提高了资金的运作效率。

2014 年为进一步规范和强化集团资金预算管理,台州发电厂成为集团财务公司代理支付推广第一批上线单位,于 1 月份开始使用集中代理支付系统。台州发电厂严格执行集团财务公司“以代理支付为主,少量自主支付相结合”的模式,合同相关部门及时做好大额合同的录入工作,并进行各项大额支付备案;及时上报资金的月预算和周预算,尽量按计划完成每周、每月资金的支付使用。实行了集中代理支付,财务公司账户成为日常生产经营支出的常用账户,银行账户为发放职工薪酬、日常现金报销支取等用,平时的余额就会自然压缩,严格控制资金的流入和支出,确保较高的资金归集率。

为加强资金管理,台州发电厂财务产权部制订资金管理标准,集中统一管理各项资金。同时对银行、现金业务制订费用报销管理标准,建立严格的授权批准制,明确审批人对资金业务的权限、程序、责任和相关控制措施。对重大技改项目和大修资金等使用情况,定期召开会议,研究安排资金计划,检查资金使用情况。全厂年度生产计划由生产技术部门编制,各归口分管部门负责编制相关预算,全厂财务预算和资金计划由财务产权部负责编制,经综合平衡后,下达各部门,由各部门按规定负责分配,统筹安排、节约使用。资金归口分管后,管理工作及经济效果作为归口管理部门考核内容,列入厂部经济责任制考核。各部门经济核算员同时做好费用支出台账,每季进行检查分析,年终由厂部召开会议,对资金管理工作进行总结。强调资金的全过程、全口径、全方位管理,保持资金结构的合理比例,保证企业稳定发展。

五、纳税和利润

2006—2013 年,根据东南公司的核算特点,台州发电厂发电业务实行“当地预征、省局直属税务分局结算汇缴”的办法缴纳增值税。台州发电厂以上网电量×核定的定额税率在台州市椒江区预缴增值税，预征税额8元/千瓦·时，增值税清算部分由浙江东南发电有限公司上缴浙江省国家税务局直属征管分局。浙江省国家税务局于2008年发布浙国税流〔2008〕46号文件，对上述发电部分增值税管理予以再次明确。2013年12月19日，浙能电力(A股)换股吸收合并东南发电(B股)，浙江东南发电股份有限公司于2013年12月31日注销，发电业务增值税清算部分从2014年1月1日起由浙江浙能电力股份有限公司上缴浙江省国家税务局直属征管分局。台州发电厂的供热业务以收入的13%税率在当地缴纳增值税，供热业务所取得的进项税并入发电业务转入上级公司统一处理。

根据浙地税发〔2006〕67号文件规定，从2006年5月份开始教育费附加调增1%，营业税额与预缴增值税额的7%、5%分别计提的城市建设维护税和教育费附加以及房产税、车船使用税、土地使用税、营业税、印花税向椒江区地方税务局缴纳。根据《国家税务总局关于安置残疾人就业单位城镇土地使用税等政策的通知》(财税〔2010〕121号)规定，对按照房产原值计税的房产，无论会计上如何核算，房产原值均应包含地价，包括为取得土地使用权支付的价款、开发土地发生的成本费用等。宗地容积率低于0.5的，按房产建筑面积的两倍计算土地面积并据此确定计入房产原值的地价，根据此规定，台州发电厂的房产税税基有所增加。

根据国家税务总局2012年第57号公告，制定了《跨地区经营汇总纳税企业所得税征收管理办法》，要求总机构应将本期企业应纳所得税额的50%，按照各分支机构应分摊的比例，在各分支机构之间进行分摊，并及时通知到各分支机构；各分支机构应在每月或季度终了之日起15日内，就其分摊的所得税额就地申报预缴。自2013年开始，台州发电厂企业所得税按总机构每季分配金额及年底清缴分配金额上缴椒江国家税务局。

2011年，经国务院批准，财政部、国家税务总局联合下发营业税改增值税试点方案。从2012年1月1日起，在上海交通运输业和部分现代服务业开展营业税改征增值税试点，2012年12月浙江省纳入营改增试点范围；2013年8月1日，“营改增”范围已推广到全国试行，将广播影视服务业纳入试点范围。2014年1月1日起，将铁路运输和邮政服务业纳入营业税改征增值税试点；2016年3月18日召开的国务院常务会议决定，自2016年5月1日起，中国将全面推开营改增试点，将建筑业、房地产业、金融业、生活服务业全部纳入营改增试点，至此，营业税退出历史舞台，增值税制度将更加规范。根据“营改增”进程，台州发电厂各相关部门适时转变对应税服务的原有观念，深入学习研究相关政策法规，做好新旧政策的衔接，提升税务筹划意识，强化甄别可纳入增值税进项税抵扣的应税服务，实现增值税应抵尽抵,力争使企业的相关业务税费下降。2016年,经业务部门与财务产权部协调一致共同努力,"营改增"政策共节约固定资产投资成本及成本费用325万元。

根据浙财综〔2016〕18号文件精神,自2016年4月1日(所属期)起,地方水利建设基金按现费率的70%征收,即一般企业按销售收入或营业收入的0.7‰征收。根据《浙江省财政厅浙江省地方税务局关于暂停向企事业单位和个体经营者征收地方水利建设基金的通知》(浙财综〔2016〕43号)的规定,自2016年11月1日(费款所属期)起,暂停向企事业单位和个体经营者征收地方水利建设基金。

2016年1~8号发电机组利税完成情况见表4-12;2007年1~9号发电机组利税完成情况见表4-13;2008—2009年台州发电厂1~2、4、6~10号发电机组利税完成情况见表4-14;2010年1、6~10号发电机组利税完成情况见表4-15;2011—2016年7~10号发电机组利税完成情况见表4-16。

表4-12 2006年1~8号发电机组利税完成情况

年份	销售电量(兆瓦·时)	销售收入(万元)	利润总额(万元)	纳税(万元)
2006	9073288.58	338062.02	65830.12	9886.86

表4-13 2007年1~9号发电机组利税完成情况

年份	销售电量(兆瓦·时)	销售收入(万元)	利润总额(万元)	纳税(万元)
2007	8442636.84	316443.00	49192.03	9338.12

表4-14 2008—2009年1~10号发电机组利税完成情况

年份	销售电量(兆瓦·时)	销售收入(万元)	利润总额(万元)	纳税(万元)
2008	9466969.50	368037.02	-7226.37	11741.01
2009	9517241.11	390298.29	27387.34	11469.28

表4-15 2010年1、6~10号发电机组利税完成情况

年份	销售电量(兆瓦·时)	销售收入(万元)	利润总额(万元)	纳税(万元)
2010	8270262.00	355862.62	31810.36	11333.90

表 4-16 2011—2016 年 7～10 号发电机组利税完成情况

年份	销售电量(兆瓦·时)	销售收入(万元)	利润总额(万元)	纳税(万元)
2011	7696041.76	337025.24	9384.78	10897.11
2012	6589856.24	346984.75	60221.30	9275.76
2013	7145327.20	316745.65	39927.25	10426.04
2014	5879246.56	247012.97	31822.13	9043.87
2015	4575139.36	206296.14	29269.96	8729.82
2016	4615869.28	182303.36	9572.76	8311.94

六、固定资产

为保障企业财产安全，不断提高固定资产利用率，实施固定资产动态管理。台州发电厂在建厂时便制订有《固定资产管理制度》，1999 年修订为《固定资产管理标准》，2009 年、2012 年、2014 年及 2016 年对此标准又进行修订，规定固定资产的管理职能、管理内容和要求及归口管理部门职责。在全厂建立"固定资产管理网络"，实行归口管理和分级管理相结合的原则，定期清查固定资产。实行两级管理形式，由设备管理部门、财务产权部门和各使用部门进行分级管理。设备管理部门负责管理全厂固定资产数量增减变动的日常工作；各使用部门负责管理所属资产的登记、使用、检修和保管，并将所有设备落实到人；财务产权部门负责管理全厂固定资产的资金和核算。通过该标准的施行，理顺固定资产管理体制，明确管理部门和使用部门的职责分工，将管理责任落实到人，建立起严明的责任体系，促使企业做到合理使用、精心维护，保障企业财产完整无损，促进国有资产保值、增值。

台州发电厂固定资产主要是通过基建投资和技术改造而形成的。2007 年 12 月 20 日 9 号机组并网发电，2008 年 11 月 3 日 10 号机组并网发电，五期扩建工程竣工决算转入 9～10 号机固定资产原值为 229624.23 万元；2007 年 10 月份 8 号机组脱硫装置投入运行，2007 年 12 月份 7 号机组脱硫装置投入运行，脱硫工程竣工决算转入 7～8 号机固定资产原值为 18439.36 万元；2013 年 6 月 30 日 7 号机组脱硝改造工程完成，2013 年 12 月 20 日 9 号机组脱硝改造工程完成，2014 年 4 月 15 日 10 号机组脱硝改造工程完成，2014 年 6 月 25 日 8 号机组脱硝改造工程完成，脱硝改造工程竣工决算转入 7～10 号机固定资产原值为 29611.47 万元。2006 年 1～

8 号发电机组固定资产统计见表 4－17，2007 年 1～9 号发电机组固定资产统计见表 4－18，2008—2009 年 1～2、4、6～10 号发电机组固定资产统计见表 4－19，2010 年 1、6～10 号发电机组固定资产统计见表 4－20，2011—2016 年 7～10 号发电机组固定资产统计见表 4－21。

表 4－17　2006 年 1～8 号发电机组固定资产统计　　单位：万元

年份	2006	年份	2006
固定资产原值	595286.58	固定资产净值	205553.00
累计折旧	389733.58		

表 4－18　2007 年 1～9 号发电机组固定资产统计　　单位：万元

年份	2007	年份	2007
固定资产原值	737409.26	固定资产净值	316260.21
累计折旧	421149.05		

表 4－19　2008—2009 年 1～10 号发电机组固定资产统计　　单位：万元

年份	2008	2009
固定资产原值	859640.61	767158.07
累计折旧	453606.68	414202.52
固定资产净值	406033.93	352955.55

表 4－20　2010 年 1、6～10 号发电机组固定资产统计　　单位：万元

年份	2010	年份	2010
固定资产原值	695979.94	减值准备	4850.51
累计折旧	390085.28	固定资产净值	301044.15

备注：1～6 号机组留用资产固定资产减值准备 4850.51 万元。

表 4－21　2011—2016 年 7～10 号发电机组固定资产统计　　单位：万元

年份	2011	2012	2013	2014	2015	2016
固定资产原值	696938.88	683410.39	691243.04	700776.28	697364.14	712014.22
累计折旧	420013.11	438706.36	456477.06	467104.75	474200.99	496540.01

续表

年份	2011	2012	2013	2014	2015	2016
减值准备	4850.51	4091.18	3952.60	3797.86	3401.03	3331.98
固定资产净值	272075.26	240612.85	230813.38	229873.67	219762.12	212142.23

七、固定资产：1～6号关停机组部分资产处置

根据国务院和省政府关于关停小火电机组的有关指示精神，台州发电厂2～5号四台机组于2009年8月31日实施关停，并于同日对1号、2号水冷塔实施爆破拆除。2010年8月8日，1号、6号二台机组关停解列，并对1号、6号机组与一、三期烟囱相连的混凝土水平烟道进行拆除及水冷塔爆破。

根据东南公司董事会决议，2009年对台州发电厂6台13.5万千瓦机组固定资产计提固定资产减值准备，计提减值准备总额29522.06万元，其中对2～5号机报废资产，计提减值准备14144.85万元，对1号、6号机拟报废资产，计提减值准备9768.13万元，对1～6号留用资产，计提减值准备5609.08万元。

根据浙能集团安排，浙江东南发电股份有限公司(以下简称东南公司)于2011年启动台州发电厂1～6号机关停资产的处置程序，2011年7月，东南公司以《关于台州发电厂1～6号机组关停资产处置实施方案的请示》(东南发电投〔2011〕45号)向集团上报，提出评估基准日及机组整体拍卖方案。根据指示，东南公司聘请浙江万邦资产评估有限公司以2011年12月31日为评估基准日对台州发电厂1～6号13.5万千瓦关停机组进行资产评估。浙江万邦资产评估有限公司2012年3月出具的浙万评报〔2012〕10号资产评估报告，评估结果为：资产原值1493025534.72元，净值246721383.26元，评估价值113420000元；评估减值133301383.26元，减值率54.03%。2012年3月，东南公司以《关于台州发电厂1～6号机组关停资产评估拍卖的请示》(东南发电投〔2012〕12号)向集团上报，要求对资产评估结果进行核准，并在集团批复同意后，拟采取整体打包转让方式，通过浙江省产权交易所进行挂牌交易，其挂牌低价以不低于评估价确定。

2012年6月8日，浙江东南发电股份有限公司第六届董事会第三次会议审议通过《关于处置台州发电厂关停机组资产的议案》，同意台州发电厂1～6号关停机组进行拆除，除留用资产外，其余资产作报废处置。并授权公司经营层按照国有资产管理的有关规定程序办理报废资产处置等相关事宜。

2012年6月18日，浙江省能源集团有限公司下达《关于对台州发电厂关停机组资产评估结果予以核准的批复》(〔2012〕403号)文件，审核确认台州发电厂1～6

号 13.5 万千瓦关停机组资产评估结果为 113420000 元,并同意以评估价格为底价,委托省产权交易机构进行公开挂牌转让。

2012 年 7 月 2 日,东南公司与浙江省产权交易所有限公司及浙江天恒拍卖有限公司等签订委托拍卖协议,委托浙江省产权交易所有限公司等公司对台州发电厂 1~6 号 13.5 万千瓦关停机组部分资产进行拍卖。2012 年 7 月 11 日,浙江省产权交易所有限公司分别在《浙江日报》等报刊和"浙江省产权交易信息网(www.zjpse.com)及交易所大厅信息大屏等公告信息、挂牌,挂牌期限自 2012 年 7 月 11 日报刊公告日至 2012 年 8 月 11 日下午 5 时整共 30 个工作日。截至 2012 年 8 月 21 日。在挂牌报名期间有湖北赛福机械有限公司等 26 家竞买人提出受让申请。2012 年 8 月 23 日下午 2 时整,浙江省产权交易所有限公司等按原定计划对台州发电厂 1~6 号 13.5 万千瓦关停机组部分资产进行公开拍卖,经过四轮竞价,湖北赛福机械有限公司以 12000 万元竞得标的物,并当场签署拍卖成交确认书。当日,东南公司与湖北赛福机械有限公司签订《台州发电厂 6×13.5 万千瓦关停机组部分资产交易合同》,约定湖北赛福机械有限公司 5 个工作日内将全部转让价款 12000 万元划入东南公司指定账户,并约定赛福公司另行支付 1000 万元履约、拆除、安全保证金。合同约定湖北赛福机械有限公司在 450 个日历天内,完成全部标的拆除、运输和现场清理工作,并经甲方验收合格。湖北赛福机械有限公司根据合同约定,进入台州发电厂开始进行机组拆除工作。

因台州发电厂 1~6 号机组已关停,台州发电厂储备的原 13.5 万千瓦机组的备品配件已不再继续使用,经台州发电厂设备部、物资供应部对 13.5 万千瓦机组备品配件进行鉴定,确认金额为 12576408.04 元的 13.5 万千瓦机组备品配件需报废。台州发电厂于 2012 年 11 月 20 日发文(台电财〔2012〕159 号)至浙江东南发电股份有限公司请示报废核销处置。东南公司则在 2012 年 11 月 26 日发文(东南发电财〔2012〕84 号)至浙江能源集团有限公司请示该批备品配件的报废核销处置。经浙能集团批示同意后,台州发电厂聘请台州安信天一资产评估有限公司对需处置的备品配件进行评估,拟报废资产评估回收价值为 276000 元。根据企业会计准则规定,台州发电厂 2012 年就该批备品配件需计提存货跌价准备为 12300408.04 元,于 2012 年 12 月 31 日进行了账务处理。2013 年 3 月 15 日,台州发电厂该批 1~6 号机组备品配件通过拍卖取得 328889 元处置收入。

根据《浙江省经济与信息化委员会浙江省财政厅关于组织申报 2013 年小火电机组关停补助资金的通知》(浙经信电力〔2013〕421 号)文件精神,经申请,台州发电厂于 2013 年末收到省财政厅下拨的小火电机组关停补助 8100 万元。

由于台州发电厂一期出线及 1~3 期烟囱需分步爆破拆解等安全因素影响,经台州发电厂与湖北赛福机械有限公司协商同意，1～6 号关停机组厂房、烟囱等拆除工作有所推迟。2014 年 9 月 29 日、10 月 24 日、11 月 12，台州发电厂分别对 1 期、2 期、3 期烟囱进行分次爆破；2014 年 11 月 29 日，一期主厂房正式拆除，随后三座龙门架也依次成功拆除，相关场地杂物清运及平整等收尾工作也在 2014 年年底全面完成，至此，台州发电厂 1～6 号关停机组处置工作全部完成。

第八节 审 计

一、机构设置

1985 年 6 月，设立审计办公室，属中共台州发电厂纪律检查委员会领导。1992 年 1 月改为审计科，成为厂行政职能科室。1995 年 6 月，审计科增设检察室，检察室在业务上受椒江区人民检察院指导。1998 年 8 月，撤销检察室。1999 年 1 月，将监察科、审计科的职能归并，设立监察审计部。2001 年 11 月，撤销监察审计部，设立审计部，有主任 1 名，专职审计员 3 名。2007 年 6 月 13 日，厂内机构调整，按浙能集团管理模式，将监察部、审计部职能合并，成立监察审计部，配备专职监察、审计人员，业务上受浙能集团监察审计部的指导。

二、审计工作

台州发电厂审计工作始于 1985 年 6 月，审计部门和审计人员认真落实国家内部审计工作的有关规定，不断拓展思路，更新观念，扩大审计覆盖面，加大审计监督力度，提高审计深度和质量，前移审计关口，按照自我监督在先、同级审计在前、外审在后的要求，独立行使内部审计职能，对厂长负责并报告工作，业务上接受上级审计部门指导。1985 年至 1993 年间，内部审计仅限于开展财务、决算、内部控制、经济效益等，以及配合上级部门对全厂财税、物价等方面的检查。1993 年 10 月，实施《经济合同签证审计施行办法》，同时作出《关于强化内部审计，健全企业自我约束机制的若干规定》，逐步扩大审计覆盖面。1995 年 11 月，进一步完善对经济合同的审计和全过程监督，制订《台州发电厂经济合同审计试行办法》。1996 年 9 月，浙江省电力工业局转发《电力企业内部控制制度审计试行办法》等七个审计办法的通知后，电厂内部审计工作范围延伸到物资采购审计、大修工程审计、燃煤管理审计、多经企业对外投资、出借资金及对外担保审计，并成立工程项目执法监察领导小组，对特殊项目进行专项审计，如外包工程选择施工单位审计、多经企业承包经营审计等。

自1999年开始,实施内部审计工作向厂职工代表大会报告,并在厂务公开栏公布审计意见,促进审计监督与群众监督结合,以扩大审计监督效应。1999年后,内部审计制度更趋健全,制度中详细规定审计内容、任务、方法、程序和工作要求,形成制度化和规范化。在重点做好财务、外包工程、物资采购、燃煤、多经企业等审计的同时,对碧海明珠小区项目财务及工程管理、职工食堂管理、代管单位黄岩热电等项目进行了审计;对58位调离原岗位的中层行政正职干部任期履责和廉政勤政情况进行审计。对五万元以上外包工程和物资采购等经济合同,坚持先审计后签约、先审计后付款,对五万元以下经济合同实行抽查的审计管理模式,同时实行审计人员从项目招、投标开始到工程验收、决算的全过程参与的常态化的审计监督机制,有效控制各类风险。

台州发电厂自改制成为浙江东南发电股份有限公司的下属企业后,严格按照上市公司的要求规范运作,国际、国内会计师事务所每年对东南发电股份有限公司进行审计的同时,均对电厂进行延伸审计,电厂审计部门与之密切配合。2001年2月,浙江省电力公司对原厂长胡松如进行任期经济责任审计;2003年12月,浙江省能源集团公司对电厂进行审计调查;2004年6月,浙江省审计厅在对浙江省能源集团公司2001—2003年财务收支审计中,对电厂进行延伸审计;2004年11月,浙江万邦会计师事务所受东南发电股份有限公司委托,对原厂长李建国进行离任经济责任审计。2011年6月浙江省能源集团公司对原厂长孙伟恒进行离任经济责任审计,2013年7月浙江省能源集团公司对原厂长马京程进行离任经济责任审计。对外审或上级单位提出的审计意见,均落实整改,进一步完善了企业的经营管理。

2012年随着《企业内部控制基础规范》在上市公司施行,作为上市公司下属企业,同年台州发电厂成立内部控制体系建设领导小组和工作小组,由审计人员牵头,每年组织开展企业内控风险识别评估,对企业相关业务和管理活动的内部控制有效性进行全面测试检查和评价,发现缺陷,及时制订措施限时整改,完善相关管理制度和流程,有效控制风险。

台州发电厂自开展审计工作以来,多项审计报告被上级评为优秀审计报告,电厂审计部门也多次被评为各级内审工作先进企业。2007—2008年度浙能集团纪检监察审计工作先进集体、2009—2010年度浙能集团纪检监察审计先进单位,2015年台州发电厂荣获浙能集团审计先进集体,王丽琴荣获2012年浙能集团审计先进个人。

第九节 物资管理

一、机构与制度

台州发电厂除发电燃煤外的物资，其采购、仓储、发放及统计等均由物资采购部负责。物资采购部前身为台州发电厂供应科，1992年7月挂牌易名为台州发电厂实业总公司经济贸易公司；1997年8月撤销经济贸易公司，恢复电厂供应科，1999年1月更名为物资供应部，2015年11月更名为物资采购部。该部下设仓库班。

电厂现行物资管理标准体系包括《物资采购管理》《物资计划管理》《废旧物资管理》和《仓库管理》共四项标准。其中前三项标准在1999年首次发布，后一项《仓库管理》标准在2003年首次发布，吸收融合了更早的《物资采购控制程序》《物资采购及合同管理》等标准，并在实际工作中不断完善，经多次修订形成了现行标准。

二、物资计划

电厂建厂初期，由各部门根据年度生产计划、机组大中小修计划及日常维修计划，向供应部门申报物资需用计划，供应部门汇总并做好利库平衡，编制全厂物资计划，填报采购计划申请单，向浙江省电力工业局供应处申报，主要材料由浙江省电力工业局供应处统一签订合同，统一调配。随着市场经济的发展，供应渠道逐步发生变化，物资采购已基本市场化，计划编制也发生变化。

现电厂物资计划按种类分为科技、技改、等级检修、重大特殊、日常维护、零购、非生产性物资需求等。按时间分为年、月、临时急需计划。按性质分为物资需求计划和物资采购计划。

物资需求计划由需求部门负责编制，编报的时间要求是大修用的常规备品提前3个月、特殊备品提前6个月、进口备品提前10个月申报；零星购置国产设备提前1～3个月、进口设备提前6～10个月申报；更新改造和基建提前3～6个月申报。需求计划要求在ERP系统中申报，在计划申报时均须选择正确的物资编码，填写需求数量及其他要求，加工件还应提供正确图纸，并要求填写较为准确的预算金额，供领导审批时参考。

物资采购计划由物资采购部计划员经平衡利库后编制，平衡利库过程需核定申请需用计划、计划期初库存量、期货合同数量、在途数量、储备定额差异、使用部门已有数量等。物资采购计划提交经相关负责人审批后，交由订货或采购。

随着上级单位集约化采购的推进和ERP系统上线，物资计划的申报、审批等流程都实现了无纸化，平衡利库工作由ERP系统自动完成。月度计划增加到每月10日、25日各一次，提高了计划效率。

三、物资采购

电厂在物资计划的基础上组织采购，采购方式分招投标、询价、协议采购、定向采购、合同续签等。在2016年2月新ERP系统上线后，采购工作集中到集团SRM系统(采购寻源及供应商管理系统)上进行，通过信息化平台保证信息公开透明，提高采购效率。

物资采购过程中，物资采购部事先要制订采购方案，明确采购内容、采购方式、技术规范和供应商短名单等，经审批后再正式采购。一般物资采用最低价中标方式，技术要求采用较高的综合评分法，对供应商报价的授标需经审批方可进入合同环节。采购过程监审部门全程参与监督，保障采购工作的公正公平。

近年来，电厂不断探索采购新模式，通过推进集约化采购和模拟量采购等方式来提升议价能力，从而降低采购成本和提高采购效率。对于大额物资采购，电厂充分利用天虹物资等集团集约化采购平台，2016年集约化采购率已达到65%，低值常用物资的模拟量采购比例也不断提高。

除集约化采购物资外，电厂价款在2万元及以上物资采购均签订经济合同，2016年4月CM合同管理系统上线后合同审批、合同付款、合同变更、合同归档等流程都在线上流转，业务规范透明。法务、监审、财务等部门充分参与合同过程，保障了电厂物资合同的规范管理和执行。

为保障供应商的质量和可靠性，电厂根据物资质量、价格、交货期、售后服务等要求，对供应商实行资质考察评定和动态评价。供应商评价由设备部、物资采购部、使用部门等共同参加，并将结果纳入合格供应商档案。对进货检验、商业信誉、质量证明文件、履行合同、不合格供货记录、现场评定以及使用部门不满意等，凡有不良记录的，取消合格供方资格，一年内不得供货。

四、仓储管理

电厂在1991年前有库房3450平方米，料棚2415平方米，露天钢材堆场1800平方米。1998年初从四期工程扩建处接收库房3240平方米，次年又增加料棚819平方米。1998年前分为三材、五金、备品备件、工具、化工、仪表、危险品、废品库8个库房。1998年初，四期工程物资移交后建立四期电气、热工仪表和备品库。2004

年初，将化工与工具合并成一个库。2010 年 1 月，丰源公司气体供应站划归为供应部仓库班气体库。2016 年 3 月，配合新 ERP 系统投用，仓库重新划分为汽机库、锅炉库、电气库、仪控库、燃灰库、三材库、五金库、工具库、危险品库、气体库、化工库、通用备品库、闲置库、外修及外加工件库。

仓储管理工作涵盖物资验收入库、物资领料和退料、备品备件保管和保养、物资盘点、仓库安全管理、危险品管理、工器具发放管理、废旧物资管理等。随着 ERP 系统的投用，仓库也实现了信息化、无纸化，管理更加高效、规范。

五、物资管理信息化

1999 年，电厂委托广东亚仿科技股份有限公司对全厂的物资管理进行调研分析，自行开发物资管理 MIS 系统，于 2003 年 1 月 1 日正式启用。至此，所有仓库开始实行网上收发料单单轨制运行。MIS 物资系统从计划申请、审批到物资采购、入库、验收实现网上流转的自动化，使企业物资管理工作步入一个新的发展阶段。同时该系统的应用第一次实现了各类单据采用实际价格核算，改变了一直以来由于采用计划价格核算造成的实时数据有差异的状况。

2004 年，根据东南公司实现资源共享的要求，历时一年有余，物资供应部全体人员积极参与 ERP 项目的业务需求调研、项目差异分析、开发方案确认、基本流程测试、基础数据准备，并于 2005 年 4 月 11 日起正式整体上线运行。该系统充分实现了物资系统与财务系统、设备管理系统的高度集成，各个模块之间的联系更加密切，如工单与物料计划、领用的集成使设备管理和项目管理工作更加清晰，有利于提高工作效率、降低管理成本和生产经营成本，把企业的管理水平提高到了一个新的层次。

2016 年 2 月，电厂部署投运了基于 SAP 平台的新 ERP 系统，SRM 采购寻源及供应商管理系统也同步上线运行，2016 年 4 月又投运了 CM 合同管理系统，实现了物资全流程信息化管理。新 ERP 系统规范了物资编码和物资业务流程，不但做到物资系统与财务系统、设备系统的集成，而且实现了与集团公司的集成、与供应商的集成，业务流程清晰，数据分析翔实，进一步提升了台州发电厂的物资管理水平。

第十节 档案管理

一、综合档案室

台州发电厂综合档案室成立于 1989 年 11 月（隶属于厂办公室），负责管理全厂科技、文书、财务、声像、实物、电子等档案管理。因企业升级和安全文明双达标需要,企业档案必须集中统一管理。为了组建综合档案室,便于集中统一管理和添置各种档案设施,文书档案从老行政楼、科技档案从老生产办公楼迁至新盖的环保楼,并通过档案专项升级。1996 年,因四期工程建设需要,环保楼被拆,综合档案室搬至与四期工程配套的 2 号行政楼一层,使用面积 513.92 平方米。2007 年五期工程竣工,2 号行政楼一层都用作档案库房,档案办公室搬至二楼西边,综合档案室使用面积达到 910 平方米,设有办公室、阅览室、档案库房;配有复印机、切纸机、装订机、电动缝纫机等专用工具;库房内配有档案密集架、防磁柜、除湿机、空调、自动灭火机、防盗报警器、库房温湿度集中控制系统等设施。

综合档案室行政上归属厂办公室,配有专职档案员 5 名,档案实行计算机管理,采用东软 SEAS7.5 档案管理系统,现有库存档案 52000 多卷。档案管理工作列入企业发展规划、年度计划,列入企业领导的岗位职责和议事日程,由以厂长为首的档案管理领导小组负责协调工作,明确厂总工程师为档案管理工作分管领导,并制订档案工作发展规划和年度工作计划。同时建立以综合档案室为中心的档案管理二级网络,总工程师任组长,各部门行政正职负责本部门档案管理工作,各业务部门均设有兼职档案员。2016 年台州发电厂档案管理网络见图 4-2。

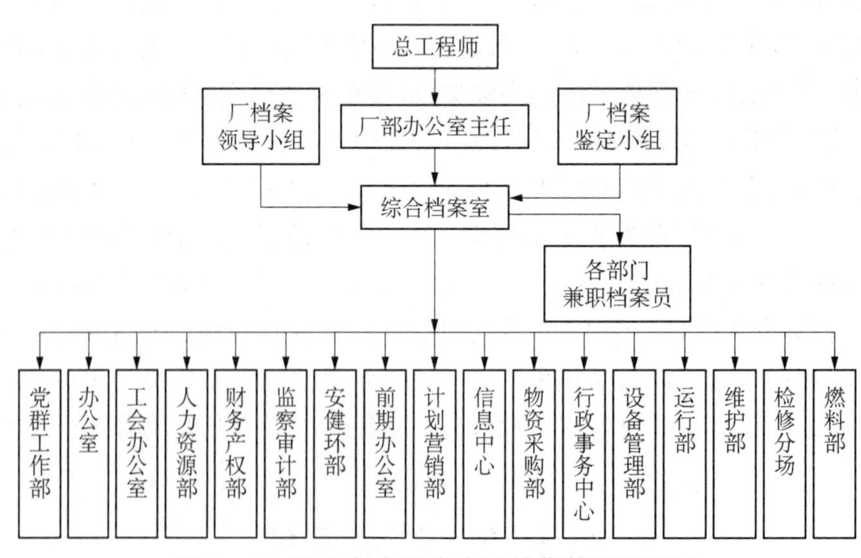

图 4-2　2016 年台州发电厂档案管理网络图

二、档案标准化管理

电厂在建立科技档案室与文书档案室时原制订的档案管理制度比较粗糙。

1989年成立厂综合档案室后，在档案升级管理中修订并补充会计档案管理、档案保密、档案借阅、声像实物档案管理、档案统计、档案的鉴定和销毁、档案库房管理、设备开箱管理、企业档案归档等。随着贯彻执行《中华人民共和国档案法》，国家档案局《国营企业档案管理暂行规定》《企业档案工作目标管理认定标准》，能源部《电力工业企业档案分类规则及分类表》等法规，台州发电厂1999年制订的15个档案管理方面的管理标准中，涵盖了档案收集、归档、分类编号、保管期限、保密、管理网络和职能、借阅、库房管理、鉴定和销毁等档案管理的全过程。2003年3月25日，把管理标准修订成为台州发电厂企业标准《档案管理标准》(Q/TFD268012－2003)，并在厂网上公布。同时把档案工作"三纳入"、"四参加"、归档制度、保管期限表、图纸管理、图纸修改等规定列入标准范围。严格执行档案人员参加重要生产会议、工程竣工验收、设备开箱、科技成果鉴定会，着重把好档案移交接收关，杜绝不合格资料归档，保证归档材料的齐全、完整、准确，使档案管理得到进一步规范。截至2016年，根据《归档文件整理规则》(DA/T22－2015)、《科学技术档案案卷构成的一般要求》(GB/T11822－2008)、《会计档案管理办法》(财会字〔1998〕32号)、《电力工业企业档案分类表》(0～5大类)、《火电企业档案分类表》(6～9大类)(总文档〔2002〕29号)、《照片档案管理规范》(GB/T 11821—2002)、《电子文件归档与管理规范》(GB/T 18894—2002)等规定，台州发电厂《档案管理标准》经多次修改，增加了特种载体档案管理和电子文件归档管理部分的内容。

三、档案的分类管理

凡记述和反映电厂基本建设、生产、科研、改建、扩建、更新改造、经营管理、党政工团工作、外事活动、生活后勤等各项活动中形成的，具有参考利用价值的文件材料，包括簿册、图纸、图标、计算材料、报表、凭证、照片、录像、录音带、软硬盘、U盘、光盘、实物均作为档案保存。综合档案室库藏档案分为文书、科技、会计、特种载体四种类型。

(一) 文书档案

文书档案分为党群管理、行政、经营、生产技术、财务审计、人事劳资等类目。1990年以前形成的文书档案按年度—保管期限分类；1991年开始按电力工业部颁发的《电力工业企业档案分类表》(0～5大类)分类；2000年实现办公自动化，档案按年度—期限＋大流水分类；2016年开始按年度—问题(行政、党委、业务)＋期限—大流水分类。各部门兼职档案员在次年1至3月完成上年度的档案立卷，并向综合档案室移交。

（二）科技档案

科技档案分为电力生产、科学研究、工程基本建设、设备等。一期、二期工程档案按电力工业部1981年颁发的《火电厂科学技术档案分类大纲》分类；三期工程档案按水利电力部1987年的《火电厂科学技术档案分类大纲》分类；四期、五期工程档案按电力部1991年颁发、2002年10月10日重新修订的《火电企业档案分类表》(6～9大类)(总文档〔2002〕29号)分类。科技档案的技术报告、技术革新、科研成果、论文等，应在完成后两个月内归档；基本建设和改进工程，其文件材料、竣工图在工程竣工验收后一个半月内归档；发电主设备、主要辅助设备大修资料在设备投运一个月后归档；运行形成的技术文件在次年一季度前将上年度资料归档完毕。

（三）会计档案

电厂会计档案包括企业经营财会、工会财会、三产企业财会，具体分为会计凭证类、会计账簿类、财务报告类、其他类等。每年形成的会计档案，由各财务相关部门按照归档要求负责整理立卷，装订成册，在会计年度终了后继续保存一年，期满后再移交综合档案室。

会计档案按照国家档案局制订的《会计档案管理办法》，其组卷采用年度—形式—保管期限进行，分类编号按《电力工业企业档案分类表》(0～5大类)执行。

四、档案利用

借阅档案采用电话查询、网上查阅和现场借阅方式。为了方便查阅，档案室编制检索工具。职工查阅档案，只要输入本人工号，登录东软SEAS7.5档案管理系统进行即可，如需查看原件，应先在网上申请。现场借阅需出示有效证件，职工只能借阅与本人工作有关的档案，外单位人员查阅档案须持有介绍信并经厂有关领导同意。

五、档案目标管理和数字化建设

电厂企业档案管理工作不断向规范化、法制化迈进，取得了长足进步，管理水平不断提高。2006年开始五期扩建工程和四期脱硫工程建设档案工作，在2009年4月22日基建达标考评中，五期扩建工程档案93.5分、四期脱硫工程档案94.5分，通过基建达标。

2012年下半年着手四期、五期四台燃煤机组脱硝改造项目档案管理工作，该项目竣工档案于2015年4月22日通过档案专项验收。

从2015年2月开始至2016年底，着重抓7～10号机组烟气超低排放改造项目工程档案的管理工作，该项目还在进行中。

台州发电厂综合档案室紧紧围绕企业的中心工作，坚持科学发展的理念，以实现档案信息资源共享为目标，从2010年开始，积极探索档案数字化建设，使档案信息资源更好地为企业科学发展服务。在企业领导的重视下，对档案室所有计算机进行更新，并配置了快速扫描仪、彩色A3扫描仪、数码相机、光盘、服务器、视频输出设备、A3彩色打印机等，以满足档案信息资源开发的需要。

随着信息化建设不断发展，档案管理现代化作为办公自动化的重要内容，文书档案自2000年开始已实现了文档一体化管理。科技档案在2005年使用东软SEAS 6.0版图档管理系统，2010年升级到SEAS 7.1版本。对档案从生成、收集、加工、利用，到归档、整理、编目、鉴定、销毁整个生命周期进行全面管理。档案数字化工作包括：库藏档案数字化，对电子文件收集实行控制，建立部门档案资料录入流程，增设系统接口。

2016年开始，所有档案合并使用同一个计算机管理平台——东软SEAS 7.5版档案管理系统，现已录入机读档案目录案卷级2.341万条，文件级22.738万条。室存档案数字化副本9300多卷、130.1GB。

第十一节 基础管理

一、计量管理

现维护部建有标准电气、热工计量标准室，经浙江省电力试验研究所和浙江省计量局确认，定为三级计量单位。同时，制订《热工监督及控制系统管理标准》《热工监督实施细则》《仪表“三率”自查考核制度》《计量管理标准》《计量检测体系管理手册》《计量检测体系程序文件》等规程、制度。在热工计量标准装置配备上，拥有热工计量标准装置：压力表一套(全量程)、压力变送器一套、温度标准一套，并每隔4年经电力公司质量办公室检验。2015年11月，机构改革设备部变更为设备管理部，计量管理职能划归设备管理部，由设备管理部仪控点检员负责计量管理。2015年11月，全厂燃煤进、出计量录入管理工作由燃料部负责。

为保证全厂最高等级电测标准仪表的精度，每年向国网浙江省电科院送检直流仪器12台，0.2级及以上标准表10台，特殊仪表9台，标准电能表1台。电厂2006年建有0.5级交直流仪表检定装置、0.5级频率表检定装置、绝缘电阻表检定装置、0.2级交直流电量变送器检定装置、0.5级直流电流电压表检定装置共5套电测计量标准装置,2015 年新增一套 0.2 级交直流电量变送器检定装置建标,均按照国家规范《计量标准考核规范》要求完成定期复查和考核,以确保量值传递的准确。2016 年一套 0.5 级直流电流、电压表检定装置因设备老化、装置周检不合格报废。

二、管理制度与标准化工作

为了提高企业管理水平,台州发电厂推行标准化管理。2002 年 3 月,成立标准化委员会、专业分委会及标准化办公室,要求企业整个生产过程、各部门的各项工作以及全体职工都要按标准办事,真正使每个部门、每个人做到事事有人管,人人有专责,办事有标准,工作有检查,效果有奖惩,从而彻底扭转企业技术落后、管理落后、互相推诿、效率低下的局面。

每年年初由厂标准化办公室组织,对管理标准的有效性进行确认,统计全年标准制订、修订、废止计划,制订全年修编标准体系实施方案。截至 2016 年底,共编制管理标准 172 个、管理制度 32 个、工作标准 277 个、技术标准 3022 个。

三、管理体系

2008 年 5 月,台州发电厂的质量管理体系、环境管理体系和职业健康安全管理体系第二次通过了北京世标认证中心有限公司的复评,质量管理体系、环境管理体系和职业健康安全管理体系继续获得认证证书。

2011 年 5 月,台州发电厂的质量管理体系、环境管理体系和职业健康安全管理体系第三次通过了北京世标认证中心有限公司的复评,质量管理体系、环境管理体系和职业健康安全管理体系继续获得认证证书。

2014 年 5 月,台州发电厂的质量管理体系、环境管理体系和职业健康安全管理体系第四次通过了北京世标认证中心有限公司的复评,质量管理体系、环境管理体系和职业健康安全管理体系继续获得认证证书。

在质量管理体系、环境管理体系和职业健康安全管理体系建立后,每年组织管理评审和内部审核工作,检查管理体系及运行情况;在每轮复评后由北京世标认证中心有限公司对质量管理体系、环境管理体系和职业健康安全管理体系进行二次监督审核,因质量管理体系、环境管理体系和职业健康安全管理体系运行长期保持有效、充分和适宜,管理体系监督审核连续获得通过。

第五章　党　群

台州发电厂党委不断传承和弘扬党建工作的优良传统，推进党的组织建设、党员队伍建设，强化职工思想政治教育工作，充分发挥党组织战斗堡垒和党员先锋模范作用。2006 年以来，台州发电厂党委以“四好”领导班子和“五好”党支部建设为载体，通过开展“三型”党组织建设、党的群众路线教育实践活动、“两学一做”学习教育、大讨论活动等，不断提升党组织的战斗堡垒作用和党员的先锋模范作用。2006 年至 2016 年台州发电厂连续获得全国文明单位、全国思想政治工作先进单位、浙江省企业文化建设示范单位、浙江省“廉政文化进企业”示范点、浙江省能源集团首批党建工作示范点、台州市社会治安综合治理优秀单位等荣誉称号。

至 2016 年末，台州发电厂党委共有下属党支部 11 个，党小组 39 个，党员 428 人。2006—2016 年，厂党委先后 5 次被评为集团“四好”领导班子，3 次被评为集团先进党委；集团先进党支部 5 个次，集团及以上优秀共产党员 7 人次，集团优秀党务工作者 6 人次。期间，电厂党委不断加强对工会、共青团等群众组织的领导，发挥其密切联系群众的桥梁、纽带和助手作用，团结和带领全厂职工积极投身企业各项工作中，为企业改革与发展提供了强大的动力。

第一节　组织建设

一、党　委

2006 年初，中共台州发电厂委员会由朱东临、孙玮恒、马京程、杨志明、周慎学、牟文彪、王佳富 7 人组成，朱东临任书记、纪委书记，孙玮恒任副书记。

2007 年 4 月 19 日，浙江省能源集团党委任命应苗富、黄华芬为台州发电厂党委委员，应苗富任纪委书记；免去朱东临纪委书记职务，同年 6 月马京程被选为浙江省第十二次党代会代表。免去王佳富党委委员职务。8 月 6 日，浙江省能源集团党委任命冯敏为台州发电厂党委委员、书记，免去朱东临党委书记、委员职务。11月20—21日，中共台州发电厂第三次代表大会召开，大会选举马京程、冯敏、孙玮恒、牟文彪、朱青国、应苗富、杨志明、周慎学、黄华芬为中共台州发电厂第三届党委委员，冯敏任书记，孙玮恒、应苗富任副书记；大会选举王叙、应苗富、应利华、张忠良、周克展、胡海萍、戚丹丹为中共台州发电厂第三届纪律检查委员会委员，应苗富任书记，张忠良任副书记。

2008年11月27日，浙江省能源集团党委免去马京程台州发电厂党委委员职务。

2009年1月，浙江省能源集团党委免去应苗富台州发电厂党委委员、纪委书记职务。

2010年12月28日，浙江省能源集团党委免去孙玮恒台州发电厂党委委员、副书记职务；任命马京程为台州发电厂党委委员、副书记。

2011年2月21日，浙江省能源集团党委免去周慎学台州发电厂党委委员职务。2月25日，浙江省能源集团党委任命戚丹丹为台州发电厂党委委员、纪委书记。8月10日，浙江省能源集团党委任命吴春年为台州发电厂党委委员职务，免去牟文彪台州发电厂党委委员职务。台州发电厂领导班子被评为“浙能集团2011年四好领导班子”。同年9月台州发电厂党委荣获“浙能集团2010—2011年度先进党委”。

2012年2月24日，浙江省能源集团党委任命杨志明为台州发电厂委员会书记，免去冯敏台州发电厂委员会书记、委员职务。9月6日，浙江省能源集团党委任命张浩为台州发电厂党委委员。12月18—19日召开中共台州发电厂第四次党代会，“公推直选”产生台州发电厂第四届党委、纪委。中共台州发电厂第四届委员会由马京程、杨志明、张浩、戚丹丹、吴春年、黄华芬6人组成，杨志明任书记、马京程任副书记。中共台州发电厂第四届纪律检查委员会由戚丹丹、董吕升、王叙、龙伟华、卢建中、赵石兵、翟嵩山7人组成，戚丹丹任书记、董吕升任副书记。2012年7月1日，台州发电厂党委被评为集团系统首批党建工作示范点。

2013年1月11日，浙江省能源集团党委任命陈统钱为台州发电厂党委委员。3月22日，浙江省能源集团党委任命沈波为台州发电厂党委委员、副书记。免去马京程台州发电厂党委副书记、委员职务。

2015年1月15日，浙江省能源集团党委任命王亨海为台州发电厂党委委员，免去陈统钱台州发电厂党委委员职务。8月20日，浙江省能源集团党委任命赵建平为台州发电厂党委委员、书记，免去杨志明台州发电厂党委书记、委员职务。

表 5-1　2006—2016 年党委成员更迭

单位名称	职务	姓名	任职时间
中共台州发电厂委员会	书记	朱东临	2004.8—2007.8
		冯　敏	2007.7—2012.3
		杨志明	2012.3—2015.8
		赵建平	2015.8—
	副书记	孙玮恒	2004.8—2010.10
		马京程	2010.10—2013.3
		应苗富	2007.4—2009.1
		沈　波	2013.3—
	纪委书记	朱东临	1997.7—2007.4
		应苗富	2007.4—2009.1
		戚丹丹	2011.2—
	委　员	孙玮恒	2004.8—2010.10
		牟文彪	2004.11—2011.8
		王佳富	1996.12—2007.6
		马京程	1999.7—2008.11
		黄华芬	2008.4—2015.5
		杨志明	2003.10—2015.8
		周慎学	2003.10—2011.2
		张　浩	2012.5—
		王亨海	2015.1—
		陈统钱	2013.1—2015.1
		戚丹丹	2011.2—
		吴春年	2011.8—
		朱青国	2007.8—2008.5

二、党支部

2006 年初,台州发电厂下设发电部党支部、运行部党支部、燃料党支部、水灰党支部、化学党支部、检修党支部、维护一党支部、维护二党支部、自动化党支部、龙湾项目部党支部、经营党支部、设备部党支部、生调部党支部、丰源公司党支部、厂办党支部、党群党支部、行政部党支部、保卫部党支部、离退办党支部,共 19 个党支部。

2007 年 4 月 18 日,成立凤台项目部党支部。8 月 22 日因厂机构优化整合成立维护分场党支部、燃灰分场党支部。撤销维护一分场党支部、维护二分场党支部。同年 11 月发电部党支部等 19 个党支部进行了换届选举,选举产生新一届支部委员会。

2009 年 2 月,安全质量监察部党组织关系由生调部党支部划归至设备部党支部。11 月 19 日因工作需要,经厂党委研究决定,撤销生调部党支部,同时相应免去生调部党支部书记、委员等职务,生调部党组织关系隶属运行部党支部管辖。

2010 年,厂党委在燃料党支部进行党支部公推直选试点,7 月 28 日燃料党支部经公推直选产生新一届燃料分场党支部委员会。11 月 22 日因工作需要,经厂党委研究决定,撤销发电部党支部,同时相应免去发电部党支部书记、委员职务。

2011 年 7 月,为全面推进党内民主建设,尊重和保障党员主体地位,厂党委决定在全厂各党支部开展“公推直选”换届选举。9—11 月,15 个任期届满的党支部全部完成“公推直选”换届选举工作,除离退休党支部外,所有党支部通过公推直选换届选举产生新一届党支部委员会。

2012 年 3 月,因机构变动,经厂党委研究决定,撤销化学分场党支部,同时相应免去化学分场党支部书记、委员职务。

2013 年 3 月,因机构变动,经厂党委研究决定,撤销水灰分场党支部,同时相应免去水灰分场党支部委员书记、委员职务。

2015 年 10 月,因机构变动,撤销自动化分场党支部、丰源公司党支部;原自动化分场党员并入维护党支部,原丰源公司党支部党员并入经营党支部。撤销厂办保卫党支部、党群党支部,成立厂办党群党支部。

截至 2016 年 12 月,台州发电厂党委下设运行部党支部、燃料部党支部、检修分场党支部、维护部党支部、生产党支部、经营党支部、行政党支部、厂办党群党支部、龙湾项目部党支部、凤台项目部党支部、离退休党支部,共 11 个党支部。截至 2016 年底党组织机构设置见图 5-1。

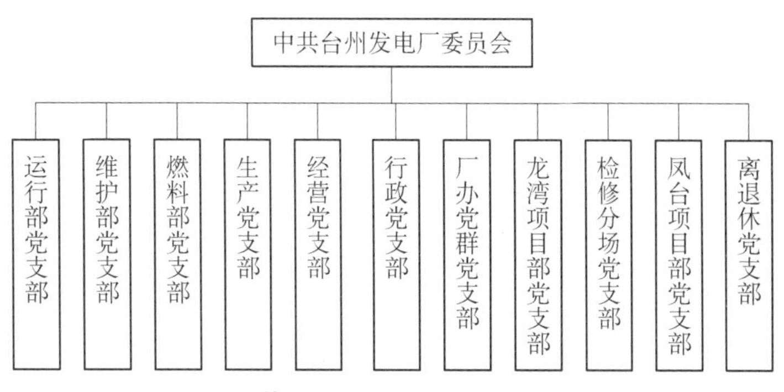

图 5－1　截至 2016 年底党组织机构设置

三、党员管理

1. 党员发展。台州发电厂党委在建立和健全党组织的同时，按照“坚持标准、保证质量、改善结构、慎重发展”的方针，积极培养和发展党员。党委每年制定《台州发电厂发展党员工作实施方案》，坚持自愿和个别吸收原则，严格执行党员发展程序，实行发展党员推荐制、公示制、票决制、预审制。每年举办 1～2 期入党积极分子培训班，帮助入党积极分子端正入党动机。入党对象必须经过培训并经考试合格。2006—2016 年，台州发电厂共培训入党积极分子 289 人，发展党员 135 人。党员发展及全厂党员人数情况见表 5－2。

2. 党员培训。台州发电厂党委以集中培训、个人自学相结合方式加强党员教育培训，全面提升党员思想政治素质、科学文化素质和业务技能水平。2012 年起，依托浙能集团党建 MIS 开通网上党员在线学习，规定每位党员每年至少学习 24 课时。每年举办 2 期规模较大的党员、干部培训班，对党员教育做到计划、内容、时间、地点四落实。2006—2016 年，累计组织各类党员专题培训 22 次，培训党员干部约 8000 余人次。

3. 党费缴纳。每月严格按照党章规定开展党费收缴工作。2008 年 5 月 12 日，四川汶川发生地震，灾情牵动着全厂党员的心，405 名党员向党组织缴纳“特殊党费”48.784 万元。2016 年 10 月，按照浙能集团党委统一部署，对全厂党员 2011 年至 2016 年的党费收缴情况进行了核查，如期如实完成补缴工作。

4. 党员民主评议。每年 4 月启动民主评议党员活动，活动历时 4 个月，历经学习教育、实践活动、理论考学、评议评比四个阶段，通过党员自评、群众测评、党员互评和组织审评等对党员的工作学习情况作出客观公正的评价，推动党员整体素质能力提升。2013 年创新活动机制，将“读一本书”和“理论考学”引入民主评议活动中，通过读和考的模式让党员更加深入地掌握理论知识。

5. 党内关怀机制。广泛开展谈心交心活动,在党员遇到困难、思想波动、存在问题等情况时进行谈话,时刻把握党员思想动态。建立走访慰问制度,每年春节、中秋节、“七一”前,集中组织对老党员、困难的党员走访慰问。建立生活关怀机制,积极创造条件解决党员在工作和生活中的实际困难,使党员时刻感受到组织的关怀。2015 年,启动“1+1”党员关爱行动,通过党员对困难职工的一对一全天候帮助,解决弱势群体的燃眉之急,增强党组织的感召力和凝聚力。

到 2016 年底,台州发电厂共有党员 428 名(包括 18 名预备党员),其中离退休正式党员 109 名。入党申请人 24 名。

表 5-2　2006—2016 年台州发电厂发展党员及全厂党员人数情况

年份	发展党员人数	全厂党员人数	年份	发展党员人数	全厂党员人数
2006	12	468	2012	13	471
2007	6	437	2013	14	455
2008	17	455	2014	9	438
2009	12	463	2015	7	415
2010	18	478	2016	10	428
2011	17	463			

四、党组织活动

基层党建示范点创建活动。台州发电厂按照“板块有典型、单位有示范、支部有特色”的思路,以党内民主建设为主题,探索实行厂情发布会、民主恳谈会、党员票决、民主测评同步驱动的制度实践,深入开展党建示范点创建活动。在党内评先评优、发展党员等党建工作的关键节点上引入全员票决制,在落实保障党员权利中激发广大党员民主参与的积极性。2010 年 5 月,作为集团系统党务公开工作三家试点单位之一,积极创新党务公开形式,在党代会、党委会、月度政工例会等党务公开传统形式的基础上,构建“4+2”模式:“4”指的是“一网、两栏、一亮化”,即党务公开网、厂党委和党支部两级党务公开栏、党员身份亮化等四个平面公开形式;“2”指的是厂情发布会、民主恳谈会两个立体公开形式,并建立《台州发电厂党务公开审批表》《台州发电厂党务公开月度联系单》,实现了党务公开全覆盖。同时按照相关资料全面收集、职能部门审核把关、党内党外按规定公开、悉心收集反馈意见、专人负责整理归档“五步法”进行公开,实现党务公开过程的闭环管理。2011 年 7 月,浙能集团公司授予台州发电厂党委“基层党建工作示范点”称号。

“五好”党支部创建活动。2006 年，台州发电厂以“支部班子好、党员队伍好、基础建设好、思想工作好、发挥作用好”为目标，采用党支部自查与日常抽查、月度检查、年终考评相结合的动态考评办法，深化“五好”党支部创建活动。2006 年 4 月 10 日，运行部党支部等 7 个党支部被授予浙能集团公司首批“五好”党支部称号。2008 年组织开展红旗党支部评比工作，重新修订《党组织建设管理标准》，出台《党支部工作管理》《发展党员工作》两个标准。2013 年，积极开展“结对联学”支部共建活动，13 个党支部结成 4 组对子，对标学习，取长补短，形成齐头并进的良好氛围。2014 年，实现“五好”党支部全覆盖。2015 年，在实现“五好党支部”全覆盖的基础上，开展星级党支部创建活动和党员“三比三讲”党员先锋活动。结合机组检修、防汛防台、安全生产和奉献社会等各项工作内容，探索开展了环保志愿服务、党员互学互助互保结对、党员技术骨干送课进班组等各类党员服务实践活动，涌现出许多与时俱进又与企业科学发展高度结合的活动载体和新模式。2016 年，运行部党支部等 3 个党支部被浙能集团评为五星级党支部，检修分场党支部等 6 个党支部被浙能集团评为四星级党支部。

党的群众路线教育实践活动。2013 年，台州发电厂按照中央、省委和集团党委关于党的群众路线教育实践活动的要求，分别于 7 月 12 日、7 月 18 日召开专题会议，研究制订教育实践活动的实施方案，在上级要求的规定动作之外，做到自选动作有特色。7 月 23 日召开形势任务教育暨党的群众路线教育实践活动动员会，广泛发动宣传。7 月 30 日下发《开展领导人员“三带头”活动的通知》《关于开展党员“双修双教”活动的通知》等，对厂领导、中层干部和普通党员开展教育实践活动作出明确要求。同时结合实际开展“最美台电人”宣传学习活动、“用心服务　阳光履

图 5-2　专题民主生活会

职”主题教育活动、道德讲堂建设。厂领导班子成员认真开展“谈心交心”活动，深入联系点听取党员群众意见，征集意见建议 24 条，修订完善与作风建设和群众路线密切相关的长效机制 8 项。11 月 8 日组织召开专题民主生活会，对照“四风”的种种表现，认真开展批评与自我批评，查摆问题，对照整改。此次教育实践活动践行群众路线，改进工作作风，确保了向台二电输送近 600 人，近 1400 人“三定”工作顺利完成，同时保证了 4 台机组安全运行和经营管理稳中有进。

“三严三实、履职尽责”专题教育活动。2015 年 6 月 2 日，台电召开党委理论中心组学习会，启动“三严三实”专题教育工作。结合“三比三讲”党员先锋活动，厂内两级中心组以“严以修身、严以律己、严以用权”3 个专题开展专题学习讨论。6 月 29 日，厂领导班子向全体党员群众发出“守纪律、讲规矩、强作风、促文明”的倡议书，各支部党员群众收到倡议后积极行动，响应倡议。6—11 月组织开展了以“七个一”为主要内容的“加强党员修养，提升党员素质”专项行动，领导人员“守纪律、讲规矩”专项行动和领导人员“履职尽责”专项行动，引导党员干部进一步转变观念、提振精神，营造了全员践行“三严三实”、勇于担当、履职尽责的良好氛围。班子成员根据党建联系点分工下基层征求意见，共召开征求意见座谈会十余次，征集意见 92 条。2016 年 3 月 16 日召开领导班子专题民主生活会，对照党章党规，对照中央、省委、集团公司党委指出的“不严不实”表现，深入查摆“不严不实”问题，剖析问题产生根源，并明确了今后努力的方向和整改措施。

“两学一做”学习教育。2016 年 6 月台发电厂党委州印发《关于开展“两学一做”学习教育的通知》，对“两学一做”学习教育作出全面细致安排。以党委书记讲党课的形式启动学习教育活动，开展了党务骨干党章党规轮训，“两学一做”知识竞赛，“忠诚、干净、担当”廉政主题教育，“五个一”党员政治生活，“科室、场部党员参加生产一线劳动”等专项活动。台电领导班子深入基层讲党课 20 余场，党支部书记、委员上台讲课 30 次有余，培训 700 多人次，80 多名党务骨干参加了党章党规轮训，不断将“两学一做”学习教育推向深入。结合平安护航 G20 工作，以“党员责任区”为落脚点，大力开展“两学一做”学习教育党员志愿者服务活动，成立 18 支党员志愿者服务队，结合实际制订生产现场巡视制度，建立重大抢修应急保障机制，充分做好抢修抢险的事前准备工作，使党员在平安护航 G20、“文明生产整治”、“找短板、补不足”中亮出身份，为企业改革稳定发展和确保完成平安护航 G20 工作任务提供了坚强保证。2016 年 3 月 21 日，启动星级党小组创建工作，将党小组活动由传统的全员参与变为 2 至 3 人也可以开展的“微元”活动模式，充分激发基层党小组组织活力。

第二节 思想政治工作

台州发电厂的思想政治工作坚持以人为本，以社会主义核心价值观为引领，秉承与时俱进的创新精神，服务于企业生产经营工作重心，引导员工开阔思路，振奋精神，树立正确的价值取向，激发干事创业的热情，营造和谐向上的工作氛围，推动企业全面协调可持续发展。

（一）形势与任务教育

2006 年 4 月 27 日，厂党委下发《关于广泛开展社会主义荣辱观教育活动的通知》掀起了开展社会主义荣辱观教育活动的新高潮。6 月厂部、厂党委审时度势提出开展“认清形势、抢抓机遇、人企共进”主题教育活动。

2007 年 4 月，组织开展“作风建设年”活动，厂党委制订下发了《“作风建设年”活动实施计划》，通过“作风建设年”活动使各级领导干部和管理人员作风进一步转变，各项规章制度进一步完善，党群、干群关系进一步密切。

2008 年，组织开展以“高举旗帜推动实践，发展浙能服务浙江”为主题的党的十七大精神主题宣传教育活动，在全厂开展了“科学发展、和谐共进”主题大讨论和征文活动、“我为党旗增辉添彩”党员论坛、纪念建党 87 周年红歌大家唱、改革开放三十周年成就图片展等活动。组织党员干部开展“讲党性、重品行、作表率、树新形象、创新业绩”主题活动。

2009 年，大力开展深入学习实践科学发展观活动，以“提升管理内涵，加快推进发展，建设富有文化力、竞争力、发展力的和谐台电”为实践载体，组织开展了“理论知识大培训”、“服务基层、服务职工”大调研、“解放思想大讨论”、“民主恳谈”、“勤俭节约办企业”等活动。

2010 年，以“九个一”活动部署开展以“践行科学发展观，争当浙能先锋”为主题的创先争优活动。组织开展一次主题党日活动、表彰宣传一批先进典型、组织一次中心组学习会、作出一次公开承诺、发放一张党的生日贺卡、开展一次党员集中轮训、开展一次党员志愿者服务活动、发送一条政治生日祝福短信活动、进行一次帮扶共建活动等。

2011 年，集中开展纪念建党 90 周年暨创先争优系列活动，通过召开党员大会讲党史，中心组理论学习谈党史，参加党史知识竞赛，举办征文比赛，组织“两先两优”和“创先争优”活动先进个人赴井冈山革命根据地开展红色教育，分批组织中层干部重读红色经典、重走红军革命路等活动，掀起创先争优活动新高潮。

2012 年,厂部厂党委发文开展向潘世岳同志先进事迹学习活动,373 名党员作出创先争优承诺。4 月 18 日,组织开展“我们的价值观”大讨论,全厂职工撰写“我们的价值观”主题征文 24 篇,国企核心词 35 条。

2013 年,结合党的群众路线教育实践活动,在全厂范围内开展“认清形势、转变观念、共促发展”大讨论活动,有力推动了向台二电输送人员和“三定”工作的顺利完成。

2014 年,组织开展“生存与发展大讨论”活动,结合企业形势查找问题不足,集思广益寻找解决的对策,引导广大职工树立蓬勃向上的朝气,共建“美丽家园和谐台电”。

2015 年,扎实开展“三严三实”活动,结合党员民主评议开展“守纪律讲规矩”党性教育、“读一本书”、实施党员承诺制、党员教学和主题实践等形式多样的党员教育活动。

2016 年,组织开展“找短板、出良方、抓落实、上台阶”大讨论活动,围绕平安护航 G20、“两学一做”学习教育、文明生产专项整治等重点工作,开展专题形势任务教育 20 余次,进一步整顿干部作风、抓好职工队伍建设。

（二）宣传工作

台州发电厂宣传工作紧扣企业重心,注重专题策划,采取典型报道、跟踪报道、系列报道等形式,全力做好“一网、一刊、一窗、一视频、一图片”宣传载体提升工作,建有企业门户网站、宣传栏、企业形象展厅、道德讲堂等,开设《今日台电》《职工之家》《台电青年》等微信公众平台以及《今日台电》内刊等文化载体,全面提升“图片新闻”“视频新闻”的质量与频度,多角度、全方位地及时宣传贯彻党的十七大、十八大精神,集团会议、厂职代会精神,企业安全生产、经营管理等理念,及时报道工作中涌现出来的先进典型,倡导先进的道德和价值观念,形成良好的舆论氛围。

坚持办特色刊物、特色网站的理念,2006 年至 2015 年每月刊出《今日台电》一期,2016 年《今日台电》由月刊改版为双月刊,涵括重要新闻、特别策划、生产经营、党建经纬、廉洁文化、工会园地、企业文化、科技之窗、青春阵营、文学天地、刊中报等栏目。刊物远播省内外同行,成为台州发电厂企业文化的特色之一,被授予“中国企业文化传媒贡献奖”。截至 2016 年 12 月《今日台电》刊出 201 期。2013 年 12 月接轨当前主流媒体宣传形式,在厂网开辟“图片新闻栏目”。2016 年 6 月,正式上线运行《今日台电》微信公众平台,开设“了解台电”“今日台电”“微服务”三大板块,运用互联网信息技术在网络上搭建一座传递能源资讯、传播环保理念、展示企业文化、服务广大职工的新平台。

加强宣传队伍建设,建立了厂部、部门、班组三级通讯报道网络,各部门设立通讯报道组，班组设通讯报道员。每年举办一至二期通讯员骨干培训，组织开展新闻写作培训、摄影讲座、"台电一日"摄影、企业报培训等形式多样、时效性强的采编业务培训，不断提高通讯员队伍的素质和写作能力。2015 年 3 月成立台电读书俱乐部宣传写作沙龙，通过师带徒、实时在线交流等途径，快速培养宣传"新骨干"。为了鼓励职工对宣传报道的积极性，厂内实行稿酬制度。2016 年 3 月 15 日，在四个生产一线党支部所辖 14 个班组试点试行班组政治宣传员工作，充分发挥基层党员在生产一线，联系群众较为紧密的特点和优势，主动抢占基层一线宣传与意识形态阵地。

图 5－3 《今日台电》工作人员

2012 年，台州发电厂荣获"全国电力行业新闻宣传工作先进单位"称号，金辉获得"全国电力行业新闻宣传工作先进个人"称号。戚丹丹的摄影作品《力量》、毛建平的摄影作品《作业》分获全国电力行业优秀影视作品摄影图片类一、二等奖。检修分场职工洪玉明拍摄的《台电职工奋战 8 号机组 A 修》照片获《浙江能源报》2011 年度好新闻二等奖，检修分场职工叶德芳撰写的《铜管潇潇风尾竹》获《浙江能源报》2011 年度副刊好作品。2015 年 3 月，江仲民撰写的《台州发电厂 1～3 号烟囱成功爆破》稿件获《浙江能源报》好新闻评比二等奖。2016 年 3 月 10 日，台州发电厂被评为浙能集团 2014—2015 年度新闻宣传工作先进集体。江仲民获浙能集团 2014—2015 年度新闻宣传工作先进个人，江仲民、王玺撰写的《台电供热量创历史新高》获《浙江能源报》2015 年度好新闻奖。

（三）精神文明建设与企业文化建设

2006 年以来，台电深入推进人企共进、和谐发展，以创新力激活创造力，以文化力推动生产力，以环境凝聚向心力，走绿色生态发展之路，为社会发展作出积极贡献。每年出资300多万元投入企业精神文明建设,在经费上保障工作正常开展。以“一网、一刊、一窗、一视频、一图片”为主要宣传载体,结合职代会、民主恳谈会、“三会一课”、班组学习会等向广大职工及时播报企业精神文明建设动态。把争当文明职工,创建文明班组、文明部室、文明分场作为精神文明建设的重要载体,坚持每年表彰先进,树立典型,形成对照先进找差距、学习先进抓创建、争当先进做贡献的浓厚氛围,进一步推动精神文明创建活动的深入开展。2008年、2010年、2014年分别结合不同时期要求修订完善《台州发电厂精神文明建设目标考核办法》《台州发电厂文明职工、文明班组、文明部室、文明分场考评管理办法》,在制度上予以规范。

台电发挥全国文明单位的先进示范引领作用,积极回馈社会,广泛开展服务社会活动。2006年至2016年,每年组织职工开展无偿献血活动,累计献血量达314300毫升,荣获台州市“无偿献血先进单位”“台州市无偿献血特别奉献奖”。

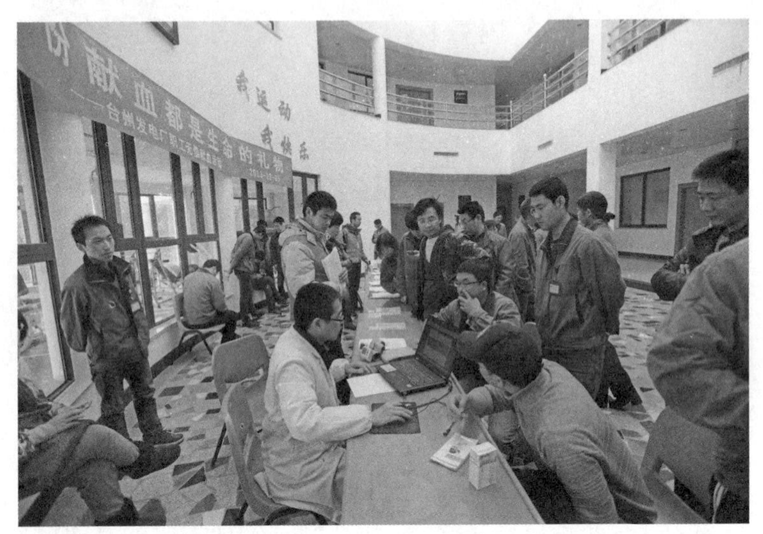

图5-4　无偿献血

2010年与临海市河头镇山上叶村开展创先争优“结对共建　清洁家园”共建活动,为该村义务种植200棵果树,并资助2万元扶贫款,用于道路建设。2014年1月27日,台州发电厂干部职工积极响应省委省政府、集团公司号召,为“五水共治”工作现场捐款16350元。2016年2月与临海市桃渚镇芙蓉村结对共建,开展“双万结对　共建文明”活动,助推“两美”浙江建设。组建志愿者服务队,送温暖到福利院、送安全知识到幼儿园、送便民服务送到前所街道等社区。2016年G20杭州峰会前夕,台电志愿者开展走进社区宣传普及G20知识,走进社会福利院关爱残障儿童和孤寡老人、为临海芙蓉村搭建篮球场等一系列活动,获评“浙江省优秀志愿服务集体”。党支部和团委积极开展献爱心活动,与周边地区的失学儿童结对。积极响应中央精准扶贫号召，收集整理闲置衣物近400件寄给新疆阿克苏生活困难的群众，促进民族团结。台电消防队为社会出警抢险救灾近500次，抢险救难，受到了周边企业、群众的赞扬。同时，学雷锋、见义勇为在台电成为风潮，涌现了一批标兵。如燃灰分场职工李平勇救前所街道落井小女孩，职工医院医生林珍芳及时拯救路边突发癫痫的病人等，进一步推动了和谐社会建设。

2006年以来，台州发电厂践行“建设一个富有文化力、竞争力、发展力的和谐台电”的总体思路，在浙能集团公司企业文化建设规划的总体框架下，秉承传统，注重创新，以“安全台电、善美台电、绿色台电、阳光台电”为战略发展规划，打造台州发电厂特色文化。2007年按照《浙能公司企业文化建设规划》的要求，充分挖掘企业的文化积淀，广集智慧，重新归纳提炼出“四干精神”（想干、敢干、能干、实干）和“五心文化”（同心、决心、用心、精心、爱心），确定了企业文化核心理念体系。2007年10月制订出台《台州发电厂企业文化建设规划（2007—2010）》，编写《台州发电厂企业文化解读》，设计制作厂歌、LOGO、厂旗、厂徽等形象层面文化。2007年12月28日，台电首届企业文化节启动，开展了《光影台电》——台州发电厂发展历程图片展、企业文化培训、青年读书节、班组管理论坛以及“和谐共进”综合知识竞赛等内容丰富、形式多样的系列活动。2012年制定出台《台州发电厂企业文化建设三年（2012—2014）规划》，将企业文化建设目标化、阶段化、规范化。2012年5月16日启动台电“第二届企业文化节”，历时半年开展责任文化、安全文化、学习文化、廉政文化、家园文化、形象文化等系列活动。2013年制定并实施《台州发电厂企业文化建设三年规划（2013—2015）》，建立健全安全文化运行机制，形成系统、规范、具有台州发电厂特色的安全文化体系。

2006年至2016年，台州发电厂精神文明建设与企业文化建设取得了累累硕果。2009年1月，台州发电厂第二次获评全国文明单位称号。2012年，在全国精神文明建设工作表彰大会上，台州发电厂再度获评全国文明单位，成为浙能集团第一个连续三届荣获全国文明单位称号的单位。2010年10月在第五届中国电力系统企业文化年会上，荣获2010年度全国电力系统企业文化建设先进单位。2011年11月荣获浙江省企业文化建设示范单位称号。2015年9月21日，在中国企业文化建设（珠海）峰会上，荣获2015年度中国企业文化建设典范单位称号。

（四）职工思想政治工作研究会

2006年至2016年，台州发电厂职工思想政治工作研究会每年都围绕企业中心工作和热点问题开展课题调研，内容涉及企业安全生产、经营管理、企业文化、人力资源、党风廉政建设、职工队伍建设、思想教育、厂风厂貌、班组建设、企业发展等。2006年、2011年分别出版论文集《行与思》和《和谐与发展》。2007年台州发电厂职工胡海萍撰写的《试论企业党风廉政“危险源、危险点”的分析与预控》论文，获浙江省能源集团公司思想政治工作研究会优秀论文一等奖。2016年台州发电厂职工沈璐撰写的《新形势下集团党务工作者梯队培养的思考》论文，获浙江省能源集团思想政治工作研究会优秀论文二等奖。李林栋荣获浙江省思想政治工作研究会2013—2014年度省政研会工作奖。

第三节　纪检监察

2007年11月21日中共台州发电厂第三次代表大会选举产生了厂第三届纪委委员，王叙、应苗富、应利华、张忠良、周克展、胡海萍、戚丹丹同志(以姓氏笔划为序)当选为中共台州发电厂纪律检查委会员委员，应苗富为厂纪委书记。2012年12月19日，中共台州发电厂第四次代表大会直选产生了厂第四届纪委委员有王叙、龙伟华、卢建中、赵石兵、戚丹丹、董吕升、翟嵩山(按姓氏笔画为序)，戚丹丹为厂纪委书记，董吕升为厂纪委副书记。

一、党风廉政建设责任制

2016年，按照权责对等的原则构建责任分解体系，制定出台《中共台州发电厂委员会党建党风廉政建设主体责任清单》和《中共台州发电厂纪律检查委员会贯彻落实党风廉政建设监督责任实施办法》，明确党委和纪委履职履责清单。按照集团公司和厂部、厂党委关于不断加强党建党风廉政建设责任制的要求，严格落实“一岗双责”，与全厂每个部门的党政负责人签订《党建党风廉政建设责任书》，同时将党风廉政建设全年工作任务进行层层分解、责任细化，加大对厂部、厂党委行政指令执行情况的检查、监督和考核力度。每年制定下发《台州发电厂纪检监审工作要点》，年初召开台州发电厂党风廉政建设工作会议，回顾总结上年工作，部署当年工作任务明确目标；在年中召开台州发电厂党风廉政建设专题分析会，总结上半年党风廉政建设情况，并分析薄弱环节，提出整改要求，对下阶段的主要工作任务进行安排部署。通过季抽查、半年检查和年度考核等形式对党风廉政建设责任制执行情况进行监督检查，推动责任制落实。

二、党风廉政制度建设

2009年11月26日制订出台了《中层干部报告个人有关事项实施办法》(台电党〔2009〕37号)，按事前和事后两大类对中层干部个人有关事项报告的内容和要求作了明确规定。2010年修订完善了《党风廉政教育管理标准》《台州发电厂党风廉政建设责任制考评办法》《台州发电厂反腐倡廉防范体系》。2012年制订出台《台州发电厂廉政风险预警制度》《台州发电厂廉政文化工作制度》，修订了《台州发电厂党风廉政建设责任制考核评分办法》《台州发电厂党风廉政建设责任制考核评分标准》《台州发电厂领导人员及重要岗位人员廉洁从业承诺制度》《台州发电厂党风廉政监督员制度》《纪检工作管理标准》《纪检信访工作管理标准》。2013年出台了《台州发电厂"阳光工程"信息员制度》《台州发电厂"阳光工程"督查通报制度》《台州发电厂廉政书屋管理制度》，修订了《行政监察管理标准》《部务会、场务会管理标准》，对《重要岗位廉政职责》和《行政管理责任追究实施标准》两项不适应企业发展的制度进行了废除。2015年以十八大以来的廉政新规定为重点，全面梳理并自行编印了《廉政制度选编》。

三、作风建设

认真贯彻落实中央、省委和集团公司党委关于改进工作作风、密切联系群众的相关要求，学习中央"八项规定"、省委"六个严禁"、浙能集团贯彻中央"八项规定"的实施细则，保持正风肃纪高压态势。

2013年9月开始开展正风肃纪专项行动，成立台州发电厂正风肃纪工作小组，制订正风肃纪工作小组行动方案，坚持正风肃纪工作常态化，紧盯重要节点，下发廉政通知，发布预警信息，围绕中央、集团和厂部、厂党委的重大决策部署，坚持一月三查，以不打招呼、不定时间、不定内容的方式，对是否违反工作纪律和劳动纪律、节日期间公车使用安排情况、部门四项费用执行情况、业务单位有无违规寄送礼品、快递收寄和工作时间外网访问记录等方面开展经常性的督查，整饬工作纪律、规范业务行为，持续强化正风肃纪的震慑作用。

四、廉洁文化建设

2012年6月21日，成立台州发电厂廉政文化建设工作组织机构，制定印发台州发电厂《关于推进廉政文化示范点建设的实施意见》《台州发电厂廉洁文化建设三年规划(2012～2014)》《台州发电厂廉洁文化建设工作制度》，明确了廉洁文化建设的长远目标和近阶段具体工作任务。以"廉洁、诚信、守法、规范"的台州发电厂廉洁文化核心理念为引领，推进廉洁文化"三进"(进支部、进部门、进班组)，2013年3月8日设立了维护分场党支部、财务部、运行一值等11个基层廉洁文化培育示范点，以"三上"(上讲台、上平台、上刊物)为载体的廉洁文化阵地，形成"一支部一品、一部门一格、一班组一貌"的特色廉洁文化。2013年台州发电厂被评为浙江省第二批廉政文化“进企业”示范点。把集团“123”廉洁文化体系与台州发电厂廉洁文化体系有机融合,积极构建台州发电厂“1＋4”廉洁文化格局。2014 年 3 月 24 日,台州发电厂党委发文《关于全面推进廉洁文化“进支部、进部门、进班组”活动的通知》(台电党〔2014〕5 号),制订出台《台州发电厂廉洁文化进支部、进部门、进班组活动考评标准》,全面推进廉洁文化“进支部、进部门、进班组”活动,2015 年 4 月命名表彰运行部党支部、人力资源部、燃料运行五班等 8 个 2014—2015 年度廉洁文化“三进”活动示范点先进单位。2012 年 9 月在 2 号行政楼建立廉洁文化展示厅“清风苑”、廉洁文化活动室、廉政书屋。印发《解读台州发电厂廉洁文化》宣贯廉洁理念,在台州发电厂网站开辟“廉政建设”专栏,《今日台电》中开设“廉洁文化”专栏,每月刊发《台州发电厂纪检监审信息》,2012 年 6 月开始每季编印廉洁文化教育内刊《和风》,2012 年开始编印廉洁教育读本《莲说——我们的廉洁价值观》,2014 年汇编《微语清风》,2015 年编印《善德清风》,2016 年编印《固本清风》。2014 年由台州发电厂纪委策划,职工自编自导自演的廉政微电影《坚守》,在台州市“山海廉韵”廉政微电影大赛中荣获三等奖。

针对企业纪检监审工作的热点和难点问题开展课题研究,积极破解难题,创新工作思路,深入探讨廉政建设的新方法、新举措,全面促进企业廉政建设,每年在全厂范围内开展一次反腐倡廉建设课题调研活动。2013 年台州发电厂推选的课题《关于国有企业廉洁文化建设的调查分析与思考》获浙江省国资委国有企业反腐倡廉课题调研成果三等奖,《国有企业外包项目招标监督管理实践》获 2014—2015 年度省国资委课题调研优秀奖。

五、党风廉政教育

围绕企业中心,以领导人员和重要岗位人员为重点,深入开展廉洁从业教育。常规化开展日常教育,从 2013 年开始,坚持每月下发廉政学习要点,2014 年 5 月 15 日,依托 MIS 系统建成“听、学、练、考”四位一体的“廉政教育在线学习平台”,全厂中层干部纳入学时考核范围,量化学习任务。2016 年 5 月 10 日“廉洁台电”微信公众平台正式开通,成为台州发电厂开展廉政教育和扩大职工参与反腐倡廉的重要载体。2016 年在全厂生产、运行、行政等区域分设七个廉书漂流角,统一投放漂流书籍,供职工免费借阅。

重要节点廉政教育。在传统节假日、重要政策法规出台、重要岗位变更交流等时间节点,通过廉政通知、廉洁海报、廉政短信、廉政提醒谈话等多种形式,加强宣传教育、预防教育和警示教育。

系统性开展主题教育。2011 年开展了“重教育强制度、明责任促和谐”主题教育活动。2012 年开展“自律与责任”主题教育活动，以“宣讲促廉”“案件警廉”“责任治廉”“文化倡廉”为载体，不断丰富适合企业特点的教育内容。从 2013 年开始，将每年的 5 月 10 日作为“思廉日”，谐音“我要廉”，并以“510 思廉日”为契机，坚持每年结合形势、围绕企业中心策划一个主题性的党风廉政主题教育活动：2013 年开展“用心服务阳光履职”党风廉政主题教育活动；2014 年开展“向善尚德养廉”党风廉政主题教育活动；2015 年开展“守纪律讲规矩”党风廉政主题教育活动；2016 年开展“忠诚干净担当”党风廉政主题教育活动。2013—2016 年在主题教育活动期间内开展廉政大讲堂、廉政微课授课竞赛、廉政故事会、党内法规知识竞赛、党纪条规漫画展、“廉书”漂流、廉政公益片展播、主题漫画展、“我的廉洁一句话”征集活动、千字文征集活动、主题板报展、廉政微动漫展播、廉政主题摄影创作活动、预防职务犯罪企检共建活动、岗位廉政风险情景案例展评活动、“廉书”荐读、廉政微电影展播、法庭警示教育、党章党规学习培训等重点活动，引导干部职工自觉养成廉洁从业的行为规范。

六、廉政风险防控

2011 年 6 月 8 日，厂部、厂党委召开了廉政风险防控机制建设工作动员会，严格落实《台州发电厂廉政风险防控机制建设工作方案》，成立了以厂长马京程为组长，党委书记冯敏、纪委书记戚丹丹为副组长，其他厂领导和相关职能部门负责人为成员的台州发电厂廉政风险防控机制建设工作领导小组，并在监审部设立了廉政风险防控机制建设工作办公室。2012 年 8 月出台“红、黄、绿”三色的《台州发电厂廉政风险预警制度》，建立信息平台，实行动态管理，逐步建立责任明晰、流程规范、监督有效的廉政风险防控长效机制。2013 年 10 月在 MIS 系统中建立廉政风险防控电子信息系统，实现了无纸化管理，也让信息更新更加及时，数据资料更加完整，廉政风险预控提前介入，形成闭环。同时针对人、财、物等高危风险岗位的廉政风险情形分类编制《廉政风险干预手册》5 册，做到风险防控常态化和有效预防。2014 年出台《台州发电厂建立健全惩治和预防腐败体系 2013—2017 年实施细则》，明确了台州发电厂五年惩治和预防腐败体系的总体要求、基本原则、主要任务和组织领导。2015 年 9 月汇编了职工自行编写的岗位廉政风险情景案例集结成《台州发电厂岗位廉政风险预控手册》，教育广大干部员工谨遵“八项规定”，严守纪律红线。2015 年，组织全厂重要岗位人员 415 人开展了违规收受礼金、礼卡、礼品专项自查工作。2015 年开始定期每年召开外包项目、物资采购廉政恳谈会，邀请外包项目施工单位和物资供应商负责人对相关职能部门的廉政情况进行背靠背评议，将廉政防控向企业的外委单位延伸。

开展预防职务犯罪企检共建活动。2014 年 5 月 6 日,召开联防工作联席会,台州市副检察长陈祖增在会上对厂领导班子作预防职务犯罪讲座,同期联合台州市人民检察院共同举办预防职务犯罪公益图片展。2014 年 1～6 月联合台州市纪委、台州市人民检察院组织开展"走进电厂、走进检察院"廉政摄影创作活动,共同举办台州市廉政摄影大赛。台州发电厂职工在比赛中获得佳绩,在 80 个奖项中摘得了 25 个奖项。

七、效能监察

厂纪委、监审部牵头组织各职能部门对企业生产、经营、管理各方面的信息进行梳理分析,以日常管理工作中遇到的重点、热点、难点问题,审计过程提出的审计意见和建议为切入点,挖掘监察重点,梳理监察项目,通过召开效能监察立项调研会议,成立效能监察工作小组,制订出台专项效能监察实施方案,明确监察重点,以通过摸底自查、现场检查和整改完善等有力手段,形成了有效的监察长效机制。2006 年开展了《3～5 号炉电除尘器安装干出灰系统》《3A、3B 高压备变 6 千伏共箱母线改造》项目效能监察;2011 年开展了《安全管理专项效能监察》和《8、9 号机的厂内供热管线专项效能监察》;2012 年把《班组建设管理》列为专项效能监察项目;2013 年把《班组建设管理》和《生产主要指标对标管理》列为专项效能监察项目;2014 年《外包项目合同管理》被评为浙能集团 2014 年度优秀效能监察项目,2015 年把《物资库存管理》作为专项效能监察项目,配合集团做好《物资库存管理》、《安全生产培训制度执行情况》和浙能电力《外包工程安全监督管理》专项效能监察工作,2016 年配合做好集团"小金额物资采购管理专项效能监察"和浙能电力内控体系自查工作。以"9 号机组风烟及油系统检修质量管理"为年度专项效能监察立项项目。

八、监督制约

2013 年 4 月 17 日,召开"阳光工程"建设动员会,全面推进"阳光工程"建设工作。成立了以党委书记为组长订,厂长、纪委书记为副组长的"阳光工程"建设组织机构,制订并下发推进"阳光工程"建设实施方案,提出了从"阳光决策、阳光交易、阳光建设、阳光消费、阳光监管、阳光考核"六个方面推进"阳光工程"建设,通过"宣传发动、全面推进、总结考核"三个阶段具体实施,梳理公开项目促进"全流程"彻底公开、规范业务流程深化制度建设、完善公开平台确保"一站式"集中公开、强化监督考核提高监督水平四项举措,全面深化厂务、党务公开,深化对"三重一大"决策制度落实情况和"七大监管重点"的监督。2013 年 8 月 10 日,建设"阳光工程"网站，各类信息及时在网站公开发布，举办“阳光工程”信息员培训班，使信息员更加熟悉网站的操作流程和权力在阳光下运行的重要性。制定《台州发电厂“阳光工程”信息员制度》《台州发电厂“阳光工程”督查通报制度》，加强维护公开平台。

严格落实监督票制度，推行清单式监督，及时处置监督中发现的各种苗头性、倾向性问题，特别加强对工程管理、生产物资采购等权力密集型工作的过程监督，确保制度落实、程序到位。全过程参加外包工程项目管理、物资采购、废品处置、合同谈判、选人用人等重点领域、关键环节监督。2014 年 11 月，出台《台州发电厂招标投标监督管理实施细则》，规范招标投标活动的监督管理，成立招标投标监督领导小组，由分管领导和有关部门人员组成，领导小组下设办公室在监察审计部，负责招标投标监督的组织、协调及实施等日常工作。

以领导人员和重要岗位人员为重点对象，持续关注敏感岗位和权力岗位，加强对容易滋生腐败问题的重点领域、重要岗位、重要事项和关键环节的过程监督。每季度对中层干部进行廉政勤政自查，严格落实“三重一大”决策、廉政谈话、个人重大事项报告、民主生活会等党内监督制度。为中层干部打造了“谈廉、学廉、送廉、建廉、考廉”“五廉一体”的廉政套餐。2014 年 11 月，修订出台《台州发电厂党风廉政建设谈话制度实施办法》，落实厂党委、纪委和各部门党政负责人廉政谈话，任前廉政谈话，诫勉谈话，促进领导人员廉洁从业。

充分发挥党风廉政监督员作用，及时上报廉情动态，在全厂各部门中每两年聘任一次。组织党风廉政监督员参加各类学习教育活动，举办党风廉政监督员法律知识培训班、警示教育交流学习活动，指导督促党风廉政监督员积极参与现场监督。

第四节　群众组织

一、工　会

（一）工会组织

2007 年 4 月，台州发电厂第八届职工代表暨工会会员代表大会选举产生 15 名工会委员，黄华芬任工会主席。2010 年 3 月，第九届代表大会换届选举，黄华芬继续任工会主席。2015 年 12 月，第十届代表大会换届选举，戚丹丹任工会主席。

至 2016 年 12 月，台州发电厂换届产生第八至第十届工会委员会。2016 年底，电厂工会共设 10 个分工会，有 1681 名会员（其中 350 名为海天工会会员）。2016 年底工会组织情况见表 5 - 3。

表 5-3　2016 年底台州发电厂工会组织情况

分工会名称	分工会主席	工会小组数	工会会员数	分工会名称	分工会主席	工会小组数	工会会员数
运行部	张兴法	16	348	厂办党群	江国胜	7	43
检　修	王　叙	36	243	行　政	何彩龙	5	68
维　护	李　韬	11	202	龙　湾	徐建江	9	86
燃　料	胡尧达	12	159	凤　台	袁文斌	8	28
生　产	张阳秋	9	72	海　天	王　叙		350
经　营	王　琴	6	82				

（二）工会职工代表大会

台州发电厂第一届职工代表大会于 1983 年 9 月 24 日召开，自此，电厂建立职工代表大会制度。职代会每年一次，每 3～5 年一届。1987 年开始职工代表大会与工会会员代表大会合二为一。职工代表自下而上逐层选举产生，行使职工民主管理权利。

2006 年 1 月 24 日，电厂召开职工住宅小区购房方案专题职代会，根据《台州发电厂椒江台电小区住宅认购方案选择办法》，与会 169 名职工代表投票选择购房方案，以进本厂工作年份排序的购房方案(一)为职工住宅小区出售认购方案。2006 年 4 月 19—20 日，七届三次职代会暨工代会召开，厂长孙玮恒代表厂部在大会上作了题为《坚定信心、克服困难、真抓实干，建设富有文化力、竞争力、发展力的现代化火力发电厂》的报告，代表们还听取了工会主席王佳富所作的题为《坚持以科学发展观指导工作实现“人企共进和谐发展勇于创新奉献社会”》的工会工作报告。2006 年 10 月 19 日，召开职工代表组长联席会议，讨论、修改并一致通过《台州发电厂职工试岗待岗管理办法》《台州发电厂发电部、运行部、化学分场生产岗位定岗定编岗位聘任、组合实施办法》及《台州发电厂职工内部离退养实施办法》。

2007 年 4 月 25—26 日，第八届职工代表暨工会会员代表大会召开，厂长孙玮恒代表厂部作题为《负重拼搏、锐意进取、扎实工作，推进企业又好又快发展》的厂长工作报告，厂工会副主席林公民代表厂工会作题为《围绕中心、服务职工，为构筑和谐台电而努力》的工会工作报告，大会通过了《集体合同》。根据大会议程，大会举行了工会换届选举。孔建国、方婉君、王叙、王琴、何信坚、应万帮、张哲荣、邱海燕、周克展、郑君初、胡尧达、徐建江、莫金伟、顾菊香、黄华芬(按姓氏笔画为序)当选为第八届工会委员会委员，冯珍妹、应美琴、张忠良、胡海萍、翟嵩山(按姓氏笔画为序)当选为第八届工会经费审查委员会委员。2007 年 6 月 11 日，召开第八届职代会职工代表组长联席会议，讨论审议并通过《台州发电厂 2007 年度职工大病补贴保险方案》《台州发电厂签订集体合同制度》等有关事项。2007 年 8 月 17 日，召开第八届职代会职工代表组长联席会议，讨论并通过了《台电椒江住宅小区碧海明珠花园余留房出售方案》，酝酿推荐了台州发电厂椒江住宅小区业主委员会筹备组业主方代表。2007 年 8 月 21 日，召开第八届职代会职工代表组长联席会议，讨论并通过了《台州发电厂第二阶段机构优化整合方案》和《台州发电厂第二阶段机构优化整合聘任、组合实施办法》。2007 年 10 月 31 日，召开第八届职工代表组长联席会议，以举手表决的方式通过了《台州发电厂企业文化建设规划(2007—2010)》。2007 年 11 月 2 日，召开第八届职代会职工代表组长联席会议，一致通过厂工会主席黄华芬为东南公司第四届监事会监事。2007 年 12 月 19 日，召开第八届职代会职工代表组长联席会议，审议通过《台州发电厂后勤机构优化整合实施办法》。

2008 年 3 月 4 日，召开厂第八届职代会联席会，会议审议并通过了《燃料分场原清仓班人员岗位双向选择实施方案》及《职工医疗保险改革补充规定》。2008 年 3 月 17—19 日，八届二次职代会暨工代会召开，浙能集团公司副董事长、党委副书记、纪委书记蔡建平，东南公司党委书记吴耀忠参加会议并作讲话。厂长孙玮恒代表厂部作《厂长工作报告》，工会主席黄华芬代表厂工会作题为《围绕中心，履行职责，为台电安全、发展作贡献》工会工作报告。

2009 年 3 月 11—12 日，八届三次职代会暨工代会召开，厂长孙玮恒代表厂部向大会作《厂长工作报告》，工会主席黄华芬代表厂工会作《工会工作报告》。2009 年 3 月 16 日，召开第八届职代会联席会议，以举手表决方式一致同意推荐黄华芬为东南公司第五届监事会职工监事。2009 年 4 月 14 日，召开第八届职代会联席会议，以举手表决形式，同意碧海明珠花园住宅小区商铺以拍卖的形式进行出售，并给予多间竞拍者一定的优惠；同意台州发电厂新村生活用水系统改造后，由椒北自来水公司进行供水；同意碧海明珠小区幼儿园开班后，关停台电新村幼儿园。2009 年 7 月 6 日，召开第八届职代会联席会议，以举手表决的方式，原则通过台州发电厂《劳动合同管理》及《职工奖惩管理》二个标准。2009 年 7 月 30 日，召开第八届职代会联席会议，以举手表决方式一致同意通过了《碧海明珠花园地下车位(含人防)降价销售办法》。2009 年 8 月 13 日，召开第八届职代会联席会议，以举手表决方式一致同意《小区后续相关事项处理意见》。2009 年 9 月 24 日，召开第八届职代会联席会议，以举手表决的方式，原则通过《调整职工上下班接送方式》及《调整职工公寓及台电新村公房出租管理办法》。

2010 年 3 月 30—31 日，第九届职工代表大会暨工会会员代表大会召开，浙能集团公司工会主席卢嘉三,东南公司纪委书记、工委主任黄祖平参加会议,厂长孙玮恒代表厂部向大会作《厂长工作报告》,工会主席黄华芬代表厂工会向大会作《工会工作报告》。大会进行了工会换届选举。王叙、王琴、叶斌、张哲荣、李韬、周克展、洪晓斐、胡尧达、徐建江、徐道国、莫金伟、袁文斌、黄华芬、管诗渊、管萸萍(按姓氏笔画为序)十五位同志当选为台州发电厂第九届工会委员会委员;冯珍妹、应美琴、胡海萍、董吕升、翟嵩山(按姓氏笔画为序)五位同志当选为第九届工会经费审查委员会委员。

2011 年 2 月 15 日,第九届职代会联席会议召开,以举手表决方式一致通过《台州发电厂医疗保险改革实施细则》(修订稿)。2011 年 3 月 21—22 日,九届二次职代会暨工代会召开,东南公司党委副书记、纪委书记、工委主任金昌茂参加会议,厂长马京程代表厂部向大会作《厂长工作报告》,工会主席黄华芬代表厂工会向大会作《工会工作报告》。2011 年 8 月 23 日,九届三次职代会暨厂情发布会召开,票决通过《女职工退休年龄暂行方案》。

2012 年 3 月 12—13 日,九届四次职代会暨工代会召开,厂长马京程代表厂部向大会作《厂长工作报告》,工会主席黄华芬代表厂工会向大会作《工会工作报告》。2012 年 6 月 1 日,厂第九届职代会联席会议召开,以举手表决的方式一致同意并通过《费用报销管理》部分条款修订内容。

2013 年 4 月 3 日,九届五次职代会暨工代会召开,厂长沈波代表厂部向大会作《厂长工作报告》,工会主席黄华芬代表厂工会向大会作《工会工作报告》。2013 年 7 月 3 日,第九届职代会联席会议召开,以投票表决形式通过了《台州发电厂职工内部离岗退养实施办法》和《台州发电厂“定岗、定编、定员”实施办法》。2013 年 11 月 21 日,第九届职代会联席会议召开,以举手表决的方式,通过了修订后的《关于职工辞职的规定》。

2014 年 3 月 20 日,九届六次职代会暨工代会召开,厂长沈波代表厂部向大会作《厂长工作报告》,工会主席黄华芬代表厂工会向大会作《工会工作报告》。

2015 年 1 月 5 日,第九届职代会联席会议召开,以举手表决的方式,通过《台州发电厂补充医疗保险初步方案》。2015 年 12 月 8—9 日上午,十届一次职代会暨工代会召开,浙能集团公司工会主席许强出席会议并讲话,厂长沈波代表厂部向大会作《厂长工作报告》,戚丹丹代表厂工会向大会作《工会工作报告》。与会职工代表举手表决通过了《台州发电厂职工疗休养暂行管理办法》。会议选举产生了第十届工会委员会和工会经费审查委员会,王叙、王琴、江国胜、何彩龙、张兴法、张阳秋、李韬、金辉、胡尧达、胡朝日、徐建江、袁文斌、戚丹丹、董吕升、管诗渊(按姓氏笔画为序)十五位同志当选为第十届工会委员会委员,毛建平、王璟、冯珍妹、陈文、胡俊涛(按姓氏笔画为序)五位同志当选为第十届工会经费审查委员会委员。2015 年 12 月 9 日,台州市海天电力工程有限公司召开第一届第一次职工代表大会暨会员代表大会,台州市海天电力工程有限公司工会隶属厂工会管辖。

2016 年 3 月 17 日,十届二次职代会暨工代会召开,厂长沈波代表厂部向大会作《厂长工作报告》,工会主席戚丹丹代表厂工会向大会作《工会工作报告》,会上还续签订了《集体合同》。

(三) 劳动竞赛

台州发电厂工会始终坚持围绕企业中心任务,动员、组织职工开展各种形式的竞赛。

2006 年,厂工会根据省重点工程电力、能源赛区,台州市重点办、市总工会有关精神,开展五期扩建工程“立功竞赛”活动,以“六比六赛”为主要内容,开展了百日劳动竞赛,被台州市评为 2006 年度社会主义劳动竞赛优秀组织单位,被浙能集团公司评为 2006 年度重点工程立功竞赛先进集体。台州发电厂职工郑德水在 2006 年中央企业职工技能大赛——300MW 火电机组集控运行值班员决赛中荣获银奖。

2007 年,厂工会承办浙能集团公司社会主义劳动竞赛总结动员会议;组织了 3 号机组大修劳动竞赛,“年度安全无异常”“无违章班组”和“驾驶员家庭安全互保”等竞赛活动。在五期工程立功竞赛活动中,厂工会主动参与各项活动,积极做好以“六比六赛”为主要内容的重点工程立功竞赛活动的相关组织协调工作。积极配合做好“反习惯性违章”工作,努力营造“关注安全、关爱生命”安全文化氛围。

2008 年,厂工会认真组织开展 2008 年度“安全无异常”“无违章班组”竞赛活动,并于年底对竞赛活动进行了总结评比,对 14 个竞赛优胜班组、13 名“安全标兵班组长”、3 个优秀组织奖单位进行了发文表彰。加强工会劳动保护监督检查队伍建设,适时调整充实工会劳动保护三级网络。全年厂工会共 12 次组织深入生产现场及后勤服务部门,开展安全、卫生巡查和劳动保护监督检查,对各类违规违章现象及时纠正和制止,对违规人员进行安全教育,对违章现象落实整改。

2009 年,厂工会积极为职工搭建比武平台,让更多的优秀职工脱颖而出,代表台州市组队参加全国职工技能大赛浙江赛区焊工比赛,获得团体第二名,其中王泽获得个人第四名的好成绩,并被授予“浙江省技术能手”称号和“焊工技师任职资格证书”。各分工会也结合实际组织开展各类技术培训、比武、竞赛等活动,进一步激发了职工学业务、钻技术的积极性和热情,增强了职工的安全保护意识,在全厂范围内营造了“全员行动反违章、安全为本促发展”的安全生产良好氛围。

2010 年,厂工会组织承办 2010 年度台州市电焊工职业技能比武,台州发电厂选派的三名选手代表台州市直属企业取得了此大赛前三名的好成绩,并获得由台州市劳动和社会保障局颁发的技师资格证书;组织开展了10号机组A级检修劳动竞赛,通过活动评出A修优胜班(组)、标兵、优秀劳动保护监督员、优秀组织奖等各类先进个人43名和先进集体11个;1人次获2009年度浙江省重点工程立功竞赛先进个人,有12个班组被评为"无违章先进班组",12名班组长被评为"标兵班组长",运行部、燃料、维护三个分工会获得"2010年度安全无违章"竞赛优秀组织奖;组织开展了2010年度"驾驶员家庭安全互保活动",评选出先进集体1个,模范家庭5个。

2011年,厂工会组织参加浙江省安全知识竞赛,1名职工获得二等奖;组队参加浙能集团公司举办的管阀检修和高压电气设备试验技能大赛,取得了高压电气设备试验技能大赛团体第二名、选手潘建伟荣获个人第一名的好成绩,被浙能集团公司授予"青年岗位能手"称号,被省人力资源和社会保障厅授予技师任职资格。评选出"无违章先进班组"12个、"无违章标兵班组长"11名、"优秀组织奖"单位2个。在8号机组A修劳动竞赛活动中,评选出A修优胜班组8个、A修标兵19名、优秀安全监察员9名、优秀劳动保护员9名、A修劳动竞赛优秀组织奖单位1个。组织开展了"驾驶员家庭安全互保"活动,评选出先进集体1个,6个驾驶员家庭被评为年度模范家庭。

2012年,厂工会组织参加国家电力和浙能集团公司多项技能大赛屡获佳绩。分别组队参加浙能集团公司继电保护技能大赛,获团体第一名、第四名;章良健、王迎迎分获个人第一、第二名,均被授予浙能集团公司"岗位能手"称号,被申报省人力资源和社会保障厅授予技师任职资格,并代表浙能集团公司参加第八届全国电力行业职业技能竞赛获得团体三等奖,被授予"全国电力行业技术能手"称号。组队参加"全省职工职业技能大赛暨全国焊工大赛选拔赛",获团体第二名,个人第四、第六名,王泽荣获"浙江省技术能手""浙江省优秀职工"荣誉称号。组队参加"浙能集团公司运行机组集控值班员技能大赛",获30万千瓦机组团体第二名,荚郎君、毛继成分获个人第一、第四名,获9F燃气—蒸汽联合循环机组团体第一名,车助军、郑祥安获个人第四、第五名,荚郎君获得了浙能集团公司"岗位技术能手"荣誉称号。

2013年,厂工会组织开展了"以安全文明为中心,以优质高效为目标,以赛安全无违章,赛质量比工艺,赛文明讲卫生,赛进度有秩序,赛协作论风格,赛管理促创新"为内容的9号机组A修劳动竞赛活动,对A修中涌现的一批先进集体和个人进行了表彰。年底评选出10个"无违章先进班组"、11名"无违章标兵班组长"、2个"优秀组织奖"分工会。2013年自动化分场液控班获"全国质量信得过"班组。

2014年,厂工会持续开展并深化"年度无违章"活动,覆盖各部门、班组,通过签订安全互保责任书和评比表彰,强化职工安全生产意识;以"安全、优质"为核心,组织开展机组检修劳动竞赛等各类劳动竞赛,指导各分工会及时开展运行值际竞赛、红旗班组等活动,营造良好劳动竞赛氛围,并获得台州市社会主义"十一五"劳动竞赛先进集体等荣誉称号。2014 年,维护分场综合检修班和运行部五值获评"浙江省质量信得过"班组。

2015 年,各分工会积极开展职工技能培训、岗位练兵、运行值际竞赛、红旗班组竞赛、机组大修劳动竞赛等活动;素质工程建设成效显著,包揽浙能集团公司水泵检修工职业技能竞赛和浙江省电气高压试验职业技能竞赛团体冠军,陈吕安获水泵检修工职业技能竞赛个人第一名,胡涛、王瑶家被授予"浙江省金蓝领"和"浙江省技术能手"称号。

2016 年,厂工会开展为期一个月的全厂性职工技术比武,全厂共有 111 人参加仿真机、执行机构、斗轮机操作等八个项目的技术比武,取得"赛是手段、练是目的、提升是要求"的效果。承办浙能电力输煤机械检修工职业技能竞赛,协办浙江省能源系统热工仪表与自动化装置检修工技能大赛,均得到组委会的高度肯定,台州发电厂职工获得浙能电力输煤机械检修工技能大赛团体一、二等奖,李耀辉获个人第一;获浙江省能源系统热工仪表与自动化装置检修工技能大赛团体二等奖,龚苏平获得个人第二,还被授予"浙江省金蓝领"和"浙江省技术能手"称号。组队参加浙能电力 ERP 系统人力资源模块应用竞赛,获个人第二名和团体第三名。

(四) 安康杯

"安康杯"竞赛活动是工会保障职工劳动安全的重要形式,自 2000 年台州发电厂参加全国"安康杯"竞赛活动开始,至今已连续 17 年,先后荣获全国、浙江省、浙江省电力系统和浙能集团系统"安康杯"竞赛优胜企业。

图 5-5 "安康杯"知识竞赛活动

2006—2016年台州发电厂“安康杯”竞赛活动主题见表5-4。

表5-4 2006—2016年台州发电厂“安康杯”竞赛活动主题

年份	届数	主题
2006	第七届	强化意识、杜绝违章、消除隐患、确保安全
2007	第八届	强化意识、杜绝违章、消除隐患、确保安全
2008	第九届	迎奥运、保安全、促发展
2009	第十届	全员行动反违章,安全为本促发展
2010	第十一届	强化班组安全建设,打造本质安全企业
2011	第十二届	保稳定、促发展、安全为基,抓教育、强管理、班组为重
2012	第十三届	扬安全文化,精班组管理,保职业健康,升安全水平
2013	第十四届	强管理、夯基础、保安康、促发展
2014	第十五届	保安全、精管理、强培训、促发展
2015	第十六届	传播安全文化、推进安全管理、促进职业健康
2016	第十七届	传播安全文化、夯实安全基础、促进职业健康

(五) 厂务公开

台州发电厂厂务公开工作始于1999年,是年8月17日,成立以党委书记为组长,厂长、党委副书记(纪委书记)、工会主席为副组长的厂务公开领导小组。同时成立以纪委书记为组长,由工会、纪委、监察、审计和职工代表组长、职工代表组成的厂务公开监督评议小组,并设立厂务公开办公室(设厂工会)。10月,公布《厂务公开实施办法》《厂务公开实施细则》,同时确定厂务公开承办人、联络人、批准人,建立起经办程序和网络。2000年10月,厂务公开网站建立。2003年,制订《台州发电厂厂务公开管理标准》。2007年12月,对厂务公开网进行改版。截至2016年底,期间共对《厂务公开实施细则》进行三次修订(2004年、2014年、2016年),并增加了场(部)务公开。

截至2016年底,通过“厂务公开栏”、网站、OA公告、文件等形式,多途径公开内容。以公开栏、网页形式公布564期,计1897个项目;文件、OA公告、信息发布达2536个内容。

(六) 维护职工利益

维护职工劳动权益是市场经济条件下工会的重要工作。1997年5月17日,在五届二次职代会上，工会与厂方签订集体劳动合同。尔后，又分别于1999年4月、2001年5月及2004年6月修改续签，以后每三年进行一次续签。

监督行政认真执行国家劳动保护政策，维护职工劳动安全是工会的职责。建厂投产之初，电厂工会即建立起劳动保护三级网络。自2000年始，先后2次修订《劳动保护工作条例》，并建立分工会《劳动保护台账》制度，组织机组大小修、龙湾燃机发电厂、厂外大修、节日检修等劳动保护监督检查活动4000多人次。

（七）工人先锋号

自2008年起，电厂广泛开展创建“工人先锋号”活动并相应成立了组织机构，制定《台州发电厂开展创建“工人先锋号”活动实施办法》，开展了以创一流工作、一流服务、一流业绩、一流团队为内容的创建“工人先锋号”劳动竞赛活动，每年年底都要从当年“工人先锋号”争创班组中进行评选，并在次年职代会上进行授牌。至2016年底，检修分场先后荣获台州市、浙江省和全国“工人先锋号”称号，运行部运行五值、检修分场试验班获省部属企事业单位“工人先锋号”称号，运行部运行五值、维护部电气一班、维护部电气二班、维护部仪控一班、检修分场试验班、燃料部运行五班荣获浙能集团公司“工人先锋号”，运行部运行五值、运行部水灰脱硫集、维护部电气三班、维护部锅炉班、燃料部运行五班荣获台州市“工人先锋号”称号。2016年，运行部一值等13个班组荣获厂级“工人先锋号”。

（八）职工之家

建设成为党组织放心、行政组织信任、职工群众满意的“职工之家”。2008年，厂工会顺利通过省总工会“职工之家”考评组的考评验收，荣获浙江省“先进职工之家”称号。在此基础上，厂工会进一步统一思想，提高认识，团结职工，依靠职工，构建家园文化。推进、完善分工会“职工小家”的建设，加强对各分工会“职工小家”建设的指导、检查，把职工高兴不高兴、满意不满意作为“职工之家”创建工作的标准，团结和引导职工为企业发展献计献策，努力实现职工与企业和谐共进，共创美好未来。2009年，在创建浙江省“先进职工之家”活动的基础上，进一步统一思想、提高认识，团结职工、依靠职工，积极开展“职工之家”建设，弘扬职工文化、企业文化，按照“建家”要求，进一步规范和完善“职工之家”创建工作。指导各分工会开展职工“小家”建设，为职工“小家”建设创造各方面的条件。通过建“大家”带“小家”，建“小家”保“大家”，做到“大家”“小家”建设齐头并进，全面提升建设职工之家工作水平，努力创建浙江省“模范职工之家”。2010年，积极开展“职工之家”建设，进一步统一思想，提高认识，团结职工，依靠职工。推进、完善分工会“职工小家”的建设，加强对各分工会“职工小家”建设的指导、检查，制订“先进职工小家”评比条件并开展评比活动，运行部、检修、燃料等三个分工会获得2010年度“先进职工小家”称号，并在厂工会举办的“家园”迎新文艺晚会上获得了表彰。2011 年，台州发电厂荣获“浙江省模范职工之家”，浙能集团公司“模范职工之家”。2012 年，修订《台州发电厂“职工之家”建设管理实施办法(试行)》。燃料、检修分工会分别获得了2011—2012年度“先进职工小家”称号。召开“先进职工小家”现场经验交流会，总结交流各分工会及班组建家经验，深入推进“职工之家”建设，努力建设美丽家园。2014 年对《台州发电厂“职工之家”建设管理实施办法》再次进行了修订，在开展“职工之家”“职工小家”建设的同时，开展了以工会小组为单位的“职工小小家”建设。运行部、自动化、燃料和经营分工会分别获得了 2013—2014 年度“先进职工小家”称号。燃料、生产和凤台分工会分别获得了 2015—2016 年度“先进职工小家”称号。

2015 年，根据《浙江省能源集团有限公司“职工之家”建设考核实施办法》和《台州发电厂“职工之家”建设管理实施办法》，进一步巩固模范职工之家的创建经验，加强“职工之家”建设，支持鼓励各分工会开展活动，积极推进“职工小家”和“职工小小家”建设。

(九) 女工工作

电厂工会设有女职工工作委员会，女职委员 12 人，其中有 1 名专职负责女职委工作并兼管计划生育管理。积极鼓励女职工投入各类技术比武和争当技术能手活动中。女职工徐晶霞获浙能集团公司第二届劳动模范称号，王迎迎在 2012 年浙能集团公司继电保护技能大赛中获得个人第二名，并代表浙能集团公司参加第八届全国电力行业继电保护职业技能竞赛中荣获团体三等奖，获得“全国电力行业技术能手”的称号。2010 年，组织参加浙能集团公司首届女职工“庆三八”排舞、健美操比赛均获二等奖；先后组队参加了台州市女职工体育趣味活动、台州市女职工“唱红歌”活动、台州市女职工“庆‘三八’计算机操作比武”、台州市直女职工庆“三八”第九套广播体操比赛系列活动。台州发电厂女职委获台州市 2011—2012 年度先进女职工组织。

女职委经常组织女工学习《女职工权益保障法》《女职工劳动保护规定》，2013 年，依据《中华人民共和国妇女权益保障法》《浙江省女职工劳动保护办法》《浙江省计划生育条例》等有关规定，厂九届五次职代会增加了《台州发电厂女职工特殊权益保护专项集体合同》；协助做好每年一次的女职工健康体检和妇女病普查工作；举办女职工健康礼仪知识讲座、趣味文体活动；组织各类艺术体验活动，全方面提升女职工的综合素质。厂女职委及时组织探望产后女工和患病女职工，让女职工感受组织的关怀和温暖。及时了解掌握女职工思想动态，反映女职工的呼声，维护女职工的合法权益，使女职委成为女职工真正的娘家人。截至 2016 年，台州发电厂有女职工 297 人。

（十）职工持股会

2000 年 2 月 16 日成立职工持股会，持股会与实业总公司联营组建《台州市新开源有限责任公司》，从事项目开发、经营、投资。持股会起始设立资本金 1000 万元，其中持股会占 90％，实业公司占 10％，全部股份划分为等额，每股面值为人民币 1 元，计股份总数 1000 万股，自 2001 年度始，职工持股会每年均给职工持股人以送股和发放红利的形式适当回报。至 2006 年 6 月，职工持股会共有 2406 名职工入股，入投额 3855.2 万元。

2008 年 8 月 12 日召开理事会会议，一致同意职工持股会将所持台州市新开源建材开发有限公司 80％的股权按职工持股会投资成本 4400 万元转让给王剑波、孙晖、江钦华、许宏宇、应利华、张忠良、杨建三、罗永元、项国钧、魏樟荣等十个自然人，股权转让基准日为 2007 年 12 月 31 日。本次新开源职工持股会改制，职工可自由选择是否继续向新开源公司投资，也可以选择不再追加新投资额。如果职工选择不再向新开源公司投资，则可将原投入新开源职工持股会的股权退回，股权退回按《台州市新开源有限责任公司职工持股会章程》规定的方法计算。2008 年，根据浙能集团公司相关文件精神，对集团下属职工持股的多经企业进行了清理整治，公司主营业务粉煤灰综合利用已于 2008 年 7 月 19 日起交由浙能集团公司国有多经台州嘉丰公司经营，公司于 2008 年 10 月 1 日起解除所有与主业相关联的交易合同，公司与浙能集团公司业务有关联的对外投资进行转让、处置。

2010 年 9 月 26 日将原股东新开源职工持股会和台州市丰源工贸发展有限公司持有的股份转让给十一名自然人。原职工持股会会员投入的股份全部退出，原投资增值部分以委托投资方式对新开源公司出资。2015 年 12 月，将持有的浙江德鑫材料有限公司 18.3276％股权转让给富尔达集团有限公司。2015 年 6 月，丰源公司收购新开源公司为全资子公司。新开源建材公司股权转让后股份转让的全部收益归原股东所有，并按职工信托投资比例在 2015 年底已退还给职工，台州市新开源建材开发有限公司投资管理委员会解散。

（十一）计划生育

台州发电厂自建厂后对计划生育工作十分重视，一直以来将计划生育工作作为一项重要工作来抓，随着二胎政策的放开，计生工作的中心转移为维护女职工权益法律法规的贯彻落实。2013 年女职委认真修改完善《台州发电厂女职工权益保护专项集体合同》，提交厂职代会讨论通过并签订。举办“女性与健康”知识讲座，提高女性健康养生、健康工作的理念。关爱女工，切实履行计划生育假的带薪休假的合同，如：对实行计划生育的职工可以带薪享受产检假、取环假、产假、护理假、人流假等。台州发电厂计划生育领导小组一直由厂长任组长，工会主席任副组长，工会、职工医院及有关管理科室人员任组员，各分工会设兼职计划生育专管员，建立起全厂计划生育网络。工会1名干部主管计划生育，配合地方办理独生子女证及各类计划生育统计及相关证明。2006—2016年先后2次被评为椒江区计划生育示范协会、4次先进单位。2006—2016年累计发放独生子女保健费315750万元。

（十二）文艺体育协会

成立于电厂投产发电前的文影书画协会在1985年1月改名为文艺协会，至1990年底有书法、美术、摄影、文学、音乐、集邮6个组，会员175人。1991年7月8日，经浙江省电力文协批复，电厂成立文艺体育协会，黄昭沪任会长。1999年11月15日，王佳富任会长。2008年8月29日，冯敏任会长。2016年底，文艺体育协会共有会员398人。

文艺体育协会下设文艺协会和体育协会。

文艺协会由摄影、书法美术、声乐舞蹈、文学、盆景、集邮协会组成。摄影协会始终坚持艺术服务时代，服务于企业中心工作，以反映火热的生活为指导思想，用自己独特的视角不断追求新的视野，用手中的相机记录时代的变迁和企业各个时期的精彩瞬间。会员有上百幅作品在全国、省级及浙能集团公司系统各类摄影比赛中获奖，是一支散发着活力与激情的团队；文学协会按照《台州发电厂文学协会章程》每年召开会员大会，每年吸收新会员，每年都要组织与兄弟单位交流或采风活动，文学作品在厂网、《家园文萃》和《海岸线》发表；邮协会员卢智明、张志敏获2013年全国电力行业首届集邮展览金奖加特别奖和镀金奖，2014年卢智明的《中国解放区毛泽东像邮票》邮集获中华全国集邮展镀金奖，张志敏于2012、2014和2016年分别被中华全国集邮联合会、浙江省邮协、中国电力邮协评为集邮活动先进个人；2011年4月，音舞协会在电厂俱乐部负责承办浙能集团公司(浙东南片区)《动力梦想》司歌合唱比赛；书画协会有众多座屏参选浙能集团公司及省、市书画展。2016年，由于盆景协会退休及外调人员较多，该协会予以取消。

原体育协会由桥牌、棋类、武术、足球、篮球等11个队组成，2016年底，全厂体育协会重新调整，对开展活动不正常(人员外调及退休)的足球、钓鱼协会暂时予以取消，象棋、围棋合并为棋类协会，新增健身走、飞镖、排舞、羽毛球协会。至2016年底，厂体育协会共由11个协会组成。

2006—2016年，组织参加各类体育竞赛213次，举办电厂三、四届运动会。

2006年承办浙江省第十三届运行会“台电杯”象棋比赛；2008年7月承办浙能集团公司第二届乒乓球（台州赛区）比赛；2009年10月承办浙能集团公司“金秋足球邀请赛”；2009年11月承办浙能集团公司首届象棋、围棋赛；2012年6月承办浙江省省属企业大众体育比赛，并代表浙能集团公司参赛获团体冠军；2014年5月，承办浙能集团公司首届“浙能杯”乒乓球（台州赛区）比赛等活动。组队参加浙江省第十三届运动会、台州市第三届运动会、椒江区第四届运动会、台州市第一届与第二届体育大会、浙江省电力职工首届运动会，代表东南公司参加浙江省首届上市公司运动会，代表浙能集团公司参加省属企业体育协会趣味比赛、省属企业首届职工运动会等多项赛事。2007年，电厂被台州市体育局授予台州市第十二个全民健身活动月先进单位，2009年4月被台州市人民政府授予“2005—2008年度台州市群众体育先进单位”，2012年10月被台州市人民政府授予“2009—2012年度台州市群众体育先进单位”。

二、共产主义青年团

（一）团的组织

2007年4月，召开共青团台州发电厂第十一次代表大会，李林栋同志当选为第十一届团委书记。2010年11月，召开共青团台州发电厂第十二次代表大会，管诗渊同志当选为第十二届团委书记。2013年4月，召开共青团台州发电厂第十三次代表大会，孟祥英同志当选为第十三届团委书记。2016年5月，召开共青团台州发电厂第十四次代表大会，陈琨同志当选为第十四届团委书记。至2016年末，全厂共有团总支1个，直属团支部6个，团员290名。2016年，台州发电厂共青团组织机构见表5-5，2006—2016年团组织及团员情况见表5-6。

表5-5 2016年台州发电厂共青团组织机构

团组织名称	团员人数	团组织名称	团员人数
运行团支部	55	风台团支部	32
检修团总支	149	维护团支部	13
燃料团支部	8	机关团支部	11
龙湾团支部	22		

表 5-6　2006—2016 年团组织及团员情况

年份	团总支数	直属团支部数	团员总数(人)
2006	1	10	92
2007	1	10	104
2008	1	10	80
2009	1	10	99
2010	0	11	104
2011	0	5	92
2012	0	5	77
2013	0	5	74
2014	0	7	86
2015	0	7	242
2016	1	6	285

（二）团的建设

自 2007 年起，厂团委多次与萧山发电厂团委、长兴发电厂团委、兰溪发电有限责任公司团委、乐清发电有限责任公司团委交流，互相促进共同发展。2012 年 4 月，台州发电厂与乐电团委开展"'青年文明号'、青年安全生产示范岗"交流活动，探索如何更好促进青年成长成才。2012 年 9 月，厂团委召开"学习浙能技能大赛先进事迹暨青安岗员示范纠违活动"启动仪式，学习台州发电厂职工在浙能集团公司电气继电保护技能大赛中取得的优异成绩等先进事迹，发放青安岗员标识，启动台电青安岗员示范纠违活动。2014 年 7 月，厂团委"迎峰度夏青年当先"活动启动仪式成功召开，新一届"青年突击队"成功组建，"青年突击队"在以后的各项活动中起到模范带头作用。2015 年 5 月，台电团委组织青年节主题团日活动，"青春驿站"正式成立，"台电青年"微平台正式启用。

（三）团的活动

学习竞赛

2006 年 8 月 25 日，台州发电厂，钱清、兰溪发电有限责任公司三家单位的团干齐聚台州，在台州市委党校参加为期三天的学习培训，极大地开拓了团干的工作视野。2007 年上半年，厂团委着眼于企业发展需要，深化青工技能培训与创新创效活动，举办计算机技术比武、事故案例分析比赛、班组管理论坛等活动；改组青年读书俱乐部理事会，开展了为期一年的走进分场（部门）系列技术讲课活动。2008 年4—6 月份，厂团委针对 10 号机组调试，组织开展了“‘节能减排我行动’10 机组启动调试查找缺陷”劳动竞赛活动。2010 年 4 月，厂团委和青年读书俱乐部举办“阅读与悦读”主题活动，职工畅谈学习体会、分享学习心得、提升学习能力。2011 年 2 月，厂团委举办宣传报道摄影培训讲课，促进通讯员互相学习、互相交流、取长补短、增进了解，进一步提高通讯员自身摄影能力及新闻宣传报道水平。

2012 年 2 月，厂团委和水灰分场联合举行 2012 年水灰运行技术比武，给生产一线的职工提供了展示自我的平台。2015 年 10 月，厂团委与燃料分场联合开展了 2015 年推耙机司机技术比武活动，激发和调动了青工学习的积极性和主动性。2016 年 4 月，厂团委通过“好书我来荐”“书香换花香”等丰富内容，开展“世界读书日”系列活动。5 月，厂团委组织开展五四风云人物故事会上团课，强化党史、团史学习，重温历史致敬风云人物。2016 年 8 月，厂团委线上线下全面启动“365 悦读计划”，线上首推“365 悦读计划”扬书香，线下助力“悦读角”走进职工公寓。

公益活动

2006 年 1 月，厂团委开展了“希望工程”活动，青年志愿者利用业余时间，将 20 多台淘汰的旧电脑，整合成为 10 台电脑捐赠给黄岩区明星学校。2009 年 3 月，厂团委、椒江团区委联合组织青年志愿者到敬老院看望老人，学雷锋做好事，为老人们送去一份温暖和祝福。2014 年 6 月，厂团委联合设备部党支部到黄岩区屿头学校开展爱心捐助活动，为黄岩区屿头学校的学生送去了 28 台各分场和部门更换下来的电脑，点亮了孩子们心中的微心愿，将爱的接力棒传递给需要帮助的人。2014 年 8 月，厂团委开展关爱“小候鸟”爱心活动，带领留守儿童参观厂区、做游戏。

2015 年 7 月，厂团委联合 7 家企业单位，到天台县石梁学校组织“台州市 2015 快乐同行志愿活动”启动仪式暨快乐夏令营活动，举行开班仪式，为山区学校小学生送去温暖与关爱。2016 年 3 月，厂团委组织青年团员参加台州市植绿护水活动，有效增强了广大群众保护生态环境的意识。10 月，厂团委开展“爱心捐衣”公益共建活动，共整理衣物近 400 件，统一打包成 18 箱后寄往了浙能阿克苏热电有限公司，并由他们转增给当地有需要的困难群众手中。

“青”字号活动

2006 年 1 月，厂团委宣传工作小组一行 10 人前往温州，与温州发电有限公司团委的团干部进行了一次深入的交流学习活动。2007 年，厂团委精心策划了为期 4 个月的以“团建老照片”征集、“光辉的历程”图片展、“我与企业共成长”征文活动、“弘扬五四精神”青年主题团日活动、“青春岁月”新老团干座谈会、刊出“纪念厂团委成立二十五周年”特刊等为主要内容的“纪念厂团委成立 25 周年”系列活动，重温团建历史,弘扬团青文化,激发员工热情,获得较大反响。同年8月,随着暴雨突降且不断持续,造成厂区、家属区一片汪洋,危急时刻,厂团委立即组织数十名青年突击队员奔赴最紧急的地方,积极抢险救灾。2008年1月,厂团委荣获"2007年度浙江省先进团委"光荣称号,这是浙能集团公司自成立以来下属单位团委首次获此殊荣。3月,厂团委开展"节能减排我行动"青年志愿者活动。

2008年,厂团委被浙能公司团委确定为"青"字号工作创新创效示范单位、厂团委荣获"浙江省先进团委"称号。2012年8月,厂团委组织青年突击队全面出击奋战台风"海葵",保障机组安全生产。2013年6月,厂团委青年志愿者根据企业节能宣传周系列活动安排,在椒江青少年宫广场开展节能宣传活动。2013年11月,厂团委组织青年志愿者将安全用电知识送进幼儿园,帮助小朋友从小树立安全用电的意识,杜绝用电安全隐患,保障儿童人身安全。12月,厂团委开展青年突击队文明生产大扫除活动。2014年9月,厂团委集合青年突击队员备战2014年第16号强热带风暴"凤凰"。2016年5月,厂团委青年突击队联合检修分场集结五十余名青年队员来到9号机检修现场,对正在进行B修收尾工作的9号机开展全方位的突击清扫工作。7月,台州发电厂团委开展"你来我接"活动迎接新进职工,并于8月19号开展了迎新员工系列活动。

表5-7　2006—2016年"青年文明号"和"青年岗位能手"名单

年份	获奖名称	国家级(中央级)	浙江省	浙江省能源集团有限公司(浙江省电力公司)
2007	青年文明号	台州发电厂7、8号机组集控运行	2007年浙江省先进团委	燃灰分场除尘脱硫班
	青年岗位能手			王泽
2008	青年文明号	台州发电厂7、8号机组集控运行	浙江省"'青年文明号'创业创新示范行动"先进集体、2008年浙江省先进团委	运行部7、8号机组集控,化学分场运行五班,自动化分场自动班,运行部五期集控,发电部三值一单元,检修分场机务七班,燃灰分场皮带班,燃灰分场脱硫除尘班,燃料分场运行四班,水灰分场脱硫集控,

续表

年份	获奖名称	国家级（中央级）	浙江省	浙江省能源集团有限公司（浙江省电力公司）
2008	青年文明号			浙能集团公司2008年度“节能减排我行动”志愿者主题活动先进集体
2009	青年文明号		运行部五期集控，2009—2010年度浙能集团公司青年文明号	浙能集团公司2008—2009年度“五四红旗团委”
	青年岗位能手		林坚（浙江省技术能手）	李晓晖、2009—2010年度浙能集团公司优秀青年突击队
2010	青年文明号		化学运行五班、自动化分场自动班	浙能集团公司2010—2011年度先进团委
	青年岗位能手		王泽	
2011	青年文明号			检修分场电气四班、检修分场工程十二班、自动化分场继保班、财务部、燃料分场运行四班、水灰分场脱硫集控，2011年浙能集团公司系统先进团委
	青年岗位能手			潘建伟
2012	青年岗位能手	王迎迎（全国电力行业技术能手）	王泽（浙江省技术能手，浙江省优秀职工）	莢郎君（2012年浙能集团公司岗位技术能手）

续表

年份	获奖名称	国家级（中央级）	浙江省	浙江省能源集团有限公司(浙江省电力公司)
2013	青年岗位能手	王泽	王泽(浙江省最美青工)	
2014	青年文明号		台州发电厂7、8号机组集控省级“示范青年文明号集体”	检修分场工程十二班，运行部7、8号机组集控，自动化分场继保班
	青年岗位能手		张靖、董官宋、潘振刚(浙江省技术能手)	董官宋、陈琨(2014年浙能集团公司岗位能手)
2016	青年岗位能手		龚苏平(浙江省技术能手)	龚苏平

文体活动

2006年1月，厂团委与台州职业技术学院联合举办2006年迎春晚会。2007年2月，厂团委在青年之家举办“青春、和谐、梦想”迎春联欢晚会。2009年1月，厂团委举办2009年迎春联欢晚会。2009年5月，厂团委举办“青春·责任”纪念五四运动90周年主题晚会。2010年2月，厂团委举办2010年“放飞梦想”迎春联欢晚会。2010年9月，厂团委组织40多名青年职工参与由台州团市委主办的“天赐良机，花好月圆”电信之夜台州市直青年联谊晚会。12月，厂团委与台州电大、台州市电业局、台州电信、台州广电总台、台州市财政局、台州经济开发区管委会、浙江海警一支队等八家单位联合主办“走进十二五、共铸新辉煌”——贯彻十七届五中全会精神文艺晚会。2011年1月，厂团委举办“祝福2011”迎春联欢晚会。

2013年12月，厂团委联合台州广播电视大学、台州军分区政治部等九家单位共同主办主题为“汇聚正能量 共筑中国梦——贯彻落实十八届三中全会精神文艺晚会”。2014年1月，厂团委举办2014迎春系列活动。2015年12月，厂团委与台州广电集团、台州电业局、台州军分区等十家单位在台州电大联合举办了主题为“践行社会主义核心价值观 展望十三五共筑中国梦——贯彻落实十八届五中全会精神”文艺晚会。2016年7月，台州发电厂团委组织青年平安护航G20快闪活动。8月，厂团委组织青工“水上奥运共度七夕”，帮助台州发电厂青年展现自我，拓宽社交渠道，广结好友。

第六章　职工生活

第一节　职工住房

一、住　房

2006 年 1 月 24 日，职工代表大会讨论通过了《椒江台电小区住宅出售认购方案》：2002 年 4 月 17 日前在册的单身、已婚职工及离退休人员每户可申购一套住房，按进本厂工作年份早晚排序（双职工以进本厂早的一方为准），同年进厂的按积分高低排序。

2006 年 7 月 12 日，选房工作正式开始，选购工作以最终排序名单为准，先选购经济适用房，再选购商品房。每天安排 100 名，选定后须在《台电小区（碧海明珠花园）房屋准购证》上签名确认。第一批分房 2297 套。

2006 年 9 月 11 日，小区经济适用房开始签订买卖合同。

2006 年 9 月 27 日，开始签订小区商品房买卖合同。

2006 年 11 月 6 日，职工代表组长会议讨论通过《椒江台电住宅小区第二批住房出售方案》：2002 年 4 月 18 日至 2006 年 10 月 31 日进厂的正式职工且符合第一次购房条件但未参加购房者，每户可购买一套，第二批分房 47 套。

2007 年 8 月 17 日，职工代表组长会议讨论通过《椒江台电住宅小区（碧海明珠花园）余留房出售方案》：2007 年 8 月 16 日前新进人员及符合第一、二次购房条件未参加购房的正式职工每户可购买一套，第三批分房 23 套。余留 4 套物管用房。

2008 年 11 月 29 日，碧海明珠南北区 57 幢 2371 套住房全部交付使用。

二、住房改革

2009 年 9 月 25 日,台州住房委员会及台州住房公积金管理中心根据台州市政府专题会议《关于台州发电厂职工经济适用住房协调会议纪要》(〔2005〕58 号),台州市发改委《关于核定台电职工住宅小区经济适用房价格的批复》(台发改委收费〔2005〕117 号)文件精神,下发了"台房办售(2009)3 号"及"台房办售(2009)4 号",批准了 1094 人购买经济适用房及对 1172 人原房改面积不足部分实行货币补差价。

三、职工公寓

建于厂前区的职工公寓 8 幢,其中 3 号、6 号楼于 2016 年 10 月被定为危房,其余 1 号、2 号、7 号楼每幢 32 间,4 号、5 号楼每幢 63 间,8 号楼 78 间住房供单身及运行职工休息。每间铺设了木地板,安装了空调,实行公寓式管理。

2015 年 6 月,职工公寓北面原浴室与游泳池拆除,规划建设 2 幢青年职工公寓。2014 年 10 月 17 日台州市住房和城乡规划局颁发"建字第 20140015 号"建设工程规划许可证,2015 年 1 月 30 日台州市建设局椒江分局颁发建设工程施工许可证(编号 332601201501300101)。2015 年 3 月开工建设 2 幢 198 套青年公租房:1 号楼地上 6 层,4370.35 平方米;2 号楼地上 7 层,5360.16 平方米。2016 年 12 月 26 日,经台州市建设局椒江分局规划验收,等待通过。

第二节　医疗卫生

一、职工医院

职工医院由 2005 年的 16 人(其中:医生 6 人;护士 4 人;药房 3 人;化验 1 人;X 线、B 超、心电图 1 人;挂号收费 1 人)减至 2016 年的 7 人。2006 年、2008 年、2009 年各退休 1 名医生,2007 年 7 月挂号收费 1 名调至燃灰分场生活员岗位,2013 年 8 月,定岗定编时,职工医院关停了化验、B 超、心电图及 X 线透视,部分人员分流到物资采购部和台二厂,同时取消了夜间、双休日及节假日值班。医院有主治医师 3 人,主管护师兼收费 2 人,主管药师 2 人。由于 2002 年椒江大桥的开通,2004 年 1 月起进入社会医保(之前职工医院之外的发票不能在个人账户里报销,此后在椒江定点医疗机构就医,凭发票可在个人账户中报销),职工去椒江就医方便,职工医院医护人员只出不进，规模逐渐缩小，于2006年7月医院地址搬至原厂幼儿园处，原职工医院腾给台州市海天电力工程有限公司。2011年1月1日起，全厂职工医疗进入社会统筹，职工医院向台州市社保局申请为定点医疗机构，购买医保软件，医保接口，职工直接刷卡结算。

2009年起，每两年对全厂职工进行一对一的心肺复苏操作培训，使全厂大部分职工掌握了心肺复苏术，同时对新进大学生(包括海天公司员工)进行岗位急救培训。

二、体　检

1. 职业病体检

接尘人员每两年增加相关检查1次，2006年前，先后分别被台州市疾病控制中心和杭州市职业病防治院诊断为Ⅰ期矽肺病患者各1例，疑似尘肺病患者9例。此后无新增疑似尘肺。上述人员，每年均送国家电网职业病防治院治疗及疗休养。接噪人员2008年前，每两年增加相关检查1次，2008年后改为一年1次。接尘、接噪人员名单均由人力资源部提供，职工医院根据名单安排人员100%完成体检。2006年，由台州市疾病控制中心来厂为接噪人员做听力筛查；2008—2010年，均由国家电网职业病防治院来厂活动中心为职工做职业健康体检；2011年、2012年在椒江区疾病控制中心体检；2013年开始至今均在台州市中心医院体检。

听力筛查每年均有几十个听力下降者，都逐一电话通知本人待脱离噪声环境48小时后再复查，同时注意耳朵防护。因影响听力的因素很多，每次测定结果又有不稳定现象，因此，对于听力不好者，强调重在及早防治。

2. 全厂职工健康体检继续每年1次，均在台州市中心医院体检

职工体检每年均能筛查出高血压、糖尿病、高脂血症，妇女子宫乳腺疾病及各种肿瘤等。结合甲状腺癌高发，2010年在每年常规体检的基础上增加了甲状腺B超，当年发现甲状腺肿瘤10余例；2012年对育龄妇女增加了乳腺钼钯检查；给合近年肺癌的高速增长，2013年起胸部摄片改为低剂量胸部CT，当年发现早期肺癌5例，此后每年均有发现；2014年起，男到50周岁，女到45周岁时进行一次X线双能骨密度检查，颈动脉B超检查每年一次。

每年体检后，职工医院都会邀请中心医院相关科室医生坐诊职工医院开展健康咨询服务，通过健康体检及其咨询服务，使职工及早发现影响健康的高风险因素及潜在的疾病隐患，改变不良行为习惯，减少健康危险因素，达到预防和早期治疗的目的。

第三节　生活设施

一、食　堂

1. 管理模式变更

2007年12月26日,食堂采用招投标的方式,委托华业物流公司管理。食堂的委托管理只是管理模式的转换,食物采购及财务结算还是由台州发电厂负责,华业物流只负责食堂内部运作管理。

为了便于管理,2009年10月关停运行食堂,2013年9月,关停燃料食堂。原食堂职工分流至燃料分场、维护分场等。

2. 内部管理变更

2011年3月,食堂消费系统由原来的IC卡改用CPU卡,使之更加安全可靠。2014年7月,食堂财务由原来的手工做账改成会计电算化,大大提高了工作的质量与效益。同年4月,更换了食堂一层餐桌,由原来的80张增设到100张。2015年10月,更换一批餐具,是多年来数量最大、品种最全的一次。2016年5月,台州发电厂斥资80多万元,购置冰箱、搅拌机、和面机、蒸饭箱、洗碗机、小冷库等,供食堂使用。

二、浴　室

为了腾地建两幢职工青年公寓,原君山东麓面积265平方米的生活浴室及配套的游泳池于2014年2月拆除,保留了面积198.95平方米的燃料节能浴室,浴室应用生产锅炉连续的热能供热,供燃料分场的职工使用。为改善检修职工洗衣难问题,2013年1月,拆除原生产浴室改建洗衣房。

三、幼儿园

幼儿园2003年归属行政部,原有5个班(其中一个托班),教职员工16名。随着市区的发展,碧海明珠小区的建成,入园幼儿逐年减少。2005年5月10日,台州发电厂进行人力资源优化配置,幼儿园定岗6人,合并为2个班。2009年8月,台州发电厂幼儿园关停,2009年9月,椒江中心幼儿园碧海明珠分园开园。

四、台州发电厂子弟学校

根据浙江省《关于妥善解决国有企业中小退休教师待遇问题的实施意见》(浙

国资发〔2005〕1号文)的文件要求，于2006年7月职工子弟学校开始移交椒江区政府管理，23名学历合格、专业对口、具有教师资格的在职教师，也由椒江区政府接收，安排在椒江市区中小学上课，同时停办台子弟学校。

五、职工活动中心

2006年至2016年，电厂共组织各类文娱体育竞赛176次，9500人次参加活动，举办电厂三、四届运动会。2006年承办浙江省第十三届运行会“台电杯”象棋比赛；2008年7月承办浙能集团公司第二届乒乓球(台州赛区)比赛；2009年10月，承办浙能集团公司“金秋”足球邀请赛；2009年11月，承办浙能集团公司首届象棋、围棋赛；2012年6月，承办浙江省省属企业大众体育比赛，并代表浙能集团公司参赛获团体冠军；2014年5月，承办浙能集团公司首届“浙能杯”乒乓球(台州赛区)比赛等活动。组队参加浙江省第十三届运动会、台州市第三届运动会、椒江区第四届运动会、台州市第一届、第二届体育大会、浙江省电力职工首届运动会，代表东南公司参加浙江省首届上市公司运动会，代表浙能集团公司参加省属企业体育协会趣味比赛、省属企业首届职工运动会等多项赛事。

职工活动中心于2000年11月24日建成启用，整个活动中心总占地27875平方米，主楼建筑面积为3169平方米，内设健身房、健美房、乒乓球室、台球室、室内羽毛球场、棋牌室、图书室、阅览室、会议室、办公室等；外有园林、足球场、网球场、篮球场、气排球场。启用后成为职工、家属的休憩、活动场所。2006—2016年，共举办各类文体活动(会展)、兄弟单位来厂交流及基层分工会开展活动269次，接待80600余人次。

六、台州发电厂影剧院

台州发电厂影剧院于1983年建造，2000年改造后共有797个软座，2006—2008年6月，每周放映2场电影，2008年6月后改为每周一场电影，供职工及驻厂武警官兵等免费观看。因观众逐渐减少，于2010年8月停影。影剧院还用于职代会、庆祝建党纪念活动以及大型文艺活动等。2008年7月1日，举办“纪念建党87周年红歌大家唱”活动；2009年9月，举行建国60周年“祖国颂”文艺晚会；2011年4月，举办浙能集团公司“动力梦想”司歌合唱比赛(浙东南片区)。台州发电厂影剧院于2015年5月拆除后改为停车场。

七、卫星电视接收站

根据有线电视数字化整体转换有关要求，台州发电厂(包括职工公寓、新老服务楼等)有线电视将实施数字化整体转换,2014 年 8 月底,原模拟有线电视信号关闭,卫星电视接收站关停。

八、厂区绿化

1. 2013 年前,对厂前区及相关区域进行道路、绿化改造,厂区绿化面积达 22.5 万平方米;

2. 2013—2015 年,针对厂五期 7～10 号机周边区域进行了绿化设计改造,并增加绿化面积 5000 平方米,全厂绿化面积达 23 万平方米。

3. 至 2016 年底对原 1～3 期主厂房及周围场地进行平整及绿化改造,同时因拆除的游泳池、电影院及新建二幢青工楼、职工大型停车场而增加的绿化面积约 7000 平方米。厂区绿化面积达 30 万平方米。

第七章　公　司

第一节　多种经营

至2005年末，电厂多种经营形成以台州市丰源工贸发展有限公司、台州市新开源建材开发有限公司两家企业为母公司，内部自营直接管理的多经企业7家，对外投资参股企业10家的格局（表7-1,7-2）。2008年7月，根据《规范国有企业职工持股、投资的意见》《关于规范电力系统职工投资发电企业的意见》《国有企业领导人员廉洁自律的七项要求》等文件精神，企业多种经营于当年10月1日起停止与主业的一切业务往来。2013年6月，根据“七个严禁、六个规范”的要求，浙能集团公司公司再次通知，要求对所剩余多经企业资产进行处置。2015年4月17日，浙能集团公司召开所属单位多经企业处置会议，明确了剩余多经资产及股权的处置时间表，要求在2016年底前对多经资产全部进行清理并注销多经企业。2006年至2016年这十一年中，根据浙能集团公司清理多经业务的要求，电厂多种经营经历了从蓬勃发展到全面关停的过程。

表7-1　台州发电厂多种经营企业情况表(2005年12月31日)

编号	单位名称	注册日期	注册资本（万元）	经营范围	本厂股东结构	处置	备注
1	台州市新开源建材开发有限公司	2000年2月	4500	粉煤灰生产及销售、项目投资	新持股会80%，丰20%	2015年6月3日丰源公司收购新开源公司为全资子公司。新开源建材公司股权转让后	根据浙能集团“七个严禁、六个规范”的要求，需清理多经企业

续表

编号	单位名称	注册日期	注册资本(万元)	经营范围	本厂股东结构	处置	备注
						股份转让的全部收益归原股东所有,并按职工信托投资比例在2015年12月31日前退还给职工;台州市新开源建材开发有限公司投资管理委员会解散。	
2	台州静悄悄饮用纯净水总站	2000年5月		纯净水生产及销售	丰100%	2006年11月8日台州静悄悄饮用纯净水总站和椒江服务中心核准注销	公司发展需要
3	台州市海天电力工程有限公司	2002年1月	2000	电力安装、检修等	新90%,丰10%	2008年11月30日丰源公司将其持有的台州市海天电力工程有限公司10%股权和新开源公司将其持有的台州市海天电力工程有限公司90%全部转让给浙江东南发电股份有限公司	集团公司清理多经要求
4	杭州博德工贸有限公司	2003年3月	200	物资购销及代理	新60%,丰40%	2009年7月8日核准注销	公司经营范围和业务与集团内部各企业关联度较高,开拓市场难度较大

续表

编号	单位名称	注册日期	注册资本（万元）	经营范围	本厂股东结构	处置	备注
5	台州市联源热力有限公司	2003年5月	1000	蒸汽供应等	新51%，丰44%	2009后8月28日经能源公司批复同意，丰源公司与东南公司签订转让协议：丰源公司将所持台州市联源热力有限公司44%股权和新开源公司所持的51%股权转让给浙江东南发电股份有限公司。	集团公司清理多经要求
6	上海亚章工贸有限公司	2004年7月	300	物资购销及代理	丰60%，海40%	2014年12月26日注销	根据浙能集团“七个严禁、六个规范”的要求，需清理多经企业
7	台州市丰源工贸发展有限公司	2004年12月	8000	汽车运输、宾馆、煤船清仓、工业劳务、商品批发及零售、设备修理	职工个人持股	2013年6月18日，根据浙能集团“七个严禁、六个规范”的要求，需清理多经企业，台州发电厂集体资产管委会决定退出公司所有对外投资并停止经营相关业务，清理资产，至2016年底，上海亚章工贸有限公司注销登记、椒江热电有限公	

续表

编号	单位名称	注册日期	注册资本（万元）	经营范围	本厂股东结构	处置	备注
						司、台州四强新型建材有限公司、台州高速公路股份有限公司股份转让，公司房产、车辆除园山宾馆、招待所、养鸡场地块未处理外，其余均已清理、处置。	

注：本厂股东结构中新指台州市新开源建材开发有限公司，丰指台州市丰源工贸发展有限公司

表 7－2　台州发电厂多种经营对外投资一览表(2005 年底)

母公司	子公司	投资日期	投资额（万元）	经营范围	母公司所占股份(%)	处置	备注
台州市丰源工贸有限公司	台州市四强新型建材有限公司	2000 年 12 月	290	商品混凝土、新型建材和预制件	29	2014 年 7 月 15 日丰源公司将持有的台州四强新型建材有限公司 29%股权转让给方远建设集团股份有限公司	2013 年 6 月 18 日，根据浙能集团“七个严禁、六个规范”的要求，需清理多经企业，台州发电厂集体资产管委会决定退出公司所有对外投资并停止经营相关业务
	台州高速公路股份公司(甬台温高速公路)	2001 年 9 月	53.352	经营高速公路		2015 年 8 月 27 日网上交易转让	

续表

母公司	子公司	投资日期	投资额(万元)	经营范围	母公司所占股份(%)	处置	备注
台州市丰源工贸有限公司	椒江热电有限公司	2004年4月前分5期投资	1713	蒸汽供应、发电、垃圾焚烧	13.15	2013年9月17日丰源公司将持有的椒江热电股份有限公司13.15%股权转让给椒江热电有限公司	
	台州市大地混凝土有限公司	2009年9月	270	商品混凝土、新型建材和预制件	27	2005年8月，台州大地混凝土有限公司各股东将所持股份转让给浙江德鑫新材料有限公司，其中台州市丰源工贸有限公司的27%股权也随之转让给德鑫公司。2005年9月，台州市大地混凝土有限公司成为浙江德鑫新材料有限公司的子公司	

续表

母公司	子公司	投资日期	投资额(万元)	经营范围	母公司所占股份(%)	处置	备注
新开源投资有限公司	河北阳源富兴燃料有限公司	2000 年 5 月	420	煤炭购销	35	2005.8.5 收回投资，退出经营	公司进行股权重组,台州电厂收回投资,退出经营
	浙江富兴电力燃料公司	2000 年 12 月	1535	煤炭购销	10.23	2009.10.13 新开源公司将所持浙江富兴电力燃料有限公司 10.23% 股权转让给浙江省能源集团有限公司	根据集团公司清理多经企业的要求
	杭州东发环境保护有限公司	2002 年 4 月和 2003 年 4 月分 2 期投资	800	污水处理、环保工程等	24.93	2009.3.9 新开源公司将所持浙江东发环保工程有限公司 24.93% 股权转让给浙江兴源投资有限公司	根据集团公司清理多经企业的要求
	浙江德鑫新材料有限公司	2003 年 4 月和 2005 年 5 月分 2 期投资	1026	生产加气混凝土砌块及制品、新型建材及保温材料	最初占 27% 股份，后来稀释为 18.3276%	2015 年 12 月 21 日新开源公司将持有的浙江德鑫材料有限公司 18.3276% 股权转让给富尔达集团有限公司	2013 年 6 月 18 日,根据浙能集团“七个严禁、六个规范”的要求,需清理多经企业,台州发电厂集体资产管委会决定退出公司所有对外投资并停止经营相关业务。

续表

母公司	子公司	投资日期	投资额(万元)	经营范围	母公司所占股份(%)	处置	备注
新开源投资有限公司	台州市新开源海运有限公司	2004年1月	980	海运	49	2016年5月25日申请法院破产清算	海运市场低迷
	乐清市百纳贸易有限公司	2004年12月	6	经济信息咨询、承办劳务会议、仓储服务、金属材料、五金交电、建筑材料、化工原料、百货	11.11	2006年12月清算退回投资	

一、两家母公司概况

(一)台州市丰源工贸发展有限公司

1. 概况

台州市丰源工贸发展有限公司作为台州发电厂多种经营的龙头公司,截至2005年末,下辖本部、汽车队、宾馆等9个部门,对外投资及自营企业共10家公司。2006年5月与兴源天达公司合资成立嘉丰环保材料有限公司,涉及生活服务、商品批发零售、运输业、印刷业、环保、运行维护等各种产业,同时为了盘活公司内部资产,将园山宾馆、招待所、宾馆餐厅等对外租赁。2006年初至2008年7月,公司业绩稳步增长。

2008年7月,浙能集团公司根据《规范国有企业职工持股、投资的意见》等文件精神,要求对所属电厂的多经公司进行清理整治,从此公司进入产业收缩阶段。公司从当年10月开始,停止与主业的一切业务往来,并陆续将与主业关联度较高的产业进行了转让剥离。自2008年7月开始,公司陆续对集团内企业转让了台州市嘉丰环保材料有限公司、台州市海天电力工程有限公司、台州市联源供热有限公司股权;对外转让台州市椒江热电股份有限公司、台州四强新型建材有限公司、台州高速公路股份公司等公司的股权,关停注销杭州博德工贸有限公司、上海亚章工贸有限公司。

2009 年 11 月在碧海明珠小区开设台州市丰源工贸发展有限公司台州发电厂小区自选商场,2014 年 5 月停业注销。2011 年 12 月控股投资了台州市临港热电有限公司,2014 年 4 月对外转让。2012 年 7 月筹备建造制冰厂于 2013 年 10 月将相关设备转让。2010—2011 年期间台州市丰源工贸发展有限公司将招待所分别租赁给 74 省道南延椒江段工程建设指挥部、浙能台州第二发电厂筹建处使用。2011 年 7 月 26 日台州市丰源工贸发展有限公司将招待所租赁给浙江五联建设有限公司经营,相关租赁房产均已在 2016 年 4 月解除合同,由公司收回。公司曾对园山宾馆分别于 2016 年组织两次拍卖,均告流拍,相关房产已向上级部门申请,拟由业主台州发电厂收购。

2013 年 6 月 18 日,根据浙能集团公司“七个严禁、六个规范”的要求,台州发电厂集体资产管委会决定退出公司所有对外投资并停止经营相关业务,对公司所有资产进行清理、处置。2015 年 6 月,根据清理多经企业的需要,公司收购新开源建材开发有限公司为全资子公司,全体职工退出新开源公司的股权信托投资。至 2016 年末,台州发电厂多经企业仅存台州市丰源工贸发展有限公司及子公司台州市新开源建材开发有限公司两家公司,遗留资产为园山宾馆及招待所,养鸡场地块,人员已按要求全部返回主业,待所有资产处置完成后将公司清算注销。

2. 公司股权结构变化

根据国家有关法律法规及浙江省能源集团关于整治规范所属电厂多经企业的有关要求,丰源公司采取了一系列措施,对股权进行了清退和转让,具体实施方法如下:(1)根据中纪委《关于国有企业领导人员廉政自律七项要求》及解释的相关规定,丰源公司于 2008 年 8 月 25 日召开临时股东会,同意台州发电厂厂级领导在 2008 年 8 月 31 日前先行退出其在丰源公司所持有的股份,按其个人认购的股本金全额退还给本人。

(2) 鉴于丰源公司业务萎缩,职工信托股权的收益受到较大的影响,为保护各信托资产受益人的权益,经公司股东会讨论决定,以减资的形式实现职工信托股权的退出。公司于 2009 年 12 月 8 日召开临时股东会,采取定向减资的方式,将注册资本减少 2000 万元,即向全体非集体性质的自然人股东实施减资,集体所有部分的注册资本不变。本次减资实施后,公司注册资本由 8000 万元变更为 6000 万元,公司资产和持股情况变更:公司资产总计为 144744838.67 元,负债合计为 54258459.04 元,所有者权益合计为 90486379.63 元,其中归属于台州发电厂集体所有的持股比例变更为 100%,所对应的权益为 90486379.63 元;非集体性质的自然人持股比例变更为 0%,所对应的权益为 0 元。减资前后的股份清单如下:

表 7－3　减资前后的股份清单

序号	股东姓名	原出资额	持股比例	减资后出资额
1	冯济君	5777550.00	7.22%	4333162.50
2	王　叙	6985050.00	8.73%	5238787.50
3	魏樟荣	7598700.00	9.50%	5699025.00
4	许宏宇	7339500.00	9.17%	5504625.00
5	应利华	6292800.00	7.87%	4719600.00
6	应美琴	7493550.00	9.37%	5620162.50
7	赵志敬	6995250.00	8.74%	5246437.50
8	杨建三	7818300.00	9.77%	5863725.00
9	张忠良	5911800.00	7.39%	4433850.00
10	莫金伟	6147000.00	7.68%	4610250.00
11	罗永元	6878700.00	8.60%	5159025.00
12	黄华芬	4761800.00	5.96%	3571350.00
合计		80000000.00	100.00%	60000000.00

(3) 鉴于公司集体所有股权缺少合适的持有主体，难以办理工商登记，为加强集体所有股权的管理，保证集体所有股权的保值和增值，台州发电厂第九届职代会联席会议第二次会议选举了台州发电厂集体资产管理委员会成员(黄华芬、周克展、莫金伟、杨兴玉、王琴、叶斌、胡尧达、袁文斌、管诗渊)以及台州发电厂集体资产受托人成员(魏樟荣、王叙、许宏宇、应利华、赵志敬、杨建三、张忠良)，通过了《台州发电厂集体资产管理办法》，由台州发电厂集体资产管理委员与受托人签订《集体资产委托管理合同》。明确规定：受托人所持股权为台州发电厂集体所有，受托人对代持股权不享有任何权益。受托人不得将所代持的股权用作个人财产分割、继承、质押，为第三方提供担保，清偿个人债务或以其他形式处分。

受托人持有股权清单如下：

表 7－4　经全体股东确认的出资清单

编制单位：台州市丰源工贸发展有限公司　　2010 年 1 月 13 日　　单位：元

序号	出资人姓名	出资额	出资方式	占注册资本比例	出资时间
1	王　叙	5238787.50	货币	8.73%	已记载验资报告
2	魏樟荣	11319187.50	货币	18.87%	已记载验资报告
3	许宏宇	5504625.00	货币	9.17%	已记载验资报告
4	应利华	9052762.50	货币	15.09%	已记载验资报告
5	赵志敬	8817787.50	货币	14.70%	已记载验资报告
6	杨建三	11022750.00	货币	18.37%	已记载验资报告
7	张忠良	9044100.00	货币	15.07%	已记载验资报告
合计		60000000.00		100.00%	

2010 年 3 月，由魏樟荣、许宏宇、杨建三、应利华、赵志敬组成董事会，魏樟荣任董事长，杨建三任总经理；由莫金伟、王叙、张忠良组成监事会，张忠良任监事会主席。

2012 年 8 月，由蒋学军、潘鸣军、杨建三、郐才勇、赵志敬组成董事会，赵志敬任董事长，潘鸣军任总经理；由陶红、王丽琴、王琴组成监事会，王丽琴任监事会主席。

2015 年 2 月，受托股东应利华因工作调动关系，将其所持公司股权全部转让给股东杨建三，杨建三名下所持股权由 18.37%变为 33.46%。

根据台州发电厂党政联席会议关于多经企业处置的要求，丰源公司需清退中层及以上管理人员投资，清理中层及以上人员在公司的任职(包括兼职)，公司原 6 名股东魏樟荣、许宏宇、赵志敬、杨建三、王叙、张忠良不再适合担任股东。经台州发电厂党政联席会议推荐，台州发电厂集体资产管理委员会同意，推荐李韬、张阳秋、江国胜、王琴、綦子英等 5 位自然人为股权受托人，受让原 6 位股东的股权。2015 年 6 月 3 日完成工商变更登记。受托人所持股权具体如下：

表 7－5　经全体股东确认的出资清单

编制单位：台州市丰源工贸发展有限公司　　2015 年 6 月　　单位：万元

序号	出资人姓名	出资额	出资方式	占注册资本比例	出资时间
1	张阳秋	1.074.3413	货币	17.90%	已缴付

续表

序号	出资人姓名	出资额	出资方式	占注册资本比例	出资时间
2	李　韬	1.131.9187	货币	18.87%	已缴付
3	江国胜	881.7788	货币	14.70%	已缴付
4	綦子英	2.007.5512	货币	33.46%	已缴付
5	王　琴	904.4100	货币	15.07%	已缴付
6	合计	6.000		100.00%	

同时免去赵志敬、杨建三、蒋学军、潘鸣军、邬才勇董事职务，解散原董事会，选举綦子英、李韬、张阳秋、王琴、江国胜5人为董事，组成董事会。綦子英任董事长兼总经理。陶红、王丽琴为监事，免去王琴监事一职，公司不设监事会。

2016年11月，因綦子英工作调动，经厂党政联席会议决定，由翁文伟受让其所持公司股权33.46%，并担任公司董事长兼总经理。

（二）台州市新开源建材开发有限公司

1. 概况

作为台州发电厂多种经营的两大龙头公司之一的台州市新开源建材开发有限公司，截至2005年末，对外投资和自营企业共有17家公司，公司业务涉及粉煤灰、运输、投资等产业，2006年初至2008年7月，公司业绩稳步增长。

2008年7月，根据《关于规范电力系统职工投资发电企业的意见》《国有企业领导人员廉洁自律的七项要求》等文件精神，浙江省能源集团对所属电厂的多经公司进行了清理、整治，从此公司进入产业收缩阶段。根据浙能集团公司对多经企业清理、整顿的要求，2008年8月起，厂级领导退出了新开源职工持股会的股份，公司从当年10月开始，停止与主业的一切业务往来，并陆续将与主业关联度较高的产业进行了转让剥离。自2008年7月开始，公司将粉煤灰业务整体移交给台州市嘉丰环保材料有限公司，陆续对集团内企业转让了台州市海天电力工程有限公司、台州市联源供热有限公司、浙江东发环保工程有限公司、浙江富兴电力燃料公司等公司的股权，对外转让浙江德鑫材料有限公司股权，关停注销新开源公司子公司粉煤灰开发分公司、杭州博德工贸有限公司、上海亚章工贸有限公司等公司。

2010年，对公司股权进行了整合，减少注册资本1500万元，各股东按比例减资，减资后注册资本为3000万元。2010年9月26日原股东新开源职工持股会和台州市丰源工贸发展有限公司将持有的股份转让给十一名自然人。原职工持股会会员投入的股份全部退出，原投资增值部分以委托投资方式对新开源公司出资。

2015 年 6 月，根据多经企业处置需要，丰源公司收购新开源公司为全资子公司，职工信托投资于 2015 年 7 月全部清退，台州市新开源建材开发有限公司投资管理委员会解散。2016 年 5 月，丰源公司以“不能清偿到期债务”为由向法院申请对台州市新开源海运有限公司进行破产清算，2016 年底，新开源公司除对外投资的新开源海运股权尚未处置结束外，其他资产均已清理、处置。

2. 公司股权结构变化

根据《规范国有企业职工持股、投资的意见》《关于规范电力系统职工投资发电企业的意见》《国有企业领导人员廉洁自律的七项要求》等文件精神，新开源公司从 2008 年 7 月 19 日开始将主营业务粉煤灰销售交由浙能集团公司国有多经企业台州嘉丰公司经营，厂级领导在 8 月 31 日前退出其在多经企业的股份，所有关联交易在 9 月 30 日前终止。新开源公司对股权进行了清退和转让：

2008 年 8 月 29 日，台州发电厂领导退出了新开源职工持股会的股份。

2009 年 3 月 20 日，股东会注销新开源公司子公司粉煤灰开发分公司。

2010 年，新开源公司对股权进行了整合，减少注册资本 1500 万元，各股东按比例减资，减资后注册资本为 3000 万元。具体方法如下：

(1) 为减少职工投资的风险，经新开源公司股东会同意，对公司进行减资，减资后的剩余股份由新开源公司用经营结余资金进行置换，持股会将职工原投入的股份和扩股形成的股份扣除个人所得税后退还给职工。

新开源公司原以职工持股会的方式进行投资，与现行的法律法规不相符，经股东会讨论，改为以自然人信托方式出资。原职工持股会会员以信托出资的方式仍持有新开源公司的股份。

(2) 2010 年 4 月 16 日，台州市新开源有限责任公司职工持股会二届六次会员代表大会作出决议：同意由戚丹丹、钟国华、莫金伟、周克展、徐敏、赵远申、应美琴、顾旭东、毛育鸣、蒋学军、胡海萍、汪哲飞、陶红、庞卫敏、洪晓斐等 15 人组成投资管理委员会，对以信托方式进行投资的股权进行管理。具体职责在《台州市新开源建材开发有限公司信托管理章程》中予以体现。

(3) 投资管理委员会于 2010 年 5 月 6 日召开第一次会议，其成员对经台州市新开源有限责任公司职工持股会二届六次会员代表大会审议通过的受让人名单作了表决：同意魏樟荣、杨建三、董吕升、江钦华、许宏宇、应利华、王剑波、孙晖、冯珍妹、项国钧等 10 人为职工持股会股权受让人，即新开源公司信托投资受托人。

(4) 2010 年 9 月 26 日原股东新开源职工持股会和台州市丰源工贸发展有限公司将持有的股份转让给十一名自然人。原职工持股会会员投入的股份全部退出，原投资增值部分以委托投资方式对新开源公司出资。原职工持股会会员根据自己的意愿选择一位受托人，与其签订《委托合同》，将出资额转交给受托人，由受托人以其个人的名义对新开源公司进行投资。各受托人持股数及比例如下：

表 7-6 2010 年各受托人持股比例分配表

序号	股东	股份数	持股比例	序号	股东	股份数	持股比例
1	冯珍妹	5,940,810.00	19.80%	7	应利华	1,666,240.00	5.55%
2	孙　晖	5,728,760.00	19.10%	8	董吕升	1,028,030.00	3.43%
3	魏樟荣	4,826,630.00	16.09%	9	江钦华	1,009,940.00	3.37%
4	杨建三	4,380,760.00	14.60%	10	项国钧	444,490.00	1.48%
5	许宏宇	2,656,710.00	8.86%	11	潘鸣军	204,090.00	0.68%
6	王剑波	2,113,540.00	7.04%	合计		30,000,000.00	100.00%

(5) 新开源公司减资及退股流程如下：

表 7-7 新开源公司股权减资及退股时间安排表(2010 年)

序号	事项	时间	责任部门	备注
一	整理新开源公司职工持股会名单，编制减资明细表、退股明细表、委托投资额明细表	8 月 3 月—8 月 9 日	公司财务	
二	所有讨论过的资料及相关流程交律师审查	8 月 3 日—8 月 9 日	办公室、公司财务	
三	在厂网上公布《信托管理章程》《委托合同》《委托人承诺函》	8 月 4 日—8 月 10 日	办公室	保留公示证据；保留网页记录，在公告栏张贴并拍照
四	打印所有持股会会员的《委托合同》(一式两份)、《委托人承诺函》、《信托管理章程》，并加盖公司骑缝章	8 月 11 日—8 月 16 日	办公室、印刷厂、会计师事务所	出具减资验资报告
五	分部门打印《信托管理章程签字确认表》《减资及退股明细表》《委托投资额明细表》，加盖公司骑缝章	8 月 11 日—8 月 16 日	办公室、综合办	办理减资工商变更

续表

序号	事项	时间	责任部门	备注
六	分部门下发《信托管理章程签字确认表》《减资及退股明细表》《委托投资额明细表》《委托合同》《委托人承诺函》,同意参与投资的原持股会会员在以上五份资料上签字。《委托合同》由各部门按下发的名单顺序整理后返还,并根据合同中资料补充完整《委托投资明细册》,OA 发到陶红处。不同意以信托方式参与投资的,在《不参与信托投资签字确认表》上签字	8 月 17 日—8 月 24 日	各部门	
七	受托人在《信托管理章程》《委托合同》《受托人承诺函》《授权委托书》上签字	8 月 25 日—8 月 31 日	受托人、办公室	
八	交委托投资款或退款(不愿继续投资的)	9 月 1 日—9 月 5 日	办公室、公司财务	召开老股东会议,根据需退股的金额,作出分红决议
九	打印委托投资款收据,交各受托人,受托人签名后交还办公室,由办公室发至各部门	9 月 6 日—9 月 10 日	办公室	职工持股会作出决议,向八位受托人转让其在新开源公司的全部股权,丰源公司股东会作出决议,向两位受托人转让其在新开源公司的全部股权
十	《委托合同》及委托投资款收据返还各委托人	9 月 11 日—9 月 17 日	各部门	召开新股东会议,修改公司章程,产生新的公司董事会、监事会,聘任总经理
十一	将原职工持股会会员的股权进行返还	9 月 20 日—9 月 25 日	公司财务、综合办	办理股权转让工商变更

(6) 根据投资管理委员会的推荐，2010 年 10 月 18 日，新开源公司召开股东会，同意魏樟荣、杨建三、潘鸣军、江钦华、许宏宇、应利华、王剑波为公司第六届董事会董事；杨建三任董事长，潘鸣军任总经理。冯珍妹、董吕升、孙晖、项国钧、莫金伟为公司第六届监事会监事；冯珍妹任监事会主席。

2015 年 2 月，受托股东应利华因工作调动关系，将其所持公司股权全部转让给股东杨建三，杨建三名下所持股权由 14.6%变为 20.15%；同时免去应利华董事一职，公司董事会由董事魏樟荣、杨建三、潘鸣军、江钦华、许宏宇、王剑波 6 人组成。

2015 年 6 月，公司全体股东将所持股份转让给丰源公司，新开源公司成为丰源公司子公司。新开源公司不设董事会、监事会，原董事、监事职务一并免去，任命綦子英为执行董事，为公司法定代表人；免去潘鸣军经理职务，聘任綦子英为经理；聘任王琴为监事。

2016 年 11 月，因綦子英工作调动，免去綦子英执行董事及经理职务，由翁文伟任执行董事兼经理。

二、其他自营企业情况

1. 2006 年 11 月根据公司发展需要，将台州静悄悄饮用纯净水总站和椒江服务中心核准注销，将相关业务并入台州市丰源工贸发展有限公司。

2. 2008 年 11 月，根据浙能集团公司清理整顿多经企业的需要，丰源公司将其持有的台州市海天电力工程有限公司 10%股权(出资 200 万元)和新开源公司将其持有的台州市海天电力工程有限公司 90%股权(出资 1800 万元)全部转让给浙江东南发电股份有限公司，转让价格以公司净资产价值为基准，转让价格分别为 240.88万元和 2167.95 万元。海天公司转让股权后，相关业务保持不变。

3. 2009 年 9 月，根据浙能集团公司整顿清理多经企业的需要，经能源公司批复同意，丰源公司将所持台州市联源热力有限公司 44%股权和新开源公司所持的 51%股权转让给浙江东南发电股份有限公司，转让价格分别为 852.70 万元、986.96万元，同时丰源公司将纯净水站房产等资产以 174.94 万元的价格一并转让给浙江东南发电股份有限公司。联源公司转让股权后，除对外供热业务以外增加了纯净水生产及销售业务。

4. 2009 年 7 月，因公司经营范围和业务与集团内部各企业关联度较高，开拓市场难度较大，由丰源、新开源投资的杭州博德工贸有限公司核准注销，公司资产清算后，丰源和新开源公司按出资比例收回该公司的剩余资产。

5. 2014 年 12 月，根据浙能集团公司“七个严禁、六个规范”的要求，上海亚章工贸有限公司清算注销，公司资产清算后，丰源和新开源公司按出资比例收回该公司的剩余资产。

三、对外投资参股企业股权处置(按处置先后顺序排列)

(一)台州市丰源工贸发展有限公司对外投资参股的企业

根据浙能集团公司“七个严禁、六个规范”的要求,需清理多经企业,台州发电厂集体资产管理委员会决定退出台州市丰源工贸有限公司所有对外投资并停止经营相关业务。

1. 2005年8月20日,根据经营需要,台州大地混凝土有限公司各股东将所持股份转让给浙江德鑫新材料有限公司,其中台州市丰源工贸有限公司的27%股权转让给德鑫公司的转让价款为270万元。2005年9月,台州市大地混凝土有限公司成为浙江德鑫新材料有限公司的子公司。

2. 2013年7月,台州市丰源工贸有限公司将持有的椒江热电股份有限公司的13.15%股权转让给椒江热电股份有限公司,按股权的资产账面净值2372.26万元价格转让。

3. 2014年7月,台州市丰源工贸有限公司将持有的台州四强新型建材有限公司的29%股权(出资290万元)转让给方远建设集团股份有限公司,转让价格为580万元。

4. 2014年6月3日,台州市丰源工贸有限公司持有的浙江台州高速公路集团股份有限公司股权(共533520股)因之前委托拍卖未成交,是日在浙交所股份托管椒江代理处(浙江股权交易中心)挂牌进行网上交易转让,转让价格以即时网上开盘价为基准,每日开盘价减0.10元为公司最低挂牌交易价。至2015年8月27日,丰源公司持有的浙江台州高速公路集团股份有限公司股权(共533520股)网上交易转让全部完成,交易到账总金额为219.18万元。

(二)新开源建材开发有限公司对外投资参股的企业

1. 2005年8月,河北阳原富兴燃料有限公司进行股权全面重组,浙江富兴海运、台州新开源建材开发有限公司、北电科技公司分别将所持股份转让给另外两家股东(同大兴达、北京越燕)。根据资产评估报告,转让价格为845.46万元。

2. 2006年12月,新开源建材开发有限公司作为发起人之一,撤销对乐清市百纳贸易有限公司投资动议。

3. 2009年3月,新开源公司将所持浙江东发环保工程有限公司24.93%股权(出资800万元)转让给浙江兴源投资有限公司,转让价格为1029.78万元。

4. 2009年10月,新开源建材开发有限公司将所持浙江富兴电力燃料有限公司10.23%股权(出资1535万元)转让给浙江省能源集团有限公司,转让价格以评估价作参考,转让价格为 3906.51 万元。

5. 浙江德鑫新材料有限公司于 2005 年 5 月成立,2005 年 9 月合并吸收台州市大地混凝土有限公司,公司注册资本 3800 万元,新开源建材开发有限公司出资 1026 万元,占浙江德鑫新材料有限公司最初的投资比例为 27%。2007 年 7 月 31 日德鑫公司及子公司由内部股东承包经营,2010 年 8 月因公司项目贷款、各股东借款等转为注册资金,注册资本达 6924 万元,新开源公司投资 1269 万元,股权重新调整后变成 18.3276%。2015 年 12 月,新开源建材开发有限公司将持有的浙江德鑫新材料有限公司 18.3276%股权以出资额 1269 万元加溢价款 36 万元共 1305 万元转让给富尔达集团有限公司。

6. 2016 年 3 月,作为新开源建材开发有限公司的母公司的台州市丰源工贸发展有限公司向法院对台州市新开源海运有限公司提起企业借贷纠纷诉讼。2016 年 5 月 25 日,丰源公司以“不能清偿到期债务”为由向法院申请对台州市新开源海运有限公司进行破产清算,目前尚在破产清算中。

四、2006—2016 年其他企业发展及处置情况

1. 在 2005 末格局的基础上,2006 年 5 月 30 日,台州市丰源工贸有限公司与兴源天达公司合资成立嘉丰环保材料有限公司,公司注册资本 600 万元,丰源公司投资 294 万元,占股 49%。2008 年 9 月 16 日,根据浙能集团公司清理多经业务的要求,台州市丰源工贸有限公司将所持台州市嘉丰环保材料有限公司 49%股权转让给浙江天达建材资源开发有限公司,转让价格以公司净资产的评估值为准,转让价格为 363.6 万元。

2. 2009 年 11 月 18 日,为提高职工福利,方便职工生活,台州市丰源工贸有限公司在碧海明珠小区开设超市,注册成立“台州市丰源工贸发展有限公司台州发电厂小区自选商场”。2010 年 5 月开业,2014 年 12 月因人员分流,小区自选商场停业,2016 年 3 月 4 日,丰源公司台州发电厂小区自选商场经工商核准注销。

3. 2011 年 12 月,台州市丰源工贸有限公司与临海东部区块管委会达成医化园区建设热电联产项目的投资协议,2012 年 3 月,由浙江省化学原料药基地临海投资开发有限公司和台州市丰源工贸发展有限公司、台州市金缘建材有限公司共同出资,台州市丰源工贸有限公司控股组建“台州临港热电有限公司”。2012 年 5 月 22 日,台州临港热电有限公司工商注册登记,注册资本 8800 万元,台州市丰源工贸有限公司持股 85%,为控股股东。2014 年 4 月 11 日,台州发电厂集体资产管委会决定退出公司所有对外投资并停止经营相关业务,台州市丰源工贸有限公司经股权转让评审委员会评审以及临海东部区块管委会确定,将公司控股组建的台州临

港热电有限公司85%股权以9080万元价款转让给台州银杉投资有限公司。

4. 2012年7月30日,丰源工贸有限公司在台州发电厂厂区原生产浴室建造制冰厂,2013年6月18日,台州发电厂集体资产管委会决定退出公司所有对外投资并停止经营相关业务。2013年8月,制冰厂停建。2013年10月经资产评估后股东会决议将制冰设备等以235万元转让给余姚市联海实业有限公司。

至2016年末,按照浙能集团公司对多经企业处置要求,台州发电厂多经企业仅存台州市丰源工贸发展有限公司及子公司台州市新开源建材开发有限公司两家公司。两公司遗留资产为园山宾馆及招待所,养鸡场地块,人员已按要求全部返回主业,待所有资产处置完成后注销所有多经企业。

第二节 企业选介

一、台州市丰源工贸发展有限公司

2013年6月18日,根据浙能集团“七个严禁、六个规范”的要求,台州发电厂集体资产管委会决定退出公司所有对外投资并停止经营相关业务。由于集团多经处置要求,公司对所有资产进行清理、处置,至2016年末,台州发电厂多经企业仅存台州市丰源工贸发展有限公司及子公司台州市新开源建材开发有限公司两家公司。两公司遗留资产为园山宾馆及招待所,养鸡场地块。人员已按要求全部返回主业,待所有资产处置完成后将注销所有多经企业。

二、台州市新开源建材开发有限公司

根据《关于规范电力系统职工投资发电企业的意见》《国有企业领导人员廉洁自律的七项要求》等文件精神,浙江省能源集团对所属电厂的多经公司进行了清理、整治,2008年8月起,厂领导退出了新开源职工持股会的股份,注销新开源公司子公司粉煤灰开发分公司、杭州博德工贸有限公司,将所持浙江东发环保工程有限公司24.93%股权转让给浙江兴源投资有限公司,将所持台州市海天电力工程有限公司90%股权、台州市联源热力有限公司51%股权转让给浙江东南发电股份有限公司。2010年,对公司股权进行了整合,减少注册资本1500万元,各股东按比例减资,减资后注册资本为3000万元。2010年9月26日原股东新开源职工持股会和台州市丰源工贸发展有限公司将持有的股份转让给十一名自然人。原职工持股会会员投入的股份全部退出,原投资增值部分以委托投资方式对新开源公司出资。

表7-8 台州发电厂多种经营机构沿革一览表

机构名称	台州市丰源工贸发展有限公司	台州市新开源建材开发有限公司	椒江热电股份有限公司	台州四强新型建材有限公司	浙江台州高速公路集团股份有限公司	台州市大地混凝土有限公司股份	河北阳原富兴燃料有限公司	浙江富兴电力燃料有限公司	浙江东发环保工程有限公司	浙江德鑫材料有限公司	台州市新开源海运有限公司	乐清市百纳贸易有限公司	台州市海天电力工程有限公司	杭州博德工贸有限公司	上海亚章工贸有限公司	台州静悄悄饮用纯净水总站	台州市嘉丰环保材料有限公司	台州临港热电有限公司	台州电力新型建筑材料有限公司
经济性质	有限责任公司	有限责任公司	有限责任公司	有限责任公司	股份合作	有限责任公司	有限责任公司	有限责任公司	有限责任公司	有限责任公司	有限责任公司	有限责任公司	有限责任公司	有限责任公司	有限责任公司	集体	有限责任公司	有限责任公司	有限责任公司
沿革年月	2004年12月—2016年12月	2005年8月—2015年6月	1996年1月—2013年9月	2000年12月—2014年7月	2001年9月—2015年8月	2003年9月—2005年8月	2000年5月—2005年8月	2000年12月—2009年10月	2002年4月—2009年3月	2003年4月—2015年12月	2004年10月—2016年12月	2004年12月—2006年12月	2002年1月—2016年12月	2003年5月—2009年7月	2004年6月—2014年12月	2000年6月—2006年11月	2006年4月—2008年9月	2012年5月—2014年4月	1996年5月—2006年6月（2003年9月12日被台州市工商行政管理局吊销执照，2006年6月8日实行清算）

续表

机构名称	台州市丰源工贸发展有限公司		台州市新开源建材开发有限公司	椒江热电股份有限公司	台州四强新型建材有限公司	浙江台州高速公路集团股份有限公司	台州市大地混凝土有限公司股份	河北阳原富兴燃料有限公司	浙江富兴电力燃料有限公司	浙江东发环保工程有限公司	浙江德鑫材料有限公司	台州市新开源海运有限公司	乐清市百纳贸易有限公司	台州市海天电力工程有限公司	杭州博德工贸有限公司	上海亚章工贸有限公司	台州静悄悄饮用纯净水总站	台州市嘉丰环保材料有限公司	台州临港热电有限公司	台州电力新型建筑材料有限公司
下属机构	综合办及结算中心（2004年12月—2015年8月，随着职工信托投资股权的清退完成而相应取消，人员并入联源公司）	印刷厂（2004年12月—2013年7月，由于电厂岗位定编，人员抽调至三门电厂，印刷厂于2013年7月解散，现停业待处置，资产仍属丰源公司）	粉煤灰开发分公司（2000年5月—2009年3月，2008年7月19日，根据集团对所属电厂多经公司清理、整治的要求，新开源公司将粉煤灰销售交由集团公司国有多经企业台州嘉丰公司经营，2009年3月20日股东会同意注销公司子公司粉											精达分公司（2004年7月—2013年9月，由于自成立以来一直没有单独核算，且其经营范围已涵盖在海天公司经营范围内，没有存在意义可言，于2013年9月注销）			椒江服务中心（2000年6月—2006年11月，根据公司发展需要，将台州静悄悄饮用纯净水总站和椒江服务中心核准注销，将相关业务并入台州市丰源工贸发展有限公司）			

续表

机构名称	台州市丰源工贸发展有限公司		台州市新开源建材开发有限公司	椒江热电股份有限公司	台州四强新型建材有限公司	浙江台州高速公路集团股份有限公司	台州市大地混凝土有限公司股份	河北阳原富兴燃料有限公司	浙江富兴电力燃料有限公司	浙江东发环保工程有限公司	浙江德鑫材料有限公司	台州市新开源海运有限公司	乐清市百纳贸易有限公司	台州市海天电力工程有限公司	杭州博德工贸有限公司	上海亚章工贸有限公司	台州静悄悄饮用纯净水总站	台州市嘉丰环保材料有限公司	台州临港热电有限公司	台州电力新型建筑材料有限公司
下属机构			煤灰开发分公司，人员划入天达公司管理）																	
	温州燃机发电分公司（2004年12月—2009年1月，对内叫龙湾发电部，根据集团公司清理多经业务的要求，从2009年开始，丰源公	气体供应站（2004年12月—2010年6月，因机构改革，2010年6月气体供应站划归供应科管辖。）												龙湾发电部（2009年1月—2015年11月）						

续表

机构名称	台州市丰源工贸发展有限公司		台州市新开源建材开发有限公司	椒江热电股份有限公司	台州四强新型建材有限公司	浙江台州高速公路集团股份有限公司	台州市大地混凝土有限公司股份	河北阳原富兴燃料有限公司	浙江富兴电力燃料有限公司	浙江东发环保工程有限公司	浙江德鑫材料有限公司	台州市新开源海运有限公司	乐清市百纳贸易有限公司	台州市海天电力工程有限公司	杭州博德工贸有限公司	上海亚章工贸有限公司	台州静悄悄饮用纯净水总站	台州市嘉丰环保材料有限公司	台州临港热电有限公司	台州电力新型建筑材料有限公司
下属机构		司不再与温州燃机发电有限公司签订生产委托合同，相关业务已转由台州市海天电力工程有限公司承接，分公司注销，以龙湾项目部名义划归海天公司管理）																		

续表

机构名称	台州市丰源工贸发展有限公司		台州市新开源建材开发有限公司	椒江热电股份有限公司	台州四强新型建材有限公司	浙江台州高速公路集团股份有限公司	台州市大地混凝土有限公司股份	河北阳原富兴燃料有限公司	浙江富兴电力燃料有限公司	浙江东发环保工程有限公司	浙江德鑫材料有限公司	台州市新开源海运有限公司	乐清市百纳贸易有限公司	台州市海天电力工程有限公司	杭州博德工贸有限公司	上海亚章工贸有限公司	台州静悄悄饮用纯净水总站	台州市嘉丰环保材料有限公司	台州临港热电有限公司	台州电力新型建筑材料有限公司
下属机构	经营部（2004年12月—2013年8月，电厂岗位定编及三门电厂人员抽调，2013年8月超市停业，经营部解散。）	大客车班（2004年12月—2014年7月，因机构改革，整体功能划归行政事务中心管理）												台风项目部（2010年1月—2016年12月）						

续表

机构名称	台州市丰源工贸发展有限公司		台州市新开源建材开发有限公司	椒江热电股份有限公司	台州四强新型建材有限公司	浙江台州高速公路集团股份有限公司	台州市大地混凝土有限公司股份	河北阳原富兴燃料有限公司	浙江富兴电力燃料有限公司	浙江东发环保工程有限公司	浙江德鑫材料有限公司	台州市新开源海运有限公司	乐清市百纳贸易有限公司	台州市海天电力工程有限公司	杭州博德工贸有限公司	上海亚章工贸有限公司	台州静悄悄饮用纯净水总站	台州市嘉丰环保材料有限公司	台州临港热电有限公司	台州电力新型建筑材料有限公司
下属机构	园山宾馆(2004年12月—2016年12月)	维修班(2004年12月—2007年12月,后勤机构优化整合)												龙湾项目部(2015年11月—2016年12月)						
	清仓队(2004年12月—2009年3月,因用工制度改革,于2009年3月划归燃	台电住宅小区项目部(2003年1月—2010年5月,按厂部要求台电住宅小区项																		

续表

机构名称	台州市丰源工贸发展有限公司		台州市新开源建材开发有限公司	椒江热电股份有限公司	台州四强新型建材有限公司	浙江台州高速公路集团股份有限公司	台州市大地混凝土有限公司股份	河北阳原富兴燃料有限公司	浙江富兴电力燃料有限公司	浙江东发环保工程有限公司	浙江德鑫材料有限公司	台州市新开源海运有限公司	乐清市百纳贸易有限公司	台州市海天电力工程有限公司	杭州博德工贸有限公司	上海亚章工贸有限公司	台州静悄悄饮用纯净水总站	台州市嘉丰环保材料有限公司	台州临港热电有限公司	台州电力新型建筑材料有限公司
下属机构	料分场管理）	目部结束所有债权、债务，移交丰源公司管理，项目部解散，人员遣散至原属各个部门）																		
	静悄悄饮用水分公司及服务中心（2006	台电小区自选商场（2009年11月—2016																		

续表

机构名称	台州市丰源工贸发展有限公司		台州市新开源建材开发有限公司	椒江热电股份有限公司	台州四强新型建材有限公司	浙江台州高速公路集团股份有限公司	台州市大地混凝土有限公司股份	河北阳原富兴燃料有限公司	浙江富兴电力燃料有限公司	浙江东发环保工程有限公司	浙江德鑫材料有限公司	台州市新开源海运有限公司	乐清市百纳贸易有限公司	台州市海天电力工程有限公司	杭州博德工贸有限公司	上海亚章工贸有限公司	台州静悄悄饮用纯净水总站	台州市嘉丰环保材料有限公司	台州临港热电有限公司	台州电力新型建筑材料有限公司
下属机构	年11月—2009年12月，根据公司发展需要，将台州静悄悄饮用纯净水总站和椒江服务中心核准注销，将相关业务并入台州市丰源工贸发展有限公司）	年3月，2010年5月开业，2014年12月因人员分流，小区自选商场停业，2016年3月4日，丰源公司台电小区自选商场工商核准注销）																		

续表

机构名称	台州市丰源工贸发展有限公司		台州市新开源建材开发有限公司	椒江热电股份有限公司	台州四强新型建材有限公司	浙江台州高速公路集团股份有限公司	台州市大地混凝土有限公司股份	河北阳原富兴燃料有限公司	浙江富兴电力燃料有限公司	浙江东发环保工程有限公司	浙江德鑫材料有限公司	台州市新开源海运有限公司	乐清市百纳贸易有限公司	台州市海天电力工程有限公司	杭州博德工贸有限公司	上海亚章工贸有限公司	台州静悄悄饮用纯净水总站	台州市嘉丰环保材料有限公司	台州临港热电有限公司	台州电力新型建筑材料有限公司
下属机构	凤台项目部(2007年4月—2009年12月，根据集团公司清理多经业务的要求，从2010年开始，公司不再与淮浙煤电有限公司签订生产委托合同，相关业务已转由台州市海天电力工	制冰厂(2012年7月—2013年6月，根据浙能集团“七个严禁、六个规范”清理多经企业的要求)																		

续表

机构名称	台州市丰源工贸发展有限公司		台州市新开源建材开发有限公司	椒江热电股份有限公司	台州四强新型建材有限公司	浙江台州高速公路集团股份有限公司	台州市大地混凝土有限公司股份	河北阳原富兴燃料有限公司	浙江富兴电力燃料有限公司	浙江东发环保工程有限公司	浙江德鑫材料有限公司	台州市新开源海运有限公司	乐清市百纳贸易有限公司	台州市海天电力工程有限公司	杭州博德工贸有限公司	上海亚章工贸有限公司	台州静悄悄饮用纯净水总站	台州市嘉丰环保材料有限公司	台州临港热电有限公司	台州电力新型建筑材料有限公司
下属机构	程有限公司承接，分公司注销，以凤台项目部名义划归海天公司管理）																			

2015年12月，将持有的浙江德鑫材料有限公司18.3276%股权转让给富尔达集团有限公司。2015年6月，丰源公司收购新开源公司为全资子公司。新开源建材公司股权转让后股份转让的全部收益归原股东所有，并按职工信托投资比例在2015年12月31日前退还给职工；台州市新开源建材开发有限公司投资管理委员会解散。至2016年底，新开源公司对外投资仅为台州市新开源海运有限公司(2016年5月，丰源公司以"不能清偿到期债务"为由向法院申请对台州市新开源海运有限公司进行破产清算，现尚在破产清算中)。

三、台州市海天电力工程有限公司

2002年1月在电厂检修分场的基础上挂牌成立的台州市海天电力工程有限公司是由实业总公司(后改制为台州市丰源工贸发展有限公司)与台州市新开源投资有限公司(后更名为台州市新开源建材有限公司)共同出资的，到2007年2月，公司两股东按比例(台州市新开源建材有限公司占90%股份，台州市丰源工贸发展有限公司占10%股份)出资1000万元，使公司注册资本金增加到2000万元。

根据公司原两股东与浙江东南发电股份有限公司于2008年11月签订的股权转让协议，2008年12月，公司股东变更为浙江东南发电股份有限公司，注册资本增为2500万元。根据浙江东南发电股份有限公司与浙江浙能电力股份有限公司于2013年2月19日签订的换股吸收合并协议，以及2013年4月签订的换股吸收合并补充协议，海天公司于2015年3月完成工商变更，股东变更为浙江浙能电力股份有限公司，注册资本为2500万元。

此外，2004年7月，在电厂修配分场基础上成立台州市海天电力工程有限公司精达分公司，对外承接修理修配业务(该公司于2013年9月注销)。

海天公司经营范围包括电力设备、机电设备安装、检修、修造、运行维护；安全工器具和电动工器具检测；机械配件加工、金属构件制作；水电安装，管道工程，土石方工程，地基与基础工程，建筑装饰，防腐保温，焊接技术培训，特种设备安装改造维修。除承担台州发电厂所有机组的大小修及技改项目之外，同时面向浙江省内外发供电企业及社会上电力、非电力用户，提供各种设备的检修与安装服务。

海天公司成立后，不断追求管理执着、坚持品质经营，响应业主诉求、缔造服务标榜，把握拓展机遇、提升品牌价值。始终将安全生产和安全检修摆在首位，以"设备零故障、人员零违章、安全零意外"为目标，以"专业化、规范化、精细化"为管理方针，以"让设备健康、让运行高效、让客户满意"为使命，积极进取、不断创新，为做优、做强、做大海天而不懈努力，迅速打开了省内外的电力检修市场，并建立起良好信誉，足迹遍布浙江省及周边省市电厂，多次承接浙能台州第二发电厂、乐清电厂、兰溪电厂、北仑电厂、嘉兴电厂、萧山电厂、舟山煤电、温州电厂、滨海热电、长兴电厂、温州燃机、余姚热电、金华燃机、华能玉环电厂、国华宁海电厂、舟山郎熹、宁海催化剂、淮浙煤电、新疆新天煤化工及江苏吴江热电、福建省邵武电厂、福建湄洲湾电厂等单位的不同类型机组的各类项目检修,并赢得了各企业业主的一致好评,创出了海天公司的品牌信誉,积累了丰富的检修经验。在厂内及兰溪电厂、乐清电厂、华能玉环电厂的30万千瓦、60万千瓦、100万千瓦机组检修中均获得全优的佳绩,先后于2009年、2011年荣获浙江省工人先锋号、全国工人先锋号称号。经过多年磨练,海天公司已拥有一支力量雄厚、技术全面、经验丰富、能吃苦耐劳的队伍,能胜任从30万千瓦、60万千瓦到100万千瓦等不同容量、不同等级机组各类项目的检修,是浙江省内电力检修行业的骨干力量。

公司同时积极开拓发电机组运行维护市场,成立了温州燃机项目部、凤台项目部,于2009年1月开始承接温州燃机发电有限公司的3×10万千瓦燃气—蒸汽联合循环发电机组生产委托项目,2010年1月开始承接淮浙煤电有限责任公司凤台发电分公司4×66万千瓦超超临界燃煤机组的输煤系统运行及维护项目,凭借优良的服务成为业主信赖的合作伙伴。

此外,公司还不断融入社会经济发展及公益事业服务中,多次出色地完成地方上的供水、供热,智能化小区电气化设备的安装、检修、维护等任务。

2006年8月,随着电力检修用工体制改革的推进,公司开始实行劳务派遣用工模式,补充新鲜血液,充实检修队伍;2013年5月,开始招收企业管控员工,并分别于2014年4月、12月,2015年10月开展三个批次的劳务派遣用工转录为企业管控用工工作。至2016年末,公司三个项目部(台州项目部、温州燃机项目部、凤台项目部)共有700名员工,其中集控员工353名,企业管控员工296名,劳务派遣员工51名;拥有高级工程师3名、工程师14名、高级技师2名、技师28名、建造师及造价师12名。公司还拥有省级技能大师工作室——"孔林书技能大师工作室",以技能工作室为平台,集中专业技术技能资源,以工作需要和现场实际需求为导向,着力解决疑难问题,开展技术攻关,努力建设一支高素质的专业技术人才队伍,为电力系统的检修提供人才保障和技术支持,并在本行业、本地区起到示范和带动作用。

公司把对员工的高品质培训与打造卓著的海天品牌塑造在一起,涌现出大批优秀人才,并在各类大赛中获得佳绩与荣誉:

2014年4月,焊工王泽被评选为全国青年岗位能手,成为浙能集团唯一当选的青年职工。此前,他曾多次获得荣誉:2008年,被评为浙能集团青年岗位能手;2009年第三届全国技能大赛(浙江赛区)中,王泽和他的团队一举夺得焊工团体第二名和个人第四名；2010 年台州市焊工技能比赛，王泽勇夺个人第一名，并获得国家焊接技师职业资格证书，同年获得浙江省"青年岗位能手"荣誉称号；2011 年，被聘任为台州市第一批职业技能带头人，并成为浙江省首批"金蓝领"高技能人才。2012 年，他作为浙江省首批"金蓝领"高技能人才，赴德国柏林职业教育集团深造。同年，被浙江省委宣传部和浙江省总工会联合授予"浙江省优秀职工"荣誉称号。

2015 年 9 月，获得浙能水泵检修工职业技能竞赛团体一等奖，个人第一、第七，其中陈吕安荣获浙能集团岗位技术能手称号。

2015 年 10 月，获得浙江省技能大赛浙能系统（电气试验员）技能竞赛团体第一名，个人第二、三、四名，其中胡涛、王瑶家获得"浙江金蓝领"荣誉称号；2015 年 11 月，获得浙能电力检修技能竞赛电气组团体一等奖，个人第一、二、五名，以及浙能电力检修技能竞赛机务组团体二等奖，个人第一、第五名。

2016 年 9 月 20 日至 23 日，全国第三十八次质量管理小组代表会议在浙江省嘉兴市隆重召开。本次会议由国家质量监督检验检疫总局、工业和信息化部、中国质量协会、中华全国总工会、中华全国妇女联合会、中国科学技术协会共同主办。来自全国各省、自治区、直辖市以及香港特别行政区推荐的优秀 QC 小组代表们齐聚一堂。海天公司试验班 QC 小组申报的"新型高空试验接线装置的研制"QC 成果，被中国质量协会、中华全国总工会、中华全国妇女联合会和中国科学技术协会联合授予"2016 年全国优秀质量管理小组"。其成果被中华人民共和国国家知识产权局级认定为实用型专利。

公司还注重各项经营资质的取得与提升，并在同行业中处于领先：

1. 2002 年 2 月首次取得 ISO9001：2000 质量管理体系认证证书，2005 年 5 月取得 ISO14001：2004 环境管理体系和 GB/T28001－2001 职业健康安全管理体系认证证书，按期换证复审，于 2017 年 6 月顺利通过换证复审，取得 ISO9001：2015 质量管理体系、GB/T 24001－2016/ISO 14001：2015 环境管理体系、GB/T 28001－2011/OHSAS18001：2007 职业健康安全管理体系认证证书。

2. 2005 年 1 月，公司取得了安全生产许可证。安全生产许可证是建筑施工企业必须具备的证件，没有安全生产许可证就没有承接工程的权利。

3. 2007 年 4 月，取得电力设施的承装类四级、承修类二级、承试类二级许可证，并成为浙江省承装修试电力设施企业协会常务理事单位。

4. 2012 年 12 月将建筑业企业机电设备安装工程专业承包资质由叁级升级为贰级。

5. 公司还取得了特种设备安装改造维修（压力管道）的公用管道 GB2 级，工业管道 GC1 级、GD1 级的安装资质许可证，以及特种设备安装改造维修（起重机械）

的A级维修资质许可证,并积极开拓相关市场。

四、台州市联源热力有限公司

成立于2003年6月的台州市联源热力有限公司主营业务是向国家级医化园区浙江省化学原料药基地临海市医化园区各热用户集中供应热能,到2005年末,台州市新开源建材开发有限公司、台州市丰源工贸发展有限公司、浙江省化学原料药基地临海投资开发有限公司分别按51%、44%、5%股份共出资600万元,2009年9月台州市新开源建材开发有限公司将所持有的公司51%股权、台州市丰源工贸发展有限公司将所持有的公司44%股权全部转让给浙江东南发电股份有限公司。2009年11月,公司注册资本变更为1000万元,其中浙江东南发电股份有限公司出资950万元,占注册资本的95%;浙江省化学原料药基地临海投资开发有限公司出资50万元,占注册资本的5%。2011年8月,公司增加注册资本3000万元,由原股东同比例出资,增资后注册资本变更为4000万元。公司主营业务:蒸汽供应、电力设备,化工设备批发、零售;机电、管道及水电设备安装、修理。许可经营项目:瓶(桶)装饮用水类(饮用纯净水、其他饮用水)制造,预包装食品批发、零售,住宿服务,餐馆服务。

2011年10月15日,由浙江城建煤气热电设计院设计、浙江省火电建设公司施工的第二条供热管道台州发电厂五期配套工程供热管线项目椒江段(厂内)工程开工建设。2011年11月20日,椒江段(厂外)工程开工。工程分段施工,分段验收,分段投产,经过2年的施工建设,至2013年10月18日,工程全线完工。2013年11月7日,工程顺利完成168小时试运行,正式投产供汽。五期配套工程供热管线项目以台州发电厂为起点,利用台州发电厂已有的排灰管廊敷设,经一号灰库,跨越涛江闸口、红旗闸口、沿江公路,过椒临分界线进入临海市医化园区,经医化园区热力站调压后,继续跨越东海第四大道,向东南方向进入东海第五大道向东敷设,过固废处置中心后与原有供热管道连接。全长13.042千米,园区热力站前采用φ630×12无缝钢管、园区热力站后采用φ478×10无缝钢管输送,压力为1.6兆帕,温度为300℃,最大流量为152吨/小时,工程总投资12880万元。

公司现两条供热管线总供热汽量252吨/小时,主管道、分支管道总长43.84公里。供热区域为椒江区椒北工业区块、临海市医化园区、临海市杜桥镇南工业区及管线沿线企业,供热用户63家,其中上市公司8家。2015年公司销售汽量突破百万吨大关,2016年售汽量达到120.66万吨。

公司遵循“诚信守法,服务至上,做强做大”的经营理念,坚持“规范制度、控制过程、注重细节、持续改进”的精细化管理,不断提高质量和服务意识,认真履行公司的社会责任，着力打造联源热力品牌形象。2012—2016 年，公司连续五年被授予“临海市五十强工业企业”，年纳税超千万元，并多次荣获“优秀工业企业”称号。

五、黄岩热电有限公司

黄岩热电原有装机为两台 65 吨/小时高温次高压抛煤链条锅炉和两套 1.2 万千瓦抽凝式发电机组，一期工程于 2002 年投运。3 号炉建设一炉一机于 2003 年 2 月投运，4 号炉于 2005 年 1 月投运，总装机规模为四炉三机，主要承担黄岩经济开发区轻化投资区和食品罐头园区的供热任务，年供热量达到 30 万吨，同时向黄岩电网输送电力，建有 35 千伏线路和 10 千伏线路，对黄岩迎峰度夏、调峰发电起到一定的作用。2013 年 11 月 31 日按照“上大压小”等政策，并结合实际情况，黄岩热电公司根据省经信为〔2013〕68 号文件要求，将三台汽轮机全部拆除，保留 3 号炉与 4 号炉两台 65T/h，主要生产任务就是供热。

按照浙江省政府 2003 年 10 月 17 日专题协调会会议精神，2003 年 12 月 31 日，浙江黄岩热电有限公司由浙江省电力工业局划转移交至浙江省能源集团有限公司，浙江省能源集团有限公司委托台州发电厂代为管理生产经营工作。2004 年 1 月，台州发电厂正式代管浙江黄岩热电有限公司及黄岩热电厂留守处、马鞍山发电厂留守处。2010 年黄岩热电公司的资产正式划转至浙江浙能资产经营管理有限公司（浙能集团公司全资子公司），台州发电厂全面代管黄岩热电公司的生产经营工作。2013 年 11 月 31 日，由于企业的实际情况，经浙江省经信委浙经信电力〔2013〕68 号文要求，拆除 3 套发电机组和 1 号、2 号两台锅炉，并实施三年替发电量补贴，仅保留 3 号、4 号锅炉继续向黄岩经济开发区轻化园区和食品园区集中供热。2015 年 2 月，经省能源集团公司的批准，人员同时也进行优化组合，共有 82 名黄岩热电公司职工分流至台州发电厂、台二电、乐清电厂、兰溪电厂，黄岩热电公司剩余职工继续做好黄岩热电公司的生产经营、对外供热工作。其中台州电厂于 2015 年 3 月 9 日，接收了 30 名黄岩热电新员工，并开始对他们进行入厂教育及各项培训工作，至 2016 年底黄岩热电公司在职职工 115 名。

2003 年 12 月 31 日开始，台州发电厂接手代为管理黄岩热电生产经营工作，此后历任台州发电厂厂长经董事会选举为董事长，党委书记为副董事长，2016 年 1 月，经台州发电厂建议，召开临时董事会会议，免去原总经理职务，委派董吕升担任总经理。2016 年 11 月 10 日，公司五届一次董事会聘任董吕升为公司总经理。

人　物　录

一、党、政领导干部简历

王佳富　1953年5月出生，浙江余姚人。高级政工师。毕业于中央党校函授学院党政管理专业，在职大学学历。1969年6月参加工作，1989年11月加入中国共产党。1980年12月从内蒙古乌拉山发电厂调至台州发电厂，先后任分工会主席、厂工会副主席；1995年12月起任厂工会主席、厂党委委员。2007年4月调任浙江浙能乐清发电有限责任公司纪委书记。2005年当选为中国人民政治协商会议第三届台州市委员会委员。

朱东临　1963年2月出生，浙江临海人。高级政工师。毕业于香港公开大学工商管理专业，硕士学位，在职研究生学历。1990年9月加入中国共产党。1980年11月在台州发电厂参加工作，先后任厂团委书记、燃料分场党支部书记。1997年7月至2004年8月任党委副书记、纪委书记，2004年8月起任党委书记。2007年8月调任浙江省天然气开发有限公司党委书记。

马京程　1958年3月出生，浙江诸暨人。教授级高级工程师。毕业于浙江大学电力系统自动化专业，在职大学学历。1988年9月加入中国共产党。1980年3月湖州电力技校毕业后分配至台州发电厂工作，先后任值长、电气分场副主任、发电部部长、厂长助理。1998年5月起任生产副厂长、党委委员。2008年11月调任浙江镇海联合发电有限公司总经理、党总支书记，2010年12月到2013年4月调任台州发电厂厂长、党委副书记。2013年3月调任北电公司党总支书记、总经理。2004年10月被评选为浙江省劳动模范。

杨志明　1966年1月出生，浙江黄岩人。高级工程师。毕业于浙江大学热能动力专业，大学学历。2001年5月毕业于东南大学动力系热动专业，工程硕士学位，在职研究生学历。2004年3月加入中国共产党。1988年7月毕业后分配至台州发电厂工作，先后任汽机分场副主任、主任，检修分场副主任，副总工程师。2001年2月至2007年11月任副厂长，2007年11月至2012年2月任副厂长、党委委员，

2012年2月至2015年7月任党委书记、副厂长，2015年7月调任浙江省电力建设有限公司总经理、党委副书记。

周慎学 1964年7月出生，浙江黄岩人。高级工程师。毕业于浙江工商大学工商管理专业，在职硕士研究生学历。1987年1月加入中国共产党。1982年8月参加工作，历任台州发电厂热工分场副主任、副书记，台州发电厂四期工程扩建处工程部副部长，借用到椒江热电有限公司任副总经理，回厂后任工程管理部主任助理，实业总公司副总经理、总经理，台州发电厂副厂长、党委委员，2011年调任浙能台州第二发电厂筹建处、台州三门疏港公路连接线项目筹建处副主任。

孙玮恒 1962年4月出生，浙江桐乡人。教授级高级工程师。毕业于上海电力学院函授热动工程本科专业，在职大学学历。1988年9月加入中国共产党。1981年8月参加工作。曾任浙江梅溪发电厂发电分场主任，浙江嘉兴发电厂党委副书记、纪委书记。2004年8月，调台州发电厂任厂长、党委副书记。2010年10月升任浙能集团公司副总经理、党委委员。

牟文彪 1968年6月出生，浙江黄岩人。高级工程师。毕业于浙江大学成人教育学院电力系统专业，在职大学学历。1996年11月加入中国共产党。1984年10月在台州发电厂参加工作，先后任值长、副总值长、运行部部长助理、厂长助理、副总工程师。2004年11月起任总工程师，2008年11月至2012年5月任副厂长兼总工程师、党委委员。2012年5月调任浙江浙能电力股份公司生产安全部主任。1999年被评为国家电力公司系统劳动模范。

应苗富 1958年5月出生，浙江嵊县人。高级政工师。毕业于中共中央党校经营管理专业，在职大学学历。1993年9月加入中国共产党。1980年3月参加工作，历任台州发电厂锅炉分场副主任、发电部副部长、锅炉分场主任、煤管科科长、厂部办公室主任。2007年4月，任台州发电厂党委副书记、纪委书记。2009年3月调任浙江浙能钱清发电有限责任公司总经理、党委副书记。

冯　敏 1958年7月出生，浙江杭州人。高级政工师。毕业于中央党校经济管理专业，在职研究生学历。2005年12月加入中国共产党。1977年4月参加工作。曾任镇海发电厂团委书记、工会主席、副厂长和浙江镇海发电有限责任公司副总经理、党委委员，2007年8月调任台州发电厂党委书记，2011年2月兼任中共浙能台州第二发电厂筹建处总支部委员会书记，2012年2月调任浙江浙能镇海发电有限责任公司总经理、党委副书记。

黄华芬 1960年5月出生，浙江临海人。高级政工师。毕业于中央党校党政管理专业，在职大学学历。1983年5月加入中国共产党。1979年6月参加工作，1981年进入台州发电厂，历任化学分场党支部副书记、党支部书记、副主任、监察部主任、纪委副书记、党委委员,2010 年 3 月任工会主席。2015 年 5 月退休。

戚丹丹 1972 年 9 月出生,浙江余姚人。高级政工师。毕业于浙大成教院工商管理专业,在职研究生学历。1996 年 3 月加入中国共产党。1992 年 1 月参加工作,历任台州发电厂团委副书记、团委书记、化学党支部书记、政工部主任、党群党支部书记、厂纪委委员,2011 年 2 月至 2015 年 12 月任党委委员、纪委书记,2015 年 12 月至 2017 年 4 月任党委委员、纪委书记、工会主席。2017 年 4 月调任浙能集团工会办公室主任。

吴春年 1972 年 9 月出生,浙江永康人。高级工程师。毕业于浙江工商大学项目管理专业,硕士学位,大学学历。2003 年 12 月加入中国共产党。1987 年 8 月参加工作,进入中水十二局机电安装公历任技术员、工程师,1994 年 8 月调至萧山发电厂历任检修部副主任、设备部副主任,2005 年 7 月调至凤台发电厂历任筹建处技术管理部负责人、技术管理部主任、设备部主任、副总工程师。2011 年 8 月调任台州发电厂总工程师、党委委员。

张　浩 1969 年 7 月出生,浙江诸暨人。高级经济师。毕业于浙江大学工商管理专业,硕士学位,在职大学学历。1994 年 10 月加入中国共产党。1991 年 8 月参加工作,历任萧山发电厂运行部技术员、检修分场技术员、设备部电气主管、设备部副主任、燃运部主任、党支部书记、综合企业管理部主任。2012 年 8 月调任台州发电厂副厂长、党委委员。

陈统钱 1967 年 2 月出生,浙江天台人。高级工程师。毕业于浙江大学工商管理专业,硕士生班毕业(管理学硕士学位)。1992 年 11 月加入中国共产党。1989 年 8 月参加工作,先后任台州发电厂值长、运行部副主任、副总值长、发电部主任、副总工程师;2006 年 5 月调至浙能乐清发电有限责任公司先后任副总工程师、总工程师、副总经理;2012 年 12 月至 2014 年 11 月任台州发电厂副厂长、党委委员;2014 年 11 月调任浙江浙能电力股份有限公司生产安全部主任。

沈　波 1960 年 6 月出生,辽宁沈阳人。高级工程师。毕业于东北电力大学发电厂及电力系统专业,大学本科学历。1985 年 11 月加入中国共产党。1983 年 8 月参加工作,历任元宝山发电厂电气分场副主任、主任,1994 年 11 月调任浙江省电力公司发输电部主管,2003 年调至浙江省能源集团有限公司历任生产安全部主任工程师、副主任,2010 年 10 月调任萧山发电厂党委书记,2013 年 3 月调任台州发电厂厂长、党委副书记。

王亨海 1969 年 2 月出生,浙江宁波人。高级工程师。毕业于河海大学热动专业,大学本科学历。1996 年 12 月加入中国共产党。1991 年 8 月参加工作,历任嘉兴发电有限责任公司运行部学习值长、运行部主任工程师、运行部副主任兼主任工程师、设备管理部副主任主任，2012年12月调任浙江浙能长兴发电有限公司总工程师、党委委员，2014年12月调任台州发电厂副厂长、党委委员。

赵建平 1961年9月出生，山东莱西人。政工师。毕业于中央党校法律系，在职研究生学历。1983年12月加入中国共产党。1981年2月参加工作，历任台州发电厂汽机分场党支部副书记、副主任、分工会主席，电气分场党支部书记、生活服务公司经理、总务科科长、总务部主任、企业发展部主任、五期综合部主任，厂长助理兼五期综合部主任，厂长助理兼浙能台州第二发电厂筹建处综合部主任、二厂筹党支部书记。2010年12月调任浙能新疆阿克苏电厂项目筹建处副主任。2011年12月至2013年10月历任阿克苏电厂项目筹建处副主任，东电新疆分公司经理、阿克苏能开公司副总经理。2013年10月任准东能化公司党委书记，2015年5月任新疆分公司党委副书记、纪委书记，同年8月调任台州发电厂党委书记、副厂长。

二、劳动模范及先进人物简介

章良健 台州发电厂设备部电气主管，工程师。

1976年12月出生，浙江省台州人，1996年8月杭州电力学校进厂，先后通过函授、自考获得浙江大学专、本科学历。2006年10月任五期生产准备办公室继保专工，2007年10月任自动化分场继保班副班长，2012年10月设备部电气点检员、电气主管。

扎根基层，章良健在平凡的岗位上沉下心绪、学好技术、干好工作，投身大能源发展战略，十几年如一日为浙能集团发展而奋斗。无论是当班员，还是任继保班副班长、设备部电气主管时，章良健都坚持做好工作、学习规划。在他的办公室以及电脑上，学习资料、图纸数据井井有条地摆放，每日一学习，每星期一规划，每月一总结。整理图纸，校对端子，都成为他的日常工作。在平时的检修工作中，他同步加强了对正常运行设备的线路、电源的检查力度。将理论与实践相结合，怎样总结研讨积累技术经验，是评判继保人员是否合格的基本标准。章良健就是一个优秀的继保故障"诊断师"，在工作中多次及时准确处理机组设备故障，保证了机组运行安全。

2012年1月3日晚，"9号发变组保护B柜CPU电源故障"、"9号发变组差动启动告警保护动作"光字报警，时任继保班副班长的章良健赶到现场后发现9号发变组保护B柜上CPUA电源指示灯不亮，"9号发变组差动启动告警保护动作"灯亮。他立刻检查保护菜单及指示灯情况，确认发变组保护B柜CPU A异常，及时联系退出发变组保护B柜，避免了一起发变组保护误动跳机事故。

2012年8月，章良健凭着扎实的技术和实干的精神，在浙能集团电气继电保护技能大赛中荣获团体第一名，个人第一名；同年，在第八届全国电力行业职业技能竞赛(继电保护工)中，他获得团体三等奖(第五名)，个人第十三名。还获得了全国电力行业技术能手、浙能集团先进工作者、浙能集团岗位技术能手、首届浙能集团劳模荣誉称号。

徐晶霞　台州发电厂信息中心主任，工程师。

1964 年 2 月出生，浙江省台州人，1980 年 11 月进台州发电厂，1984 年 9 月开始经脱产、函授学习，获得本科学历。先后任热工分场分场技术员、生技科任热工专责，2002 年 10 月任自动化分场任副主任；2011 年 3 月任自动化分场任主任；2015 年 11 月任信息中心主任。

1996 年，项目“12.5 万千瓦机组安全经济运行微机在线管理系统”获浙江省电力局优秀软件二等奖；1997 年，“12.5 万千瓦机组安全经济运行微机在线管理系统”获浙江省电力局科技进步三等奖；2002 年，“12.5 万千瓦机组振动数据管理、分析及故障诊断系统”获浙江省电力局科技成果三等奖；2002 年，“1 号机组自动化改造”获浙江省电力局科技成果三等奖；2005 年，“7 号机组 DCS 升级”获省电力学会科技成果三等奖；2006 年，“8 号机组汽轮机数字电液控制系统改造”获省人民政府颁发的浙江省科学技术三等奖、浙江省电力科学技术二等奖；2006 年，“现场热控仪表自动校验维护管理系统”获浙江电力科学技术三等奖。2013、2014 年连续两年被台州发电厂评为“QC 小组活动优秀推进者”。

三十六载的风风雨雨坚守，她始终秉承“严、细、实”，勤于探索、敢于担当、乐于奉献的精神，实现了一位从 16 岁参加工作时就怀揣梦想的倔强女孩到专业工程师，再到车间主任的精彩嬗变，无愧于台州发电厂生产一线的“女强人”。她作为仪控专业的技术带头人，在 33 万千瓦机组 DCS 改造中连续十余个日日夜夜顾不上回家，与职工一起如期完成改造任务，并创出了改造后连续运行 300 余天的佳绩。

2012 年，她借浙能集团继电保护大赛之机，大力开展技能比武，筛选优秀选手参赛，两位参赛选手分获浙能集团继电保护大赛第一、二名和团体第一名的佳绩，其中一位还荣获全国电力行业技术能手、浙能集团劳动模范、岗位技术能手称号，她所带领的热控一班(液控班)荣获全国质量信得过班组，60％的班组跻身于浙能集团优秀班组行列。2015 年被评为第二届浙能集团劳模。

潘世岳　风电项目部党支部书记，中共党员。

1966 年 6 月出生，浙江省台州人，1984 年 12 月进入台州发电厂燃料分场工作，1994 年 12 月加入中国共产党，先后任燃料分场运行班副班长、班长，分工会主席、主任助理，2007 年 4 月起任台州发电厂风台项目部副经理兼分工会主席，党支部副书记、书记。

在他担任班组长期间，他带领班员抓管理、强素质，以最快的响应速度及时处理各项调度任务，确保输煤系统稳定可靠运行；在他担任厂团委委员、团总支书记期间，注重加强共青团的组织凝聚力建设，锻造台州发电厂团青工作的品牌和燃料青年的形象；在他担任厂青年突击队副队长期间，积极发挥燃料分场青工优势，培养锤炼了一支拉得出、打得响，特别能吃苦，特别能战斗的青年突击队。所以，很多熟悉他的干部职工都知道他是一个“拼命三郎”。

十多年来，潘世岳坚持与三门、仙居等地的贫困学生结对助学，即使在自己患病的情形下，仍然坚持不懈。2010 年 8 月，一位与他结对 7 年的贫困学生即将面临失去上大学的机会时，他与项目部的同志们为他爱心募捐 6000 多元，圆了这个贫困生的大学梦。

2011 年 1 月 22 日，因病医治无效不幸去世，年仅 45 岁。同年 4 月 14 日，浙能集团党委发出《关于开展向潘世岳同志学习活动的通知》，并在浙能系统组织潘世岳同志事迹报告会。

潘世岳同志在平凡的岗位上忠实履职、无私奉献；在苦脏累和急难险重面前率先垂范、勇于担当；特别是在患病期间，以自己的模范行为和崇高品质，赢得了广大职工的赞誉。先后获得厂首届职工之星、十佳青年、抗台先进个人、浙能集团先进工作者、优秀共产党员荣誉称号。

荣 誉 谱

一、单位荣誉

受奖单位	荣誉称号	授奖单位	受奖时间(文件号)
台州发电厂	全国绿化模范单位	全国绿化委员会	奖牌 2006.3
台州发电厂	2005—2006 年度新闻宣传工作先进集体	中共浙江省能源集团有限公司委员会	奖牌 2007.3
台州发电厂	浙能公司 2006 年度优秀企业	中共浙江省能源集团有限公司委员会	浙能党〔2007〕1 号
台州发电厂	2006 年度台州市社会综合治理优秀单位	台州市委、市政府办公室	奖牌照片 2007.2
台州发电厂	2006 年度浙能集团金属监督先进集体	浙江省能源集团有限公司	浙能生〔2007〕121 号
台州发电厂	2007 年度浙江省先进团委	共青团浙江省委	奖牌 2008.1
台州发电厂	浙江省思想政治工作优秀单位	中共浙江省委宣传部	奖杯照片 2007.11
台州发电厂	2007 年度浙江省节能工作先进集体	浙江省人民政府	奖牌 2008.2
台州发电厂	干部人事档案一级达标单位	浙江省委组织部	荣誉室奖牌 2007.12

续表

受奖单位	荣 誉 称 号	授 奖 单 位	受奖时间(文件号)
台州发电厂	干部人事档案一级达标单位	中共中央组织部	奖牌 2007
台州发电厂	2007 年度台州市全民健身活动月先进单位	台州市体育局	奖牌 2007.12
台州发电厂	2007 年度浙能集团继保监督先进集体	浙江省能源集团有限公司	浙能生〔2008〕77 号
台州发电厂	2007 年度浙能集团电测监督先进集体	浙江省能源集团有限公司	浙能生〔2008〕77 号
台州发电厂	全国电力行业企业文化优秀奖	中国电力企业联合会	奖牌 2007.9
台州发电厂	2007—2008 年度浙能集团纪检监察审计工作先进集体	中共浙江省能源集团有限公司纪律检查委员会	浙能纪〔2009〕2 号
台州发电厂	2008 年度浙能集团安全生产先进单位	中共浙江省能源集团有限公司委员会	浙能党〔2009〕8 号
台州发电厂	2008 年度浙能集团绝缘监督先进集体	浙江省能源集团有限公司	浙能生〔2009〕82 号
台州发电厂	2008 年度浙能集团电测监督先进集体	浙江省能源集团有限公司	浙能生〔2009〕82 号
台州发电厂	2008 年度浙能集团化学监督单项先进	浙江省能源集团有限公司	浙能生〔2009〕82 号
台州发电厂	2008 年度浙能集团节能监督单项先进	浙江省能源集团有限公司	浙能生〔2009〕82 号
台州发电厂	2008 年度浙能集团继保监督单项先进	浙江省能源集团有限公司	浙能生〔2009〕82 号

续表

受奖单位	荣誉称号	授奖单位	受奖时间(文件号)
台州发电厂	2008年浙江省先进职工之家	浙江省总工会	荣誉室 2008.11
台州发电厂	2005—2008年度台州市群众体育先进单位	台州市人民政府	奖牌 2009.4
台州发电厂	浙江省"'青年文明号'创业创新示范行动"先进集体	浙江省"号""手"活动组委会	证书照片 2009.3
台州发电厂	体育道德风尚奖	台州市第三届运动会大赛组委会	奖牌 2008.10
台州发电厂	浙能集团2008—2009年度先进党委	中共浙江省能源集团有限公司委员会	浙能党〔2010〕34号
台州发电厂	2009年省工会示范"职工书屋"	浙江省总工会	奖牌 2009.3
台州发电厂	第二届全国文明单位	中央精神文明建设指导委员会	奖牌 2009.1
台州发电厂	浙能集团2009年度优秀企业	中共浙江省能源集团有限公司委员会	浙能党〔2010〕6号
台州发电厂	浙能集团2008—2009年度"五四红旗团委"	共青团浙江省能源集团有限公司委员会	奖牌 2010.5
台州发电厂	浙江省厂务公开民主管理工作先进单位	浙江省推行厂务公开工作领导小组	奖牌 2008.12
台州发电厂	台州市创建劳动关系和谐企业活动先进单位	台州市创建劳动关系和谐企业活动领导小组	奖牌 2009.5
台州发电厂	浙能集团2008—2009年度优秀工会	浙江省能源集团有限公司工会委员会	浙能工会〔2010〕16号
台州发电厂五期扩建工程	2009年度浙江省建设工程"钱江杯"奖(优质工程)	浙江省建筑业行业协会	证书照片 2009.6

续表

受奖单位	荣 誉 称 号	授 奖 单 位	受奖时间(文件号)
台州发电厂	2009年度金属监督先进集体	浙江省能源集团有限公司	浙能生〔2010〕102号
台州发电厂	2009年度环保监督先进集体	浙江省能源集团有限公司	浙能生〔2010〕102号
台州发电厂	2009年度电测监督单项先进	浙江省能源集团有限公司	浙能生〔2010〕102号
台州发电厂	2009年度继保监督单项先进	浙江省能源集团有限公司	浙能生〔2010〕102号
台州发电厂	2010年度全国电力系统企业文化建设先进单位	第五届中国电力系统企业文化年会组委会	奖牌2010.10
台州发电厂	2010年全国电力行业质量管理小组活动优秀企业	中国水利电力质量管理协会	奖状2010.7
台州发电厂	2010年度浙能集团组织(人力资源)工作先进集体	浙江省能源集团有限公司	奖牌2011.3
台州发电厂	2010年度台州市“金盾-10”演习先进单位	中共台州市委办公室	奖牌2010.10
台州发电厂	2010年度浙能集团优秀工会	浙江省能源集团有限公司工会委员会	浙能工会〔2011〕8号
台州发电厂	浙能集团2009—2010年度纪检监察审计先进单位	中共浙江省能源集团有限公司纪律检查委员会	浙能纪〔2011〕1号
台州发电厂	2010年度浙江省电力统计先进集体	浙江省电力公司	浙电发展〔2011〕1293号
台州发电厂	2010年度浙能集团节能监督表扬单位	浙江省能源集团有限公司	浙能生〔2011〕196号
台州发电厂	浙江省首届绿色低碳经济标兵企业	浙江省企业发展研究会	钱江晚报2010.12

续表

受奖单位	荣誉称号	授奖单位	受奖时间(文件号)
台州发电厂	浙能集团2010—2011年度先进党委	中共浙江省能源集团有限公司委员会	浙能党〔2012〕52号
台州发电厂	浙能集团首批基层党建工作示范点	中共浙江省能源集团有限公司委员会	浙能党〔2011〕64号
台州发电厂	浙江省企业文化建设示范单位	中共浙江省委宣传部	奖牌2011.10
台州发电厂	全国电力行业优秀企业	中国电力企业联合会	证书照片2012.11
台州发电厂	台州市劳动关系和谐企业	台州市创建劳动关系和谐企业活动领导小组	台创和谐企〔2011〕2号
台州发电厂	第三届全国文明单位	中央精神文明建设指导委员会	文明办〔2011〕23号
台州发电厂	浙能集团2011年度安全生产先进单位	浙江省能源集团有限公司	浙能生〔2012〕118号
台州发电厂	2010—2011年度浙能集团系统先进团委	共青团浙江省能源集团有限公司委员会	奖牌2012.4
台州发电厂	2011年度浙能集团班组建设先进企业	浙江省能源集团有限公司工会委员会	奖牌2012.5
台州发电厂	2011年度浙江电网调度自动化专业技术监督先进集体	浙江省电力公司	浙电调字〔2012〕67号
台州发电厂	浙能集团模范职工之家	浙江省能源集团有限公司工会委员会	浙能工会〔2012〕12号
台州发电厂	2011年度浙能集团优秀工会	浙江省能源集团有限公司工会委员会	浙能工会〔2012〕13号
台州发电厂	2011年度全国电力行业新闻宣传工作先进单位	中国电力企业联合会	奖牌2012.5

续表

受奖单位	荣誉称号	授奖单位	受奖时间(文件号)
台州发电厂	2011年度全国电力行业质量管理优秀企业	中国水利电力质量管理协会	水电质〔2011〕15号
台州发电厂	2012年度浙江省电力统计先进集体	国网浙江省电力公司	复印件2013.9
台州发电厂	2009—2012年台州市群众体育先进单位	台州市人民政府	奖牌2012.10
台州发电厂	2012年度浙能集团优秀工会	浙江省能源集团有限公司工会委员会	浙能工会〔2013〕23号
台州发电厂	2012年度全国减排先进集体	国家发展改革委	奖牌2012.11
台州发电厂	2012年度全国电力行业质量管理优秀企业	中国水利电力质量管理协会	水电质〔2013〕21号
台州发电厂	2012年度浙能集团组织(人力资源)工作先进集体	浙江省能源集团有限公司	奖牌2013.4
台州发电厂	浙能集团2012年度纪检监察工作先进单位	中共浙江省能源集团有限公司纪律检查委员会	奖牌2013.2
台州发电厂	2012年度浙能集团电测监督先进集体	浙江省能源集团有限公司	浙能生〔2012〕119号
台州发电厂	2012年度浙江省电力统计先进集体	国网浙江省电力公司	浙电发展〔2013〕1253号
台州发电厂	2012年度台州市级单位歌咏比赛一等奖	台州市总工会	奖牌2012.5
台州发电厂	2013年度浙能集团安全生产先进集体	浙江省能源集团有限公司	浙能生〔2014〕69号
台州发电厂	2013年度浙能集团优秀工会	浙江省能源集团有限公司工会委员会	浙能工会〔2014〕17号

续表

受奖单位	荣誉称号	授奖单位	受奖时间(文件号)
台州发电厂	2013年度浙能集团物流管理先进集体	浙江省能源集团有限公司	浙能物〔2014〕116号
台州发电厂	2013年度浙江省创建和谐劳动关系先进企业	浙江省创建和谐劳动关系领导小组	浙构建发〔2013〕1号
台州发电厂	2013年度台州市社会管理综合治理考核优秀单位	台州市委、市政府办公室	台市委办〔2014〕26号
台州发电厂	2013年度全国电力行业质量管理小组活动优秀企业	中国水利电力质量管理协会	水电质〔2013〕21号
台州发电厂	2014年度浙能集团优秀工会	浙江省能源集团有限公司工会委员会	浙能工会〔2015〕21号
台州发电厂	台州市模范集体	台州市人民政府	台政发〔2014〕21号
台州发电厂	省级“廉政文化进企业”示范点	中共浙江省能源集团有限公司委员会	浙能党〔2014〕29号
台州发电厂	2014年全国质量管理小组活动优秀企业	中国水利电力质量管理协会	水电质〔2014〕19号
台州发电厂	2014年度浙能集团优秀工会	浙江省能源集团有限公司工会委员会	浙能工会〔2015〕21号
台州发电厂	2014—2015年度浙能集团五星级党委	中共浙江省能源集团有限公司委员会	浙能党〔2016〕24号
台州发电厂	2014—2015年度浙能集团组织(人力资源)工作先进集体	浙江省能源集团有限公司	浙能人〔2016〕137号
台州发电厂	2015年浙江省节水型企业	浙江省经济和信息化委员会	函城字〔2015〕759号

续表

受奖单位	荣誉称号	授奖单位	受奖时间(文件号)
台州发电厂	第六届浙江省绿色低碳经济标兵	浙江省绿色低碳经济标兵企业评选组委会	奖牌 2015.8
台州发电厂	2015 年度中国企业文化建设典范单位	中国企业文化建设峰会组委会	奖牌 2015.9
台州发电厂	2015 年度浙能集团物流管理工作先进集体	浙江省能源集团有限公司	浙能物〔2016〕107 号
台州发电厂	2015 年度发电厂继电保护先进集体	国网浙江电力调控中心	浙电调字〔2016〕9 号
台州发电厂	2015 年度审计工作先进集体	中共浙江省能源集团有限公司纪律检查委员会	奖牌 2016.2
台州发电厂	2014—2015 年度浙能集团新闻宣传工作先进集体	中共浙江省能源集团有限公司委员会	浙能党〔2016〕12 号
台州发电厂	2016 年度浙能集团五星级党委	中共浙江省能源集团有限公司委员会	浙能党〔2017〕59 号
台州发电厂	2016 年度浙能集团先进党委	中共浙江省能源集团有限公司委员会	浙能党〔2017〕62 号
台州发电厂	2016 年度浙能集团基层党建工作示范点	中共浙江省能源集团有限公司委员会	浙能党〔2017〕60 号
台州发电厂	2016 年度浙能集团基层党建工作创新奖	中共浙江省能源集团有限公司委员会	浙能党〔2017〕60 号
台州发电厂	2016 年度安全生产先进单位	浙江省能源集团有限公司	浙能生〔2017〕94 号
台州发电厂	2016 年度浙能集团宣传思想工作先进集体	中共浙江省能源集团有限公司委员会	浙能党〔2017〕20 号
台州发电厂	2016 年度浙能集团优秀效能监察项目	中共浙江省能源集团有限公司纪律检查委员会	浙能纪〔2017〕4 号

续表

受奖单位	荣誉称号	授奖单位	受奖时间(文件号)
台州发电厂	2016 年度浙能集团优秀工会	浙江省能源集团有限公司工会委员会	浙能工会〔2017〕15 号
台州发电厂	2016 年度浙能集团金属监督先进集体	浙江省能源集团有限公司	浙能生〔2017〕96 号
台州发电厂	2016 年度浙能集团绝缘监督单项先进	浙江省能源集团有限公司	浙能生〔2017〕96 号
台州发电厂	2016 年度浙能集团热工监督表扬单位	浙江省能源集团有限公司	浙能生〔2017〕96 号

二、集体荣誉

受奖集体	荣誉称号	授奖单位	受奖时间(文件号)
厂领导班子	2007 年度浙能集团“四好”领导班子	中共浙江省能源集团有限公司委员会	浙能党〔2008〕6 号
厂领导班子	2008 年度浙能集团“四好”领导班子	中共浙江省能源集团有限公司委员会	浙能党〔2009〕8 号
厂领导班子	2010 年度浙能集团“四好”领导班子	中共浙江省能源集团有限公司委员会	浙能党〔2011〕7 号
厂领导班子	2011 年度浙能集团“四好”领导班子	中共浙江省能源集团有限公司委员会	浙能党〔2012〕6 号
厂领导班子	2016 年度浙能集团“四好”领导班子	中共浙江省能源集团有限公司委员会	浙能党〔2017〕11 号
女工组织	台州市 2011—2012 年度先进女职工组织	台州市总工会	台总工〔2013〕13 号
运行部党支部	2006—2007 年度浙能集团“五好”党支部	中共浙江省能源集团有限公司委员会	浙能党〔2008〕14 号
发电部党支部	2006—2007 年度浙能集团“五好”党支部	中共浙江省能源集团有限公司委员会	浙能党〔2008〕14 号

续表

受奖集体	荣誉称号	授奖单位	受奖时间（文件号）
维护党支部	2006—2007 年度浙能集团“五好”党支部	中共浙江省能源集团有限公司委员会	浙能党〔2008〕14 号
检修党支部	2006—2007 年度浙能集团“五好”党支部	中共浙江省能源集团有限公司委员会	浙能党〔2008〕14 号
党群党支部	2006—2007 年度浙能集团“五好”党支部	中共浙江省能源集团有限公司委员会	浙能党〔2008〕14 号
化学党支部	2006—2007 年度浙能集团“五好”党支部	中共浙江省能源集团有限公司委员会	浙能党〔2008〕14 号
丰源公司党支部	2006—2007 年度浙能集团“五好”党支部	中共浙江省能源集团有限公司委员会	浙能党〔2008〕14 号
自动化党支部	2006—2007 年度浙能集团“五好”党支部	中共浙江省能源集团有限公司委员会	浙能党〔2008〕14 号
水灰分场	2007 年度减排工作先进集体	中共浙江省能源集团有限公司委员会	浙能党〔2008〕6 号
检修分场党支部	2006—2007 年度浙能集团先进党支部	中共浙江省能源集团有限公司委员会	浙能党〔2008〕25 号
发电部分工会	2006—2007 年度浙能集团工会工作先进集体	浙江省能源集团有限公司工会委员会	浙能工会〔2008〕11 号
检修分场分工会	2006—2007 年度浙能集团工会工作先进集体	浙江省能源集团有限公司工会委员会	浙能工会〔2008〕11 号
运行部党支部	2008—2009 年度浙能集团“五好”党支部	中共浙江省能源集团有限公司委员会	浙能党〔2010〕12 号
发电部党支部	2008—2009 年度浙能集团“五好”党支部	中共浙江省能源集团有限公司委员会	浙能党〔2010〕12 号
维护分场党支部	2008—2009 年度浙能集团“五好”党支部	中共浙江省能源集团有限公司委员会	浙能党〔2010〕12 号

续表

受奖集体	荣誉称号	授奖单位	受奖时间(文件号)
检修分场党支部	2008—2009年度浙能集团“五好”党支部	中共浙江省能源集团有限公司委员会	浙能党〔2010〕12号
党群党支部	2008—2009年度浙能集团“五好”党支部	中共浙江省能源集团有限公司委员会	浙能党〔2010〕12号
化学党支部	2008—2009年度浙能集团“五好”党支部	中共浙江省能源集团有限公司委员会	浙能党〔2010〕12号
丰源公司党支部	2008—2009年度浙能集团“五好”党支部	中共浙江省能源集团有限公司委员会	浙能党〔2010〕12号
自动化党支部	2008—2009年度浙能集团“五好”党支部	中共浙江省能源集团有限公司委员会	浙能党〔2010〕12号
燃料分场党支部	2008—2009年度浙能集团“五好”党支部	中共浙江省能源集团有限公司委员会	浙能党〔2010〕12号
设备部党支部	2008—2009年度浙能集团“五好”党支部	中共浙江省能源集团有限公司委员会	浙能党〔2010〕12号
燃灰分场党支部	2008—2009年度浙能集团“五好”党支部	中共浙江省能源集团有限公司委员会	浙能党〔2010〕12号
水灰分场党支部	2008—2009年度浙能集团“五好”党支部	中共浙江省能源集团有限公司委员会	浙能党〔2010〕12号
检修分场党支部	2008—2009年度浙能集团先进党支部	中共浙江省能源集团有限公司委员会	浙能党〔2010〕34号
运行部分工会	2008—2009年度浙能集团工会工作先进集体	浙江省能源集团有限公司工会委员会	浙能工会〔2010〕16号
自动化分工会	2008—2009年度浙能集团工会工作先进集体	浙江省能源集团有限公司工会委员会	浙能工会〔2010〕16号
检修分场	台州市工人先锋号	台州市总工会	奖牌2009.4
检修分场	浙江省工人先锋号	浙江省总工会	浙总工发〔2009〕38号
水灰脱硫集控	台州市工人先锋号	台州市总工会	奖牌2009.4

续表

受奖集体	荣誉称号	授奖单位	受奖时间(文件号)
化学运行五班	2008年度省级青年文明号	共青团浙江省委员会	奖牌2010.2
自动化分场自动班	2008年度省级青年文明号	共青团浙江省委员会	奖牌2010.2
运行部运行一值	浙能集团首批“优秀班组”	浙江省能源集团有限公司	浙能办〔2010〕100号
燃灰分场除尘脱硫班	2007—2008年度浙能集团青年文明号	共青团浙江省能源集团有限公司委员会	浙能团〔2009〕12号
维护分场电气班	2007—2008年度浙能集团青年安全生产示范岗	共青团浙江省能源集团有限公司委员会	浙能团〔2009〕12号
运行部分工会	2010年度浙能集团工会工作先进集体	浙江省能源集团有限公司工会委员会	浙能工会〔2011〕8号
燃料分工会	2010年度浙能集团工会工作先进集体	浙江省能源集团有限公司工会委员会	浙能工会〔2011〕8号
党群党支部	2010—2011年度浙能集团“五好”党支部	中共浙江省能源集团有限公司委员会	浙能党〔2012〕9号
丰源公司党支部	2010—2011年度浙能集团“五好”党支部	中共浙江省能源集团有限公司委员会	浙能党〔2012〕9号
化学党支部	2010—2011年度浙能集团“五好”党支部	中共浙江省能源集团有限公司委员会	浙能党〔2012〕9号
检修党支部	2010—2011年度浙能集团“五好”党支部	中共浙江省能源集团有限公司委员会	浙能党〔2012〕9号
燃灰党支部	2010—2011年度浙能集团“五好”党支部	中共浙江省能源集团有限公司委员会	浙能党〔2012〕9号
燃料党支部	2010—2011年度浙能集团“五好”党支部	中共浙江省能源集团有限公司委员会	浙能党〔2012〕9号

续表

受奖集体	荣誉称号	授奖单位	受奖时间(文件号)
设备部党支部	2010—2011 年度浙能集团“五好”党支部	中共浙江省能源集团有限公司委员会	浙能党〔2012〕9 号
水灰党支部	2010—2011 年度浙能集团“五好”党支部	中共浙江省能源集团有限公司委员会	浙能党〔2012〕9 号
运行部党支部	2010—2011 年度浙能集团“五好”党支部	中共浙江省能源集团有限公司委员会	浙能党〔2012〕9 号
自动化党支部	2010—2011 年度浙能集团“五好”党支部	中共浙江省能源集团有限公司委员会	浙能党〔2012〕9 号
维护党支部	2010—2011 年度浙能集团“五好”党支部	中共浙江省能源集团有限公司委员会	浙能党〔2012〕9 号
龙湾党支部	2010—2011 年度浙能集团“五好”党支部	中共浙江省能源集团有限公司委员会	浙能党〔2012〕9 号
行政部党支部	2010—2011 年度浙能集团“五好”党支部	中共浙江省能源集团有限公司委员会	浙能党〔2012〕9 号
厂办保卫党支部	2010—2011 年度浙能集团“五好”党支部	中共浙江省能源集团有限公司委员会	浙能党〔2012〕9 号
维护党支部	浙能集团 2010—2011 年度先进党支部	中共浙江省能源集团有限公司委员会	浙能党〔2012〕52 号
检修分场	全国工人先锋号	中华全国总工会	奖牌 2011.4
运行部五期集控	2009—2010 年度浙能集团青年文明号	共青团浙江省能源集团有限公司委员会	奖牌 2011.5
燃料分工会	2011 年度浙能集团工会工作先进集体	浙江省能源集团有限公司工会委员会	浙能工会〔2012〕13 号
自动化分工会	2011 年度浙能集团工会工作先进集体	浙江省能源集团有限公司工会委员会	浙能工会〔2012〕13 号
远动通讯班	台州市工人先锋号	台州市总工会	台总工〔2012〕32 号

续表

受奖集体	荣誉称号	授奖单位	受奖时间(文件号)
经营党支部	2012—2013年度浙能集团“五好”党支部	中共浙江省能源集团有限公司委员会	浙能党〔2014〕25号
凤台项目部党支部	2012—2013年度浙能集团“五好”党支部	中共浙江省能源集团有限公司委员会	浙能党〔2014〕25号
联源公司党支部	2012—2013年度浙能集团“五好”党支部	中共浙江省能源集团有限公司委员会	浙能党〔2014〕25号
厂办保卫党支部	2012—2013年度浙能集团“五好”党支部	中共浙江省能源集团有限公司委员会	浙能党〔2014〕25号
龙湾发电部党支部	2012—2013年度浙能集团“五好”党支部	中共浙江省能源集团有限公司委员会	浙能党〔2014〕25号
检修分场党支部	2012—2013年度浙能集团“五好”党支部	中共浙江省能源集团有限公司委员会	浙能党〔2014〕25号
燃料分场党支部	2012—2013年度浙能集团“五好”党支部	中共浙江省能源集团有限公司委员会	浙能党〔2014〕25号
党群党支部	2012—2013年度浙能集团“五好”党支部	中共浙江省能源集团有限公司委员会	浙能党〔2014〕25号
设备部党支部	2012—2013年度浙能集团“五好”党支部	中共浙江省能源集团有限公司委员会	浙能党〔2014〕25号
自动化分场党支部	2012—2013年度浙能集团“五好”党支部	中共浙江省能源集团有限公司委员会	浙能党〔2014〕25号
维护分场党支部	2012—2013年度浙能集团“五好”党支部	中共浙江省能源集团有限公司委员会	浙能党〔2014〕25号
运行部党支部	2012—2013年度浙能集团“五好”党支部	中共浙江省能源集团有限公司委员会	浙能党〔2014〕25号
行政部党支部	2012—2013年度浙能集团“五好”党支部	中共浙江省能源集团有限公司委员会	浙能党〔2014〕25号

续表

受奖集体	荣誉称号	授奖单位	受奖时间(文件号)
燃料部党支部	2014—2015 年度浙能集团五星级党支部	中共浙江省能源集团有限公司委员会	浙能党〔2016〕24 号
运行部党支部	2014—2015 年度浙能集团五星级党支部	中共浙江省能源集团有限公司委员会	浙能党〔2016〕24 号
经营党支部	2014—2015 年度浙能集团五星级党支部	中共浙江省能源集团有限公司委员会	浙能党〔2016〕24 号
维护部党支部	2014—2015 年度浙能集团五星级党支部	中共浙江省能源集团有限公司委员会	浙能党〔2016〕24 号
行政党支部	2014—2015 年度浙能集团四星级党支部	中共浙江省能源集团有限公司委员会	浙能党〔2016〕24 号
检修分场党支部	2014—2015 年度浙能集团四星级党支部	中共浙江省能源集团有限公司委员会	浙能党〔2016〕24 号
凤台项目部党支部	2014—2015 年度浙能集团四星级党支部	中共浙江省能源集团有限公司委员会	浙能党〔2016〕24 号
生产党支部	2014—2015 年度浙能集团四星级党支部	中共浙江省能源集团有限公司委员会	浙能党〔2016〕24 号
龙湾项目部党支部	2014—2015 年度浙能集团四星级党支部	中共浙江省能源集团有限公司委员会	浙能党〔2016〕24 号
台州发电厂 7、8 号机组集控	2007 年度全国青年文明号	共青团中央	奖牌 2008.12
台州发电厂 7、8 号机组集控	浙江省示范青年文明号	共青团浙江省委员会	浙青文〔2014〕9 号
维护分场锅炉检修班	台州市工人先锋号	台州市总工会	奖牌 2010
运行部分工会	浙能集团 2010 年度工会工作先进集体	浙江省能源集团有限公司工会委员会	浙能工会〔2011〕8 号

续表

受奖集体	荣 誉 称 号	授 奖 单 位	受奖时间(文件号)
燃料分工会	浙能集团 2010 年度工会工作先进集体	浙江省能源集团有限公司工会委员会	浙能工会〔2011〕8 号
燃灰除尘脱硫班	2010 年度全国电力行业优秀 QC 小组一等奖	中国水利电力质量管理协会	奖牌 2010.10
燃灰除尘脱硫班	2010 年度全国优秀质量管理小组	中国质量协会	复印件 2010.11
维护锅炉检修班	2010 年度浙能集团优秀班组	浙江省能源集团有限公司	浙能办〔2011〕292 号
维护分场电气检修班	浙能集团发电企业优秀班组示范点	浙江省能源集团有限公司工会委员会	浙能工会〔2011〕30 号
燃料分场党支部	2011 年"浙能先锋·创先争优闪光言行之星"	中共浙江省能源集团有限公司委员会	浙能党〔2011〕63 号
燃料分工会	2012 年度浙能集团工会工作先进集体	浙江省能源集团有限公司工会委员会	浙能工会〔2013〕23 号
检修分工会	2012 年度浙能集团工会工作先进集体	浙江省能源集团有限公司工会委员会	浙能工会〔2013〕23 号
运行部分工会	2013 年度浙能集团工会工作先进集体	浙江省能源集团有限公司工会委员会	浙能工会〔2014〕17 号
自动化分工会	2013 年度浙能集团工会工作先进集体	浙江省能源集团有限公司工会委员会	浙能工会〔2014〕17 号
自动化分场液控班	2013 年度全国质量信得过班组	中华全国总工会	复印件 2013.12
运行部团支部	2013 年度浙能集团先进团支部	共青团浙江省能源集团有限公司委员会	浙能团〔2014〕4 号
运行部分工会	2014 年度浙能集团工会工作先进集体	浙江省能源集团有限公司工会委员会	浙能工会〔2015〕21 号

续表

受奖集体	荣誉称号	授奖单位	受奖时间(文件号)
维护分工会	2014年度浙能集团工会工作先进集体	浙江省能源集团有限公司工会委员会	浙能工会〔2015〕21号
燃料分场运行五班	2014年度浙能集团优秀班组	浙江省能源集团有限公司	浙能生〔2015〕73号
自动化分场继保班	2014年度浙能集团优秀班组	浙江省能源集团有限公司	浙能生〔2015〕73号
检修分场工程十班	2014年度浙能集团优秀班组	浙江省能源集团有限公司	浙能生〔2015〕73号
维护综合检修班	2014年全国质量信得过班组	中华全国总工会	复印件2014.12
运行部五值	台州市工人先锋号	台州市总工会	台总工〔2014〕60号
运行部五值	浙江省工人先锋号	浙江省省部属企事业工会	省部企事工〔2015〕45号
运行部五值	浙能集团工人先锋号	浙江省能源集团有限公司工会委员会	浙能工会〔2016〕7号
维护电气一班	浙能集团工人先锋号	浙江省能源集团有限公司工会委员会	浙能工会〔2016〕7号
维护电气二班	浙能集团工人先锋号	浙江省能源集团有限公司工会委员会	浙能工会〔2016〕7号
维护仪控一班	浙能集团工人先锋号	浙江省能源集团有限公司工会委员会	浙能工会〔2016〕7号
检修分场试验班	浙能集团工人先锋号	浙江省能源集团有限公司工会委员会	浙能工会〔2016〕7号
燃料分场运行五班	浙能集团工人先锋号	浙江省能源集团有限公司工会委员会	浙能工会〔2016〕7号
运行部党支部	浙能集团2014—2015年度先进党支部	中共浙江省能源集团有限公司委员会	浙能党〔2016〕30号

续表

受奖集体	荣誉称号	授奖单位	受奖时间(文件号)
检修分场试验班	浙江省工人先锋号	浙江省省部属企事业工会	省部企事工〔2016〕69号
燃料部党支部	2016年度浙能集团五星级党支部	中共浙江省能源集团有限公司委员会	浙能党〔2017〕59号
运行部党支部	2016年度浙能集团五星级党支部	中共浙江省能源集团有限公司委员会	浙能党〔2017〕59号
维护部党支部	2016年度浙能集团五星级党支部	中共浙江省能源集团有限公司委员会	浙能党〔2017〕59号
行政党支部	2016年度浙能集团四星级党支部	中共浙江省能源集团有限公司委员会	浙能党〔2017〕59号
检修分场党支部	2016年度浙能集团四星级党支部	中共浙江省能源集团有限公司委员会	浙能党〔2017〕59号
凤台项目部党支部	2016年度浙能集团四星级党支部	中共浙江省能源集团有限公司委员会	浙能党〔2017〕59号
生产党支部	2016年度浙能集团四星级党支部	中共浙江省能源集团有限公司委员会	浙能党〔2017〕59号
龙湾项目部党支部	2016年度浙能集团四星级党支部	中共浙江省能源集团有限公司委员会	浙能党〔2017〕59号
经营党支部	2016年度浙能集团四星级党支部	中共浙江省能源集团有限公司委员会	浙能党〔2017〕59号

三、个人荣誉

受奖个人	荣誉称号	授奖单位	受奖时间(文件号)
孙玮恒	2006年度浙能集团先进工作者	中共浙江省能源集团有限公司委员会	浙能党〔2007〕1号

续表

受奖个人	荣誉称号	授奖单位	受奖时间(文件号)
朱青国	2006年度浙能集团先进工作者	中共浙江省能源集团有限公司委员会	浙能党〔2007〕1号
郑德水	2006年度浙能集团先进工作者	中共浙江省能源集团有限公司委员会	浙能党〔2007〕1号
董吕升	浙江省国资委优秀共产党员	浙江省国资委党委	复印件2007.8
马京程	2006年度安全生产先进个人	浙江省能源集团有限公司	复印件2007.3.
毛育鸣	2006年度安全生产先进个人	浙江省能源集团有限公司	复印件2007.3.
黄华芬	2005—2006年度纪检、监察工作先进个人	中共浙江省能源集团有限公司纪律检查委员会	复印件2007.3.
项　勇	2005—2006年度新闻宣传工作先进个人	中共浙江省能源集团有限公司委员会	复印件2007.3.
洪　翔	2006年度浙能集团绝缘监督先进个人	浙江省能源集团有限公司	浙能生〔2007〕121号
陈朝晖	2006年度浙能集团继保监督先进个人	浙江省能源集团有限公司	浙能生〔2007〕121号
黄华芬	2005—2006年度浙能集团纪检监察审计工作先进个人	中共浙江省能源集团有限公司纪律检查委员会	浙能纪〔2007〕2号
马京程	2007年度浙能集团先进工作者	中共浙江省能源集团有限公司委员会	浙能党〔2008〕6号
孙　晖	2007年度浙能集团先进工作者	中共浙江省能源集团有限公司委员会	浙能党〔2008〕6号

续表

受奖个人	荣誉称号	授奖单位	受奖时间(文件号)
牟文彪	2007年度浙能集团安全生产先进个人	中共浙江省能源集团有限公司委员会	浙能党〔2008〕6号
赵远申	2007年度浙能集团安全生产先进个人	中共浙江省能源集团有限公司委员会	浙能党〔2008〕6号
林国平	2007年度浙能集团减排工作先进个人	中共浙江省能源集团有限公司委员会	浙能党〔2008〕6号
戚丹丹	2006—2007年度浙能集团公司优秀党务工作者	中共浙江省能源集团有限公司委员会	浙能党〔2008〕25号
杨志明	2006—2007年度浙能集团公司优秀党员	中共浙江省能源集团有限公司委员会	浙能党〔2008〕25号
张志敏	2006—2007年度浙能集团工会工作先进个人	浙江省能源集团有限公司工会委员会	浙能工会〔2008〕11号
王　叙	2006—2007年度浙能集团工会活动积极分子	浙江省能源集团有限公司工会委员会	浙能工会〔2008〕11号
牟文彪	2008年度浙能集团先进工作者	中共浙江省能源集团有限公司委员会	浙能党〔2009〕8号
蔡胜亮	2008年度浙能集团先进工作者	中共浙江省能源集团有限公司委员会	浙能党〔2009〕8号
娄正灶	2008年度浙能集团先进工作者	中共浙江省能源集团有限公司委员会	浙能党〔2009〕8号
刘　鹏	2008年度浙能集团安全生产先进个人	中共浙江省能源集团有限公司委员会	浙能党〔2009〕8号
赵远申	2008年度浙能集团安全生产先进个人	中共浙江省能源集团有限公司委员会	浙能党〔2009〕8号
杨志明	2008年度浙能集团企业经营工作先进个人	中共浙江省能源集团有限公司委员会	浙能党〔2009〕8号

续表

受奖个人	荣誉称号	授奖单位	受奖时间(文件号)
陈朝晖	2008 年度浙能集团继保监督先进个人	浙江省能源集团有限公司	浙能生〔2009〕82 号
周海亮	2008 年度浙能集团金属监督先进个人	浙江省能源集团有限公司	浙能生〔2009〕82 号
胡海萍	2007—2008 年度浙能集团纪检监察审计工作先进个人	中共浙江省能源集团有限公司纪律检查委员会	浙能纪〔2009〕2 号
赵建平	2008—2009 年度浙能集团优秀党员	中共浙江省能源集团有限公司委员会	浙能党〔2010〕34 号
潘世岳	2008—2009 年度浙能集团优秀党员	中共浙江省能源集团有限公司委员会	浙能党〔2010〕34 号
王　叙	2008—2009 年度浙能集团优秀党务工作者	中共浙江省能源集团有限公司委员会	浙能党〔2010〕34 号
冯　敏	2008—2009 年度浙能集团工会工作先进个人	浙江省能源集团有限公司工会委员会	浙能工会〔2010〕16 号
黄华芬	2008—2009 年度浙能集团工会工作先进个人	浙江省能源集团有限公司工会委员会	浙能工会〔2010〕16 号
周克展	2008—2009 年度浙能集团工会工作先进个人	浙江省能源集团有限公司工会委员会	浙能工会〔2010〕16 号
张志敏	2008—2009 年度浙能集团工会工作先进个人	浙江省能源集团有限公司工会委员会	浙能工会〔2010〕16 号
周慎学	2009 年度浙能集团先进工作者	中共浙江省能源集团有限公司委员会	浙能党〔2010〕6 号
潘世岳	2009 年度浙能集团先进工作者	中共浙江省能源集团有限公司委员会	浙能党〔2010〕6 号
蔡军岳	2009 年度浙能集团先进工作者	中共浙江省能源集团有限公司委员会	浙能党〔2010〕6 号

续表

受奖个人	荣誉称号	授奖单位	受奖时间(文件号)
牟文彪	2009年度浙能集团安全生产先进个人	中共浙江省能源集团有限公司委员会	浙能党〔2010〕6号
王敏志	2009年度浙能集团安全生产先进个人	中共浙江省能源集团有限公司委员会	浙能党〔2010〕6号
应美琴	2009年度浙能集团企业经营工作先进个人	中共浙江省能源集团有限公司委员会	浙能党〔2010〕6号
王　新	2009年度浙能集团绝缘监督先进个人	浙江省能源集团有限公司	浙能生〔2010〕102号
过小玲	2009年度浙能集团热工监督先进个人	浙江省能源集团有限公司	浙能生〔2010〕102号
朱晓瑾	2009年度浙能集团电测监督先进个人	浙江省能源集团有限公司	浙能生〔2010〕102号
钟国华	台州市治安保卫重点单位优秀保卫人员(二等治安荣誉奖章)	浙江省公安厅	复印件2009.2
朱晓瑾	2010年度浙能集团电测监督先进个人	浙江省能源集团有限公司	浙能生〔2011〕196号
牟文彪	2010年度浙能集团先进工作者	中共浙江省能源集团有限公司委员会	浙能党〔2011〕7号
龙伟华	2010年度浙能集团先进工作者	中共浙江省能源集团有限公司委员会	浙能党〔2011〕7号
陈攀高	2010年度浙能集团先进工作者	中共浙江省能源集团有限公司委员会	浙能党〔2011〕7号
赵远申	2010年度浙能集团安全生产先进个人	浙江省能源集团有限公司	浙能生〔2011〕130号

续表

受奖个人	荣誉称号	授奖单位	受奖时间(文件号)
毛育鸣	2010年度浙能集团安全生产先进个人	浙江省能源集团有限公司	浙能生〔2011〕130号
应利华	2010年度浙能集团企业经营工作先进个人	浙江省能源集团有限公司	证书照片 2011.10
黄华芬	2010年度浙能公司工会工作先进个人	浙江省能源集团有限公司工会委员会	浙能工会〔2011〕8号
莫金伟	2010年度浙能公司工会工作先进个人	浙江省能源集团有限公司工会委员会	浙能工会〔2011〕8号
张志敏	2010年度浙能公司工会工作先进个人	浙江省能源集团有限公司工会委员会	浙能工会〔2011〕8号
陈文元	2010年度浙能集团组织(人力资源)工作先进个人	浙江省能源集团有限公司	复印件 2011.4
黄群燕	2010年度电量统计先进个人	浙江省电力公司	浙电发展〔2011〕1293号
王　泽	2010年度台州市电焊工职业技能比武第一名	台州市总工会	复印件 2010.10
叶国荣	2010年度台州市电焊工职业技能比武第二名	台州市总工会	复印件 2010.10
金平保	2010年度台州市电焊工职业技能比武第三名	台州市总工会	复印件 2010.10
郑　晨	2009—2010年度浙能集团新闻宣传工作先进个人	浙江省能源集团有限公司	证书照片 2011.3
胡海萍	2009—2010年度浙能集团纪检监察审计先进个人	中共浙江省能源集团有限公司纪律检查委员会	浙能纪〔2011〕1号

续表

受奖个人	荣 誉 称 号	授 奖 单 位	受奖时间(文件号)
马京程	省属企业优秀共产党员	浙江省国资委党委	证书照片 2011.6
周 洁	2010—2011 年度浙能集团优秀党务工作者	中共浙江省能源集团有限公司委员会	浙能党〔2012〕52 号
李林栋	2012—2013 年度浙能集团优秀党务工作者	中共浙江省能源集团有限公司委员会	复印件 2014.7
王 泽	浙江省第五届优秀职工	中共浙江省委宣传部浙江省总工会	复印件 2012.4
王 泽	2013 年度浙江省“最美青工”	共青团浙江省委员会	复印件 2014.2
虞善良	2006—2010 年度台州市档案协会先进工作者	台州市档案协会	台档协〔2011〕6 号
黄群燕	2010 年度浙江省电力统计先进工作者	浙江省电力公司	复印件 2011.8
李林栋	台州市藏书人家	中共台州市委宣传部	复印件 2010.6
黄群燕	2009—2010 年度浙能集团生产统计专业先进个人	浙江省能源集团有限公司	复印件 2010.12
董增永	2011 年度浙能集团“十佳员工”	中共浙江省能源集团有限公司委员会	浙能党〔2011〕59 号
马京程	2011 年度浙能集团“十佳中坚”	中共浙江省能源集团有限公司委员会	浙能党〔2011〕59 号
潘世岳	2011 年度浙能集团“十佳中坚”	中共浙江省能源集团有限公司委员会	浙能党〔2011〕59 号
鲁继陈	2011 年“浙能先锋 · 创先争优闪光言行之星”	中共浙江省能源集团有限公司委员会	浙能党〔2011〕63 号
杨志明	2011 年度浙能集团先进工作者	中共浙江省能源集团有限公司委员会	浙能党〔2012〕6 号

续表

受奖个人	荣誉称号	授奖单位	受奖时间(文件号)
潘国传	2011年度浙能集团先进工作者	中共浙江省能源集团有限公司委员会	浙能党〔2012〕6号
潘建伟	2011年度浙能集团先进工作者	中共浙江省能源集团有限公司委员会	浙能党〔2012〕6号
牟文彪	2011年度浙能集团安全先进个人	浙江省能源集团有限公司	浙能生〔2012〕118号
赵石兵	2011年度浙能集团安全先进个人	浙江省能源集团有限公司	浙能生〔2012〕118号
林海滨	2011年度浙能集团纪检监察工作先进个人	中共浙江省能源集团有限公司纪律检查委员会	浙能纪〔2012〕1号
王贤明	2011年度浙能集团金属监督先进个人	浙江省能源集团有限公司	浙能生〔2012〕119号
过小玲	2011年度浙能集团热工监督先进个人	浙江省能源集团有限公司	浙能生〔2012〕119号
金士政	2011年度浙能集团化学监督先进个人	浙江省能源集团有限公司	浙能生〔2012〕119号
吴煜忠	2011年度浙能集团节能监督先进个人	浙江省能源集团有限公司	浙能生〔2012〕119号
牟文彪	2011年度全国电力行业质量管理小组卓越领导者	中国水利电力质量管理协会	证书照片2011.6
吴　豹	2011年度全国电力行业质量管理小组活动优秀推进者	中国水利电力质量管理协会	复印件2011.6
金　辉	2011年度全国电力行业新闻宣传工作先进个人	中国电力企业联合会	复印件2012.6
李林栋	台州市十佳藏书人家	中共台州市委宣传部	复印件2011.4

续表

受奖个人	荣 誉 称 号	授 奖 单 位	受奖时间(文件号)
张　慧	2011 年度台州市档案工作先进个人	台州市人力资源和社会保障局	台人社发〔2012〕81 号
金　辉	浙能集团“五五”普法先进个人	浙江省能源集团有限公司	证书复印件 2011.8
章良健	2012 年度浙能集团先进工作者	浙江省能源集团有限公司	浙能党〔2013〕3 号
荚郎君	2012 年度浙能集团先进工作者	浙江省能源集团有限公司	浙能党〔2013〕3 号
叶和华	2012 年度浙能集团安全先进个人	浙江省能源集团有限公司	证书照片 2013.3
李建荣	2012 年度浙能集团安全先进个人	浙江省能源集团有限公司	证书照片 2013.3
张志敏	2012 年度浙能集团工会工作先进个人	浙江省能源集团有限公司工会委员会	浙能工会〔2013〕23 号
徐道国	2012 年度浙能集团工会工作先进个人	浙江省能源集团有限公司工会委员会	浙能工会〔2013〕23 号
黄群燕	2012 年度台州市统计工作先进个人	台州市统计局	台统〔2013〕25 号
黄群燕	2012 年度浙江省电力统计先进工作者	国网浙江省电力公司	复印件 2013.9
张志敏	全国集邮先进个人	中华全国集邮联合会	复印件 2012.8
王丽琴	2012 年度浙能集团审计工作先进个人	中共浙江省能源集团有限公司纪律检查委员会	复印件 2013.2
黄群燕	2012 年度浙江省电力统计先进工作者	国网浙江省电力公司	浙电发展〔2013〕1253 号

续表

受奖个人	荣誉称号	授奖单位	受奖时间(文件号)
章良健	浙江省能源集团有限公司劳动模范(第一届)	浙江省能源集团有限公司	浙能工会〔2014〕27号
陈统钱	2013年度浙能集团先进工作者	浙江省能源集团有限公司	浙能党〔2014〕3号
龙伟华	2013年度浙能集团先进工作者	浙江省能源集团有限公司	浙能党〔2014〕3号
徐朔文	2013年度浙能集团先进工作者	浙江省能源集团有限公司	浙能党〔2014〕3号
吴春年	2013年度浙能集团安全生产先进个人	浙江省能源集团有限公司	浙能生〔2014〕69号
吴　豹	2013年度浙能集团安全生产先进个人	浙江省能源集团有限公司	浙能生〔2014〕69号
黄华芬	2013年度浙能集团工会工作先进个人	浙江省能源集团有限公司工会委员会	浙能工会〔2014〕17号
袁文斌	2013年度浙能集团工会工作先进个人	浙江省能源集团有限公司工会委员会	浙能工会〔2014〕17号
姜宇琴	2013年度浙能集团纪检监察工作先进个人	中共浙江省能源集团有限公司纪律检查委员会	浙能纪〔2014〕7号
江仲民	2013年度浙能集团宣传报道先进个人	中共浙江省能源集团有限公司委员会	浙能党〔2014〕10号
尹先坚	2013年度浙能集团物流管理工作先进个人	浙江省能源集团有限公司	浙能物〔2014〕116号
吴春年	2014年度浙能集团先进工作者	中共浙江省能源集团有限公司委员会	浙能党〔2015〕9号
赵石兵	2014年度浙能集团先进工作者	中共浙江省能源集团有限公司委员会	浙能党〔2015〕9号

续表

受奖个人	荣誉称号	授奖单位	受奖时间(文件号)
戚丹丹	2014年度浙能集团纪检监察工作先进个人	中共浙江省能源集团有限公司纪律检查委员会	浙能纪〔2015〕3号
黄华芬	2014年度浙能集团工会工作先进个人	浙江省能源集团有限公司工会委员会	浙能工会〔2015〕21号
张志敏	2014年度浙能集团工会工作先进个人	浙江省能源集团有限公司工会委员会	浙能工会〔2015〕21号
程新科	2014年度浙能集团安全生产先进个人	浙江省能源集团有限公司	浙能生〔2015〕75号
杨晓春	2014年度浙能集团安全生产先进个人	浙江省能源集团有限公司	浙能生〔2015〕75号
张　靖	2014年度浙能集团安全生产先进个人	浙江省能源集团有限公司	浙能生〔2015〕75号
张拓宇	2014年度物流管理工作先进个人	浙江省能源集团有限公司	浙能物〔2015〕122号
张志敏	浙江省集邮先进个人	浙江省集邮协会	复印件2014.5
李林栋	2013—2014年度浙江省政研会工作奖	浙江省思想政治工作研究会	浙研发〔2015〕15号
张志敏	2013—2014年度台州市无偿献血工作先进个人	台州市献血工作领导小组	复印件2015.1
潘鸣军	2015年度浙能集团先进工作者	中共浙江省能源集团有限公司委员会	浙能党〔2016〕5号
陈隽云	2015年度浙能集团先进工作者	中共浙江省能源集团有限公司委员会	浙能党〔2016〕5号
戚丹丹	2014—2015年度浙能集团优秀党务工作者	中共浙江省能源集团有限公司委员会	浙能党〔2016〕30号

续表

受奖个人	荣誉称号	授奖单位	受奖时间(文件号)
徐敏健	2014—2015 年度浙能集团优秀共产党员	中共浙江省能源集团有限公司委员会	浙能党〔2016〕30 号
江仲民	2014—2015 年度浙能集团新闻宣传工作先进个人	中共浙江省能源集团有限公司委员会	浙能党〔2016〕12 号
江国胜	2015 年度浙能集团工会工作先进个人	浙江省能源集团有限公司工会委员会	浙能工会〔2016〕9 号
莫金伟	2015 年度浙能集团工会工作先进个人	浙江省能源集团有限公司工会委员会	浙能工会〔2016〕9 号
徐晶霞	浙江省能源集团有限公司劳动模范(第二届)	浙江省能源集团有限公司	浙能工会〔2016〕27 号
郑德水	2015 年度浙能集团安全生产先进个人	浙江省能源集团有限公司	浙能生〔2016〕65 号
金宣斌	2015 年度浙能集团安全生产先进个人	浙江省能源集团有限公司	浙能生〔2016〕65 号
陈　斌	2015 年度浙能集团物流管理工作先进个人	浙江省能源集团有限公司	浙能物〔2016〕107 号
吴　豹	2015 年度全国电力行业质量管理小组活动优秀推进者	中国水利电力质量管理协会	复印件 2015.10
王亨海	2016 年度浙能集团先进工作者	中共浙江省能源集团有限公司委员会	浙能党〔2017〕11 号
刘　鹏	2016 年度浙能集团先进工作者	中共浙江省能源集团有限公司委员会	浙能党〔2017〕11 号
王　叙	2016 年度浙能集团工会工作先进个人	浙江省能源集团有限公司工会委员会	浙能工会〔2017〕15 号

续表

受奖个人	荣 誉 称 号	授 奖 单 位	受奖时间(文件号)
张志敏	2016年度浙能集团工会工作先进个人	浙江省能源集团有限公司工会委员会	浙能工会〔2017〕15号
戚丹丹	2016年度纪检监察工作先进个人	中共浙江省能源集团有限公司纪律检查委员会	浙能纪〔2017〕4号
黄群燕	2015—2016年度浙能集团生产统计专业先进个人	浙江省能源集团有限公司	复印件2016.12
江仲民	2016年度浙能集团优秀通讯员	中共浙江省能源集团有限公司委员会	浙能党〔2017〕20号
赵建平	2016年度浙能集团优秀党务工作者	中共浙江省能源集团有限公司委员会	浙能党〔2017〕62号
张方明	2016年度浙能集团优秀共产党员	中共浙江省能源集团有限公司委员会	浙能党〔2017〕62号
张志敏	中国电力邮协先进个人	中国电力集邮协会	电邮〔2016〕01号
王迎迎	2016年度浙能集团继保监督先进个人	浙江省能源集团有限公司	浙能生〔2017〕96号
吴 豹	2016年度安全生产先进个人	浙江省能源集团有限公司	浙能生〔2017〕94号
李晓晖	2016年度安全生产先进个人	浙江省能源集团有限公司	浙能生〔2017〕94号
陶开华	2016年度安全生产先进个人	浙江省能源集团有限公司	浙能生〔2017〕94号
张志敏	2013—2016年度群众体育先进个人	国家体育总局	证书复印件

四、科技管理荣誉

序号	年份	科技项目名称	奖励等级	授奖单位	台州发电厂获奖人员
1	2006	8号机DEH控制系统改造(成果登记号2006—0092)	浙江省科技进步三等奖	浙江省科技厅	牟文彪、过小玲、王革新、余绍宋、娄勇华、徐晶霞、周仁米、郑肖康、陶振国
2	2006	8号机DEH控制系统改造	浙江电力科学科技进步二等奖	浙江省电力学会	牟文彪、过小玲、王革新、余绍宋、娄勇华、徐晶霞、周仁米、郑肖康、陶振国
3	2006	现场热控仪表自动校验维护管理系统	浙江电力科学科技进步三等奖	浙江省电力学会	徐晶霞、马京程、王革新、张蓓玲、洪国荣、谢若琦、王建武
4	2006	二次系统安全防护改造	浙江电力科学科技进步鼓励奖	浙江省电力学会	蒋良、牟文彪、付林平、张跃进、祝录生、王世平
5	2007	6号炉微油冷炉点火及低负荷稳燃节油技术	浙江电力科学科技进步二等奖	浙江省电力学会	潘国传、马京程、管彦枫、徐顺法、陈立明、何成君
6	2007	在役主蒸汽管道F12及其异种钢焊缝裂纹成因及焊接修复技术研究与应用	浙江电力科学科技进步二等奖	浙江省电力学会	周海亮、马京程、管彦枫、朱青国、杨朝晖
7	2007	6号机高压主汽门调门降低压损的优化设计改造	浙江电力科学科技进步二等奖	浙江省电力学会	马京程、周仁米、张跃进、赵峰、张震玮
8	2007	给泵密封水回水系统及二级开式U形管改造	浙江电力科学技术奖三等奖	浙江省电力学会	张震玮、牟文彪、蔡胜亮、林敏、朱青国

续表

序号	年份	科技项目名称	奖励等级	授奖单位	台州发电厂获奖人员
9	2008	台州发电厂7号机组锅炉燃烧优化闭环控制系统应用研究(成果登记号08069002)	浙江电力科学技术奖一等奖	浙江省电力学会	牟文彪、王革新、张明、潘国传、王贤明
10	2008	7号机炉电除尘高压电源改造	浙江电力科学技术奖三等奖	浙江省电力学会	朱晓瑾、牟文彪、朱青国、王新、叶文剑
11	2009	卸煤机钢结构应力实时在线监测系统	浙江电力科学技术奖三等奖	浙江省电力学会	裘丛杰、牟文彪、钟正宝
12	2010	自动防摇功能及高效、节能的抓斗式卸船机控制系统的研发和应用(成果登记号10069019)	浙江电力科学技术奖二等奖	浙江省电力学会	裘丛杰、牟文彪、管顺能
13	2011	电厂设备虚拟检修技术研究	浙江电力科学科技进步三等奖	浙江省电力学会	牟文彪、蒋良、方匡坤、潘国传
14	2013	变频电机保护研究与改造	浙江电力科学科技进步三等奖	浙江省电力学会	牟文彪、陈朝晖、林国平
15	2014	四期工业水净化处理	浙江电力科学科技进步三等奖	浙江省电力学会	牟文彪、黄光法、倪为亮、金士政、王志堂
16	2015	燃煤电站锅炉氟、汞排放及影响研究	浙江电力科学科技进步一等奖	浙江省电力学会	陈统钱、杨朝晖

续表

序号	年份	科技项目名称	奖励等级	授奖单位	台州发电厂获奖人员
17	2016	HP863 型中速磨提高出力及优化	浙江电力科学科技进步三等奖	浙江省电力学会	陶良福
18	2016	33 万千瓦机组脱硝系统烟温优化控制	浙江电力科学科技进步三等奖	浙江省电力学会	杨朝晖

五、竞赛荣誉

（一）单位荣誉

受奖集体	荣誉称号	授奖单位	受奖时间(文件号)
台州发电厂	2006 年度省重点工程立功竞赛先进集体	浙江省总工会、发改委	奖牌 2007.3
台州发电厂	2007 年度浙能集团“安康杯”竞赛优胜企业	浙江省能源集团有限公司工会委员会	浙能工会〔2008〕12 号
台州发电厂五期扩建工程	2007 年度浙江省重点建设立功竞赛先进集体	浙江省人民政府	奖牌 2008.5
台州发电厂	2008 年度浙能集团“安康杯”竞赛优胜企业	浙江省能源集团有限公司工会委员会	奖牌 2009.3
台州发电厂	2008 年度浙能集团重点建设立功竞赛先进集体	浙江省能源集团有限公司工会委员会	奖牌 2009.3
台州发电厂	2009 年浙江省省级技能大赛焊工比赛团体第二名	大赛组委会	奖牌 2009.8

续表

受奖集体	荣 誉 称 号	授 奖 单 位	受奖时间(文件号)
台州发电厂	2010年浙能集团化水专业职业技能大赛团体三等奖	浙江省能源集团有限公司工会委员会	浙能工会〔2010〕45号
台州发电厂	台州市社会主义“十一五”劳动竞赛先进集体	台州市总工会	奖牌 2011.7
台州发电厂	浙能集团司歌合唱比赛(浙东南片区)一等奖	浙江省能源集团有限公司	证书复印件
台州发电厂	2011年浙能集团高压电气设备试验专业技能大赛团体第二名	浙江省能源集团有限公司工会委员会	浙能工会〔2011〕31号
台州发电厂	2011年浙能集团管阀检修专业技能大赛组织奖	浙江省能源集团有限公司工会委员会	浙能工会〔2011〕31号
台州发电厂	浙能集团继电保护技能大赛团体第一名、第二名	浙江省能源集团有限公司工会委员会	浙能工会〔2012〕35号
台州发电厂	浙能集团继电保护技能大赛精神文明奖	浙江省能源集团有限公司工会委员会	浙能工会〔2012〕35号
台州发电厂	2012年浙江省省属企业大众体育比赛第一名	浙江省直属企业工会	奖牌 2012.6
二号机	2006年度全国火电100MW级机组竞赛一等奖	中国电力企业联合会	奖牌　荣誉室
六号机	2006年度全国火电100MW级机组竞赛二等奖	中国电力企业联合会	奖牌　荣誉室
五号机	2006年度全国火电100MW级机组竞赛二等奖	中国电力企业联合会	奖牌　荣誉室
三号机	2006年度全国火电100MW级机组竞赛三等奖	中国电力企业联合会	奖牌　荣誉室

续表

受奖集体	荣誉称号	授奖单位	受奖时间(文件号)
四号机	2006年度全国火电100MW级机组竞赛三等奖	中国电力企业联合会	奖牌　荣誉室
七号机	2006年度全国火电300MW级大机组竞赛三等奖	中国电力企业联合会	奖牌　荣誉室
一号机	2007年度全国火电120～165MW竞赛一等奖	中国电力企业联合会	奖牌　荣誉室
五号机	2007年度全国火电120～165MW竞赛一等奖	中国电力企业联合会	奖牌　荣誉室
三号机	2007年度全国火电120～165MW竞赛二等奖	中国电力企业联合会	奖牌　荣誉室
二号机	2007年度全国火电120～165MW竞赛三等奖	中国电力企业联合会	奖牌　荣誉室
四号机	2007年度全国火电120～165MW竞赛三等奖	中国电力企业联合会	奖牌　荣誉室
六号机	2006年度燃煤机组运行竞赛优胜机组二等奖	浙江省能源集团有限公司	浙能办发〔2007〕4号
三号机	2007年度燃煤机组运行竞赛优胜机组二等奖	浙江省能源集团有限公司	浙能办发〔2008〕2号
二号机	2008年度燃煤机组运行竞赛优胜机组二等奖	浙江省能源集团有限公司	浙能办发〔2009〕2号
四号机	2009年度燃煤机组运行竞赛优胜机组三等奖	浙江省能源集团有限公司	浙能生〔2010〕94号
十号机	2011年度燃煤机组运行竞赛优胜机组三等奖	浙江省能源集团有限公司	浙能生〔2012〕103号
七号机	2011年度全国火电300MW级机组能效对标竞赛三等奖		证书复印件

续表

受奖集体	荣 誉 称 号	授 奖 单 位	受奖时间(文件号)
九号机	2012年度燃煤机组运行竞赛优胜机组三等奖	浙江省能源集团有限公司	浙能生〔2013〕78号
七号机	2014年度“300MW等级机组可靠性评价对标”可靠性指标第一名	国家能源局电力可靠性管理中心	奖状2015.6.12
七号机	2014年度全国火电300MW亚临界纯凝湿冷机组能效对标二等奖	中国电力企业联合会	证书复印件
八号机	2014年度全国火电300MW亚临界纯凝湿冷机组能效对标二等奖	中国电力企业联合会	证书复印件
十号机	2013年度全国火力发电30万千瓦级可靠性“A级机组”	国家能源局	奖牌2014.5
十号机	2013年度全国火电300MW级纯凝湿冷机组竞赛二等奖	中国电力企业联合会	奖牌
七号机	2013年度全国火电300MW级纯凝湿冷机组竞赛三等奖	中国电力企业联合会	奖牌
八号机	2013年度全国火电300MW级纯凝湿冷机组竞赛三等奖	中国电力企业联合会	奖牌
九号机	2015年度燃煤机组运行竞赛优胜机组三等奖	浙江省能源集团有限公司	奖牌
台州发电厂	2012年浙江省职工职业技能大赛暨全国焊工大赛选拔赛团体第二名	浙江省总工会	奖牌2012.7

续表

受奖集体	荣誉称号	授奖单位	受奖时间(文件号)
台州发电厂	2012年火电机组集控值班员技能大赛——300MW亚临界机组集控值班员技能大赛团体第二名	浙江省能源集团有限公司工会委员会	浙能工会〔2013〕4号
台州发电厂	2012年火电机组集控值班员技能大赛——9F燃气—蒸汽联合循环机组集控值班员技能大赛团体第一名	浙江省能源集团有限公司工会委员会	浙能工会〔2013〕4号
台州发电厂	2013年起重工职业技能大赛团体第五名、第六名	浙江省能源集团有限公司工会委员会	浙能工会〔2013〕46号
台州发电厂	第八届全国电力行业职业技能竞赛团体三等奖	中国电力企业联合会	证书复印件
台州发电厂	全国安全生产领域"'打非治违'知识竞赛"优胜单位	中华全国总工会	国家安监局〔2013〕53号
台州发电厂	2013年度浙能集团"安康杯"竞赛优胜企业	浙江省能源集团有限公司	浙能工会〔2014〕17号
台州发电厂	2013年度浙江省"安康杯"竞赛优胜单位	浙江省总工会	浙总工发〔2014〕24号
台州发电厂	2013年度全国安全生产领域"'打非治违'知识竞赛"优胜单位	国家安监局	国家安监局〔2013〕53号
台州发电厂	台州市第二届企业职工运动会团体第一名	台州市体育局、台州市总工会	证书复印件
台州发电厂	2014年浙能集团综合管理知识竞赛团体三等奖	浙江省能源集团有限公司	奖牌2014.6
台州发电厂	2014年浙江省30万千瓦亚临界机组值班员技能竞赛团体第一名	浙江省总工会	奖牌2014.10

续表

受奖集体	荣 誉 称 号	授 奖 单 位	受奖时间(文件号)
台州发电厂	2014年浙江省30万千瓦亚临界机组值班员技能竞赛优秀组织奖	浙江省总工会	奖牌 2014.10
台州发电厂	2014年浙江省化学环保技能竞赛团体第三名	浙江省总工会	奖牌 2014.11
台州发电厂	2015年度“安康杯”竞赛优胜企业	浙江省能源集团有限公司工会委员会	浙能工会〔2016〕9号
台州发电厂	2015年浙能水泵检修工职业技能竞赛团体第一名	浙江省能源集团有限公司工会委员会	浙能工会〔2015〕94号
台州发电厂	2015年浙江省能源系统电气试验员职业技能竞赛团体第一名	浙江省能源集团有限公司工会委员会	浙能工会〔2015〕94号
台州发电厂	2016年浙江省能源系统电气试验员职业技能竞赛优秀组织奖	浙江省能源集团有限公司工会委员会	浙能工会〔2015〕94号
台州发电厂	2016年浙能集团(水泵检修工)职业技能竞赛团体第一名	浙江省能源集团有限公司工会委员会	浙能工会〔2015〕94号
台州发电厂	2016年度浙能集团“安康杯”竞赛优秀组织单位	浙江省能源集团有限公司工会委员会	浙能工会〔2017〕15号
台州发电厂	2016年浙能电力输煤机械检修工职业技能竞赛一等奖	浙江浙能电力股份有限公司工会工作委员会	浙能电工〔2016〕225号
台州发电厂	2016年浙能电力输煤机械检修工职业技能竞赛二等奖	浙江浙能电力股份有限公司工会工作委员会	浙能电工〔2016〕225号
台州发电厂	2016年浙能电力输煤机械检修工职业技能竞赛组织奖	浙江浙能电力股份有限公司工会工作委员会	浙能电工〔2016〕225号

续表

受奖集体	荣誉称号	授奖单位	受奖时间(文件号)
台州发电厂	2016 年浙江省能源系统热工仪表与自动装置检修工技能大赛团体二等奖	浙江省能源集团有限公司工会委员会	奖牌 2014.12
台州发电厂	2016 年浙江省能源系统热工仪表与自动装置检修工技能大赛组织奖	浙江省能源集团有限公司工会委员会	奖牌 2014.12
台州发电厂	全国电力行业优秀影视作品(纪录片)二等奖	中国电力传媒集团	证书复印件

(二) 集体荣誉

受奖集体	荣誉称号	授奖单位	受奖时间(文件号)
维护分场锅炉检修班	2009 年度全国“安康杯”竞赛优胜班组	中华全国总工会	奖牌 2010.1
台州市海天电力工程有限公司	2015 年浙能电力检修技能比武团体一等奖(电气组)	浙江浙能电力股份有限公司工会工作委员会	浙能电工〔2015〕7 号
台州市海天电力工程有限公司	2015 年浙能电力检修技能比武团体二等奖(机务组)	浙江浙能电力股份有限公司工会工作委员会	浙能电工〔2015〕7 号
台州市海天电力工程有限公司	2015 年浙能电力检修技能比武优秀组织奖	浙江浙能电力股份有限公司工会工作委员会	浙能电工〔2015〕7 号

(三) 个人荣誉

受奖个人	荣誉称号	授奖单位	受奖时间(文件号)
郑德水	2006 年中央企业职工技能大赛——300MW 火电机组集控运行值班员银奖	中央企业职工技能大赛组织委员会	证书扫描件

续表

受奖个人	荣誉称号	授奖单位	受奖时间（文件号）
郑德水	2006年中央企业技术能手	国务院国有资产监督管理委员会	证书扫描件
郑德水	2006年参加中央企业职业技能大赛获奖优秀选手	中共浙江省能源集团有限公司委员会	浙能党〔2007〕1号
戴荣辉	2006年参加中央企业职业技能大赛获奖优秀选手	中共浙江省能源集团有限公司委员会	浙能党〔2007〕1号
牟文彪	2006年参加中央企业职业技能大赛优秀教练员	中共浙江省能源集团有限公司委员会	浙能党〔2007〕1号
黄振群	2006年参加中央企业职业技能大赛优秀教练员	中共浙江省能源集团有限公司委员会	浙能党〔2007〕1号
陈统钱	2007年度浙能集团重点建设立功竞赛先进个人	浙江省能源集团有限公司工会委员会	浙能工会〔2008〕10号
黄华芬	2007年度浙能集团“安康杯”竞赛先进个人	浙江省能源集团有限公司工会委员会	浙能工会〔2008〕12号
蔡胜亮	2007年度浙能集团“安康杯”竞赛先进个人	浙江省能源集团有限公司工会委员会	浙能工会〔2008〕12号
周慎学	2007年度浙江省重点建设立功竞赛先进个人	浙江省人民政府	证书复印件
夏克晁	2007年度浙江省重点建设立功竞赛先进个人	浙江省人民政府	证书复印件
娄正灶	2008年中央企业职工技能大赛火电机组集控运行值班员决赛铜奖	中央企业职工技能大赛组织委员会	证书复印件
娄正灶	2008年参加中央企业职业技能大赛获奖优秀选手	中共浙江省能源集团有限公司委员会	浙能党〔2009〕8号

续表

受奖个人	荣誉称号	授奖单位	受奖时间（文件号）
蔡军岳	2008年参加中央企业职业技能大赛优秀选手	中共浙江省能源集团有限公司委员会	浙能党〔2009〕8号
屠海彪	2008年参加中央企业职业技能大赛优秀选手	中共浙江省能源集团有限公司委员会	浙能党〔2009〕8号
牟文彪	2008年参加中央企业职业技能大赛优秀教练员	中共浙江省能源集团有限公司委员会	浙能党〔2009〕8号
郑德水	2008年参加中央企业职业技能大赛优秀教练员	中共浙江省能源集团有限公司委员会	浙能党〔2009〕8号
黄振群	2008年参加中央企业职业技能大赛优秀教练员	中共浙江省能源集团有限公司委员会	浙能党〔2009〕8号
王　泽	2007—2008年度浙能集团青年岗位能手	共青团浙江省能源集团有限公司委员会	浙能团〔2009〕12号
周慎学	2008年度浙能集团重点建设立功竞赛先进个人	浙江省能源集团有限公司工会委员会	证书复印件
林国平	2008年度浙能集团重点建设立功竞赛先进个人	浙江省能源集团有限公司工会委员会	证书复印件
张　炜	2008年度浙能集团“安康杯”竞赛先进个人	浙江省能源集团有限公司工会委员会	证书复印件
王　叙	2008年度浙能集团“安康杯”竞赛先进个人	浙江省能源集团有限公司工会委员会	证书复印件
赵远申	2009年度浙能集团“安康杯”竞赛先进个人	浙江省能源集团有限公司工会委员会	浙能工会〔2010〕16号
张　炜	2009年度浙能集团“安康杯”竞赛先进个人	浙江省能源集团有限公司工会委员会	浙能工会〔2010〕16号

续表

受奖个人	荣誉称号	授奖单位	受奖时间（文件号）
牟文彪	2010年度浙能集团“安康杯”竞赛先进个人	浙江省能源集团有限公司工会委员会	浙能工会〔2011〕8号
张　炜	2010年度浙能集团“安康杯”竞赛先进个人	浙江省能源集团有限公司工会委员会	浙能工会〔2011〕8号
卢晏捷	2010年浙能集团化水专业职业技能大赛个人第三名	浙江省能源集团有限公司工会委员会	浙能工会〔2010〕45号
李晓晖	2009—2010年度浙能集团青年岗位能手	浙江省能源集团有限公司工会委员会	证书复印件
王　泽	2010年度浙江省青年岗位能手	共青团浙江省委	证书复印件
潘建伟	2011年浙能集团高压电气设备试验技能大赛第一名	浙江省能源集团有限公司工会委员会	浙能工会〔2011〕31号
潘建伟	2011年度浙能集团青年岗位能手	浙江省能源集团有限公司工会委员会	证书复印件
周　洁	论文《老厂在转型发展过程中如何做好思想政治工作》获2011年度浙能集团三等奖	浙江能源政研会	证书复印件
王　泽	2012年度浙江省技术能手	浙江省人力资源和社会保障厅	证书复印件
王　泽	2012—2013年度全国青年岗位能手	共青团中央、人力资源社会保障部	证书复印件
李玲芳	浙能集团首届歌手组金奖	浙江省能源集团有限公司工会委员会	证书复印件
洪玉明	浙能集团首届乐手组金奖	浙江省能源集团有限公司工会委员会	证书复印件

续表

受奖个人	荣 誉 称 号	授 奖 单 位	受奖时间（文件号）
郑小俐	浙能集团“我们的价值观”故事演讲一等奖	中共浙江省能源集团有限公司委员会	浙能党〔2012〕53 号
王 璟	浙能集团国企价值观征文比赛二等奖	中共浙江省能源集团有限公司委员会	浙能党〔2012〕53 号
郑小俐	浙江省国资委企业文化节“国企故事”演讲二等奖	浙江省国资委	证书复印件
章良健	2012 年浙能集团继电保护技能大赛个人第一名	浙江省能源集团有限公司工会委员会	浙能工会〔2012〕35 号
王迎迎	2012 年浙能集团继电保护技能大赛个人第二名	浙江省能源集团有限公司工会委员会	浙能工会〔2012〕35 号
章良健	2012 年度浙能集团岗位能手	浙江省能源集团有限公司工会委员会	证书复印件
王迎迎	2012 年度浙能集团岗位能手	浙江省能源集团有限公司工会委员会	证书复印件
章良健	2012 年全国电力行业技术能手	中国电力企业联合会	证书复印件
王迎迎	2012 年全国电力行业技术能手	中国电力企业联合会	证书复印件
张哲荣	2012 年度浙能集团“安康杯”先进个人	浙江省能源集团有限公司工会委员会	浙能工会〔2013〕23 号
袁文斌	2012 年度浙能集团“安康杯”先进个人	浙江省能源集团有限公司工会委员会	浙能工会〔2013〕23 号
莢郎君	浙能集团运行机组集控值班员技能大赛 30 万千瓦机组个人第一名	浙江省能源集团有限公司工会委员会	浙能工会〔2013〕4 号
毛继成	浙能集团运行机组集控值班员技能大赛 30 万千瓦机组个人第四名	浙江省能源集团有限公司工会委员会	浙能工会〔2013〕4 号

续表

受奖个人	荣誉称号	授奖单位	受奖时间（文件号）
车助军	9F燃气—蒸汽联合循环机组个人第四名	浙江省能源集团有限公司工会委员会	浙能工会〔2013〕4号
郑祥安	9F燃气—蒸汽联合循环机组个人第五名	浙江省能源集团有限公司工会委员会	浙能工会〔2013〕4号
荚郎君	2012年度浙能集团岗位技术能手	浙江省能源集团有限公司工会委员会	证书复印件
陈统钱	2013年度浙能集团“安康杯”竞赛先进个人	浙江省能源集团有限公司工会委员会	浙能工会〔2014〕17号
莫金伟	2013年度浙能集团“安康杯”竞赛先进个人	浙江省能源集团有限公司工会委员会	浙能工会〔2014〕17号
吴春年	2014年度浙能集团“安康杯”竞赛先进个人	浙江省能源集团有限公司工会委员会	浙能工会〔2015〕21号
莫金伟	2014年度浙能集团“安康杯”竞赛先进个人	浙江省能源集团有限公司工会委员会	浙能工会〔2015〕21号
陈　琨	2014年浙能集团综合管理知识竞赛个人第三名	浙江省能源集团有限公司	证书复印件
陈　琨	2014年度浙能集团岗位能手	浙江省能源集团有限公司工会委员会	证书复印件
刘依娜	2014年台州市职工演讲比赛一等奖	台州市总工会	证书复印件
刘依娜	2014年浙江省职工演讲比赛三等奖	浙江省总工会	证书复印件
董官宋	2014年浙江省30万千瓦亚临界机组值班员技能竞赛个人第二名	浙江省总工会	证书复印件

续表

受奖个人	荣誉称号	授奖单位	受奖时间(文件号)
张　靖	2014年浙江省30万千瓦亚临界机组值班员技能竞赛个人第三名	浙江省总工会	证书复印件
董官宋	2014年度浙江省技术能手	浙江省总工会	证书复印件
张　靖	2014年度浙江省技术能手	浙江省总工会	证书复印件
董官宋	2013—2014年度浙能集团青年岗位能手	共青团浙江省能源集团有限公司委员会	证书复印件
潘振刚	2014年浙江省化学环保技能竞赛个人第二名	浙江省总工会	证书复印件
潘振刚	2014年度浙江省技术能手	浙江省总工会	证书复印件
胡　涛	2015年度浙江省技术能手浙江省金蓝领	浙江省能源集团有限公司工会委员会	浙能工会〔2015〕94号
王瑶家	2015年度浙江省技术能手浙江省金蓝领	浙江省能源集团有限公司工会委员会	浙能工会〔2015〕94号
陈吕安	2015年度浙能集团岗位能手	浙江省能源集团有限公司工会委员会	浙能工会〔2015〕94号
陈吕安	2015年浙能水泵检修工职业技能竞赛个人第一名	浙江省能源集团有限公司工会委员会	浙能工会〔2015〕94号
梁宇台	2016年浙能水泵检修工职业技能竞赛个人第七名	浙江省能源集团有限公司工会委员会	浙能工会〔2015〕94号
胡　涛	2015年浙江省能源系统电气试验员职业技能竞赛个人第二名	浙江省能源集团有限公司工会委员会	浙能工会〔2015〕94号
胡　涛	2015年度浙江省金蓝领	浙江省能源集团有限公司工会委员会	浙能工会〔2015〕94号
胡　涛	2015年度浙江省技术能手	浙江省能源集团有限公司工会委员会	浙能工会〔2015〕94号

续表

受奖个人	荣誉称号	授奖单位	受奖时间（文件号）
王瑶家	2015年浙江省能源系统电气试验员职业技能竞赛个人第三名	浙江省能源集团有限公司工会委员会	浙能工会〔2015〕94号
王瑶家	2015年度浙江省金蓝领	浙江省能源集团有限公司工会委员会	浙能工会〔2015〕94号
王瑶家	2015年度浙江省技术能手	浙江省能源集团有限公司工会委员会	浙能工会〔2015〕94号
张　瑛	2015年浙江省能源系统电气试验员职业技能竞赛个人第四名	浙江省能源集团有限公司工会委员会	浙能工会〔2015〕94号
周为吉	2015年浙能电力首届检修技能竞赛个人第一名(电气组)	浙江省能源集团有限公司工会委员会	浙能电工〔2015〕7号
李宗波	2015年浙能电力首届检修技能竞赛个人第二名(电气组)	浙江省能源集团有限公司工会委员会	浙能电工〔2015〕7号
李　韬	2015年度浙能集团“安康杯”竞赛先进个人	浙江省能源集团有限公司工会委员会	浙能工会〔2016〕9号
王亨海	2015年度浙能集团“安康杯”竞赛先进个人	浙江省能源集团有限公司工会委员会	浙能工会〔2016〕9号
赵　兵	2015年浙能电力首届检修技能竞赛个人第一名(机务组)	浙江省能源集团有限公司工会委员会	浙能电工〔2015〕7号
李耀辉	2016年浙能电力输煤机械检修工职业技能竞赛第一名	浙江浙能电力股份有限公司工会工作委员会	浙能电工〔2016〕225号
潘黎俊	2016年浙能电力输煤机械检修工职业技能竞赛第四名	浙江浙能电力股份有限公司工会工作委员会	浙能电工〔2016〕225号
李　平	2016年浙能电力输煤机械检修工职业技能竞赛第五名	浙江浙能电力股份有限公司工会工作委员会	浙能电工〔2016〕225号

续表

受奖个人	荣誉称号	授奖单位	受奖时间(文件号)
曹海刚	2016年浙能电力输煤机械检修工职业技能竞赛第八名	浙江浙能电力股份有限公司工会工作委员会	浙能电工〔2016〕225号
吴春年	2016年度浙能集团“安康杯”竞赛先进个人	浙江省能源集团有限公司工会委员会	浙能工会〔2017〕15号
胡尧达	2016年度浙能集团“安康杯”竞赛先进个人	浙江省能源集团有限公司工会委员会	浙能工会〔2017〕15号
李林栋	全国电力行业优秀影视作品(纪录片)二等奖	中国电力传媒集团	证书复印件
龚苏平	2016年度浙江省金蓝领	浙江省总工会	浙总工办发〔2017〕43号
龚苏平	2016年度浙江省技术能手	浙江省人力资源和社会保障厅	浙人社发〔2017〕57号
龚苏平	2016年度浙江省青年岗位能手	浙江省人力资源和社会保障厅	浙人社发〔2017〕57号
龚苏平	2016年浙江省能源系统热工仪表与自动装置检修工技能大赛个人第二名	浙江省人力资源和社会保障厅	浙人社发〔2017〕57号
王　璟	2016年度浙能电力ERP系统人力资源模块应用竞赛第二名	浙江浙能电力股份有限公司工会工作委员会	浙能电人〔2016〕212号

台州发电厂多种经营对外投资一览表(2005 年底)

母公司	子公司	投资日期	投资额(万元)	经营范围	母公司所占股份(%)	处置	备注
台州市丰源工贸有限公司	台州市四强新型建材有限公司	2000 年 12 月	290	商品混凝土、新型建材和预制件	29	2014 年 7 月 15 日丰源公司将持有的台州四强新型建材有限公司 29%股权转让给方远建设集团股份有限公司	2013 年 6 月 18 日，根据浙能集团“七个严禁、六个规范”的要求，需清理多经企业，台州发电厂集体资产管委会决定退出公司所有对外投资并停止经营相关业务
	台州高速公路股份公司(甬台温高速公路)	2001 年 9 月	53.352	经营高速公路		2015 年 8 月 27 日网上交易转让	
	椒江热电有限公司	2004 年 4 月前分 5 期投资	1713	蒸汽供应、发电、垃圾焚烧	13.15	2013 年 9 月 17 日丰源公司将持有的椒江热电股份有限公司 13.15%股权转让给椒江热电有限公司	
	台州市大地混凝土有限公司	2009 年 9 月	270	商品混凝土、新型建材和预制件	27	2005 年 8 月，台州大地混凝土有限公司各股东将所持股份转让给浙江德鑫新材料有限公司，其中台州市丰源工贸有限公司的 27%股权也随之转让给德鑫公司。2005 年 9 月，台州市大地混凝土有限公司成为浙江德鑫新材料有限公司的子公司	

续表

母公司	子公司	投资日期	投资额(万元)	经营范围	母公司所占股份(%)	处置	备注
新开源投资有限公司	河北阳源富兴燃料有限公司	2000年5月	420	煤炭购销	35	2005年8月5日收回投资,退出经营	公司进行股权重组,台州电厂收回投资,退出经营
	浙江富兴电力燃料公司	2000年12月	1535	煤炭购销	10.23	2009年10月13日新开源公司将所持浙江富兴电力燃料有限公司10.23%股权转让给浙江省能源集团有限公司	根据集团公司清理多经企业的要求
	杭州东发环境保护有限公司	2002年4月和2003年4月分2期投资	800	污水处理、环保工程等	24.93	2009年3月9日新开源公司将所持浙江东发环保工程有限公司24.93%股权转让给浙江兴源投资有限公司	根据集团公司清理多经企业的要求
	浙江德鑫新材料有限公司	2003年4月和2005年5月分2期投资	1026	生产加气混凝土砌块及制品、新型建材及保温材料	最初占27%股份,后来稀释为18.3276%	2015年12月21日新开源公司将持有的浙江德鑫材料有限公司18.3276%股权转让给富尔达集团有限公司	2013年6月18日,根据浙能集团"七个严禁、六个规范"的要求,需清理多经企业,台州发电厂集体资产管委会决定退出公司所有对外投资并停止经营相关业务

续表

母公司	子公司	投资日期	投资额（万元）	经营范围	母公司所占股份(%)	处置	备注
新开源投资有限公司	台州市新开源海运有限公司	2004 年 1 月	980	海运	49	2016 年 5 月 25 日申请法院破产清算	海运市场低迷
	乐清市百纳贸易有限公司	2004 年 12 月	6	经济信息咨询、承办劳务会议、仓储服务、金属材料、五金交电、建筑材料、化工原料、百货	11.11	2006 年 12 月清算退回投资	原因

台州发电厂多种经营企业情况表(2005 年 12 月 31 日)

编号	单位名称	注册日期	注册资本（万元）	经营范围	本厂股东结构	处置	备注
1	台州市新开源建材开发有限公司	2000 年 2 月	4500	粉煤灰生产及销售、项目投资	新持股会 80%，丰 20%	2015 年 6 月 3 日丰源公司收购新开源公司为全资子公司。新开源建材公司股权转让后股份转让的全部收益归原股东所有，并按职工信托投资比例在 2015 年 12 月 31 日前退还给职工；台州市新开源建材开发有限公司投资管理委员会解散	根据浙能集团“七个严禁、六个规范”的要求，需清理多经企业

续表

编号	单位名称	注册日期	注册资本（万元）	经营范围	本厂股东结构	处置	备注
2	台州静悄悄饮用纯净水总站	2000年5月		纯净水生产及销售	丰100%	2006年11月8日，台州静悄悄饮用纯净水总站和椒江服务中心核准注销	公司发展需要
3	台州市海天电力工程有限公司	2002年1月	2000	电力安装、检修等	新90%，丰10%	2008年11月30日丰源公司将其持有的台州市海天电力工程有限公司10%股权和新开源公司将其持有的台州市海天电力工程有限公司90%全部转让给浙江东南发电股份有限公司	集团公司清理多经要求
4	杭州博德工贸有限公司	2003年3月	200	物资购销及代理	新60%，丰40%	2009年7月8日核准注销	公司经营范围和业务与集团内部各企业关联度较高，开拓市场难度较大
5	台州市联源热力有限公司	2003年5月	1000	蒸汽供应等	新51%，丰44%	2009年8月28日经能源公司批复同意，丰源公司与东南公司签订转让协议：丰源公司将所持台州市联源热力有限公司44%股权和新开源公司所持的51%股权转让给浙江东南发电股份有限公司	集团公司清理多经要求

续表

编号	单位名称	注册日期	注册资本（万元）	经营范围	本厂股东结构	处置	备注
6	上海亚章工贸有限公司	2004 年 7 月	300	物资购销及代理	丰 60%，海 40%	2014 年 12 月 26 日注销	根据浙能集团“七个严禁、六个规范”的要求，需清理多经企业
7	台州市丰源工贸发展有限公司	2004 年 12 月	8000	汽车运输、宾馆、煤船清仓、工业劳务、商品批发及零售、设备修理	职工个人持股	2013 年 6 月 18 日，根据浙能集团“七个严禁、六个规范”的要求，需清理多经企业，台州发电厂集体资产管委会决定退出公司所有对外投资并停止经营相关业务，清理资产，至 2016 年底，上海亚章工贸有限公司注销登记，椒江热电有限公司、台州四强新型建材有限公司、台州高速公路股份有限公司股份转让，公司房产、车辆除园山宾馆、招待所、养鸡场地块未处理外，其余均已清理、处置	

注：本厂股东结构中“新”指台州市新开源建材开发有限公司，“丰”指台州市丰源工贸发展有限公司。

台州发电厂多种经营机构沿革表

机构名称	台州市丰源工贸发展有限公司	台州市新开源建材开发有限公司	椒江热电股份有限公司	台州四强新型建材有限公司	浙江台州高速公路集团股份有限公司	台州市大地混凝土有限公司股份	河北阳原富兴燃料有限公司	浙江富兴电力燃料有限公司	浙江东发环保工程有限公司	浙江德鑫材料有限公司	台州市新开源海运有限公司	乐清市百纳贸易有限公司	台州市海天电力工程有限公司	杭州博德工贸有限公司	上海亚章工贸有限公司	台州静悄悄饮用纯净水总站	台州市嘉丰环保材料有限公司	台州临港热电有限公司	制冰厂	台州电力新型建筑材料有限公司
经济性质	有限责任公司	有限责任公司	有限责任公司	有限责任公司	股份合作	有限责任公司	有限责任公司	有限责任公司	有限责任公司	有限责任公司	有限责任公司	有限责任公司	有限责任公司	有限责任公司	有限责任公司	集体	有限责任公司	有限责任公司	?	有限责任公司
沿革年月	2004年12月—2016年12月	2005年8月—2015年6月(结束时间根据2015年6月3日，丰源公司收购新开源公司为全资子公司。新开源建材公司股权转让后股份转让的全部收益归原股东所有，并按职工信托	1996年1月—2013年9月	2000年12月—2014年7月	2001年9月—2015年8月	2003年9月—2005年8月	2000年5月—2005年8月	2000年12月—2009年10月	2002年4月—2009年3月	2003年4月—2015年12月	2004年10月—2016年12月	2004年12月—2006年12月	2002年1月—2016年12月	2003年5月—2009年7月	2004年6月—2014年12月	2000年6月—2006年11月	2006年4月—2008年9月	2012年5月—2014年4月	2012年7月—2013年6月(属于丰源下属机构还在列此处?)	1996年5月—2006年6月(结束时间2003年9月12日被台州市工商行政管理局吊销执照，2006年6月8日实行清算。以哪个时间写上去?

续表

机构名称	台州市丰源工贸发展有限公司	台州市新开源建材开发有限公司	椒江热电股份有限公司	台州四强新型建材有限公司	浙江台州高速公路集团股份有限公司	台州市大地混凝土有限公司股份	河北阳原富兴燃料有限公司	浙江富兴电力燃料有限公司	浙江东发环保工程有限公司	浙江德鑫材料有限公司	台州市新开源海运有限公司	乐清市百纳贸易有限公司	台州市海天电力工程有限公司	杭州博德工贸有限公司	上海亚章工贸有限公司	台州静悄悄饮用纯净水总站	台州市嘉丰环保材料有限公司	台州临港热电有限公司	制冰厂	台州电力新型建筑材料有限公司
		投资比例在2015年12月31日前退还给职工；台州市新开源建材开发有限公司投资管理委员会解散																		
下属机构	综合办及结算中心(2004年12月—2015)随着职工信托投资股权的清退完成而相应取消，人员并入联源公司)	印刷厂(2004年12月—2013年7月，由于电厂岗位定编，人员抽调至三门电厂，印刷厂于2013年7月	粉煤灰开发分公司(2000年5月—2009年3月，2008年7月19日，根											精达分公司(2004年7月—2013年9月，由于自成立以来一直没有单独			椒江服务中心(2000年6月—2006年11月，根据公司发展需要，将台州			

续表

机构名称	台州市丰源工贸发展有限公司	台州市新开源建材开发有限公司	椒江热电股份有限公司	台州四强新型建材有限公司	浙江台州高速公路集团股份有限公司	台州市大地混凝土有限公司股份	河北阳原富兴燃料有限公司	浙江富兴电力燃料有限公司	浙江东发环保工程有限公司	浙江德鑫材料有限公司	台州市新开源海运有限公司	乐清市百纳贸易有限公司	台州市海天电力工程有限公司	杭州博德工贸有限公司	上海亚章工贸有限公司	台州静悄悄饮用纯净水总站	台州市嘉丰环保材料有限公司	台州临港热电有限公司	制冰厂	台州电力新型建筑材料有限公司
		解散，现停业待处置，资产仍属丰源公司）	据集团对所属电厂多经公司清理、整治的要求，新开源公司将粉煤灰销售交由集团公司国有多经企业台州嘉丰公司经营，2009年3月20日股东会同意注销公司子公司粉											核算，且其经营范围已涵盖在海天公司经营范围内，没有存在意义可言，于2013年9月注销）			静悄悄饮用纯净水总站和椒江服务中心核准注销，将相关业务并入台州市丰源工贸发展有限公司）			

续表

机构名称	台州市丰源工贸发展有限公司	台州市新开源建材开发有限公司	椒江热电股份有限公司	台州四强新型建材有限公司	浙江台州高速公路集团股份有限公司	台州市大地混凝土有限公司股份	河北阳原富兴燃料有限公司	浙江富兴电力燃料有限公司	浙江东发环保工程有限公司	浙江德鑫材料有限公司	台州市新开源海运有限公司	乐清市百纳贸易有限公司	台州市海天电力工程有限公司	杭州博德工贸有限公司	上海亚章工贸有限公司	台州静悄悄饮用纯净水总站	台州市嘉丰环保材料有限公司	台州临港热电有限公司	制冰厂	台州电力新型建筑材料有限公司
			煤灰开发分公司,人员划入天达公司管理)																	
	温州燃机发电分公司(2004年12月—2009年1月,对内叫龙湾发电部,根据集团公司清理多经业务的要求,从2009年开始,丰源公司不再与温州燃机发电有限公司签订生产	气体供应站(2004年12月—2010年6月,因机构改革,2010年6月气体供应站划归供应科管辖)												龙湾发电部(2009年1月—2015年11月)						

续表

机构名称	台州市丰源工贸发展有限公司	台州市新开源建材开发有限公司	椒江热电股份有限公司	台州四强新型建材有限公司	浙江台州高速公路集团股份有限公司	台州市大地混凝土有限公司股份	河北阳原富兴燃料有限公司	浙江富兴电力燃料有限公司	浙江东发环保工程有限公司	浙江德鑫材料有限公司	台州市新开源海运有限公司	乐清市百纳贸易有限公司	台州市海天电力工程有限公司	杭州博德工贸有限公司	上海亚章工贸有限公司	台州静悄悄饮用纯净水总站	台州市嘉丰环保材料有限公司	台州临港热电有限公司	制冰厂	台州电力新型建筑材料有限公司
	委托合同,相关业务已转由台州市海天电力工程有限公司承接,分公司注销,以龙湾项目部名义划归海天公司管理)																			
	经营部(2004年12月—2013年8月,电厂岗位定编及三门电厂人员抽调,2013年8月超市停业,经营部解	大客车班(2004年12月—2014年6月,结束时间据詹茂霜回忆,当时他为丰源公司安全员。)												凤台项目部(2010年1月—2016年12月)						

续表

机构名称	台州市丰源工贸发展有限公司	台州市新开源建材开发有限公司	椒江热电股份有限公司	台州四强新型建材有限公司	浙江台州高速公路集团股份有限公司	台州市大地混凝土有限公司股份	河北阳原富兴燃料有限公司	浙江富兴电力燃料有限公司	浙江东发环保工程有限公司	浙江德鑫材料有限公司	台州市新开源海运有限公司	乐清市百纳贸易有限公司	台州市海天电力工程有限公司	杭州博德工贸有限公司	上海亚章工贸有限公司	台州静悄悄饮用纯净水总站	台州市嘉丰环保材料有限公司	台州临港热电有限公司	制冰厂	台州电力新型建筑材料有限公司
	散。)园山宾馆(2004年12月—2011年5月,2004年12月为并入丰源公司时间。	维修班(2004年12月—2007年12月,后勤机构优化整合)												龙湾项目部(2015年11月—2016年12月)						
	清仓队(2004年12月—2009年3月,因用工制度改革,于2009年3月划归燃料分场管理)	台电住宅小区项目部(2003年1月—2009年,按厂部要求台电住宅小区项目部结束所有债权、债务,移交																		

续表

机构名称	台州市丰源工贸发展有限公司	台州市新开源建材开发有限公司	椒江热电股份有限公司	台州四强新型建材有限公司	浙江台州高速公路集团股份有限公司	台州市大地混凝土有限公司股份	河北阳原富兴燃料有限公司	浙江富兴电力燃料有限公司	浙江东发环保工程有限公司	浙江德鑫材料有限公司	台州市新开源海运有限公司	乐清市百纳贸易有限公司	台州市海天电力工程有限公司	杭州博德工贸有限公司	上海亚章工贸有限公司	台州静悄悄饮用纯净水总站	台州市嘉丰环保材料有限公司	台州临港热电有限公司	制冰厂	台州电力新型建筑材料有限公司
		丰源公司管理，项目部解散，人员遣散至原属各个部门)																		
	静悄悄饮用水分公司及服务中心(2006年11月—2009年12月)	台电小区自选商场(2009年11月—2016年3月，2010年5月开业，2014年12月因人员分流，小区自选商场停业，2016年3月4日，丰源公司																		

续表

机构名称	台州市丰源工贸发展有限公司	台州市新开源建材开发有限公司	椒江热电股份有限公司	台州四强新型建材有限公司	浙江台州高速公路集团股份有限公司	台州市大地混凝土有限公司股份	河北阳原富兴燃料有限公司	浙江富兴电力燃料有限公司	浙江东发环保工程有限公司	浙江德鑫材料有限公司	台州市新开源海运有限公司	乐清市百纳贸易有限公司	台州市海天电力工程有限公司	杭州博德工贸有限公司	上海亚章工贸有限公司	台州静悄悄饮用纯净水总站	台州市嘉丰环保材料有限公司	台州临港热电有限公司	制冰厂	台州电力新型建筑材料有限公司
		台电小区自选商场工商核准注销)																		
	凤台项目部(2007年4月—2009年12月，根据集团公司清理多经业务的要求，从2010年开始，公司不再与淮浙煤电有限公司签订生产委托合同，相关业务																			

续表

机构名称	台州市丰源工贸发展有限公司	台州市新开源建材开发有限公司	椒江热电股份有限公司	台州四强新型建材有限公司	浙江台州高速公路集团股份有限公司	台州市大地混凝土有限公司股份	河北阳原富兴燃料有限公司	浙江富兴电力燃料有限公司	浙江东发环保工程有限公司	浙江德鑫材料有限公司	台州市新开源海运有限公司	乐清市百纳贸易有限公司	台州市海天电力工程有限公司	杭州博德工贸有限公司	上海亚章工贸有限公司	台州静悄悄饮用纯净水总站	台州市嘉丰环保材料有限公司	台州临港热电有限公司	制冰厂	台州电力新型建筑材料有限公司
	已转由台州市海天电力工程有限公司承接，分公司注销，以凤台项目部名义划归海天公司管理）																			

附 录

国家发展和改革委员会文件

发改能源〔2006〕235 号

国家发展改革委关于浙江台州发电厂五期扩建工程项目核准的批复

浙江省发展改革委：

报来《关于要求核准台州发电厂五期扩建工程项目核准报告的请示》(浙发改能能源〔2005〕1231 号)和《关于要求审批浙江台州发电厂五期扩建工程项目建议书的请示》(浙发改能能源〔2004〕631 号)据悉。经研究，现就核准事项批复如下：

一、为满足浙江省台州市化工原料药基地的热力需要，提高能源利用效率，改善城市环境，提供供电的安全可靠性，核准建设浙江台州电厂五期扩建工程。

二、本工程建设 2 台 30 万千瓦国产燃煤发电供热机组，同步安装烟气脱硫设施，并对三期 1 台 12.5 万千瓦燃煤机组和四期 2 台 33 万千瓦燃煤机组实施脱硫改造。项目投产后，要形成提供 250 吨/小时的工业蒸汽能力。

三、本工程在四期西侧扩建端场地上建设。项目单位要严格控制用地规模，集约用地。

四、电厂采用海水直流供水冷却方式，水源取自椒江出海口海水。电厂所需淡水取自临海市溪口水库。

五、电厂投产后，年需燃煤约 130 万吨，由大同煤矿集团供应，经铁海联运至电厂专用煤码头。电厂所排灰渣要综合利用，现有灰场要满足本期工程贮灰需要。

六、本工程安装高效静电除尘器和烟气连续监测装置，采用低氮燃烧技术并预留脱氮空间。同时，要采用有效措施，防止电厂温排水对水域产生不利影响。电厂各项排放指标要满足国家环保要求。

七、电厂以220千伏电压等级接入系统，由电网企业投资建设，具体方案另行审定。

八、本工程静态总投资为24.6亿元，动态总投资为26.5亿元。项目资本金6.63亿元，约占动态总投资的25%，全部由浙江东南发电股份有限公司自有资金出资。资本金以外所需资金为19.87亿元，由中国农业银行贷款解决。

本工程由浙江东南发电股份有限公司组建的项目公司负责电厂的建设、经营管理和贷款本息的偿还。

九、同步建设配套的热网工程。

十、请按照国家规定程序完成初步设计等项工作，并办理信贷、土地等开工前的有关手续。电厂所需设备要通过公开招标采购，在工程建设中要严格执行《招标投标法》的有关规定。电厂开工、投产需向我委报告，并定期向我委报告工程进展情况。

请按以上原则开展下一步工作。

二〇〇六年三月十四日

主题词：电力　项目　核准　批复

抄　送：国土资源部、铁道部、交通部、水利部、国家环保总局、国家海洋局、银监会、电监会、国家电网公司、中国农业银行

电力规划设计总院文件

电规发电〔2005〕303 号

关于台州发电厂五期扩建工程可行性研究报告的审查意见

浙江省发展与改革委员会，浙江省能源集团公司，浙江东南发电股份有限公司，台州发电厂，浙江省电力设计院：

受浙江省发展与改革委员会委托，电力规划设计总院于 2004 年 12 月 13 日至 15 日，在浙江省杭州市主持召开了台州发电厂五期扩建工程可行性研究报告审查会议，并以“电规发电〔2004〕400 号”文印发了会议纪要。有关单位根据纪要要求补充完成了各项工作。我院于 2005 年 4 月 11 日在浙江省杭州市召开了可研审查收口会，逐项落实了审查会中的遗留问题，现提出审查意见如下。

一、建设的必要性

浙江省地处东南沿海，是全国经济较发达的省份之一。近几年，随着浙江省经济的高速发展，浙江电网电力需求逐年年均增长较快，在采取错峰、避峰和拉限电的情况下，2004 年全省最高用电负荷及用电量分别达到 22200 MW 和 1414×108 kW·h，同比增长 18.7%和 17%。根据浙江省电力公司最新调整负荷水平预测，2005 年全省最高负荷和最高用电量将达到 25400 MW 和 1604×108 kW·h，2010 全省最高负荷和最高用电量将达到 41000 MW 和 2510×108 kW·h。“十一五”期间浙江省有较大的电源建设空间。

台州市地处浙江中部沿海，是浙江省经济发展较快的地区之一，在采取错峰、避峰、拉限电和大量企业自备柴油发电机投用的情况下，2004 年全市最高负荷为 1560 MW，用电量为 84.4×108 kW·h。据浙江省电力公司预测，台州地区预计 2005 年负荷将达到 1760 MW，2010 将达到 3200 MW，“十一五”期间该地区将出现较大的电力缺口。

台州发电厂附近正在开发和建设国家级化学原料药基地，根据当地政府的协调和基地建设规划等实际情况，台州发电厂已与该化学原料药基地签订了长期供热协议，具有一定的热负荷需求潜力。本期工程扩建后，可向附近化工企业供热，对当地二氧化硫总量控制具有积极意义。

台州发电厂五期扩建工程（以下简称本期工程）可充分利用四期工程码头、煤场、输煤栈桥和灰场等既有设施，进一步发挥发挥电厂人力资源和管理优势，进一步提高能源利用效率，并可削减当地二氧化碳排放总量，缓解本区域内电网的供电压力，对提高电网运行稳定性和经济性将起到积极的作用。因此，本期工程建设发电供热两用机组是必要的。

二、建设规模

本期工程建设 2×300 MW 燃煤发电供热两用机组，同步建设烟气脱硫设施。具体建设规模以国家发展与改革委员会的核准意见为准。

三、建设场地

（一）台州发电厂现有 1×125 MW＋5×135 MW＋2×330 MW 机组，总装机容量为 1460 MW。1×125 MW＋5×135 MW 机组布置于钟山脚下东侧，2×330 MW 机组布置于钟山北侧。本期工程利用 2×330 MW 机组扩建端新征土地建设，可利用场地面积能满足 2×300 MW 机组建设用地和部分施工用地需要；不足部分的施工生产用地在厂区附近租地 11.5 km^2，基本满足本期工程施工的需要。

（二）国土资源部以“国土资预审〔2005〕162 号”文同意本工程用地通过预审。浙江省建设厅以《建设项目选址意见书》（浙规选〔2005〕字第 001 号）同意本期工程的选址意见。

四、接入系统

本期工程接入系统报告已由华东电网有限公司进行审查，并以“华东电网设〔2004〕677 号”文上报了审查意见。国家电网公司以“发展规一〔2005〕45 号”文提出了本期工程接入电网的意见，同意参与华东区域电力市场竞争，并同意本期工程 2×300 MW 机组以 220 kV 电压接入系统，电厂以二回线接入 220kV 外沙变电所。

五、热负荷

（一）本期工程以发电为主，并向浙江省化学原料药基地临海园区供汽。请园区管委会根据园区规划和招商引资情况，提出对本期工程的热负荷要求文件，以作为热负荷的设计依据。

（二）请有关部门尽快落实厂外热网的可研及相应的审批工作，确保热网与电厂同步投用。

六、煤源

本期工程年需燃煤 131×104 t，采用浙江富兴电力燃料公司所提供的混煤。根据浙江复兴电力燃料公司《关于向台州发电厂五期供应煤炭的承诺函》(浙富电燃并函〔2003〕51 号)以及与大同煤矿集团有限责任公司运销总公司签订的《供煤意向书》，本期工程燃煤是落实的。

七、交通运输

(一) 本期工程燃煤经大秦铁路运输至秦皇岛港中转后海运至四期工程已建 2 个 5000 吨级电厂专用卸煤码头。宁波海运股份有限公司以“甬海股〔2003〕73 号”承诺本期工程燃煤运输。太原铁路局已以“太铁运函〔2005〕190 号”文承诺大秦铁路扩能后可以满足本期工程煤炭运输的需要。

(二) 本期工程大件可经陆路运输转海运至电厂，四期工程已建的电厂重件码头可满足本期工程大件运输需要。

八、水源

(一) 海水水源

本期工程扩建 2×300MW 燃煤机组，循环冷却水采用直流供水方式，需水量约 22.5 m^3/s，取自椒江出海口海水。

本期工程取水口拟位于厂区小园山东侧紧靠椒江北岸约 700 m 附近，布置在原四期取水泵房上游约 175 m 处奶儿礁头深潭内，取水口区域河床稳定，采用明渠引水。

根据浙江省水利河口研究院提出的《温排水数值模拟专题研究报告》及其审查意见，本期工程排水口布置在小园山上游约 300 米处，离岸距离暂按 150 米以内考虑，采用淹没式排水头部排水方式是可行的。

电厂已分别取得浙江省港航管理“浙港航便函〔2005〕15 号”和浙江海事局“浙海便函〔2005〕11 号”文，同意本期工程取排水口的建设。浙江省海洋与渔业局以“〔2005〕3 号”文明确工程海域使用符合《浙江省海洋功能区划》。

九、灰场

本期工程年灰渣总量 20.71×104 m^3，脱硫石膏约 6.3×104 t/a，拟利用目前电厂一至四期机组使用的 6 号、7 号灰场。按电厂一至四期目前实际运行情况，预计

2006年底五期机组投运前，6号、7号灰场库容剩余约为380×104 m³，可满足2007年后一至五期工程全部机组运行时堆灰约4年左右。电厂目前灰渣综合利用较好，灰场贮存年限可望延长。因此，本期工程可暂不新建灰场。电厂远期规划的8号灰场，位于现有的5号和6号灰场南面的滩涂上，距电厂约13 km，占地2.17 km²，库容800×104 m³，可满足一至五期机组堆灰约10年。台州市海洋与渔业局已以"台海渔函〔2004〕5号"文复函同意远期规划灰场的选址。因此，本期工程贮灰场是落实的。

十、工程地质及岩土工程

（一）厂址在区域地质构造上位于浙东南褶皱带温州—临海拗陷区北端黄岩—象山断拗区，绍兴—江山深断裂带以东的浙东大复背斜东侧的华夏古陆内。主要断裂有4条微弱全新活动断裂，与厂址距离均大于1.5 km，对厂址不构成危害。根据浙江省工程勘察院完成的厂址地质灾害危险性评估报告和浙江省国土资源厅认定意见，地质灾害不发育。因此厂址是稳定的，适宜扩建。

（二）根据《中国地震动参数区划图》(GB18306－2001)，厂址地震动峰值加速度小于0.05 g，相应的地震基本烈度为小于Ⅵ度。

（三）厂区丘陵地段基岩以晶屑凝灰岩为主，岩石强度高，地基条件好，是良好的天然地基持力层。脱硫系统、烟囱基础及部分锅炉基础直接坐落在基岩上，可采用天热地基。

（四）陆域平原区的第四系土层地基承载力较低，其工程性质较差。位于该地段的主厂房及部分炉后建(构)筑物等需要进行地基处理，具体方案可以根据四期工程建设经验和本期工程地质条件等采用φ1000 mm灌注桩。

（五）原则同意浙江院提出的厂区岩质高边坡设计方案和取水隧洞口处理措施。

十一、工程设想

工程设想、主机招标主要技术原则和脱硫工程除按我院印发的"电规发电〔2004〕400号"文开展下阶段的工作外，现补充提出以下意见：

（一）根据接入系统审查意见，同意本工程2×300 MW机组分别以发电机—变压器组单元接线接入厂区新建的220 kV配电装置，电气主接线采用双母线接线。

（二）同期本期工程启动/备用电源由本期工程新建的220 kV配电装置引接。

十二、环境保护和水土保持

（一）国家环保总局已以"环申〔2005〕447号"文批复了本期工程《环境影响报

告书》，应作为下阶段设计的依据。

（二）本期工程同步建设脱硫设施和对四期工程加装全烟气脱硫装置，并对6号机组进行脱硫和除尘器改造，可以明显削减全厂二氧化硫和烟尘排放总量。请电厂按环评批复意见，做好低氮燃烧器改造计划，并在6号炉脱硫改造取得成功经验后，继续做好1号～5号炉脱硫改造计划。

（三）水利部已以“水保函〔2005〕155号”文批复了本期工程水土保持方案，应作为下阶段设计的依据。

十三、投资估算和经济效益分析

（一）投资估算

按2004年价格水平，发电工程静态投资245811万元，单位投资4097元/kW；发电工程动态投资264687万元，单位投资4411元/kW，其中价差预备费为2978万元，建设期贷款利率15898万元；铺底生产流动资金1322万元，建设项目计划总资金266009万元。

（二）经济效益分析

本工程注册资本金为工程动态投资的25%，由浙江东南发电股份有限公司独资建设。资本金以外融资由中国农业银行浙江省分行、中国民生银行杭州分行贷款解决，并均出具贷款承诺函。

设备年利用小时数按5000 h，含税标煤价按480元/t，平均含税热价37.62元/GJ，以资本金收益率8%测算，平均含税上网电价327.29元/MW·h，全部投资收益率8.76%，自有资金内部收益率11.75%；以资本金收益率10%测算，平均含税上网电价343.24元/MW·h，全部投资收益率9.83%，自有资金内部收益率14.43%。

主题词：浙江　电厂　可研　审查　意见

抄　送：国家发展和改革委员会，国家电网公司，国家环保总局，浙江省国土资源厅、水利厅、环境保护局、海洋与渔业局、港航局，浙江省电力公司，台州市发展计划委员会、国土资源局、环境保护局、建设规划局、港航管理局、海洋与渔业局、海事局、交通局、林业局、水利局、电业局、椒江区人民政府、椒江区环保局椒江分局、建设规划局椒江分局、国土资源局椒江分局、椒江区海洋与渔业局、椒江区海事办，临海市人民政府、市水利局，浙江复兴电力燃料有限公司，宁波海运股份有限公司，浙江省交通规划设计研究院，浙江省水利河口研究院

电力规划设计总院文件

电规发电〔2007〕42号

关于台州发电厂五期扩建工程初步设计的审查意见

浙江省能源集团公司,浙江东南发电股份有限公司:

受浙江省能源集团公司委托,电力规划设计总院于2005年4月11日至13日,在杭州市主持召开了台州发电厂五期扩建工程初步设计预审查会议,并以《关于印发台州发电厂五期扩建工程初步设计预审查会议纪要的通知》(电规见发电〔2005〕197号)印发了审查会议纪要。会后有关单位根据纪要要求补充和完成了有关工作。我院又于2005年8月22日和2006年12月11日,组织有关单位对预审查纪要中有关技术和技经问题逐项进行了审查。除在预审查会议纪要中已确定的原则外,现提出主要审查意见如下:

一、根据《国家发展改革委关于台州电厂五期扩建工程项目核准的批复》(发改能能源〔2006〕235号),本期工程建设2台300MW国产燃煤发电供热机组,同步安装烟气脱硫设施,并对三期1台125 MW燃煤机组和四期2台330 MW燃煤机组实施脱硫改造。

二、本期工程三大主机经招标分别采用由哈尔滨锅炉(集团)股份有限公司、东方汽轮机厂和东方电机股份有限公司提供的设备。

三、台州发电厂现有装机容量1470 MW,已建设有一、二、三、四期工程,共有6台125 MW机组(全部已改造为135 MW)、2台330 MW机组。目前,由四期工程2×330 MW机组的低温再热蒸汽管道抽汽承担浙江省化学原料基地临海园区供热需求,冬季最大热负荷为103t/h,夏季最小热负荷为33.4 t/h。台州发电厂4～8号机组已经改造成发电兼顾供热机组,目前全厂最大供汽能力达120 t/h。为满足该园区近远期热负荷增长需要,拟从本期工程每台机组低温再热蒸汽管道抽汽50 t/h(最大抽汽量为60 t/h),本期工程对外最大供汽量为120t/h。考虑电厂其余机组的抽汽余量,台州电厂五期工程建成投产后,全厂可形成最大250 t/h左右的对外供汽能力,满足电厂附近化学原料基地临海园区中期热负荷的需求量。台州市发展和改革委员会已批复了《浙江省化学原料基地临海园区集中供热规划(2005—2010)》(台发改投资〔2005〕9号),并已上报浙江省发改委审核批复。

四、同意浙江院推荐的厂区总平面布置方案一,厂区自东南向西北布置脱硫设施、主厂房和配电装置,汽机房朝西北,主厂房与四期工程主厂房脱开27.0 m;灰库、雨水水泵房和空压机记布置于脱硫设施西南侧、工业水泵房和工业水池布置于四期工程水厂西侧。循环水泵房布置于钟山南侧,四期工程循环水泵房西侧。

五、同意锅炉二次风采用热风再循环,一次风系统不考虑加热措施。

六、根据汽轮机中压缸启动的特性,汽机旁路系统按40%BMCR容量的高低压两级串联简华旁路设计。

七、根据东方汽车机保证在对外输出功率300 MW时,再热冷段最大抽汽量可达60 t/h,且此工况下汽机能长期连续运行;并且哈尔滨锅炉厂以校核计算后书面回复,锅炉可以在此工况下安全运行无影响,原则同意采用汽机高压缸排汽作为供热汽源,电厂对外供汽参数为:压力1.2 MPa,温试250 ℃。

八、同意浙江院补充的厂内热肉系统设计方案。

九、原则同意采用浙江院推荐的主厂房布置方案二,即汽机房和除氧间纵向长度为145.8 m,励磁小室布置于运转层。同意四、五期汽机房运转层间设置人行天桥连接。

十、同意本期工程燃油系统从电厂四期工程炉前燃油管引接,经核算油压满足要求。

十一、经技术经济比较,同意灰库库底制浆系统水力制浆器前采用空气斜槽给料的方案。

十二、本期工程厂外除灰系统利用电厂四期的柱塞泵高浓度水力除灰系统,经核算其出力满足要求。

十三、同意本期工程机组DCS按物理分散方式分别布置在炉、机电子设备间的方案。

十四、同意循环供水系统采用1机2泵、扩大单元制、2台机组合建1座循环水泵房,根据电厂四期运行情况,同意循环水管按DN2400考虑。

十五、同意循环水泵选用立式斜流固定叶耐海水腐蚀泵,同意循泵电机冷却方式采用空水冷。

十六、本期工程拟利用电厂原有净水设施,同意浙江院提出的净水站改造方案。

十七、循环水管材选用碳钢管,采用涂层防腐和阴极保护的防腐蚀措施。请浙江院在施工图阶段优先耐海水涂料并加强厂区道路段下管道的刚度,电厂在施工和运行期间应限制重车通过该厂区路段。

十八、本期工程利用四期工程输煤系统，同时需对四期工程卸煤系统(19A、B～25号A、B)皮带机进行提速，除大块器、电子皮带秤、落煤斗等应做必要的改造。

十九、鉴于台州发电厂确认本期工程锅炉化学清洗方案采用EDTA，根据四期工程运行经验，同意增设1600 m^3 废水贮存池。

二十、鉴于本期工程不具备增设除盐水箱条件，同意每台机设置一台450 m^3 凝结水箱。

二十一、原则同意凝结水精处理设计方案，每台机组设置2×50%精处理混床，预留第三台混床的布置条件，2台机组共用1套树脂再生装置。

二十二、在原有电解食盐水制次氯酸钠系统移位的同时，同意增设1箱2泵加药装置，以满足外购药品添加的需求。

二十三、同意主厂房采用百叶窗自然进风，屋顶风机机械排风的设计方案。并采取降低噪声的要求(距居民较近)。

二十四、同意脱硫吸收剂制备采用外购成品石灰石粉、汽车运输进厂，在厂内制浆的方案；石膏浆液按收真空皮带脱水机脱水后存放于石膏库、汽车外运的方案设计。

二十五、建议脱硫系统不单独设置蓄电池组，低压动力电缆不采用阻燃电缆。

二十六、本期工程各类废水纳入原有污水处理系统进行处理后回收利用。脱硫废水单独处理，达到冲灰要求后用于冲灰。

二十七、按2005年价格水平，工程静态投资为244221万元，单位投资为4070元/kW。工程动态投资为259841万元，单位投资4331元/kW，其中建设期贷款利息为15620万元。铺底生产流动资金1322万元，工程项目计划总资金为261163万元。详见附件：浙江台州发电厂五期扩建工程总概算表

二〇〇七年一月二十九日

主题词：浙江　电厂　初设　审查　意见

抄　送：浙江省发展与改革委员会、浙江省电力设计院、浙江台州发电厂

电力规划设计总院办公室　2007年1月29日印

浙江省能源集团有限公司文件

浙能工〔2009〕435 号

关于台州发电厂五期扩建工程初步设计的批复

浙江东南发电股份有限公司：

台州发电厂五期扩建工程初步设计由浙江省能源集团有限公司委托电力规划设计总院组织进行了审查，并已完成收口工作。经审议，同意批复台州发电厂五期扩建工程初步设计。请你公司在工程实施中落实初步设计审查意见的各项要求，确保工程建设的顺利进行。

附件：关于台州发电厂五期扩建工程初步设计的审查意见

二〇〇九年十一月二十日

主题词： 工程　初步设计　批复

抄　送： 台州发电厂

浙江省能源集团有限公司办公室　2009 年 11 月 20 日印发

国家环境保护总局

环审〔2005〕447 号

关于台州发电厂五期(2×300 兆瓦)扩建工程环境影响报告书审查意见的复函

浙江省能源集团有限公司：

你公司《关于审批浙江台州发电厂五期(2×300 MW)扩建工程环境影响报告书的请示》(浙能计〔2005〕53 号)及浙江省环境保护局《关于台州发电厂五期(2×300 MW)扩建工程环境影响报告书初审意见的函》(浙环建函〔2005〕159 号)收悉。经研究,现对《台州发电厂五期(2×300 兆瓦)扩建工程环境影响报告书》(以下简称《报告书》)提出审查意见函复如下：

一、原则同意浙江省环境保护局初审意见。该项目拟在台州市椒江区现有厂址内扩建 2×300 兆瓦燃煤发电机组,同时为当地工业企业提供工业用汽,配置 2×1025 吨/小时固态排渣煤粉炉,工程采用石灰石—石膏湿法脱硫系统,建设高效静电除尘器,并对三期 6 号(1×125 兆瓦)机组、四期(2×300 兆瓦)同步建设脱硫设施。贮灰场、贮煤场、供排水、水处理等公司及辅助系统充分依托现有工程。该项目符合国家产业政策和清洁生产要求,在落实报告书提出的环境保护措施后,污染物可达标排产。主要污染物排放总量符合当地环境保护部门核定的总量控制要求。从环境保护角度分析,同意该项目建设。

二、项目建设应重点做好以下工作：

1. 同步建设和使用配套的供热(汽)管网。对三期工程 6 号(1×125 兆瓦)机组进行除尘器改造和建设脱硫系统计划、四期工程(2×330 兆瓦)建设脱硫系统计划和低氮氧化物燃烧技术改造计划应与本工程同步实施,并纳入本工程竣工环境保护验收内容。应加快制订现有未脱硫机组的脱硫计划和方案并尽快实施,确保烟气污染物稳定达标排放。

2. 燃用设计煤种。两炉合用一座 210 米高烟囱。工程采用石灰石—石膏湿法脱硫工艺并安装气气热交换器(GGH),建设高效静电除尘器,采用低氮氧化物燃烧

技术并预留烟气脱除氮氧化物装置空间。外排烟气污染物必须符合《火电厂大气污染物排放标准》(GB13223－2003)第三时段限值,主要污染物排放总量按照浙江省环境保护局核定的总量控制指标执行。认真落实原辅料储运、破碎等环节及煤场、灰场等地的扬尘控制措施,防止对周边环境造成不利影响。

3. 优化厂区平面布置,选用低噪声设备。必须对高噪声源采取隔声、消声、绿化等降噪措施,确保各厂界噪声符合《工业企业厂界噪声标准》(GB12348－90)Ⅲ类标准,防止噪声扰民。

4. 采取灰渣分除、干除灰系统。依托现有工程滩涂水灰场作为本工程的贮灰场,灰场的建设和使用应符合《一般工业固体废物贮存、处置场污染控制标准》(GB18599－2001)Ⅱ类场地要求,防止对周围地下水环境造成不利影响。提高现有工程灰、渣的综合利用率,进一步做好灰、渣和脱硫石膏的综合利用。

5. 进一步提高水的利用率,并对现有工程供排水系统和废水处理系统进行改造,减少新鲜水消耗量和废水排放量。按照雨污分流、清污分流的原则设计、建设和完善厂区排水系统。脱硫废水应优先回用,其他工业废水和生活污水经处理符合《污水综合排放标准》(GB8978－1996)一级标准后回用,正常工况下全厂废、污水不外排,事故状态不排放的废水必须符合《污水综合排放标准》(GB8978－1996)一级标准。采取有效措施防止温排水对受纳水估产生不利影响。设置灰水回收系统,确保灰水不外排。

6. 加强施工期环境保护管理,落实水土流失防治措施,防止施工扬尘和噪声对周围环境造成不利影响。

7. 按照国家有关规定设置规范的污染物排放口、贮存(处置)场,安装烟气烟尘、二氧化硫、氮氧化物在线连续监测装置。

三、项目建设必须严格执行配套建设的环境保护设施与主体工程同时设计、同时施工、同时投产使用的环境保护"三同时"制度。项目竣工后,建设单位必须按规定程序申请环境验收。验收合格后,项目方可正式投入运行。

四、请浙江省及台州市环境保护局负责该项目施工期间的环境监督检查工作。

二〇〇五年五月二十三日

主题词: 环保　电力　环评　报告书　复函

抄　送: 国家发展和改革委员会,中国国际工程咨询公司,浙江省环境保护局,台州市环境保护局,北京欣国环境技术发展有限公司,国家环境保护总局环境工程评估中心

国家环境保护总局　2005 年 5 月 25 日印发

后　记

为了认真做好台州发电厂志的续编工作,台州发电厂于2016年8月成立厂志编辑办公室,开始收集厂志有关资料,2017年5月成立以厂长为主任委员和其他厂领导为副主任委员的《台州发电厂志(2006—2016)》编纂委员会,并设立挂靠在厂部办公室的续志编辑办公室。

编辑室工作启动后,首先学习、调研,利用参加修志协作会议的机会,与兄弟单位开展交流,还专门邀请了曾参与《台州发电厂志(1978—1990)》《台州发电厂志(1991—2005)》的退休老同志进行专业指导,并于2016年10月拟定《台州发电厂志篇目设计》,同时,根据志书章节和内容的需要,落实编辑,聘请特约撰稿人,多次与各部门特约撰稿人商讨。厂部专门召集全体特约撰稿人进行动员,明确任务。搜集资料工作始于2016年10月,采取内外查档,并向已调往十余家兄弟单位和退休多年的老同志征集。在撰写过程中,由撰稿人继续补充搜集资料,共搜集资料300多万字,同时建立电子档案。篇目设计是关系到全书成败的关键,先后五易其稿,根据企业发展情况,设立7章。

志稿的撰写采取"众手修志"与总纂统稿相结合。按照篇目设计分工,先由特约撰稿人写出资料长编,交由篇目负责人撰写成志稿,再由编辑室统稿,统稿后在厂局域网发布,征求各部门职工意见,经过多次修改,使志稿在2017年中逐步完善。于2017年9月将志稿送编纂委员会评审和终审,修改、润色,终于付梓出版。前后六改篇目,五易其稿,历时仅一年。在编纂过程中,始终得到浙江省能源集团公司领导和浙江省电力公司史志编辑室专家的悉心指导,得到发电协作组修志同仁的帮助和全厂职工的支持。在此一并表示由衷的感谢。

为了准确、全面、翔实地反映台州发电厂的历史,编纂人员殚精竭虑,辛勤笔耕,但毕竟才疏学浅,缺乏经验,时间仓促,尚有疏漏不到之处,恳请读者、专家、同仁不吝赐教。

《台州发电厂志》编纂办公室